轨道交通大跨径 U 形梁关键技术

蒋海军　占玉林　王利伟　岳章胜　编著

人民交通出版社股份有限公司
北　京

内 容 提 要

本书结合工程实例,首先介绍了国内外的城市轨道交通和U形梁应用的发展历程,并对U形梁的基本结构特点、设计思路及基本受力计算方法进行了介绍;其次对U形梁的空间效应分析、温度效应实例研究和混张法预应力技术在U形梁中的应用进行了介绍;然后对U形梁的施工方法及关键工艺进行了介绍;最后介绍了工程实例中U形梁的静载试验成果。

本书可供轨道交通行业相关技术人员使用,也可供高校相关专业师生参考使用。

图书在版编目(CIP)数据

轨道交通大跨径U形梁关键技术 / 蒋海军等编著. —北京:人民交通出版社股份有限公司, 2021.6

ISBN 978-7-114-17401-8

Ⅰ.①轨… Ⅱ.①蒋… Ⅲ.①城市铁路—轨道交通—梁—研究 Ⅳ.①U443.32

中国版本图书馆CIP数据核字(2021)第115120号

Guidao Jiaotong Dakuajing U-xingliang Guanjian Jishu

书　　名:轨道交通大跨径U形梁关键技术
著 作 者:蒋海军　占玉林　王利伟　岳章胜
责任编辑:卢俊丽　岑　瑜
责任校对:孙国靖　魏佳宁
责任印制:张　凯
出版发行:人民交通出版社股份有限公司
地　　址:(100011)北京市朝阳区安定门外外馆斜街3号
网　　址:http://www.ccpcl.com.cn
销售电话:(010)59757973
总 经 销:人民交通出版社股份有限公司发行部
经　　销:各地新华书店
印　　刷:北京市密东印刷有限公司
开　　本:787×1092　1/16
印　　张:15
字　　数:380千
版　　次:2021年6月　第1版
印　　次:2021年6月　第1次印刷
书　　号:ISBN 978-7-114-17401-8
定　　价:82.00元
(有印刷、装订质量问题的图书由本公司负责调换)

作 者 简 介

蒋海军　男,1980年出生,江苏镇江人,高级工程师,注册土木工程师,工程技术应用研究员,毕业于西南交通大学土木工程学院。山东省杰出青年勘察设计师,现任青岛市市政工程设计研究院副院长、山东省城市轨道交通标准化技术委员会委员、青岛市中德交流合作协会理事,多次获青岛市勘察设计业优秀企业管理者、青岛市勘察设计咨询业先进工作者等荣誉称号。长期从事桥梁工程类设计和科研工作,先后主持完成50余项大型市政及轨道交通工程项目,获国家级优秀勘察设计、咨询及创新技术应用奖10余项,获省部级优秀勘察设计、咨询及创新技术应用奖40余项。出版著作1部,发表学术论文20余篇,获得专利10余项。

占玉林　男,博士,教授,博士生导师。西南交通大学土木工程学院副院长、土木工程材料研究所常务副所长、土木工程国家级示范教学中心及土木工程国家级虚拟仿真中心主任。注册安全评价师,注册桥梁检测师。四川省青年科技创新团队带头人,四川省学术与技术带头人后备人选,西南交通大学"雏鹰学者"和"唐立新优秀教学教师奖"获得者。中国钢结构协会钢-混凝土组合结构分会理事、四川省科技青年联合会理事、四川省建筑业协会混凝土分会科学技术专业委员会副主任、美国ASCE学会大中华区理事、美国土木工程师学会会员(M. ASCE)。主要研究方向为混凝土及钢-混凝土组合结构桥梁、高性能复合材料等。*Journal of Bridge Engineering*(ASCE)、*Engineering Structures*、*Journal of Modern Transportation*、《中国公路学报》、《西南交通大学学报》、《长安大学学报》、《建筑结构》、《长沙理工大学学报》等期刊的审稿人。主持和主研包括国家自然科学基金、国家重点项目、973和863项目在内的项目60余项,发表学术论文80余篇,获专利10余项,完成专著

1 部。曾获安徽省科学技术奖、四川省教学改革成果奖、住房和城乡建设部华夏建设科学技术奖等奖项。

王利伟　男,1980 年出生,硕士研究生,高级工程师,毕业于石家庄铁道大学,现任青岛市市政工程设计研究院轨道交通分院院长。长期从事桥梁工程类设计及科研工作。先后主持完成数十项大型市政及轨道交通工程的设计及课题研究工作,获国家级优秀勘察设计及咨询奖 3 项,省部级设计、咨询等各类奖 40 余项。出版著作 1 部,发表论文 13 篇,获得专利 11 项。

岳章胜　男,硕士研究生,高级工程师,毕业于西南交通大学桥梁与隧道工程专业,现任青岛市市政工程设计研究院轨道交通分院总工程师,一级注册结构师,注册土木工程师(岩土)。长期从事城市市政和轨道交通工程桥梁的设计与研究工作。作为项目负责人或技术负责人承担的城市桥梁设计项目包括大型城市高架桥梁、城市轨道交通桥梁、大跨度城市桥梁工程。获中国勘察设计协会优秀勘察设计奖 2 项,山东省优秀勘察设计奖 3 项,青岛市优秀勘察设计奖十余项。在国内核心期刊发表了《大直径钢绞线在城市轨道交通工程中的应用》《大跨径长联轨道交通工程连续梁桥抗震设计》等多篇学术论文。参与编制了《青岛市城市高架预制装配式桥梁技术导则》等多项导则。

前　　言

随着城市化的进程加快，具有节能、快捷和大运量特征的城市轨道交通运输系统在人口密集的大城市得到了大力推广。U形梁作为一种相对新颖的断面形式，具有建筑高度较低、交通噪声小、运营安全性较高、紧急疏散能力强等特点，同时U形梁的外形连贯流畅、景观效果好。这些特点使得U形梁逐渐成为城市轨道交通高架桥的优选截面形式。U形梁是开口截面，整体性、抗扭刚度和腹板稳定性相对较弱，空间受力较为复杂。

由于经济实力和技术水平的限制，中国城市轨道交通建设起步较晚。相对传统的箱形梁、T形梁，我国对U形梁的应用及其相关研究的开展均较晚。从1999年广州市地下铁道设计研究院首次进行25m预应力混凝土U形梁的设计和模拟试验，到2009年首次在上海轨道交通系统中运用U形梁，历经了11年。相较于国内铁路部门从20世纪80年代就逐步将U形梁应用于铁路桥梁上，并先后建设了10余座U形梁桥，我国城市轨道交通系统对U形梁的应用研究还有很大的空间，包括U形梁的静力行为、动力性能、耐久性、施工架设工艺和运营维护，高性能混凝土及其他新型材料的使用等方面。

本书结合青岛地铁8号线的设计、施工过程，系统地开展了相关论述、研究和总结工作。本书主要围绕U形梁的受力特点、U形梁的几何特征统计、空间分析方法、有限元模拟、温度效应、试验研究等关键问题展开。

本书共分7章。第1章主要介绍了城市轨道交通、轨道交通桥梁和U形梁的应用现状。第2章主要介绍了轨道交通桥梁的梁型发展历程，U形梁的特点、结构形式及力学行为。第3章主要介绍了与U形梁设计相关的内容，包括设计技术指标、主要计算内容和混张法预应力技术。第4章介绍了U形梁的空间效应分析，包括空间受力分析方法、整体有限元模型和局部有限元模型及其各自的计算结果。第5章介绍了U形梁的温度效应分析，包括U形梁的温度分布特点及计算模式、温度效应计算模型和主要分析研究结果。第6章从简支梁桥的施工方法入手，介绍了U形梁施工方法选择、施工流程和预制施工关键工序。第7章结合实例工程的U形梁的静载试验，介绍了试验设计、试验结果和研究成果等内容。书中还收集了部分相关工程的内容，可为工程技术人员提供参考。

本书的第 1 章、第 2 章由蒋海军撰写，第 3 章、第 6 章由王利伟撰写，第 4 章、第 5 章由占玉林撰写，第 7 章由岳章胜撰写。

本书在成稿过程中得到了青岛市市政工程设计研究院有限责任公司、青岛地铁集团有限公司、中建三局集团有限公司、上海工程技术大学等单位的支持。感谢研究生岳凡凡、许江辉、杨文冲、李沿沿、王吉坤等在文档编辑、数据处理、资料搜集等方面的辛勤付出。特别感谢邵俊虎老师、刘海波老师给予的大力帮助。

随着 U 形梁在城市轨道交通中的逐步推广，需要研究的领域较多，涉及的理论知识和实践经验也越来越复杂。本书仅结合既有工程进行了部分内容的提炼和总结，以期给工程技术人员对该类型结构受力特点的认识和施工实践起到一定的借鉴作用。鉴于作者水平有限，书中可能有诸多不当甚至谬误之处，敬请广大同行批评指正。

作　者

2021 年 3 月

目　　录

第1章 概　　述

1.1 城市轨道交通现状

21世纪以来，具有节能、快捷和大运量特征的城市轨道交通越来越受到众多城市的关注。作为城市客运综合交通体系中的一种骨干交通方式，城市轨道交通对城市客运整体效益的发挥具有决定性的作用，与其他交通方式比较，除具有节能、快捷大运量的特点外，它的另一显著特点就是黏附性，表现在城市轨道交通对其他交通方式和设施具有很强的依赖性。因此，城市轨道交通功能的发挥要有一体化的交通体系作为支撑。

同时，城市轨道交通建设是一个不可逆的过程，要保证城市轨道交通发挥出预期的作用，必须把握其与城市的内在互动规律。从城市轨道交通系统的技术特征看，城市轨道交通的发展须与城市终极状态一致，而城市终极状态须保证合理发挥城市轨道交通的运输能力；城市轨道交通对城市结构的具体影响和要求在于以站点为核心，沿城市轨道交通线路的轴向高密度发展，或在网络密度高的区域高密度连片发展，见图1.1-1。城市轨道交通规划与城市发展相协调是城市轨道交通客流的保障，城市轨道交通也是促进城市发展和实现城市结构调整的重要手段。从总体上把握两者之间相互影响的规律，是实现城市轨道交通规划目标与城市发展目标相协调的关键[1]。

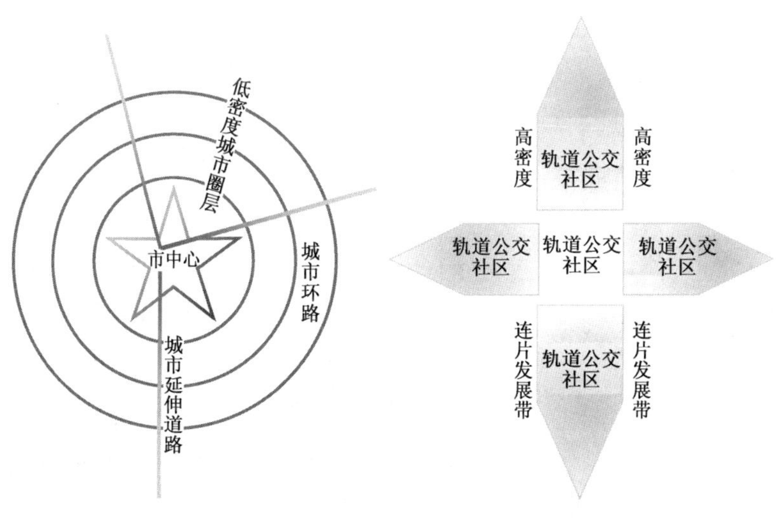

图1.1-1　以道路交通系统和城市轨道交通为支撑的城市布局形态

1.1.1 城市轨道交通的类型

城市轨道交通是采用专用轨道导向运行的城市公共客运交通系统,包括地铁、轻轨、有轨电车、单轨系统、自动导轨、市域快轨和磁悬浮系统。由于畅通、高效、可靠的交通出行不仅是出行者选择出行方式的基础,更是城市交通管理者追求的目标,所以,城市轨道交通凭借快速、便捷、安全、运量大和运输效率高等优点,成为城市公共交通的重要组成部分。在中国已经运营轨道交通的城市中,越来越多的居民选择乘坐轨道交通出行。

(1)地铁。地铁是随着地面铁路系统的形式逐步发展成的一种用电力牵引的快速、大运量的城市轨道交通模式,其线路通常敷设在地下隧道内,也有敷设在地面或高架桥上的,但均采用全隔离系统。线路无平交,是地铁区别于轻轨的根本性标志。地铁单向高峰小时客流量可达 3 万 ~6 万人次,列车宽度一般为 2.8m 或 3m,采用 5 ~ 8 节编组列车。它是一种资源节约型和环境友好型的交通方式,有利于城市的全面协调和可持续发展。典型的城市运行地铁见图 1.1-2。

图 1.1-2 地铁站和运行中的地铁

(2)轻轨。轻轨指的是跨座式单轨上运行的列车,列车运行利用自动化信号系统。轻轨采用中型铁路系统,能适应远期单向高峰小时客流量 0.6 万 ~3 万人次,列车宽度一般为 2.6m,采用 2 ~4 节编组列车。典型的轻轨见图 1.1-3。

图 1.1-3 重庆轻轨

图 1.1-4 有轨电车

(3)有轨电车。有轨电车是采用电力驱动在轨道上行驶的轻型轨道交通车辆,它在地面上与其他交通工具混行,也称路面电车或简称电车,属于轻铁中的一种。有轨电车通常全在街道上行走,列车只有单节,最多也不超过三节,载客量适中,乘坐舒适性较好,后期维护费用较少。由于有轨电车以电力驱动,不会排放废气,因而其是一种无污染的环保交通工具。天津是全国最早运营有轨电车的城市。典型的有轨电车见图 1.1-4。

(4)单轨系统。单轨系统是一种车辆与特制轨道梁组合成一体运行的中运量轨道运输系统,其轨道梁不仅是车辆的承重结构,同时也是车辆运行的导向轨道。单轨系统主要有两种类型:一种是车辆跨骑在单片梁上运行,为跨座式单轨系统;另一种是车辆悬挂在单根梁上运行,为悬挂式单轨系统。单轨系统通常为 4 ~6 节编组(重庆轨道交通 3 号线为 8 节编组),最高运行速度不应大于 80km/h。高峰小时单向断面客流为 0.5 万 ~2.0 万人次。它具有占地面积小、爬坡能力大(坡度可达 10%)、噪声小(采用橡胶轮胎)等优点,所以在机场、博览会、游乐场、旅游线等中、小运量的线路上常常被采用。典型的跨座式单轨和悬挂式单轨见图 1.1-5。

图 1.1-5 跨座式单轨和悬挂式单轨

其中,悬挂式单轨列车又称空中轨道列车(空轨)。由于空轨技术复杂,它在城市轨道交通中还没有被广泛使用。空轨最早由德国研发,最早研发的悬挂式单轨铁路位于德国西部城市乌珀塔尔,被称为“Schwebebahn”,初建于 1901 年,线路全长 13.3km,大部分的轨道运行在武佩尔河上,乌珀塔尔悬浮单轨轨道梁一般采用钢结构桁架形式,列车的走行轨固定于桁架下方,采用特殊的转向架结构使列车悬挂于走行轨之上实现行走,见图 1.1-6。

我国是继德国、日本后第三个掌握空轨技术的国家。成都的大邑空轨长约 11km,是全球首条新能源旅游空铁试验线,以锂电池为动力牵引,全程自动化驾驶,运行速度为 60km/h,预计 2021 年开通运营。这辆新能源空轨列车(图 1.1-7)由两节车厢组成,外表是大熊猫造型,它整体挂在一根箱形的轨道梁上,看上去像一部缆车。这个项目在 2016 年初由西南交通大学牵引动力国家重点实验室牵头,联合中国中车股份有限公司、中国铁路工程集团有限公司、攀枝花钢铁集团有限公司等七家大型国有企业协同研制,组建成新能源空铁产、学、研一体化协同项目平台，仅用大半年时间，完成设计、制造，并成功挂线。

图 1.1-6　乌珀塔尔悬浮单轨铁路线路实景图

图 1.1-7　成都大邑空轨列车

(5)自动导轨。它是指在独用导轨上行驶的以电力驱动的完全自动化控制的客运交通系统，见图 1.1-8。车辆为单节或组成列车，通常敷设在高架桥上，沿线设置车站，车站的管理也是自动化的。AGT(自动导轨系统)的导向方式有侧面导向、中央导向、中央沟导向等，它的输送能力比单轨系统小，但其建设费用较低，噪声也较小。

(6)市域快轨。它是指在大城市市域范围内的客运轨道交通线路，服务于城市与郊区间、中心城市与卫星城市间、重点城镇间等，线路一般与城市干线铁路相接，见图 1.1-9。其最高运行速度比干线铁路低，一般为 120km/h，但其起动和制动的加速度要远大于干线列车，略低于地铁，平均运行速度可达 40km/h。市域快轨一般分为两种类型：一种是连接市中心与城市边缘和 20km 左右的居民区，站间距离小(1000 ~ 1500m)；另一种是连接市中心和卫星城市，里程可达 40 ~ 50km，其站间距离较长(3000 ~ 4000m)。

图 1.1-8　自动导轨列车

图 1.1-9　市域快轨列车

(7)磁悬浮列车。磁悬浮列车是一种非接触式轨道交通系统，利用“同性相斥，异性相吸”的原理，让磁铁具有抗拒地心引力的能力，使车体完全脱离轨道，悬浮在距离轨道约 1cm 处，腾空行驶，是由无接触的磁力支承、磁力导向和线性驱动系统组成的新型交通工具，主要有超导电动型磁悬浮列车、常导电磁吸力型高速磁悬浮列车以及常导电磁吸力型中低速磁悬浮列车，具有安全、舒适、节能、无污染、噪声小、维护简单、速度范围广、与环境兼容性好等一系列优点，既适用于干线交通，也适用于城市交通。从完善交通功能来看，磁悬浮列车可与其他交通工具一起构成更加合理、更加完善的现代交通运输系统。

2006 年，中国首条磁悬浮线路——上海磁悬浮列车示范运营线正式投入运营，这也是世界上第一条投入商业化运营的磁悬浮示范线，见图 1.1-10。该列车最高时速可达 505km/h，运营最高时速为 430km/h，全线长约 35km，其中高架线约 28km，地面线约 7km。此外，中国首条中低速磁悬浮商业化运营示范线——长沙磁浮快线于 2016 年开通运营，见图 1.1-11。该线路也是世界上最长的中低速磁悬浮运营线，全长 18.55km，设计最高为 100km/h。相较从德国引进、飞驰在世界首条商营磁浮专线的上海高速磁悬浮列车，长沙中低速磁浮列车具有安全、噪声小、转弯半径小、爬坡能力强等特点，多项成果达到国际领先水平，中国也因此成为世界上少数几个掌握中低速磁悬浮列车技术的国家之一。

图 1.1-10　上海磁悬浮列车

图 1.1-11　长沙磁浮快线

1.1.2　城市轨道交通的发展概况

1.1.2.1　全球城市轨道交通发展情况

轨道交通很早就作为公共交通方式出现在城市中。1863 年 1 月 10 日，世界上第一条地下铁道在英国伦敦建成，当时采用蒸汽机车牵引。这条建于维多利亚时代的地铁经历了“二战”，见证了无数次的技术革新和线路拓展。如今，它已经 158 岁了，早已成为伦敦的文化符号。1881 年第一辆有轨电车在德国柏林工业博览会上展示，1888 年世界上第一条有轨电车系统在美国弗吉尼亚州里士满市投入运行，1978 年在比利时国际公共交通联合会上，确定了新型有轨电车交通的统一名称，简称轻轨交通（LRT）。

自第一条地铁建成通车开始，建设轨道交通已成为世界各大城市改善城市交通问题的一种重要手段。1863—1914 年，共有 14 座城市建设了地铁；1915—1949 年，因第二次世界大战对世界经济的破坏，仅有 8 座城市建设了地铁；1950 年以后，世界经济逐步恢复，小汽车的过量使用，造成城市交通问题日益严重，因此轨道交通重新得到了推广和发展，并在建设轨道交通时研制了许多新技术、新工艺；20 世纪 70 年代，世界上有 29 座城市建设了快速轨道交通；20 世纪 80 年代约有 70 余座城市建设了轨道交通。[2] 截至 2019 年底，全球共有 75 个国家和地区的 520 座城市开通城市轨道交通，运营里程达 28198.09km。

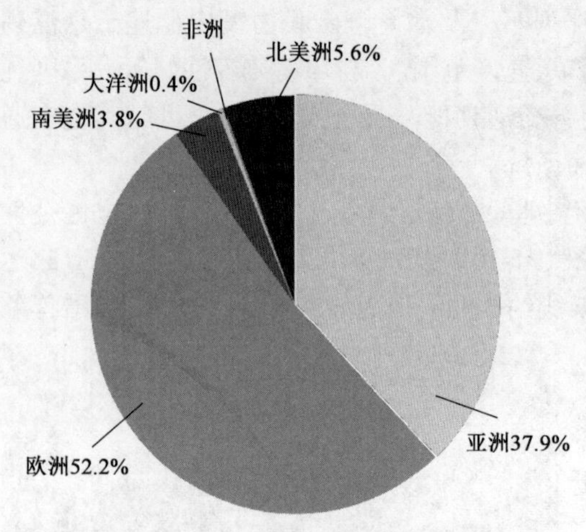

图 1.1-12　截至 2019 年底世界各大洲城市轨道交通运营里程占比

从全球各大洲城市轨道交通运营里程的占比来看（图 1.1-12、表 1.1-1），截至 2019 年底，欧洲城市轨道交通的运营里程达到 14710.962km，占世界城市轨道交通运营里程的52.2%，居于首位；亚洲城市轨道交通的运营里程为 10698.43km，占世界城市轨道交通运营里程的 37.9%。

截至 2019 年底世界各大洲城市轨道交通运营里程规模（单位：km）　　表 1.1-1

大洲名称	地铁	轻轨	有轨电车	总计
亚洲	9377.05	915.75	405.63	10698.43
欧洲	3620.355	340.157	10750.45	14710.962
南美洲	1054.6	11.2	—	1065.8
非洲	96.4	—	23.2	119.6
大洋洲	36	—	—	36
北美洲	1438.2	129.1	—	1567.3
总计	15622.605	1396.207	11179.28	28198.092

在亚洲，轻轨的运营里程规模在轨道交通中的占比为 8.6%，我国轻轨的里程规模在轨道交通中占比为 3.79%。这在一定程度上说明，我国的轻轨交通还存在较大的发展空间。

从国家层面来看，2019 年全球城市轨道交通运营里程排名靠前的国家有中国、德国、美国、俄罗斯、波兰、法国、日本、韩国、英国、西班牙等。其中，中国城市轨道交通运营总里程为 6730.3km，通车里程远高于其他国家；德国城市轨道交通运营里程达到 3615.1km，排名第二；其次是美国和俄罗斯，其城市轨道交通运营里程分别为 1331.8km 和 1122.9km，分别排名第三和第四。如图 1.1-13 所示。

从城市层面来看，2019 年，世界具备地铁线路网络规模化运营的主要城市中，上海以 801.3km运营里程居世界第一；其次是北京，其城市轨道交通运营里程达到 775.6km；莫斯科、首尔和广州的城市轨道交通运营里程均在 500km 以上，分别为 578.3km、527.6km 和 501km，分列全球第三名、第四名和第五名。如图 1.1-14 所示。总体来看，2019 年中国共有 6 个城市进入全球城市轨道交通运营里程前十，可以看出中国城市的轨道交通发展速度要明显快于世界其他城市[3]。

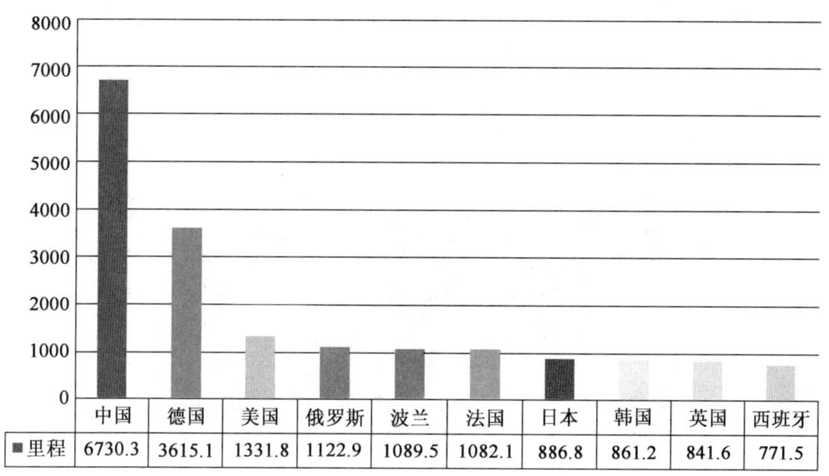

图 1.1-13　2019 年全球国家城市轨道交通运营里程 TOP10(单位:km)
(资料来源:前瞻产业研究院《中国城市轨道交通行业市场前瞻与投资战略规划分析报告》)

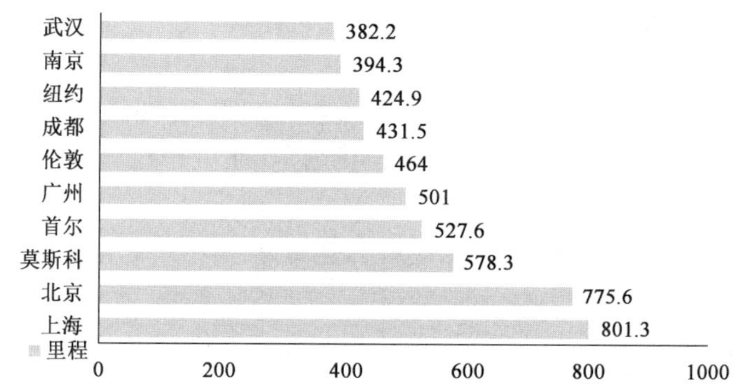

图 1.1-14　2019 年全球城市轨道交通运营里程 TOP10(单位:km)
(资料来源:前瞻产业研究院《中国城市轨道交通行业市场前瞻与投资战略规划分析报告》)

1.1.2.2　我国城市轨道交通发展历程

国外城市轨道交通起步较早,德国、美国、日本等国都已形成完善的城市轨道交通网络。由于受经济实力和技术水平的限制,中国城市轨道交通建设起步较晚。中国第一条投入运营的地铁是 1969 年建成的北京地铁 1 号线一期工程(图 1.1-15),总里程 23.6km。我国的城市轨道交通发展大致经历以下几个阶段:

(1)起步阶段(1965—1998):20 世纪 50 年代,我国开始筹备地铁建设,规划了北京地铁网络。1965—1976 年建设了北京地铁 1 号线一期工程。随后建设了天津地铁 1 号线、北京地铁 2 号线、上海地铁 1 号线、广州地铁 1 号线等。之后,我国的城市轨道交通建设一直处于停滞状态。

(2)兴起阶段(1999—2004):随着实施积极的财政政策以进一步扩大内需,国家于 1999 年开始陆续批准一批城市轨道交通项目开工建设。1999 年以后,除了北京、上海、广州、天津这四大城市继续展开城市轨道交通建设外,国家还先后审批了深圳、武汉、南京、长春、重庆、大连等 6 座比较重要的城市的地铁或轻轨建设项目,并投入 40 亿元国债资金予以支持。这一阶段的建设速度大大超过前 30 年。

图 1.1-15　国内第一条地铁

(3)提速阶段(2005—2008):在这一阶段,除了上述 10 座城市的轨道交通建设继续蓬勃发展外,杭州、苏州、成都、沈阳、哈尔滨、西安等 6 座经济比较发达或地理位置较重要的城市的轨道交通建设项目也得到了国家发展和改革委员会的批准,我国总体轨道交通建设明显进入了"快车道"。自杭州、哈尔滨于 2005 年 6 月同时上报各自的"城市快速轨道交通近期建设规划"开始,沈阳、南京、成都、重庆、西安、苏州、北京等 7 座城市纷纷效仿,使得我国的城市轨道交通建设逐渐步入"规划时代"。在这一阶段,我国 10 座城市已建成运营的轨道交通情况见表 1.1-2。

截至 2008 年底我国 10 座城市城轨交通运营统计汇总表(单位:km)　　表 1.1-2

城市名称	运营里程			
	总计	地铁	轻轨	有轨电车
北京	200	200	—	—
上海	264	186	48	—
天津	79	26	45	8
大连	87	—	63	24
长春	40	—	32	8
南京	22	22	—	—
武汉	10	—	10	—
广州	116	116	—	—
深圳	22	22	—	—
重庆	19	—	19	—

从上表可以看出,我国城市轨道交通建设发展迅猛。1999—2008 年的 10 年间,我国建有地铁的城市从 4 个增加到 6 个(北京、上海、天津、广州、深圳、南京);建有轻轨的城市,从零增加到 6 个(上海、天津、武汉、长春、重庆、大连);表 1.1-2 中 10 个城市拥有已建成的轨道交通 29 条线路并投入运营,运营里程达到 859km。[4]

(4)持续发展阶段(2009 年至今):随着各大城市经济实力不断增强,城市轨道交通建设管理水平不断提高,我国进入城市轨道交通建设的高潮期,迈入城市轨道交通网络化建设与运营的时代。20世纪城市交通的发展历程是一个否定之否定的螺旋式上升的过程。有轨电车从大发展到大拆除;然后汽车登上历史舞台,逐渐成了城市交通的主角;20世纪末至今,以地铁和轻轨为代表的城市轨道交通逐渐占据了城市交通的主导地位。

依据中国城市轨道交通协会官网发布的《城市轨道交通2019年度统计和分析报告》,截至2019年12月31日,中国内地累计有40个城市开通城市轨道交通运营线路208条,运营线路总长度6736.2km。其中,地铁运营线路5180.6km,占比76.9%;轻轨217.6km,占比3.2%;单轨98.5km,占比1.5%;市域快轨754.6km,占比11.2%;有轨电车417km,占比6.2%;磁浮交通57.7km,占比0.9%;APM(automated people mover system,自动旅客捷运系统)10.2km,占比0.2%。如图1.1-16所示。数据显示,2019年,中国内地共新增温州、济南、常州、徐州、呼和浩特5个城市轨道交通运营城市,新增运营线路25条,新增运营线路长度975.1km。其中,新增地铁788.5km,新增市域快轨98.2km,新增有轨电车88.4km。与上年同期相比,地铁同比增幅最大,市域快轨、有轨电车增量低于上年同期[5]。2019年底我国城市轨道交通运营里程排名前十的城市统计见表1.1-3。

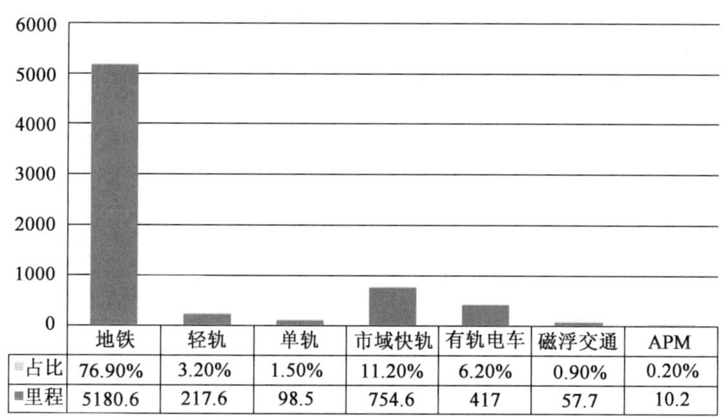

图1.1-16 2019年我国各类城市轨道交通运营里程及占比

2019年底我国城市轨道交通运营里程TOP10(单位:km) 表1.1-3

城市	合计	地铁	轻轨	单轨	市域快轨	现代有轨电车	磁浮交通	APM
上海	801.34	669.5			55	40.44	29.1	6.3
北京	775.6	679.5			77	8.9	10.2	
广州	501	489.4				7.7		3.3
成都	431.43	298.18			94.2	39.1		
南京	394.4	176.8			200.8	16.7		
武汉	382.2	298	37.8			46.4		
重庆	328.38	229.88		98.5				
深圳	316.05	304.35				11.7		
青岛	183	49.7			124.5	8.8		
长沙	100.9	82.3					18.6	

中国当前处于城镇化高速推进阶段,每年有两千万人左右的新增城市人口。2019 年末,常住人口城镇化率超过 60.06%、户籍人口城镇化率达到 44.38%。随着城市范围的拓展,城市小汽车不断增多,交通拥堵已成为困扰城市发展的主要问题,给中国现有城市交通基础设施带来了巨大的挑战,城市轨道交通建设成为城市交通发展的首选[6]。

1.1.2.3 城市轨道交通的优势

城市轨道交通的蓬勃发展,得益于其独特的优势:

(1)较大的运输能力。

城市轨道交通由于列车高密度运行、运行速度快、列车运力强,因而具有较强的运输能力。轨道交通种类不同其运输能力也有所差别,地铁单向高峰每小时的运输能力达到3 万 ~6 万人次,最高可达 8 万人次,轻轨的运输能力为 1 万 ~3 万人次每小时,由此可见城市轨道交通的运输能力远远超过公共汽车。根据统计,地铁每公里一年的总运量最高可达到 1200 万人次。

(2)较高的准时性及速达性。

由于城市轨道交通在特定专属的行车道上运行,跟常规公共交通不同,可以不受其他车辆的干扰,因此不会产生拥堵并且不受天气影响,是可以全时运行的交通工具,具有可信赖的准时性。同时,车辆有较高的运行速度,列车停站时间短,上下车及换乘方便,从而可以使乘客更加方便、快捷地到达目的地,缩短了花费在交通中的时间。

(3)较高的舒适性。

与常规公共交通相比,城市轨道交通由于其运行时不受其他交通工具的干扰,车辆的运行条件较好,以及车辆与车站中装有各种直接为乘客服务的设备,因而城市轨道交通具有较好的乘车条件,其舒适性体验优于公共电车、公共汽车。

(4)较高的安全性。

城市轨道交通因为运行在特定的行车道上,不存在交叉冲突口,不会受其他车辆的干扰,并且拥有发达的通信设施,所以发生交通事故的概率极小。

(5)能充分利用地下和地上空间。

大城市地面拥挤、土地费用昂贵。城市轨道交通可以充分利用地下和空中空间进行开发,对地面街道的占用率较小,能有效缓解道路拥堵,使城市空间的利用率更高,这对于缓解大城市中心区过于拥挤的状态特别有效,进一步提高了土地利用价值。

(6)较低的环境污染。

城市轨道交通采用电气化牵引设备,不会产生汽车尾气污染。城市轨道交通的发展,还能在一定程度上降低公共汽车的数量,进一步减少了汽车尾气对环境的污染。

1.2 轨道交通桥梁现状

1.2.1 城市轨道交通高架桥的现状

随着经济的快速发展,城市化进程逐年加快,居民出行以车代步,小汽车数量大幅度增加,另外共享单车数的大量增加,使机动车与非机动车、车辆与行人的相互干扰日趋严重,常规的平交路口交通方式已经不适应。为解决交通拥挤、事故增多的问题,各大城市相继修建高架路和快速路。对所有的平交路口采用立体交叉(简称立交),即修建匝道和立交桥,使原平交路口上的车流在不同高程上跨越,从空间上分开,各行其道,互不干扰,从而提高车速和路口通行能力。在环路上设立交、建立高架桥,可以进一步节省城市空间和提高交通能力。

国外立交发展较早的是美国,1921 年在布朗克斯河风景区干路上建成第一座设有匝道的不完全互通式立交。而我国最早的立交,是 1964 年广州市建成的大北环城立交,此后我国立交建设不断发展。例如,1966 年北京市于京密引水滨河路建成 3 座部分互通式立交,1983 年建立广州区庄高架桥,1986 年建成天津中山门桥,等等。

除了立交桥外,高架桥作为充分利用城市空间一个非常重要的方式,在各大城市流行开来。北京、上海、广州等经济条件优越地区首先建立了许多立交桥,以缓解交通压力;而后为了进一步节约城市空间,又建立高架桥并进一步提高交通能力。

如今,轨道交通凭借着其强大的运载量,大大提高了运输能力,减轻了城市公路交通的压力。城市轨道交通目前主要以地下线、高架线和地面线为主。在城市中心通常采用地下线路,在城乡接合部及市郊可以采用地面线路,市区及市区周边通常采用高架线路。国内首条城市高架轨道交通——上海市轨道交通明珠线一期工程(明珠线,见图 1.2-1),全长24.975km,其中仅 2 处为地面线,长 3.459km,其余 21.516km 均为高架线。因此,高架桥也是城市轨道交通高架线路中较常用的一种线路敷设方式,它具有施工速度快、工程造价较低以及线路线型适应能力强等优点,近年来在国内外城市轨道交通建设中得到了快速发展[7]。

图 1.2-1 明珠线高架

城市轨道交通中高架桥的桥梁结构形式通常采用简支体系和连续体系(连续梁和连续刚构),在地貌地形限制下可能还会采用简支梁-拱组合体系、连续梁-拱组合体系和钢桁梁-拱组合体系。

1.2.2 轨道交通桥梁的设计原则

轨道交通桥梁与公路桥梁和铁路桥梁既有共性,又存在着很大的不同,设计时需考虑结构的自身特点,又需兼顾城市桥梁所应具有的特色,故它是一种新型的桥梁结构。轨道交通桥梁上需铺设轨道和与之相关的电信、电缆支架,无缝钢轨和整体道床的应用对梁体本身和下部墩台的构造提出严格的要求。城市轨道交通高架桥梁设计时也必须遵循与其他桥梁相类似的原则,总体原则为“安全、适用、经济、美观、环保、耐久”,具体体现在以下几方面[8]:

(1)在保障桥梁结构安全性和使用性等特点基础上,充分吸取国内外先进技术,选取适应本线特点的桥梁结构。

(2)同一线路桥梁设计力求统一风格、统一设计、统一材料。

(3)一般城市轨道交通线路全线常规标准跨占整个高架结构大部分,因此要充分做好常规梁跨的设计比选和优化工作。

(4)桥梁跨径应在满足景观要求的前提下进行优化和比选,尽量选用经济合理的跨径,特殊地段则根据实际情况确定。

(5)桥梁结构应构造简单,力求标准化、系列化,并尽量减少结构类型,便于设计、施工和养护、维修。

(6)高架桥梁型、墩型的选择要遵循结构受力合理、外形美观、梁墩配合协调、与周围环境和谐的原则。

(7)桥梁结构设计应综合考虑设备等附属设施的接口设置,预留与高架主体结构的可靠联结,保证相关设备的正常安装和使用。

1.2.3 轨道交通桥梁的结构体系

轨道交通高架区间桥梁结构形式的选择应满足适用、经济、美观、便于施工及保证桥下道路、河流交通和环保的要求,避免出现"肥梁胖柱"。根据目前我国轨道交通高架区间桥梁建设的能力和现状,考虑铁路、公路、城市道路桥梁建设的成熟经验和方法,借鉴国外城市轨道交通高架桥建设的经验,适当地选择梁式结构形式。桥梁基本结构体系主要有梁桥、拱桥、索桥及组合桥梁,但是城市轨道交通中小跨度桥多采用简支梁体系或连续梁体系,在结构体系选取时仍优先选取简支梁体系。另外,混凝土桥由于刚度大、结构技术成熟等优点而广泛应用于城市轨道交通的高架桥中,在桥型体系的规划选择中应该重点进行混凝土桥的分析探讨。混凝土梁式桥主要有简支体系和连续体系,以及在特殊情况下采用的组合体系,下面分别进行介绍。

1. 简支体系

简支体系属于静定结构,受力简单,施工方便,可采用预制梁以加快施工进度,适用于桥梁长度长而工期短的情况。而且当桩基采用摩擦桩时,其随时间产生的不均匀沉降不会影响整座桥梁的安全。它在桥梁建设中的应用最为广泛,是一般功能性设计的首选结构体系。典型城市轨道交通高架桥中的简支体系见图 1.2-2。

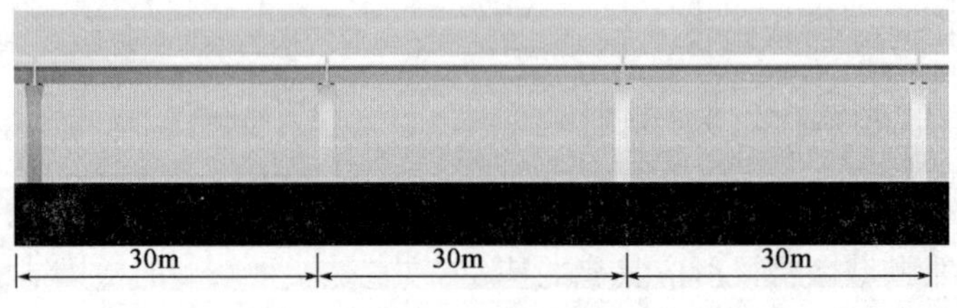

图 1.2-2 简支体系立面布置图

重庆轨道交通 1 号线工程中梁山以西高架区间采用标准跨径为 30m 的 U 形梁,该结构为后张法预应力混凝土 U 形简支梁,单线预制 U 形梁自重 178t,重庆轨道交通 1 号线高架桥见图 1.2-3。

广州轨道交通 4 号线(图 1.2-4)是国内首次大规模采用节段拼装技术的无砟高架轨道交通线路,全线高架桥以 30m 标准跨简支箱形梁为主(677 孔)、25m 跨为辅(133 孔),简支梁跨中截面见图 1.2-5。施工以整孔预制架设及节段预制拼装简支梁工法为主,支架现浇连续梁、悬臂浇注连续梁(连续刚构)、节段预制拼装连续梁为辅[9]。

图1.2-3 重庆轨道交通1号线高架桥

图1.2-4 广州轨道交通4号线高架桥

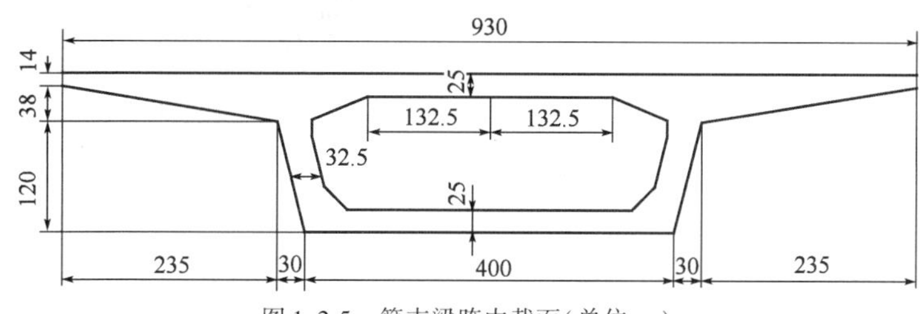

图1.2-5 简支梁跨中截面(单位:m)

2. 连续体系

连续体系可以分为连续梁体系和连续刚构体系两种,这两种连续体系各有特点。

1)连续梁体系

连续梁体系属于超静定结构,与相同跨度简支体系相比,梁体材料用量相应减小。连续梁整体性较好,超载能力大,安全性高,桥面伸缩缝少。施工多采用现浇,工期较长,适用于墩台基础沉降易于控制、桥梁长度短、工期较长的情况。典型城市轨道交通连续梁体系立面布置图见图1.2-6。

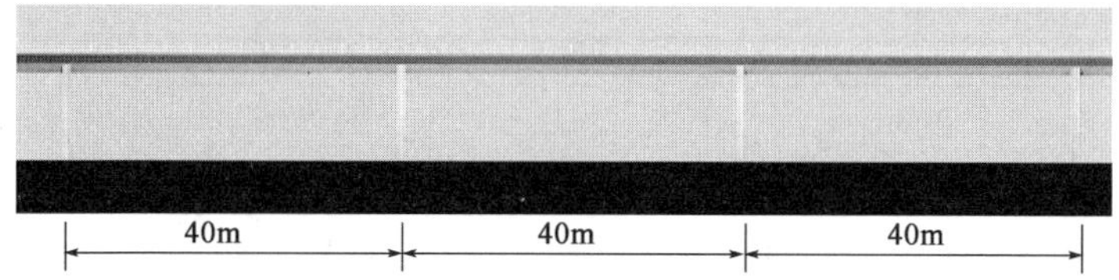

图1.2-6 连续梁体系立面布置图

武汉轨道交通1号线一期工程在黄石路道口采用26m+40m+26m预应力混凝土等高度连续梁,桥面宽度由9.2m变至10.53m,采用翼缘板宽度不变、变腹板间距的方式变梁宽,桥墩采用单柱墩,见图1.2-7。大智路道口采用30m+50m+30m预应力变高度连续梁方案,桥面宽度从13.5m渐变到9.2m,采用翼缘板保持不变、变腹板间距的方式变梁宽,桥墩采用单柱墩。武汉轨道交通1号线线路示意图见图1.2-8[10]。

2)连续刚构体系

连续刚构体系属于超静定结构,其主梁连续、墩梁固结,整体性最好,适于行车,受力特性如同连续梁,弯矩在墩顶为负弯矩,跨中为正弯矩。但是其墩梁结合处会有很大的内力,而且分布不均,配筋也较为复杂。连续刚构体系要求下部结构刚度小,而轻轨交通墩高墩柱不高,一般在 8m 左右甚至矮至 5.6m;此外,无缝线路要求桥墩刚度大,与连续刚构体系要求下部结构刚度小不一致;所有该体系仅用于较小跨度,适用于高架车站和道岔区,采用现浇施工。典型城市轨道交通连续刚构体系桥梁立面布置图见图 1.2-9。

图 1.2-7　武汉轨道交通 1 号线一期跨越黄石路立交

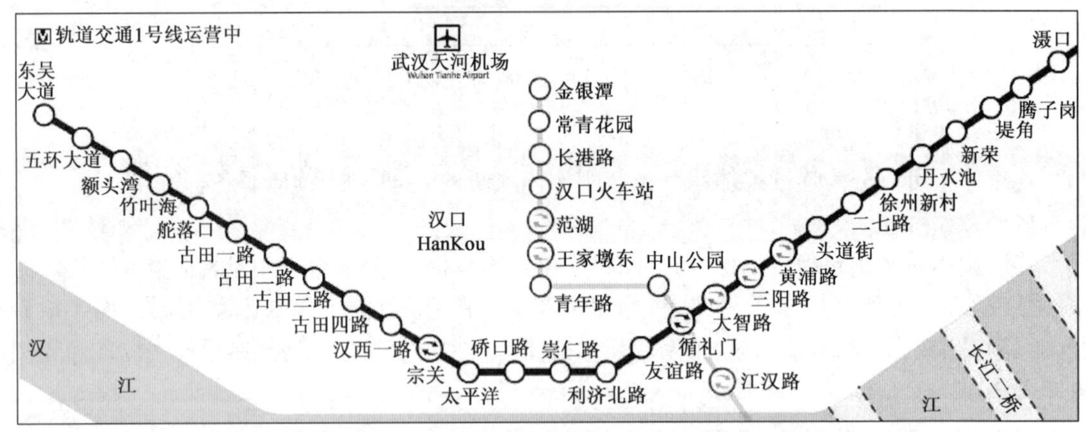

图 1.2-8　武汉轨道交通 1 号线线路示意图

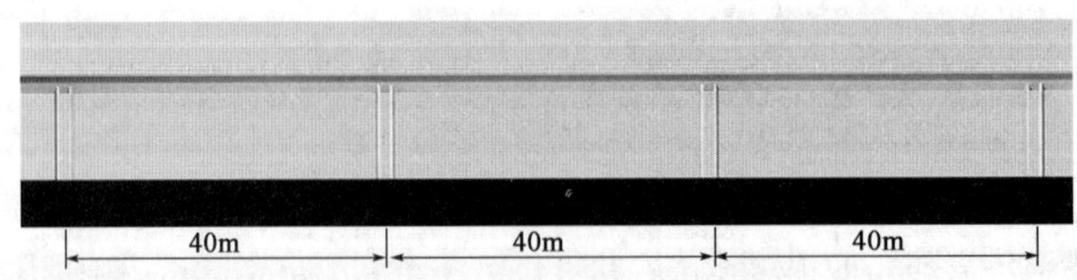

图 1.2-9　连续刚构体系立面布置图

连续刚构体系采用墩梁固结的构造,避免了有支座体系在墩梁间设置支座而产生的结构繁杂感。墩梁固结使墩梁间无多余的体系,墩梁间结合也显得自然流畅,视觉上连续性较好。典型连续刚构体系轨道交通桥梁如图 1.2-10 所示。

芜湖市轨道交通 2 号线一期工程区间轨道梁结构为后张法预应力混凝土连续刚构梁,采用先简支后连续的施工工艺。其中简支 PC 梁采用工厂预制、现场吊装架设,PC 梁与桥墩固结段采用现浇施工。盖梁部分为预应力构件设计,墩柱为钢筋混凝土结构,墩柱与盖梁均采用现浇施工。PC 连续刚构轨道梁采用实心矩形截面，跨中梁高 1.6m，支点梁高 2.2m，梁宽度为 0.69m[11]，见图 1.2-11。

图 1.2-10　连续刚构体系墩梁固结

图 1.2-11　芜湖市轨道交通 2 号线一期工程

3. 简支体系桥梁与连续体系桥梁的比较

在城市轨道交通桥梁体系中，简支梁相对于连续梁具有以下优点：

(1) 结构简单，受力明确，可以设计标准化、制造工厂化，安装架设方便，施工速度较快；

(2) 墩位布置相对灵活，受管线影响小，施工风险小；

(3) 各墩受力不均匀，下部结构可做到最大限度的优化，运营后期维修养护方便；

(4) 对地基的适应性较强，当局部均匀沉降差超过设计容许值时，可以通过调整支座高度或支承垫石标高等方法来恢复标高至设计值。

简支体系和连续体系在抗震性能、施工质量控制、体系适应性、施工工艺、施工进度、对环保影响及经济性等方面的详细对比结果[12]，见表 1.2-1。

简支体系与连续体系技术经济综合比较　　表 1.2-1

项目	简支体系	连续体系
抗震性	一般	好
工法适应性	现浇、整孔预制架设预制节段拼装	现浇、预制节段拼装
对软土地基适应性	适应性强	适应性差，基础工程加强

续上表

项目	简支体系	连续体系
施工工艺	简单、成熟	较复杂、成熟
梁体质量	易控制	能控制
施工进度	可工厂预制，现场整孔架设施工速度快	几联连续梁同时施工时干扰较大，施工速度慢
对环保影响	预制污染小	现浇混凝土污染大
经济性	1.00	1.04

由表 1.2-1 可以看出，简支体系和连续体系都能满足轨道交通系统对桥梁的要求，应用较多，但简支体系应用得更为普遍，铁路上也是如此。预制架设简支梁便于工程质量控制，有利于提高梁体景观质量，对环境污染小，可以有效控制工期。而连续梁均采用桥位现浇，即使采用简支变连续施工方法也需现场施工作业，内在与外观质量不易保证，工期较长，对环境污染大。一般对于工程量大、工期紧张及环保要求高的工程，高架区间推荐采用简支体系。

原铁道部编写的《客运专线常用跨度桥梁选型专题报告》的经济比较结果表明，在基础较差情况下简支梁相对连续结构明显经济。国内主要城市轨道交通高架桥的结构体系见表 1.2-2。

国内主要城市轨道交通高架桥形式简表 表 1.2-2

序号	项 目 名 称	线路长度(km)	高架长度(km)	高架长度/线路长度	区间标准梁形式
1	上海明珠线一期	24.97	21.50	86%	30m 简支箱梁
2	北京地铁 13 号线	40.9	12.296	30%	3×25m 连续箱梁
3	北京地铁八通线	18.964	11.054	58%	25m I 形简支组合梁
4	北京地铁 5 号线	27.7	10.7	39%	3×30m 连续箱梁
5	上海地铁莘闵线(5 号线)	17.2	17.2	100%	30m 简支箱梁
6	上海地铁共和新路高架	12.455	8.25	66%	30m 简支箱梁
7	南京地铁 1 号线	16.9	4.249	25%	3×25m 连续箱梁
8	武汉轨道交通 1 号线一期	10.27	10.27	100%	25m 简支箱梁
9	天津津滨轻轨	45.409	39.7	87%	3×25m 连续箱梁
10	天津地铁 1 号线	26.187	8.743	33%	3×25m 连续箱梁
11	重庆轻轨较新线	14.28	8.8	62%	25m 简支 PC 轨道梁
12	大连快轨 3 号线	46.45	14.21	31%	25m 连续箱梁、组合 U 形梁
13	广州地铁 4 号线一期	37.53	23.54	63%	30m 简支箱梁
14	上海地铁 9 号线	30.98	15.55	50%	30m、25m 简支箱梁

4. 组合体系

在一般情况下，城市轨道交通中高架桥的结构形式通常采用简支体系和连续体系，但是当桥梁跨度过大或者受地形地物的限制时，通常采用特殊的结构形式，包括简支梁-拱组合体系、连续梁-拱组合体系和钢桁梁-拱组合体系。下面将以典型的桥型案例来介绍这三种组合体系。

1)简支梁-拱组合体系

随着简支梁跨度的增大,梁高与梁体截面尺寸会增大,跨度大的梁体显得笨重而不经济,在一定条件下,会影响桥下净空,而抬高线路会增加工程投资。简支梁-拱组合体系,属于外部静定结构,由于有拱的作用,梁体主要承担轴拉力,而弯矩和剪力主要受吊杆间荷载的影响,弯矩减小,大部分剪力通过吊杆转换为拱轴压力来平衡。系梁一般采用预应力混凝土,拱肋为钢筋混凝土或钢管混凝土。为充分利用钢管混凝土的诸多优点,目前所建的简支梁-拱组合式桥梁多采用钢管混凝土拱肋[13]。下面以宁启线 64m 简支 U 形梁-拱组合桥来说明此类桥梁的特点。

宁启线上跨沪通铁路,由于受线路纵断面高程限制而采用了 64m 简支 U 形梁系杆拱桥,其总体布置见图 1.2-12。梁长 67m,计算跨径 64m,主梁为 U 形梁,主梁跨中梁高 1.9m,梁端高 2.4m,截面顶宽 1.2m,腹板厚 70cm,道床板宽度为 9.9m,槽内净宽 7.5m,跨中板厚 55cm,梁端板厚 105cm;拱肋采用单肢钢管混凝土截面,钢管直径为 1000mm,壁厚为 16mm;拱肋中心轴线采用二次抛物线,设计矢高 12.8m,矢跨比 1/5;本线为单线铁路,吊杆受力较双线铁路小,因此采用单吊杆,吊杆纵向间距 6.0m,采用较小的吊杆间距可以减小系梁弯矩和剪力,吊杆采用 61 根 ϕ7mm 高强平行钢丝束,冷铸镦头锚[14]。

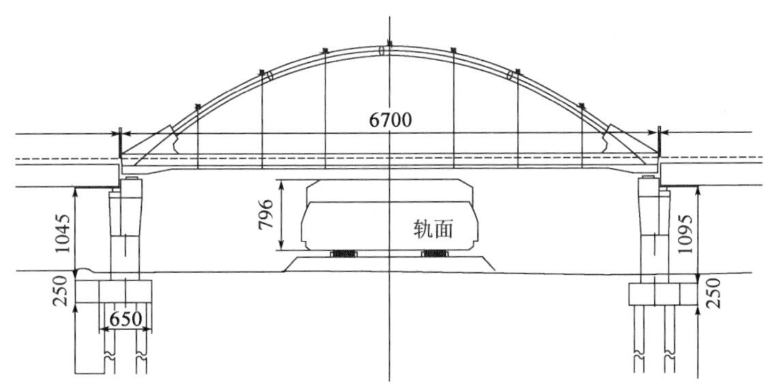

图 1.2-12 简支 U 形梁系杆拱桥总体布置

简支 U 形梁-拱组合桥在承受列车荷载时,荷载直接作用在道床板上,然后沿道床板→系梁→吊杆→拱肋→拱座→支座的路径传递。列车荷载由拱、梁共同承担,其分担的比例与拱、梁相对刚度有关。简支 U 形梁系杆拱桥是由 U 形梁与系杆拱形成的组合结构(图 1.2-13),由系梁、道床板、拱肋、吊杆、横撑等组成。U 形梁与拱肋和横撑构成部分封闭截面,U 形梁的建筑高度主要取决于道床板的厚度,道床板厚度与梁的横向跨度有关,与纵向跨度无关。系梁采用直墙式 Γ 形 U 形梁,人行道布置在槽外,以减小系梁横向宽度。系梁横断面见图 1.2-14。

2)连续梁-拱组合体系

连续梁-拱组合体系为多次超静定结构,一般情况下是将 3 跨连续梁与拱组合,其类型包括上承式、中承式和下承式。主梁除承受弯矩外,还承受拉力,拱肋主要承受轴压力,剪力主要由拱肋轴力的竖向分力承担。这类桥梁可以大大削减结构弯矩和剪力的内力高峰值,使得梁体截面尺寸减小,用料最省。其中,上承式和中承式连续梁-拱组合桥梁,为使梁的拉力平衡拱的水平推力，边跨需要两个半拱；下承式连续梁-拱组合桥梁，中跨用拱加劲，两个边跨因拱的作用竖向刚度增大，使得边跨跨度可以减小。下面以武汉轨道交通 1 号线二期工程东段 U 形连续梁-拱桥和上海轻轨漕溪路主跨 128m 连续梁-拱组合桥来说明此类结构体系的特点。

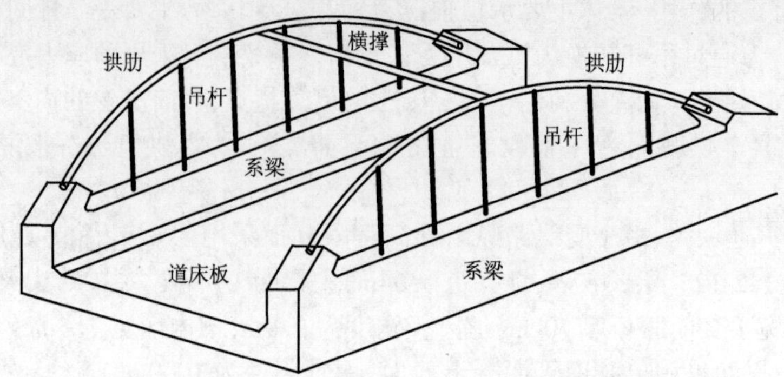

图 1.2-13　简支 U 形梁-拱组合桥结构体系示意图

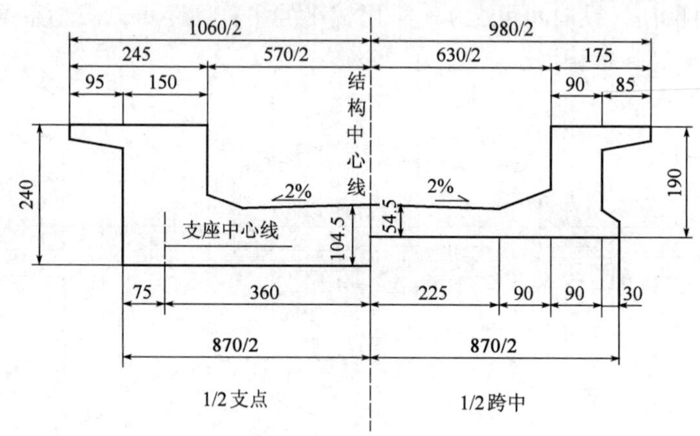

图 1.2-14　系梁横断面

武汉轨道交通 1 号线二期工程东段由于受地物、地形的限制，跨货场处线路与下穿长江二桥及解放大道的连接，均采用了较小的曲线半径，桥址平面条件较差。故本桥采用（55 + 105 + 55）m 的 U 形连续梁拱桥，见图 1.2-15。主梁采用 U 形梁截面，行车道板宽度 10.1m，高度 1.5m。两侧主梁宽度各 2.0m，梁底等高，梁高 5.0 ~ 3.0m，以圆曲线过渡。腹板厚 0.4m，顶板厚 0.48 ~ 0.3m，底板厚 0.8 ~ 0.3m。主梁中支点横截面见图 1.2-16。拱肋中心线采用二次抛物线，矢高 21m，矢跨比 1∶5.2。为使本桥拱肋与其跨度及所承受的荷载相适应，采用 2.0m高的哑铃形实腹板截面。上、下弦管外径 800mm，板厚 24mm；腹板厚 500mm，板厚 20mm。全桥纵向共设 12 对吊杆，采用纵向双吊杆体系，吊杆中心距 8.0m，采用 61 丝 ϕ7mm 镀锌平行钢丝索、PES 7-61 冷铸镦头锚[15]。

上海轻轨漕溪路主跨 128m 连续梁-拱组合桥已建成通车多年。漕溪路桥为上海轻轨明珠线最大跨度的桥梁，其上部结构为（54 + 128 + 54）m 预应力混凝土连续梁和系杆拱组合结构（图 1.2-17），桥宽 13.2m，桥高 18m，拱肋矢高 16m。主纵梁为双向预应力混凝土箱形连续梁，拱肋为钢管混凝土结构，吊索采用预应力高强钢丝，拱每侧设有 14 根吊杆，在拱脚处设两道加强横梁,边墩处设端横梁,两边孔各设6根横梁,中孔设16根横梁,在钢轨位置的横梁间设4道混凝土纵梁,桥面板与纵梁以及横梁相连,形成正交异性板结构[16]。

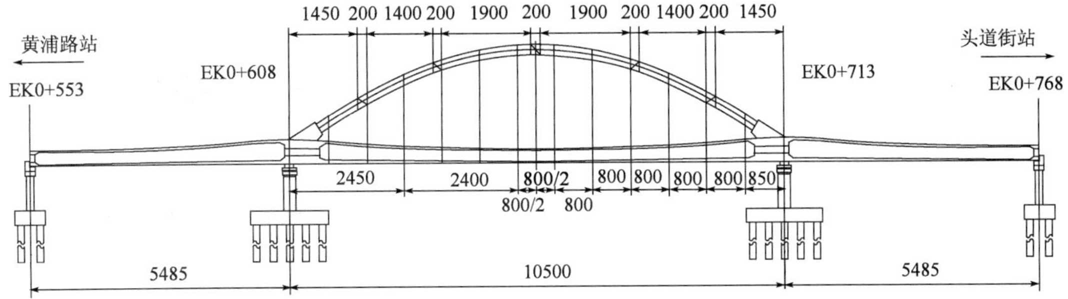

图1.2-15 U形连续梁钢管混凝土拱桥总体布置图

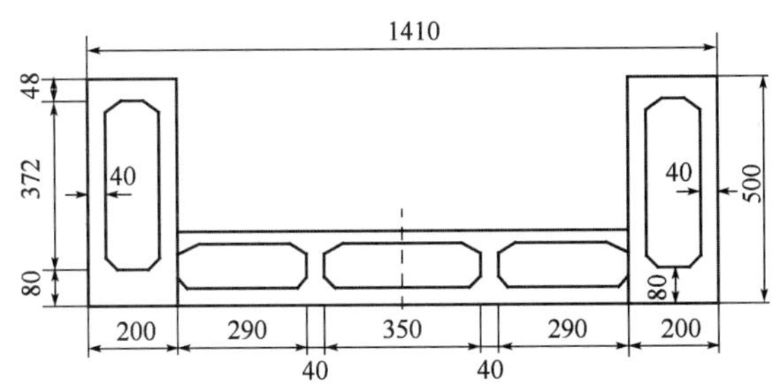

图1.2-16 主梁中支点横截面(单位:cm)

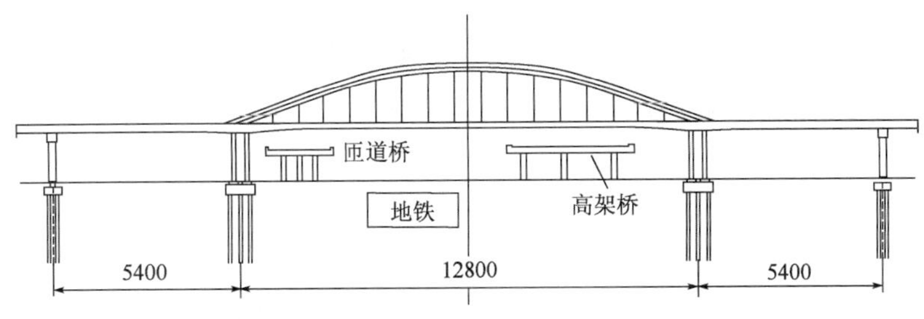

图1.2-17 上海轻轨漕溪路桥

3)钢桁梁-拱组合体系

重庆菜园坝长江大桥是世界上第一座公路轻轨两用城市大桥,主桥为特大公轨两用无推力式刚构、钢桁梁、钢箱系杆拱组合结构,主桥全长800m,其中主跨420m,对称布跨的边跨和侧边跨分别为102m及88m。大桥主跨为钢-混组合结构提篮式系杆拱,矢高约56.44m,跨度320m,矢跨比1/5.7,两片拱肋通过6道钢箱横撑连为一体。拱肋箱形截面尺寸为2.4m×4.0m,行车道宽度2×3×3.75m。主拱拱肋在恒荷载和运营活荷载作用下将产生面内和面外的水平推力。车行道钢桁梁为带正交异性桥面板的桁架结构,除直接承受竖向的运营荷载外,同时承受拱肋产生的巨大水平推力。拱的横向水平推力由拱肋钢横系梁、刚构混凝土横系梁共同承受;大桥整个结构为受力复杂的空间三维体系。公路层为双向6车道汽车荷载加2侧人行道荷载,轨道层为双线轻轨。菜园坝长江大桥主桥立面布置如图1.2-18所示[17]。

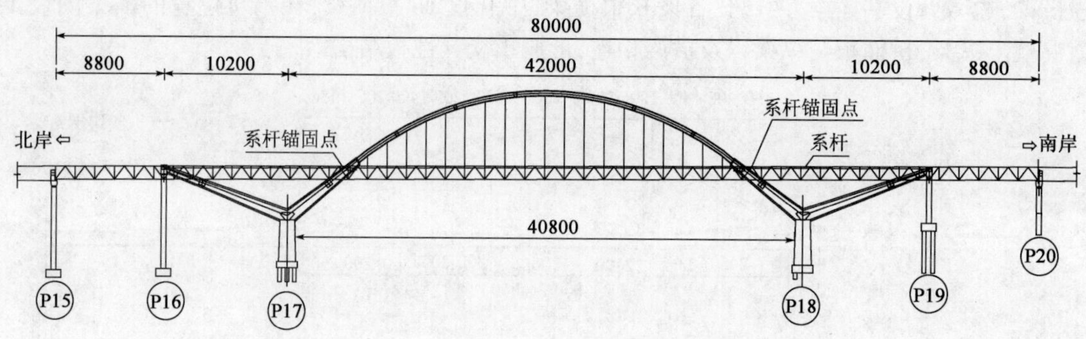

图 1.2-18　菜园坝长江大桥主桥立面布置

4）梁-拱组合式桥梁的优点

梁-拱组合式桥梁由梁与拱两种基本结构组合而成，与一般的梁桥和拱桥相比主要有以下优点：

（1）结构受力合理、用料省、经济性能好。梁-拱组合体系桥梁将主要承受压力的拱和主要承受弯矩、水平力的行车道梁组合起来共同承受荷载，可以充分发挥各组合构件及材料的作用。

（2）对地基适应能力强。由于拱肋推力由系梁预应力平衡，故对地基要求低，适宜在软土地基上建造。

（3）建筑高度低。由于吊杆的作用，系梁相当于一个弹性支承连续梁，梁中弯矩较小，故其建筑高度大大低于同等跨度的连续箱梁。

（4）造型美观。梁-拱组合体系结构轻盈、线条简明、受力明确。

1.2.4　轨道交通桥梁上部结构的截面形式

目前，轨道交通桥梁上部结构的截面形式主要有箱形梁、T 形梁和 U 形梁。

1. 箱形梁

箱形梁是目前比较先进且被国内外广泛采用的高架桥梁结构形式之一，其建筑高度适中，截面外形简洁、美观，线形流畅，结构轻巧，梁体与圆柱形墩或 Y 形桥墩配合设计，更显得结构轻巧简捷、线条流畅。箱底截面平整，结构占用空间小，通透性好。同时箱形梁结构的闭合薄壁截面整体受力性能好，抗扭刚度大，适用性强，在区间的直线、曲线段均可采用，对于斜弯桥尤为有利。箱形梁截面具有良好的动力特性，它的收缩变形小，材料用量最省，设计与施工技术经验较成熟。施工方案可采用整孔预制架设、支架现浇、移动模架、阶段预制拼装等方法。箱形梁可以选择的截面形式主要有单箱单室、单箱双室和双箱单室三种形式。

1）单箱单室

单箱单室箱梁属于箱形闭口截面，对墩梁体量要求比较小，对桥墩顶部横向宽度要求也比较小，外观简洁，景观效果好，外形也容易保证，对线路曲线、桥下净空具有良好的适应性，施工技术和设计技术比较成熟；但其受力性能不及单箱双室形式的梁优越，由于取消中间的腹板，顶板的横向跨度增大，剪滞效应更为明显。其典型截面见图 1.2-19。

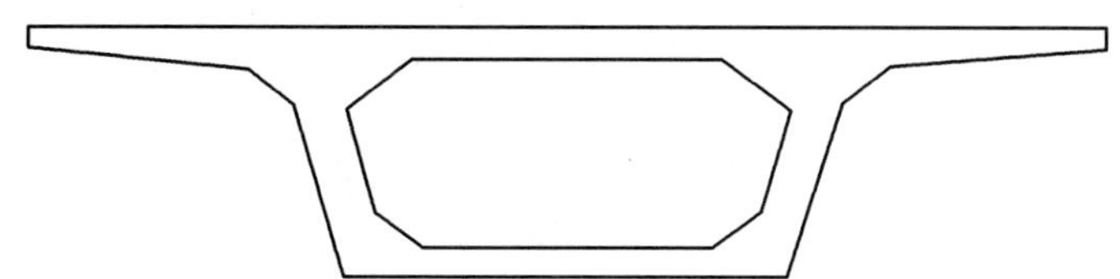

图1.2-19 单箱单室截面

南京地铁3号线高架桥上部结构采用单箱单室箱形梁，标准跨采用跨径为30m后张法简支梁，梁高1.8m，断面见图1.2-20。

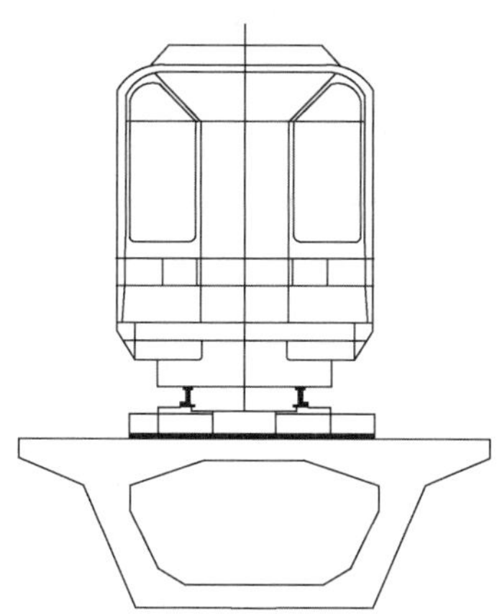

图1.2-20 南京地铁3号线单箱单室箱梁断面

2）单箱双室

相较于单箱单室，单箱双室箱梁结构增设了中间腹板，桥面板横向受力更好，截面刚度大，梁段竖向转角比较小，列车运行平顺性佳，具有变形量小、刚度大等优点，应用范围更广。其典型截面见图1.2-21。

津滨轻轨9号线高架桥全线桥梁基本跨度为3×25m预应力混凝土连续箱形梁。预应力混凝土箱形梁采取单箱单室截面，钢筋混凝土连续箱形梁采用单箱双室截面，双线轨道线间距为3.6m时桥面宽8.9m，跨中截面见图1.2-22[18]。

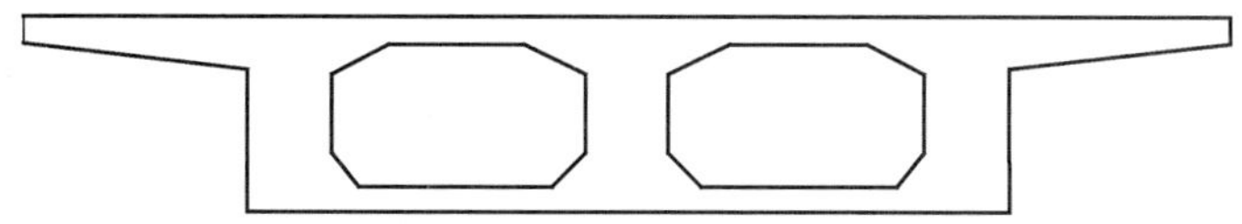

图1.2-21 单箱双室截面

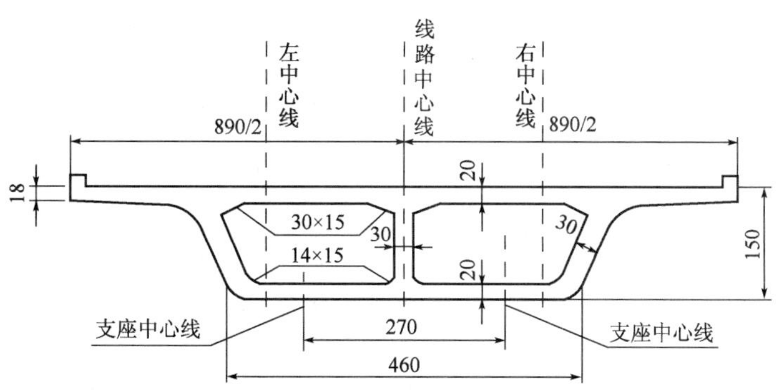

图1.2-22 单箱双室跨中截面示意图

3）双箱单室

双箱单室也是国内外桥梁常见的断面形式，如图1.2-23所示。该种形式将左、右两线的上部结构合二为一，整体性好，充分地利用了材料的受力性能，工程量较单箱双室方案更省，且上部质量的减轻对改善下部结构的受力也能起到一定作用。在景观方面，如采用斜腹板式的双箱单室截面，梁底宽度和墩顶盖梁的宽度都相应减小，视觉效果也优于单箱双室形式。

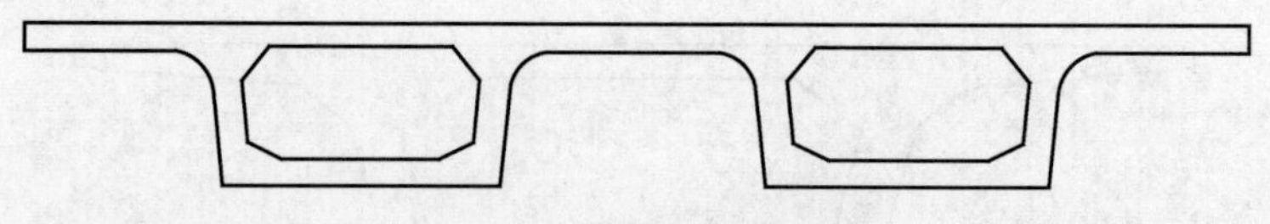

图 1.2-23　双箱单室截面

2. T 形梁

T 形梁建筑高度为目前高架桥梁部结构形式中最高的一种，属于肋梁式结构的一种，其抗弯性能好，梁体较轻，采用一片梁对一根钢轨的形式，结构受力非常明确；设计、施工经验成熟，工程造价低，可采用工厂预制、现场吊装，施工速度快，对既有道路交通干扰小。但是 T 形梁桥梁底部呈网格状，美观性较差，可用于对景观要求低的地段。T 形梁典型截面见图 1.2-24 所示。

重庆轻轨跨座式轨道交通全线采用跨度为 20.22m 轨道梁，在工厂预制，部分线路预应力混凝土梁断面呈倒 T 形，可称为倒 T 梁（图 1.2-25）。

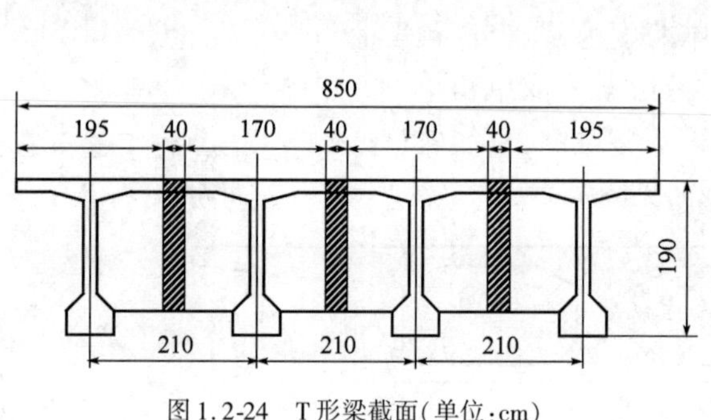

图 1.2-24　T 形梁截面（单位：cm）

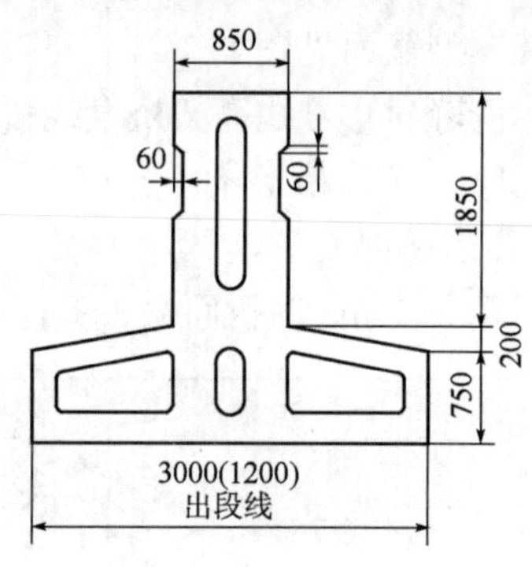

图 1.2-25　预应力混凝土轨道曲梁跨中断面

3. U 形梁

U 形梁习惯被称为槽形梁，是因为早期 U 形梁的腹板和底板之间采用折线过渡，截面形状更接近槽形，随着截面形式的不断改进、完善，早期的槽形逐步改进为腹板和底板之间圆顺过渡的"U"形。换句话说，早期的槽形梁可以看作折线形的 U 形梁。

U 形梁为混凝土下承式结构，其主要优点是结构建筑高度较低，降低车站高度，节省土建费用，提高了乘客的舒适度；两侧的主梁起到部分声屏障的作用，两侧的腹板可有效地降低轮轨摩擦噪声，替代或减小上部隔音墙高度；两侧的主梁能避免列车出轨后发生倾覆，提高运行安全性；降低区间桥梁高度，减少基础设施材料用量，优化线路高程，减少车辆运行时的能源消耗；桥梁结构整体高度的降低，提高了结构的抗震性能；外形连贯、流畅，景观效果好。但由于其结构是开口截面，整体性不如箱形梁好，抗扭刚度和腹板稳定性相对较弱，受力复杂，需布置多向预应力筋；由于其支座布置在腹板之下，桥墩帽梁尺寸要比箱形梁的桥墩帽梁大很多。与箱形梁和 T 形梁相比，U 形梁更能适应城市轨道交通高架结构的综合要求，因而逐渐成为城市轨道交通高架桥的主要截面形式。U 形梁分为双线 U 形梁和单线 U 形梁，横截面见图 1.2-26。

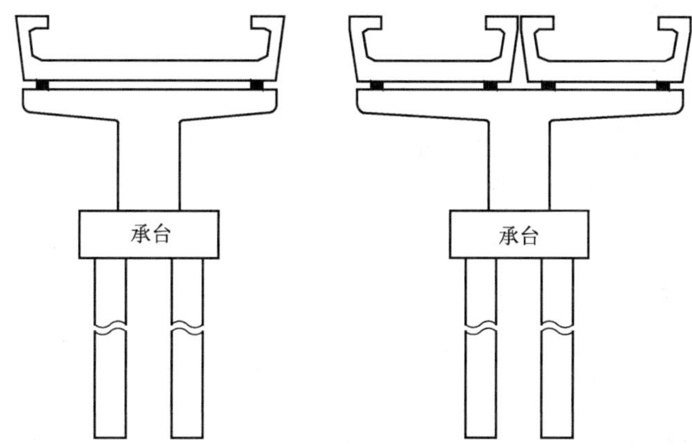

图 1.2-26 双线 U 形梁和单线 U 形梁横截面

从截面形式和受力特点来看，目前的 U 形梁和早期的折线形 U 形梁有着很多的相近之处，两者的差异甚小。或者说，目前的 U 形梁有着流线型的外观，截面形式更利于施工和钢筋或钢绞线布置。

1）折线形 U 形梁

折线形 U 形梁的腹板与底板采用折线相交，结构构造和施工模板简单，易于生产。上海轨道交通 6 号线高架桥采用双线 U 形梁，在底板下每隔 3.6m 设置一道横梁，横梁中设置横向预应力钢筋，结构体系变为主梁 + 横梁 + 桥面板体系，如图 1.2-27 所示。设置横梁后底板厚度大幅降低，一方面混凝土用量减少；另一方面结构重心上移，预应力偏心增大，预应力钢束用量减少，相比传统 U 形梁有较大改进。该梁采用纵向和横向预应力体系，取消了竖向预应力体系，可以加快施工进度。

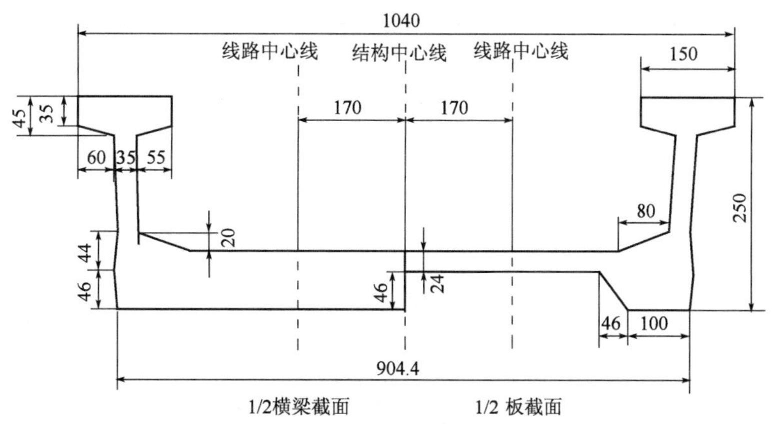

图 1.2-27 上海轨道交通 6 号线高架桥截面图（单位：cm）

2）流线型 U 形梁

流线型 U 形梁是指将腹板做成流线型，与底板自然过渡衔接。对于线路较宽的轨道交通，设置成双线布置往往更有优势。双线 U 形梁的线路中心线与桥梁结构中心线有一定偏移，当轨道车辆单线行驶时，偏载产生的扭矩不利于其受力。如果采用单线线路，使线路中心线与桥梁结构中心线重合，减小偏载引起的扭矩，将会避免早期槽形梁的缺点，发挥其优点。

采用单线线路时车辆荷载和底板跨度减小一半,底板横向弯矩显著减小,能有效降低底板厚度并取消底板横向预应力钢束。

上海轨道交通 8 号线采用的 30m 标准跨径的简支小 U 形梁,为后张法预应力混凝土结构。施工方案为整梁预制后吊装。相对于"纵梁 + 横梁 + 桥面板"的双线 U 形梁,其梁高由 2.5m变为 1.8m,弧形腹板及底板厚度由 0.35m 减小为 0.24m,桥面板厚度由 0.24m 减小为 0.23m,支点局部略加厚即可满足钢绞线的锚固要求[19]。双线 U 形梁横断面见图 1.2-28。

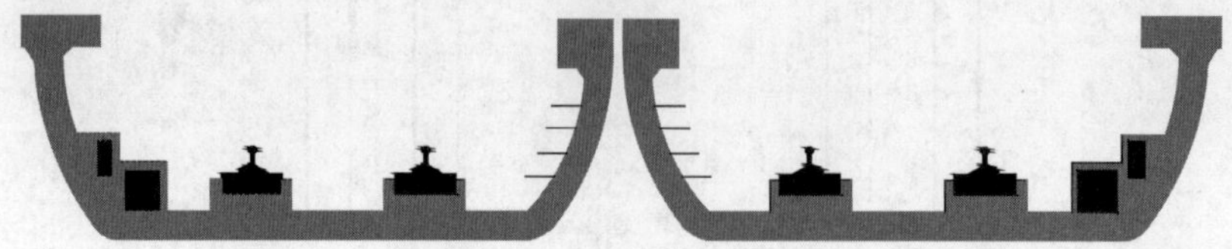

图 1.2-28　双线 U 形梁横断面

南京地铁 2 号线东延高架线的 U 形梁主要应用于三段线路中。首段长约 1.2km,线路线型较好,采用单线小 U 形梁结构,共 49 跨,98 片梁,跨度以 25m 为主。U 形梁顶宽 5.15m,梁底宽 4.1m,底板厚 0.26m,梁高 1.8m,每跨下设 4 个支座。第二、三段线路长分别为 1.8km 和 1.7km,为两个高架区间,也采用单线小 U 形梁结构,桥跨同样以 25m 为主,配跨有 18m、26m 等,并根据具体情况设计有加宽、变宽的 U 形梁。标准段 U 形梁跨中截面如图 1.2-29 所示[20]。

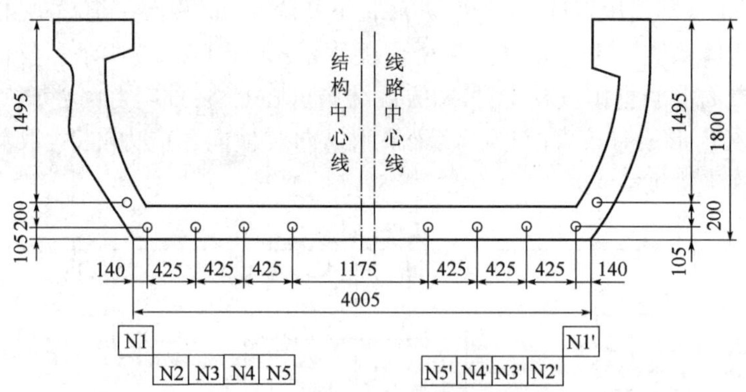

图 1.2-29　U 形梁跨中结构截面

表 1.2-3 给出了箱形梁、T 形梁、U 形梁三种截面形式梁的性能比较。

三种梁的性能比较　　表 1.2-3

	箱形梁	T 形梁	U 形梁
项目			
施工方法	预制或现浇	预制吊装	现浇

续上表

桥墩形式	单柱或双柱	T 形墩	薄壁墩
适用范围	区间、跨路口	区间、车站	区间直线段
造型	线条流畅、造型美观	简洁、明快，景观性较差	节约净空，降噪效果好
受力性能	动力性能好，抗扭刚度大	受力明确	自重大，抗扭不利
建造经验	技术成熟，城轨建造经验多	技术成熟，城轨少用	正在实践，尚需丰富经验
经济性	一般	较好	较差

1.3　轨道交通 U 形梁现状

1.3.1　轨道交通 U 形梁的发展历程

随着城市轨道交通系统的设计水平、施工方法和集成能力的不断提高和改进，轨道交通的高架桥梁体形式也在不断发展中。轨道交通高架桥的结构形式经历了由箱形梁、T 形梁、槽形梁等传统结构向 U 形梁的演化。槽形梁分为单线和双线槽形梁，其中单线槽形梁通常设计成具有流线型外观的 U 形梁，故槽形梁是 U 形梁结构发展的基础[21]。

国外在 20 世纪中期就已开展 U 形梁的研究。英国于 1952 年建造的罗什尔汉桥采用预应力混凝土 U 形梁，该桥跨度 48.6m。此后，日本羽咋川桥、新干线第二丘里桥，德国朴罗钦根内卡河桥，比利时高速铁路阿布尔高架桥等均采用了简支或连续的 U 形梁形式。在轨道交通领域，法国的里尔建造了双线跨度 50m 的预应力 U 形梁，巴黎地铁 13 号线有 2km 的高架桥采用了 U 形梁，其中在塞纳河上建造了最大跨度达到 85m 的 U 形梁；荷兰鹿特丹的地铁高架段中应用了近 6km 的 U 形梁；智利的圣地亚哥地铁 5 号线已建成双线 U 形梁。

相对于国外，我国在 U 形梁领域的研究起步较晚。国内铁路部门最早在 20 世纪 80 年代初将槽形梁应用于铁路桥梁上，先后建设了 10 余座槽形梁桥，但受铁路重载发展的限制，槽形梁并没有得到大范围应用。目前城市轨道中所用的 U 形梁为槽形梁演变而成。在国内轨道交通领域，1999 年广州市地下铁道设计研究院率先设计了 25m 跨度预应力混凝土 U 形梁，并进行模拟试验，但由于受当时条件限制，该梁型未能在工程实践中推广使用。

直至 2008 年，北京城建设计研究院经过数年研究，研发了具有完全自主知识产权的 U 形梁体系。2009 年，上海轨道交通 16 号线建成通车，其首次应用新型 U 形梁结构，现运行状况良好。其高架桥梁段采用了 30m 跨径的简支 U 形梁结构。2010 年，南京地铁 2 号线东延线建成通车，该线首次采用了 25m 跨径简支 U 形梁结构，同时 U 形梁采用了折线形，提高了线路的美观性。2012 年，重庆轨道交通 1 号线建成通车，其采用的 U 形梁系统得到进一步改进，在长度约 7km 的大学城段中，采用 B 型车 30m 跨径简支 U 形梁结构，同时将接触网立柱设置在线路中心，与南京、上海地铁接触网立柱设在两侧相比，视觉效果更好[22]。

U 形梁高架结构首次运用于广州地铁时，主要采用了现场搭设满堂支架，之后铺设底模、立侧模，再浇筑混凝土的方式。当时梁型采用纵、横、竖三向预应力结构，形式复杂，工艺烦琐，施工周期长，这些不便都限制了 U 形梁的进一步推广应用。随着高性能混凝土及其他新型材料、设备的使用，设计单位对 U 形梁结构进一步优化，取消了横向及竖向的预应力体系，只设置纵向的预应力体系，大大简化了 U 形梁施工程序。国内外施工企业开始多方位研究 U 形梁预制、运输、架设的方法、工艺、设备等，先后采取了在场外制梁场集中预制、公路专用大件平板车运输、双导梁架桥机架设、履带吊车架设等施工方案。

在青岛蓝色硅谷轨道工程中，U 形梁采取现场外设置梁场集中预制，公路大型平板车桥下运输，2 台门式起重机配合提梁上桥，专用运输车梁上运梁，双导梁式架桥机快速架梁的施工方法，逐步形成了较为科学的 U 形梁的制、运、架施工工艺，可供其他同类工程参考。但 U 形梁的制、运、架施工工艺有尚需进一步完善之处，还有待进一步发展，故需对 U 形梁在制、运、架过程中的关键技术进行深入研究，以确保其施工安全、可靠。

总之，槽形梁可以做成各种各样的形状，并根据不同的条件，可采用不同的施工方法，适应性较强。而且，槽形梁作为下承式预应力混凝土桥梁的一种基本形式，研究其受力性能、施工方法，对发展其他结构也是有益的。国内外 U 形梁的使用情况如表 1.3-1 和表 1.3-2 所示。

国内外有代表性的钢箱拱桥一览表　　表 1.3-1

<table>
<tr><th>序号</th><th>修建年代</th><th>项 目 名 称</th><th>线路长度（km）</th><th>高架长度（km）</th><th>高架长度/线路长度</th><th>区间标准梁形式</th></tr>
<tr><td>1</td><td>1952</td><td>罗什尔汉桥（英国）</td><td>48.6m</td><td>48.6m</td><td>100%</td><td>简支 U 形梁</td></tr>
<tr><td rowspan="2">2</td><td rowspan="2">1960</td><td rowspan="2">京承线怀柔跨线桥</td><td rowspan="2">256</td><td rowspan="2">256</td><td rowspan="2">100%</td><td>20m 单线简支 U 形梁</td></tr>
<tr><td>24m 双线简支 U 形梁</td></tr>
<tr><td>3</td><td>1975</td><td>第二丘里桥（日本）</td><td>61.4m</td><td>61.4m</td><td>100%</td><td>简支箱梁 + U 形梁</td></tr>
<tr><td>4</td><td>1990</td><td>里兹跨隆河公路桥（瑞士）</td><td>143</td><td>143</td><td>100%</td><td>—</td></tr>
<tr><td>5</td><td>1997</td><td>布鲁塞尔铁路桥（比利时）</td><td>28m</td><td>28m</td><td>100%</td><td>26.65m 简支 U 形梁</td></tr>
<tr><td>6</td><td>2001</td><td>大连快轨 3 号线</td><td>46.45</td><td>14.21</td><td>31%</td><td>连续箱梁 + 25m U 形梁</td></tr>
<tr><td>7</td><td>2002</td><td>广州地铁 2 号线</td><td>31.8</td><td>9.5</td><td>29.90%</td><td>25m 简支 U 形梁</td></tr>
<tr><td>8</td><td>2003</td><td>新索雷尔大桥（澳大利亚）</td><td>460m</td><td>460m</td><td>100%</td><td>18 × 25.5m 连续梁</td></tr>
<tr><td>9</td><td>2004</td><td>天津地铁 9 号线</td><td>52.759</td><td>40.53</td><td>76.80%</td><td>—</td></tr>
<tr><td>10</td><td>2007</td><td>上海地铁 6 号线</td><td>33.521</td><td>11.7</td><td>34.90%</td><td>30mU 形梁、整体箱梁</td></tr>
<tr><td>11</td><td>2007</td><td>上海地铁 9 号线</td><td>65</td><td>—</td><td>—</td><td>—</td></tr>
<tr><td>12</td><td>2008</td><td>上海轨道交通 8 号线二期</td><td>14.6</td><td>6.3</td><td>43%</td><td>30m 简支 U 形梁</td></tr>
<tr><td>13</td><td>2008</td><td>台北捷运内湖线</td><td>14.8</td><td>14.8</td><td>100%</td><td>—</td></tr>
<tr><td>14</td><td>2009</td><td>上海地铁 16 号线</td><td>59.334</td><td>52.6</td><td>88.70%</td><td>30m 简支 U 形梁</td></tr>
<tr><td rowspan="2">15</td><td rowspan="2">2009</td><td rowspan="2">迪拜地铁（阿联酋）</td><td rowspan="2">52</td><td rowspan="2">42</td><td rowspan="2">80.80%</td><td>28m、32m、36m</td></tr>
<tr><td>简支 U 形梁</td></tr>
</table>

续上表

序号	修建年代	项 目 名 称	线路长度（km）	高架长度（km）	比值	区间标准梁形式
16	2009	上海地铁11号线	82.4	40.28	48.90%	35m简支U形梁
17	2010	南京地铁2号线	37.95	8.26	22%	30m简支箱形梁+25m简支U形梁
18	2010	重庆地铁1号线	46	36	78.30%	30m简支U形梁
19	2010	沙特麦加地铁	18.25	18.06	98.90%	25m简支U形梁
20	2014	兰新二线(兰新铁路第二双线)	1776	1776	100%	16m简支U形梁
21	2014	南京地铁S1号线	37.3	16.9	45%	18m、22m、25m 26m、28m、30m 简支U形梁
22	2015	南京地铁3号线	42.5	2.4	5.70%	30m简支U形梁
23	2016	青岛地铁8号线	60.8	5.6737	9.33%	24.7m、32.7m 简支U形梁、箱梁
24	2017	郑州轨道交通9号线	41.16	16.03	39%	30m简支U形梁
25	2017	宁高城际轨道交通二期	43.98	36.6	83%	24.9m、27.9m、29.9m 简支U形梁
26	2017	郑州铁路城郊线	31.7	15.7	49.50%	16mU形梁
27	2018	青岛轨道交通13号线	70.02	51.46	74%	30m、25m简支U形梁
28	2018	上海地铁浦江线	6.689	6.689	100%	30m简支U形梁
29	2018	南京地铁S6号线	43.7	26.08	59.70%	27.9m简支U形梁
30	2018	青岛地铁11号线	14.48	13.5	93.20%	25m、28m、30m 简支U形梁
31	2019	南京地铁6号线	34.9	16.7	47.90%	18m、22m、25m 26m、28m、30m 简支U形梁
32	2019	北京地铁22号线	81	28	35%	30m简支U形梁
33	2019	济南地铁1号线	26.1	16.2	62%	—
34	—	朴罗钦根内卡河桥(德国)	195m	195m	100%	35m+39m+47m+39m+35m 连续箱梁+U形梁
35	—	羽咋川桥(日本)	92.85m	92.85m	100%	2×16.5m+3×19.8m五跨 简支U形梁

国内外主要城市轨道交通高架桥形式简表 表 1.3-2

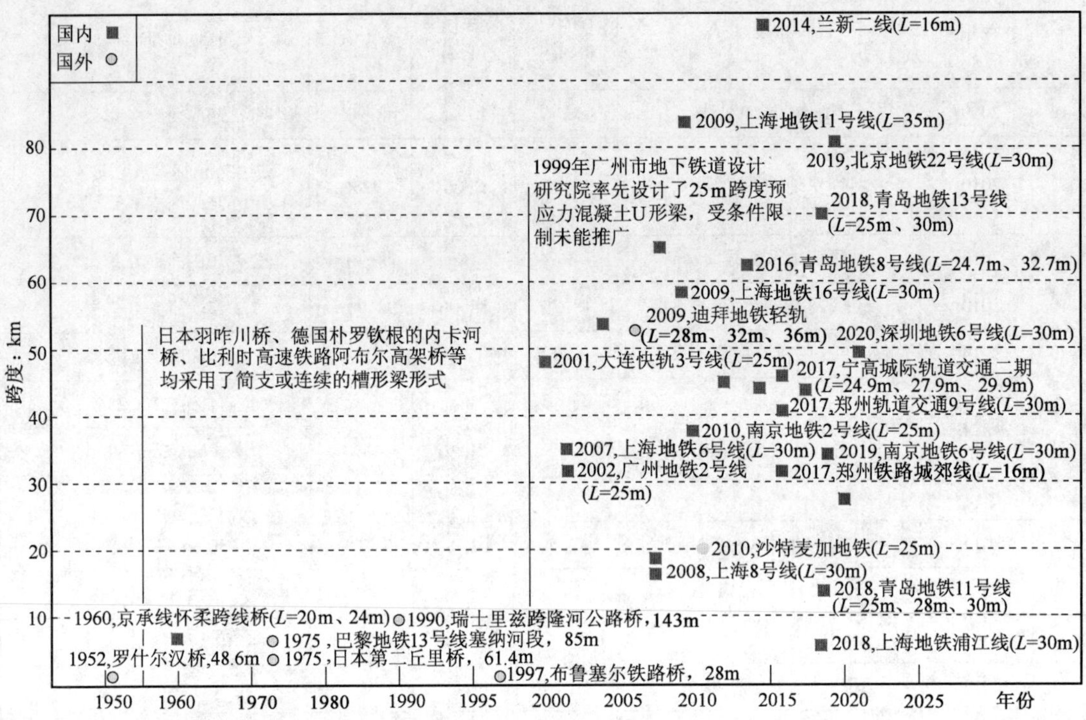

1.3.2 轨道交通 U 形梁特征

传统的高架桥梁一般采用上承式箱形截面构件或者 T 形截面构件来支撑轨道，具有建筑高度大、空间利用率低等缺陷，不仅影响城市景观，给地面人群造成压抑感，对附近居民产生噪声干扰，而且列车一旦脱轨，很容易冲出桥梁，对周边的建筑和人造成一定的危害。

U 形梁结构呈下承式开口薄壁形状，两侧的腹板、底部的底板和两侧腹板的顶部翼缘板共同组成了“U”字形的横截面，这段横截面通道就是梁体，两侧的腹板并不是对称的，一侧是等壁厚腹板，呈弯弧形，它顶部的翼缘板呈“7”字形，另一侧是不等壁厚腹板，中上部向外隆起，较为平滑，它顶部的翼缘板呈“T”字形，底板上表面是承轨台，见图 1.3-1。它具有建筑高度低、隔音效果较好、建筑占地面积较小、断面利用率高、经济性好以及外形优美、与周围环境协调等优点，近年来在城市轨道交通建设中广泛应用。

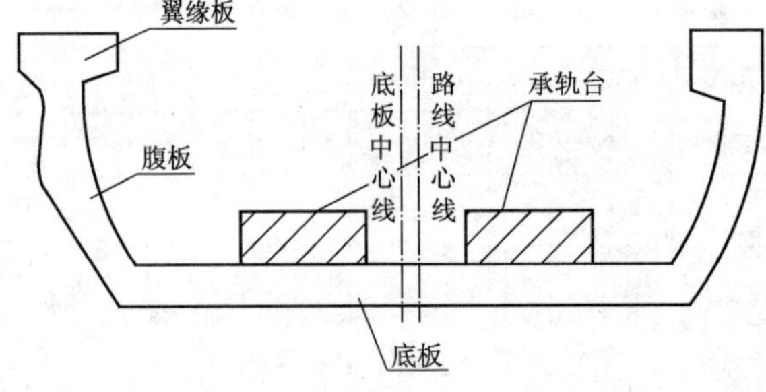

图 1.3-1 城市轨道交通 U 形梁截面示意图

U形梁作为新型的城市轨道交通系统首选梁体结构形式，与传统上承式梁形（如T形梁、箱形梁）以及早期的槽形梁相比，拥有自身独特的优点[23]：

（1）降噪性高。车轨在U形梁内包裹着，使得行驶的列车在U形梁内形成了降噪结构，噪声在经过U形梁腹板的反复反射后，其能量被减弱，因此，噪声能够被有效地削弱。相关数据表明，和传统的箱形梁相比较，U形梁能更有效且合理地降低列车的噪声。

（2）建筑美观性好。作为一种下承式的结构梁，U形梁施工下的车站高度和线路标高都降低了很多，是箱形梁的1/3左右。U形梁有着优美的线条，使得整个建筑露出了车体的上部，而观感较差的桥面则被腹板和翼缘板遮盖住了，观感效果大大提升。

（3）运营成本和建设成本低。U形梁能够有效降低建筑高度和减小截面面积，从而在施工周期和材料用量方面减少建设成本。而且，U形梁的降噪性能非常高，从而能够减少声屏障的使用。通常来讲，声屏障的使用寿命是15年左右，如果按照轨道交通使用寿命100年来看，声屏障需要更换很多次才能够满足其正常运行需要，由此可见，U形梁运营成本也大大降低了。

（4）可利用率高。由于传统箱梁的桥面有部分附属结构如中央疏散平台、电缆桥架、声屏障基础和栏杆等，因此需要一些特殊的设计和施工。然而，U形梁能够大大提升断面的空间利用率，可以在断面的下部布置一些类似于电力电缆、信号、通信等管线，主梁翼缘可以当作紧急旅客疏散通道使用。

（5）安全性高。U形梁的两侧有两个腹板，能够有效避免车辆脱轨时倾覆，使得行车更加安全。

作为一种新型的梁体结构，在城市轨道交通工程中U形梁的运输一直困扰着施工人员，除了城市运梁道路受限外，传统的运梁车运梁空间不足，且在运输过程中U形梁因受力不均匀极易发生扭曲的现象，在横向和纵向上无法满足现代U形梁的运输要求，对U形梁造成破坏性的影响。因此，运梁装备和吊装设备的性能有待提高，必须有高精度自动控制平衡的性能，传统的架桥机不能直接应用于现代U形梁的架设中。目前国内U形梁的安装主要是采用架桥机、门式起重机和汽车吊进行安装，但距离实际要求还有一定差距[24]。

1.3.3 轨道交通U形梁在工程中的应用

国外于20世纪中期就开始了对混凝土U形梁的研究，最早应用这一结构的是1952年英国建造的罗什尔汉大桥，跨径48.6m。此后日本、苏联、联邦德国、澳大利亚先后将其应用于铁路桥中。需特别提到的是日本，日本为了发展高速铁路新干线，对U形梁进行了大量研究试验，制定了U形梁的设计标准，并将U形梁的设计计算方法纳入高速铁路铁道结构物设计标准中。日本在20世纪70年代修建的第二丘里桥是当时跨径最大的铁路U形梁桥，跨径达到61.4m。瑞士于1990年建成的里兹跨隆河公路桥为跨径143m的变高度U形梁，联邦德国的朴罗钦根内卡河桥（35m+39m+47m+39m+30m），从边跨的上承式梁向中跨的下承式U形梁连续过渡。法国里尔建造了跨度为50m的双线预应力U形梁。法国轨道交通13号线在塞纳河上建造了跨度为85m、腹板为矩形、双层底板的预应力U形梁。智利的圣地亚哥地铁采用了双线U形梁并运行多年，情况良好。

在国内城市轨道交通领域，U形梁的工程应用并不多，正处于试验研究与推广应用阶段。

城市轨道交通 U 形梁是城市轨道交通演化的一种新产物。1999 年广州地铁 2 号线高架试验段采用大型预应力预制 U 形梁，由广州市地下铁道设计研究院与法国索菲图公司合作设计，梁全长 24.9m，梁高 1.75m，梁上口宽 5.29m，下口宽 4.71m，腹板、底板以及翼缘板厚 0.25m。2009 年 7 月，上海轨道交通 8 号线延伸段 U 形梁建成通车，高架段采用 C 型车，为 30m 标准跨的简支小 U 形梁结构，是国内首次应用新型 U 形断面的桥梁结构，梁高 1.8m，梁上口宽 5.22m，下口宽 4.12m，混凝土采用 C55，梁腹板为弧形，腹板与底板均较薄，为 0.24m，预应力材料采用高强度钢绞线，支点部略加厚以满足钢绞线的锚固要求。上海轨道交通 16 号线同样采用单线简支小 U 形梁（图 1.3-2）。列车为 A 型车，前期 3 节后期 6 节编组，最高车速 120km/h。标准跨径有 25m、30m、35m 三种，单片梁量分别为 143t、172.5t、204.7t。采用先张法预制，混凝土等级为 C55。弧形腹板和底板厚 0.25m。施工方案为整体预制，梁上运梁，整体吊装。

图 1.3-2　上海轨道交通 16 号线中的 U 形梁

上海轨道交通 17 号线全程 35.30km，与上海轨道交通 16 号线 U 形梁相比，结构大体一致，在施工工艺方面，17 号线 U 形梁（图 1.3-3）增加了电缆支架槽道埋件、疏散平台槽道埋件、漏缆卡具槽道埋件、扶手埋件，梁端底板加厚 10cm，底板平坡改为双向人字坡。为满足杂散电流排流网与梁体结构钢筋的绝缘要求，17 号线 U 形梁承轨台预埋钢筋最终确定为环氧树脂涂层钢筋[25]。

图 1.3-3　上海轨道交通 17 号线中的 U 形梁

2010 年 5 月，南京地铁 2 号线东延线 U 形梁系统通车运行，它采用单线简支 U 形梁结构。列车为 A 型车，6 节编组，最高时速 80km/h。跨度以 25m 为主，梁高 1.8m，梁底宽 4.1m，梁顶宽 5.15m，底板厚 0.26m。为了优化高架桥的景观效果，U 形梁设计成带折线的外形。采用后张法预应力混凝土结构，混凝土采用 C55。25m 跨单片梁重 155t，施工方案为整孔预制吊装。2010 年 5 月，重庆轨道交通 1 号线沙大段第一片 U 形梁成功吊装，预示着国内轨道交通高架线 U 形梁系统正逐步推广应用。重庆轨道交通 U 形梁（图 1.3-4）在总结其他城市交通 U 形梁系统的基础上有了新的突破，在国内城市轨道交通工程中首次采用 30m 跨度预制简支 U 形梁,应用在长度约7km的大学城段,运行列车采用B型车,梁高1.8m,梁顶宽5m,梁底宽3.8m,底板厚0.26m。采用后张法预应力混凝土结构,单片梁重178t。重庆轨道交通U形梁系统采用中央接触网立柱布置方式,与南京、上海地铁采用的两侧布置接触网相比,景观效果更好。

图1.3-4　重庆轨道交通1号线中的U形梁

U形梁近些年在城市轨道交通中得到较为广泛的应用,我国已建的城市轨道交通中采用U形梁情况见表1.3-3。

已建城市轨道交通中采用U形梁的情况(单位:m)　　表1.3-3

项目名称	跨径	梁高
广州地铁2号线	25	1.75
上海轨道交通8号线	30	1.8
上海轨道交通3号线	30	1.8
重庆轨道交通1号线	30	1.8
南京地铁2号线	25	1.8
青岛蓝色硅谷轨道交通	25	1.94
	28	1.94
	30	1.94

第2章 U形梁基本特征

2.1 轨道交通桥梁的梁型发展历程

2.1.1 轨道交通传统梁型的发展

城市轨道交通自1863年在伦敦登上历史舞台后,经历了长时间的发展。在全世界各大城市,轨道交通均发挥着主动脉的作用,承担着连接城市主要区域的交通干线作用。而城市轻轨是于20世纪六七十年代诞生并发展起来,服务于现代化城市轨道交通的一种年轻的电气牵引交通系统。1978年国际公共交通联合会(UTP)在比利时布鲁塞尔召开了第一届轻轨委员会会议,将新型有轨电车交通系统统一命名为轻轨交通系统。

城市轨道交通目前主要以地下线、高架线和地面线为主[22],在城市中心通常采用地下线,在城乡接合部及市郊可以采用地面线,市区及市区周边通常采用高架线。随着城市轨道交通系统的设计水平、施工方法和集成能力的不断提高和改进,轨道交通的高架桥结构形式也不断发展,经历了由板梁、肋板式梁、箱梁等传统结构形式向U形梁等新型结构的演化过程。

中小跨径的公路桥梁或城市桥梁,大部分是钢筋混凝土和预应力混凝土梁式桥[26]。这两种桥梁具有多种不同的构造类型,并且具有就地取材、工业化施工、耐久性能较好、整体性能好以及外形美观等优点。通过从力学性能、施工方法等方面对梁式桥构造类型的分析可见,桥梁截面类型的演变朝着力学性能上充分发挥材料的特性、施工方法上便捷高效的方向发展。按承重结构的截面形式对混凝土梁式桥进行分类,大致可分为板式、肋板式和箱形。

1. 板式

预应力混凝土空心板已于20世纪30年代在国外出现,并且被运用到工程中。我国预应力混凝土空心板的应用始于20世纪60年代,受施工工艺水平的限制,当时钢筋混凝土梁板均采用实心结构形式,后来随着芯模制作技术和抽芯工艺的逐步完善,空心板形式开始应用于公路建设系统中。20世纪80年代,随着交通建设事业的发展,大量的预应力混凝土梁被广泛应用,我国交通行业预应力混凝土空心板标准化设计也经历了一个从无到有的发展过程[27]。板式桥梁构造简单、受力明确,可采用钢筋混凝土和预应力混凝土结构,可做成实心和空心,能适应各种形状的弯桥、坡桥、斜桥,因此,在高速公路、一般公路和城市桥梁中得到十分广泛的应用[28]。

板桥的承重结构为钢筋混凝土或预应力混凝土的矩形截面板,其主要特点是建筑高度较小、构造简单且施工方便。但是随着板桥跨度的增加,结构自重会大大增加,不能充分发挥混凝土材料的力学性能,并且经济性会大幅降低,因此简支板梁桥只适用于10m以下的小跨径桥梁。

铰接板桥的受力特点为各板块之间通过结合缝所承受的内力发挥传递作用。一般情况下，结合缝可能引起的内力为竖向剪力 $g(x)$、横向弯矩 $m(x)$、纵向剪力 $\tau(x)$ 和法向力 $n(x)$。然而，当桥上主要作用车轮荷载时，同竖向剪力相比，纵向剪力和法向力影响极小，加之在构造上，结合缝的高度不大，刚性甚弱，通常可近似看作铰接，则横向弯矩对传递荷载的影响极微，可以忽略。这样，为了简化计算，就可以假定竖向荷载作用下结合缝内只传递竖向剪力 $g(x)$。这就是横向铰接板(梁)计算理论的基本假定[29-30]。

铰接板桥的荷载横向分布，在正弦荷载 $p(x)=p\sin\left(\frac{\pi x}{l}\right)$ 作用下，各条铰缝也产生正弦分布的铰接力 $p(x)=p\sin\left(\frac{\pi x}{l}\right)$，图 2.1-1 所示为任何一条板梁在铰接力作用下力的分布图形。鉴于荷载、铰接力和挠度三者的协调性，在研究各条板梁所分布荷载的相对规律时，取跨中单位长度的截割段来进行分析不失其一般性，此时各板条间铰接力可用正弦分布铰接力的峰值 g_i 来表示。

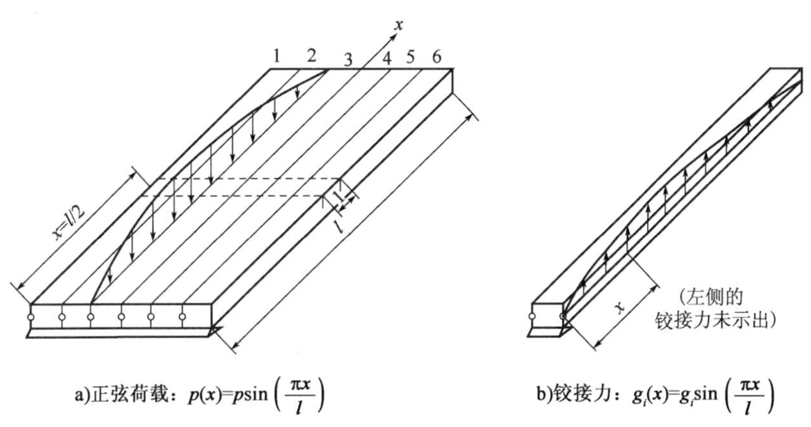

图 2.1-1　板式梁桥的计算图示(一)

对于由 n 条板梁组成的桥梁，必然具有 $n-1$ 条铰缝。在板梁间沿铰缝切开，则每一条铰缝内作用着一对大小相等、方向相反的正弦分布铰接力，因此，对于 n 条板梁就有 $n-1$ 个欲求的未知铰接力峰值 g_i。如果求得了所有的 g_i，则根据力的平衡原理，可得分配到各板块的竖向荷载的峰值 p_i。以图 2.1-2 所示的五板块为例。

$$\begin{cases} 1\text{ 号板}: p_{11}=1-g_1 \\ 2\text{ 号板}: p_{21}=g_1-g_2 \\ 3\text{ 号板}: p_{31}=g_2-g_3 \\ 4\text{ 号板}: p_{41}=g_3-g_4 \\ 5\text{ 号板}: p_{51}=g_4 \end{cases} \tag{2.1-1}$$

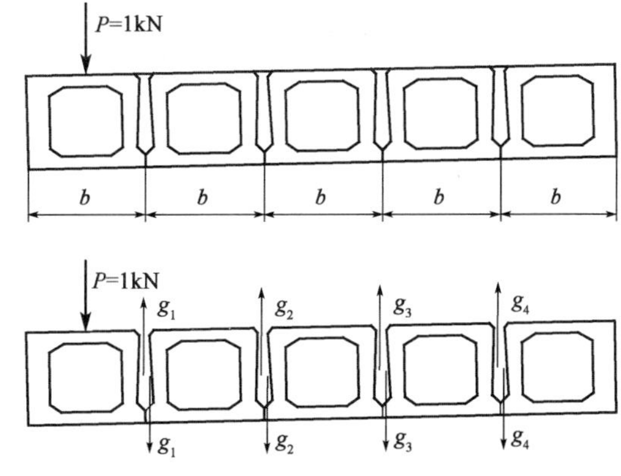

图 2.1-2　板式梁桥的计算图示(二)

显然，对于具有 $n-1$ 个未知铰接力的超静定问题，总有 $n-1$ 条铰接缝，将每一条铰接缝切开形成基本体系，利用两相邻板块在铰接缝处的

竖向相对位移为零的变形协调条件,就可解出全部铰接力峰值。为此,可以列出如下四个正则方程:

$$\begin{cases}\delta_{11}g_1+\delta_{12}g_2+\delta_{13}g_3+\delta_{14}g_4+\delta_{1p}=0\\ \delta_{21}g_1+\delta_{22}g_2+\delta_{23}g_3+\delta_{24}g_4+\delta_{2p}=0\\ \delta_{31}g_1+\delta_{32}g_2+\delta_{33}g_3+\delta_{34}g_4+\delta_{3p}=0\\ \delta_{41}g_1+\delta_{42}g_2+\delta_{43}g_3+\delta_{44}g_4+\delta_{4p}=0\end{cases}\tag{2.1-2}$$

式中:δ_{ik}——铰接缝 k 内作用单位正弦铰接力,在铰接缝 i 处引起的竖向相对位移;

δ_{ip}——外荷载 P 在铰接缝 i 处引起的竖向位移。

对于横向近乎刚性的板块,偏心的单位正弦铰接力可以用一个中心作用的荷载和一个正弦分布的扭矩来代替。设中心作用荷载在板跨中央产生的挠度为 ω,弯矩引起的跨中扭角为 φ,则在板块左侧产生的总挠度为 $\left(\omega+\dfrac{b}{2}\right)\varphi$,板块右侧的总挠度为 $\left(\omega+\dfrac{b}{2}\right)\varphi$,这样可以写出方程式(2.1-2)中的常系数:

$$\begin{cases}\delta_{11}=\delta_{22}=\delta_{33}=\delta_{44}=2\left(\omega+\dfrac{b}{2}\right)\varphi\\ \delta_{12}=\delta_{23}=\delta_{34}=\delta_{21}=\delta_{32}=\delta_{43}=-2\left(\omega+\dfrac{b}{2}\right)\varphi\\ \delta_{13}=\delta_{14}=\delta_{24}=\delta_{31}=\delta_{41}=\delta_{42}=0\\ \delta_{1p}=-\omega\\ \delta_{2p}+\delta_{3p}+\delta_{4p}=0\end{cases}\tag{2.1-3}$$

代入式(2.1-2),使全式除以 ω 并设刚度参数 $\gamma=\dfrac{\frac{b}{2}\varphi}{\omega}$,得正则方程的化简形式:

$$\begin{cases}2(1+\gamma)g_1-(1-\gamma)g_2=1\\ -(1-\gamma)g_1+2(1+\gamma)g_2-(1-\gamma)g_3=0\\ -(1-\gamma)g_2+2(1+\gamma)g_3-(1-\gamma)g_4=0\\ -(1-\gamma)g_3+2(1+\gamma)g_4=0\end{cases}\tag{2.1-4}$$

一般来说,n 块板就有 $n-1$ 个联立方程,只要确定了刚度参数 γ、板块数量 n 和荷载作用位置,就可以解出所有 $n-1$ 个未知铰接力的峰值。有了 g_i,就能得到荷载作用下分配到各板块的竖向荷载峰值。

1 号梁横向影响线的竖标值如下:

$$\begin{cases}\eta_{11}=p_{11}=1-g_1\\ \eta_{12}=p_{21}=g_1-g_2\\ \eta_{13}=p_{31}=g_2-g_3\\ \eta_{14}=p_{41}=g_3-g_4\\ \eta_{15}=p_{51}=g_4\end{cases}\tag{2.1-5}$$

板梁的优点是梁高相对较低,便于压低线路标高,尤其适用于建筑高度受限制的条件下和平原微丘地区的中、小跨径桥梁中,因其可以有效降低路堤填土高度,具有少占耕地、减少土方工程量等特点。但其整体刚度也相对较小,板梁的后期徐变较大,不利于轨道交通线路整体道床轨道调高;每片板梁之间是通过铰接而成的,整体性差;触网立柱较难处理。与此同时,预加力的存在致使空心板端部预应力钢束附近的混凝土和其他部位的混凝土受力不均匀,造成端部混凝土的应变差,相继产生的横向拉应力和剪应力,使得空心板梁端部混凝土局部应力大,容易产生破坏,特别是底、顶板上的纵向裂缝较易出现[31]。

2. 肋板式

肋板式梁桥(图 2.1-3)在板桥的截面形式上进行了改进,其将梁截面下缘混凝土受拉区域大面积挖空,从而显著降低了梁的自重,大大提高了桥梁的跨越能力。肋板式梁桥的腹板和顶板结合共同受力,作为桥梁的承重结构,能够充分发挥混凝土材料的抗压性能和受力钢筋的抗拉性能。肋板式梁桥具有抗弯性能好以及施工方便等特点,一般用于 20 ~ 25m 以上中等跨径的简支梁桥。

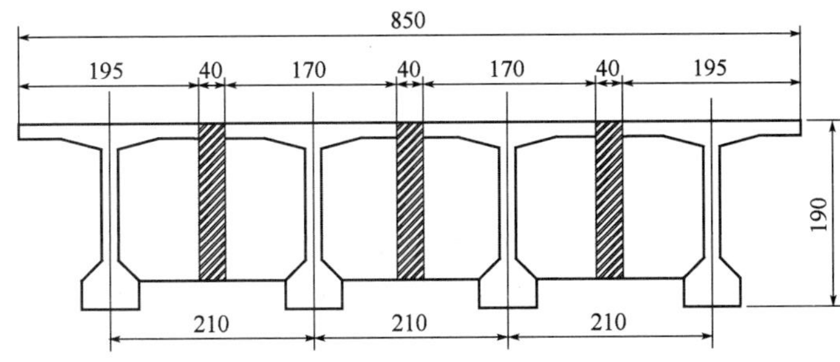

图 2.1-3　肋板式梁横断面图(单位:cm)

肋板式梁在计算桥梁的荷载横向分布系数时,根据不同的横向连接刚度,依据桥梁的宽跨比等可以选取不同的计算方法[32],包括杠杆原理法、偏心压力法、铰接板(梁)法、刚接梁法以及比拟正交异性板法(G-M 法)。

1)杠杆原理法

杠杆原理法的基本假设是忽略横向结构的联系作用,即假设桥面板在主梁上是分开的,且将桥面板当作沿横向支撑在主梁上的单独简支梁或悬臂梁来考虑。为了计算梁承受的最大荷载,通常可利用反力影响线按最不利布载的方法来进行,也就是计算荷载横向分布系数。通过反力影响线可以求出各个主梁所承受的最大荷载,反力影响线的计算结果就是荷载横向分布系数。图 2.1-4 为杠杆原理法示意图。

计算公式分别为:

车道荷载:

$$m_{oq} = \frac{1}{2}\sum \eta_q \tag{2.1-6}$$

人群荷载:

$$m_{or} = \eta_q \tag{2.1-7}$$

该法对于只有双主梁的桥以及包括在桥跨中没有横隔梁使其横向的联系比较弱的桥梁适

用;对于多梁式桥,荷载作用在主梁支点附近时,主梁之间横向联系的作用相对于主梁的支承刚度而言微不足道,此时受力的性质和以上基本假定是一致的,可以采用杠杆原理法计算。

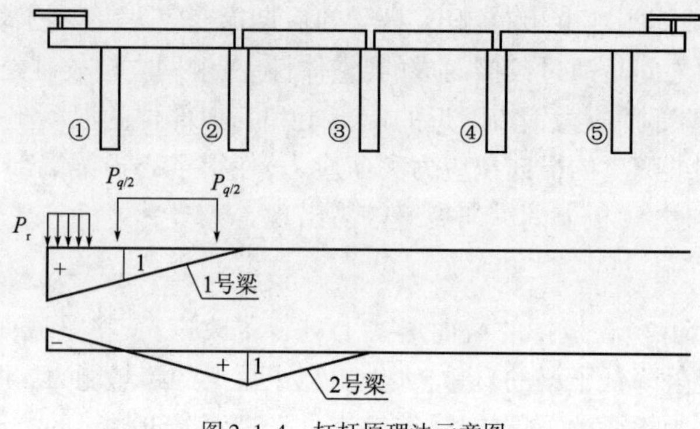

图 2.1-4　杠杆原理法示意图

2)偏心压力法

采用偏心压力法时,中间横隔梁的刚性接近无穷大,横隔梁保持直线形态,如图 2.1-5 所示,此时 ω 表示桥跨中间的竖向挠度。偏心压力法计算荷载横向分布系数的基本前提:可以从主梁受荷载变形规律上来看,其受力类似于材料力学中构件受到偏心压力的情形。因为假定横隔梁为刚性,所以该计算法也称作"刚性横梁法"。

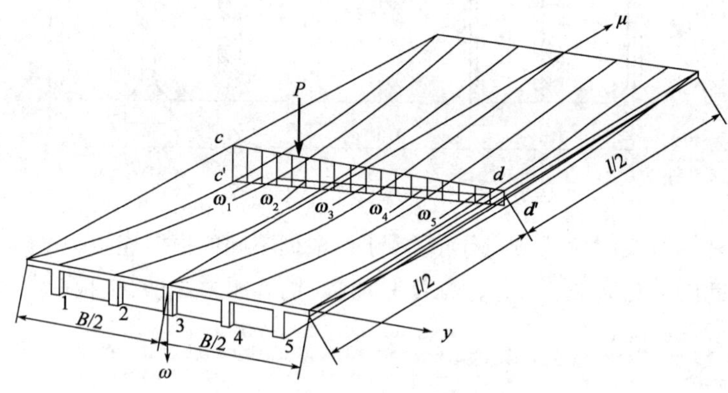

图 2.1-5　梁桥挠曲变形(刚性横梁)

如图 2.1-6 所示,此时假定横隔梁是刚体,按照刚体力学中关于力的平移原理可以将作用荷载 P 移动到 O 处,使用一个作用在扭矩中心 O 上的竖向力 P 和一个作用于刚体上的偏心力矩 $M = P \cdot e = 1 \cdot e$ 代替。偏心荷载的作用即 P 和 M 作用的叠加。

在中心荷载 $P = 1\text{kN}$ 作用下,各主梁的荷载分布情况为:

$$R'_i = \frac{I_i}{\sum_{i=1}^{n} I_i} \tag{2.1-8}$$

在偏心力矩 $M = 1 \cdot e$ 作用下,各主梁的荷载分布情况为:

$$R''_i = \frac{e a_i I_i}{\sum_{i=1}^{n} a_i^2 I_i} \tag{2.1-9}$$

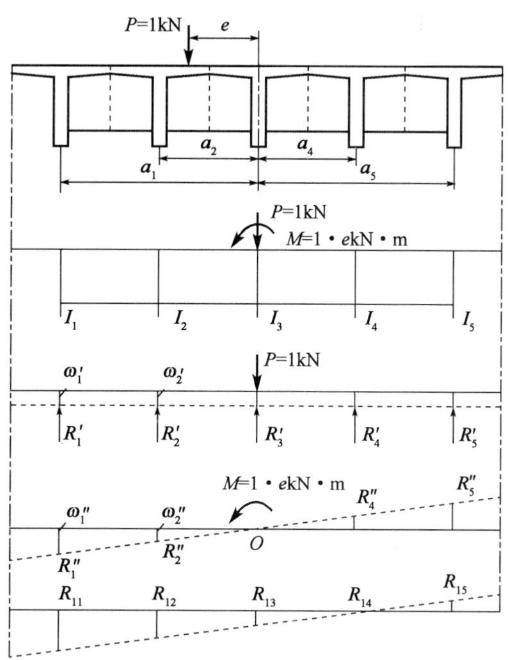

图 2.1-6　偏心荷载 $P=1$ 作用示意图

偏心荷载 $P=1\text{kN}$ 对各主梁的总作用为：

$$R_{ik}=\frac{I_i}{\sum_{i=1}^{n}I_i}+\frac{ea_iI_i}{\sum_{i=1}^{n}a_i^2I_i} \tag{2.1-10}$$

在计算中忽略主梁抗扭刚度和假定横隔梁绝对刚性是偏心压力法的两项基本假定，这会导致在计算结果中边梁的受力偏大。要改变这一情况，就必须考虑被忽略的主梁抗扭刚度，此方法称为修正偏心压力法。

通过演算得到考虑主梁抗扭刚度的主梁的总作用为：

$$R_{ik}=\frac{I_i}{\sum_{i=1}^{n}I_i}+\beta\frac{ea_iI_i}{\sum_{i=1}^{n}a_i^2I_i} \tag{2.1-11}$$

$$\beta=\frac{1}{1+\frac{Gl^2}{12E}\frac{\sum I_{\text{T}i}}{\sum a_i{}^2I_i}} \tag{2.1-12}$$

式中：β——抗扭修正系数，只由结构所属的材料特性以及主梁截面的几何尺寸决定，一般小于 1；

l——简支梁的计算跨度；

$I_{\text{T}i}$——抗扭惯性矩；

G——材料的剪切模量；

E——材料的弹性模量。

此法适用于 $B/L \leqslant 0.5$ 的窄桥,以及至少有五片横向连接较强的梁。

3)铰接板(梁)法

参见板桥部分。

4)刚接梁法

基于铰接板(梁)法,在主梁接缝处补充赘余弯矩,即可建立刚接梁法的正则方程。该计算方法的基本假定:赘余弯矩 $M(x)$ 补充在接缝处后建立的赘余力正则方程的待定值是铰接板(梁)法的 2 倍,除了考虑接缝处的相对位移 Δ_{ik} 和 δ_{ik} 外,由赘余弯矩 $M(x)$ 产生的转角增量和竖直位移也必须考虑在内。因此,在竖向荷载作用下接缝处不仅传递竖向剪力 $g(x)$,而且传递横向弯矩 $m(x)$。翼缘板刚性连接的 T 形简支梁桥的跨中横截面如图 2.1-7 所示。假设 1 号梁的轴线上作用有单位正弦荷载 $p(x)=1\times\sin\left(\frac{\pi x}{l}\right)$,如图 2.1-7a)所示。在板跨截面处,沿纵缝切开桥面板,将桥面板分割成一片片主梁,切口处以按正弦分布的赘余力 $x_i\sin\left(\frac{\pi x}{l}\right)$($x_i$ 均为赘余力在梁的跨中截面处的峰值,$i=1$、2 和 3 表示剪力,$i=4$、5 和 6 表示弯矩)取代,整个结构则可看作由这些赘余力连续起来的超静定结构,此即刚接梁桥的基本体系。此时可用力法求解,求解过程与铰接板法相同,如图 2.1-7b)、c)所示。

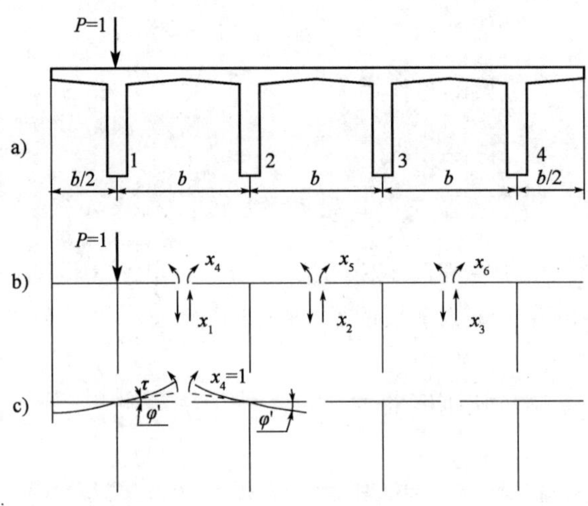

图 2.1-7 刚接梁桥计算图示

刚接梁法的荷载横向分布系数 m_c 可以通过计算刚度参数 β,然后查影响线表获得。β 为悬臂板挠度 f 与主梁挠度 ω 之比:

$$\begin{cases}\beta=\dfrac{f}{\omega}=\dfrac{\pi^4 I d_1^3}{3l^4 I_1}=390\dfrac{I}{l^4}\left(\dfrac{d_1}{h_1}\right)^3\\ \beta'=\left(\dfrac{b}{2d_1}\right)\beta\approx\left(\dfrac{b}{2d_1}\right)\dfrac{I}{l^4}\left(\dfrac{d_1}{h_1}\right)^3\end{cases} \tag{2.1-13}$$

式中:d_1——翼缘板的悬出长度;

h_1——翼缘板厚度,变厚度翼缘板近似取距离梁肋 $d_1/3$ 处的板厚;

I——主梁的抗弯惯性矩；

l——主梁计算跨径；

b——主梁中心距。

对 T 形梁和 I 形梁来说，β'/β 可能稍大于 1，可近似地取 $\beta'=\beta$，以减少参数。对于有中间横隔梁的桥来说，把横隔梁和桥梁的桥面板全部近似化为相等刚度虚拟的桥面板。

5）比拟正交异性板法（G-M 法）

比拟正交异性板法（G-M 法）是按梁格体系将结构简化为纵横相交的梁格，然后用杆件系统的空间结构求解，或将结构简化为矩形平板，按弹性薄板古典弹性理论求解。在实际应用中，G-M 法最大优点为概念明确、计算方便快捷、结果比较精确。此计算方法基于以下基本假定：在梁式桥中，其主要结构有主梁，在梁内有多根横隔梁、桥面板且连续分布，桥梁的宽跨比不小，可以视其为纵横相交的梁格体系，然后将其比拟为一块纵、横刚度不同的矩形弹性薄板，最后按弹性理论进行分析（图 2.1-8）。

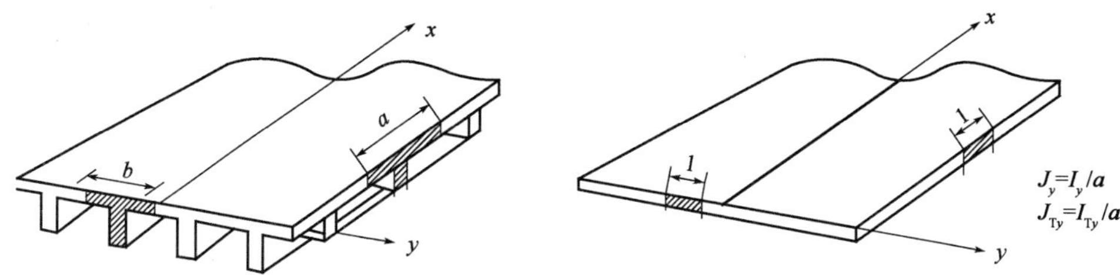

图 2.1-8　桥梁结构换算成比拟正交异性板的图式

比拟板在纵向和横向每米宽度的截面抗弯惯性矩和抗扭惯性矩相应为：

$$J_x=\frac{I_x}{b},J_{\mathrm{T}x}=\frac{I_{\mathrm{T}x}}{b};J_y=\frac{I_y}{a},J_{\mathrm{T}y}=\frac{I_{\mathrm{T}y}}{a} \tag{2.1-14}$$

定义任意位置 i 作用荷载时 k 点的挠度值 ω_{ki} 与该荷载下设想的平均挠度 $\overline{\omega}$ 之比为横向分布影响系数 k_{ki}，即

$$\begin{cases} k_{ki}=\dfrac{\omega_{ki}}{\overline{\omega}} \\ \overline{\eta}_{ki}=\dfrac{k_{ki}}{2B} \end{cases} \tag{2.1-15}$$

式中：$\overline{\eta}_{ki}$——任意位置 i 作用 $P=1$ 的单位荷载时分配给 k 点的荷载；

$2B$——桥梁的宽度。

因此，η_{ki} 是 k 点荷载横向影响线竖向值，则中间间距为 b 的其中一根主梁影响线坐标值 $\eta_{ki}=\overline{\eta}_{ki}b=\dfrac{k_{ki}}{2B}b$。对于有 n 根相同的主梁的桥（$b=2B/n$）来说，$\eta_{ki}=\dfrac{k_{ki}}{n}$，因此对横截面整齐布置的桥梁来说，一根主梁的荷载横向影响线可以由影响线系数 k_{ki} 除以梁数 n 得到。确定跨中的荷载横向影响线后，即可按横向荷载最不利位置，求解各类荷载的 m_c。

此法适用于由主梁的连续桥面板以及多个横隔梁组成的宽跨度比较大的钢筋混凝土梁桥。

肋板式梁是我国采用的最广泛的梁形式,无论是公路桥还是铁路桥,绝大部分的梁都采用肋板式梁,当然大部分是简支梁[33]。肋板式梁材料几何分布与结构受力配合得最好,混凝土面积集中在受压区,受拉区仅仅是为设置预应力束的马蹄块,跨中剪力小,腹板很薄,到支座附近随着剪力增加而加厚。它一般工厂预制,用架桥机(国内施工单位一般都有)吊装就位,非常简洁、方便。它的缺点是横向刚度和抗扭刚度比较差,横向整体性也差,必须加强横隔板以及梁间现浇湿接头以期改善;对平面线型的适应性差,在曲线上一般采用折线平分中矢布置,景观性较差。肋板式梁由于材料相对比较集中,因此刚度稍微小一点。但肋板式梁施工方便,在线路标高不受严格控制、景观方面要求不高的长直线段区间仍可以考虑采用。

3. 箱形

箱形梁桥的横截面由顶板、底板、腹板以及梗腋组成,呈现出封闭的箱形截面,见图 2.1-9。箱形梁桥具有良好的结构性能:①截面抗扭刚度大;②顶板和底板都具有较大的混凝土面积,能有效地抵抗正负弯矩,并满足配筋要求;③适应现代化施工方法的要求,如悬臂施工法、顶推法等;④承重结构与传力结构相结合,使各部件共同受力,截面效率高;等等。箱形梁桥是目前城市高架桥应用最多的结构形式之一。

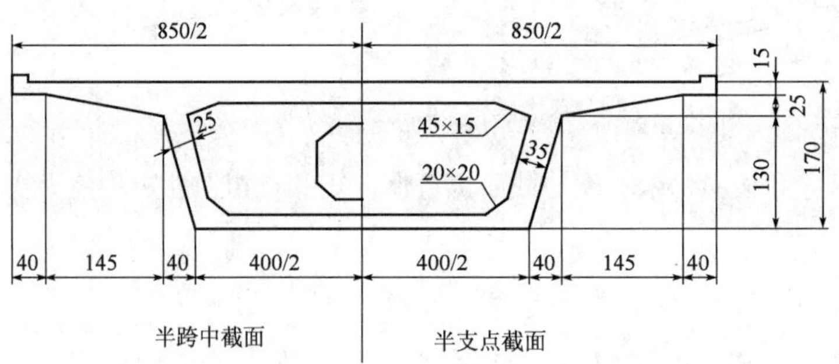

图 2.1-9 箱梁横断面图(单位:m)

箱梁分析的主要方法有解析法和数值法两类[34],如图 2.1-10a)、b)所示,该方法也可适用于前述的板式梁和 T 梁的单片梁的受力分析。对于箱梁受偏心荷载作用的情况,其基本分析思路如图 2.1-10b)所示。为了简化问题,解析法往往采用一些假定和近似处理方法,应用形式单一,有一定的局限性,而数值方法能适用于各种复杂多变的结构形式和荷载条件。

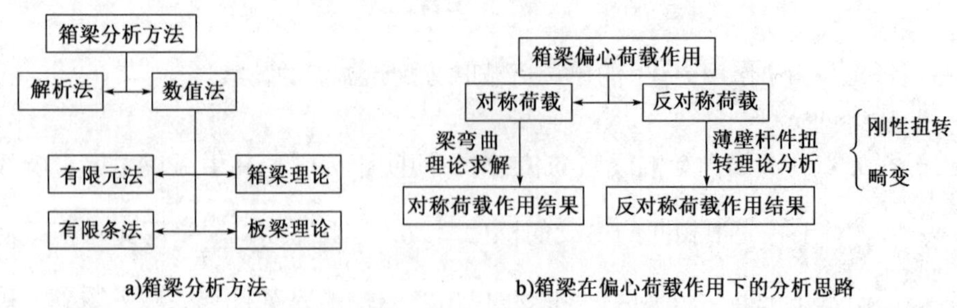

图 2.1-10 箱梁空间计算分析方法

在箱梁空间分析中,解析法解决箱形梁空间问题的基本思路详见图 2.1-11。

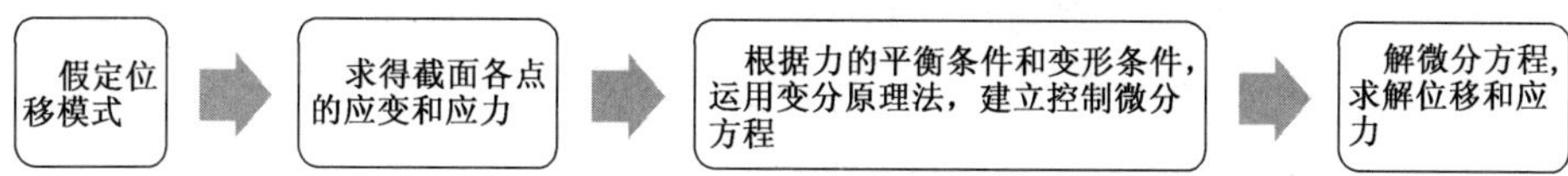

图 2.1-11　解析法求解箱形梁空间问题的基本思路

在众多有限元软件分析计算中采用位移法求解模型的各类问题。对于一般的线弹性问题,有限元分析有以下四个步骤:

①单元划分与位移模式的确定。

通过离散化结构模型,运用形函数矩阵 $\boldsymbol{N}$,建立单元内部任意点的位移分量列阵 $\{f\}$ 与单元各节点处的位移 $\{\delta\}^{\theta}$ 之间的关系:

$$\{f\} = \boldsymbol{N}\{\delta\}^{\theta} \tag{2.1-16}$$

②单元分析。

运用弹性力学中的本构关系可将式(2.1-16)改写为单元几何方程:

$$\{\varepsilon\} = \boldsymbol{B}\{\delta\}^{\theta} \tag{2.1-17}$$

式中,$\{\varepsilon\}$ 表示单元应变分量列阵;$\boldsymbol{B}$ 表示应变矩阵。

建立单元应力分量列阵 $\{\sigma\}$ 与形函数 $\{\delta\}^{\theta}$ 以及弹性矩阵 $\boldsymbol{D}$ 之间的关系,物理方程为:

$$\{\sigma\} = \boldsymbol{D}\{\varepsilon\} \tag{2.1-18}$$

将式(2.1-17)代入式(2.1-18)得:

$$\{\sigma\} = \boldsymbol{DB}\{\delta\}^{\theta} \tag{2.1-19}$$

根据虚功方程:

$$\int\{\varepsilon^{*}\}\{\sigma\}\mathrm{d}v = \{\varepsilon^{*}\}^{\mathrm{T}}\{F\}^{\theta} \tag{2.1-20}$$

建立任意节点虚应变阵 $\{\varepsilon^{*}\}$、单元节点虚位移阵 $\{\sigma^{*}\}$ 的单元平衡方程:

$$\{F\}^{\theta} = \boldsymbol{K}^{\theta}\{\delta\}^{\theta} \tag{2.1-21}$$

式中,$\{F\}^{\theta}$ 为单元节点力分量列阵;$\boldsymbol{K}^{\theta} = \int_{v}\boldsymbol{B}^{\mathrm{T}}\boldsymbol{D}\mathrm{d}V$ 为单元刚度矩阵。

③整体分析。

综合离散体方程建立整体节点荷载阵 $\{R\}$、整体刚度阵 $\boldsymbol{K}$、整体结点位移阵 $\{\delta\}$ 三者之间的平衡方程:

$$\{R\} = \boldsymbol{K}\{\delta\} \tag{2.1-22}$$

④求解有限元方程组。

解方程组求得各节点位移后,可应用假定位移模式、几何方程、物理方程分别求出各单元内任意一点的位移、应变和应力。有限元分析的位移、应力计算精细化程度取决于模型网格划分和位移模式中形函数的选取。

箱形梁的特点是建筑高度适中、力学性能好(竖向刚度、横向刚度和抗扭刚度都好)、整体性好,特别适用于曲线梁桥。它既可用于标准区段,也可用于变宽、道岔区段,平面上适应性特别强;既适宜做简支梁,也可做连续梁。箱梁外观线形流畅、美观,设计和施工经验成熟。

2.1.2 轨道交通新梁型的发展

1952 年英国建造的罗什尔汉桥(图 2.1-12)是最早报道的预应力混凝土 U 形梁。该桥的跨度为 48.6m,主梁间距 4.1m,跨中主梁高 3.8m,支点处梁高 2.83m,主梁的纵向预应力筋和道床板的横向预应力筋均采用直径为 28.6mm 的预应力粗钢筋。

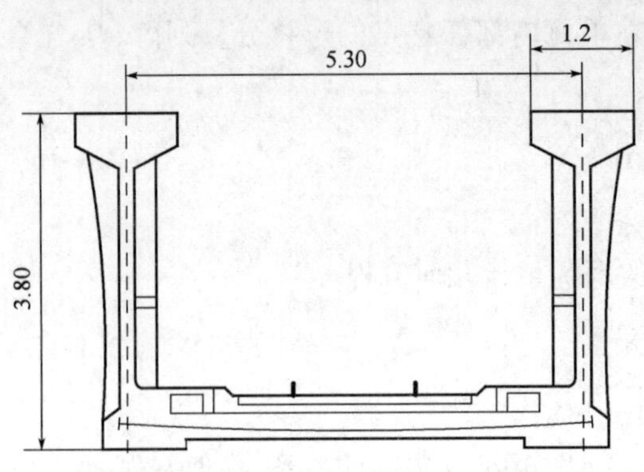

图 2.1-12 罗什尔汉桥跨中截面图(单位:m)

为了适应立交桥的发展,日本在多处桥梁中采用了 U 形梁,有羽咋川桥、荒川桥等。羽咋川桥是单线五跨简支梁,中间跨度为 19.85m。荒川桥是跨度为 38.6m 的双线简支梁桥。德国的朴罗钦根内卡河桥比较特殊,该桥正桥长度 195m,为五跨连续的预应力混凝土梁。考虑中间跨的通航净空要求,中间跨做成下承式,两个边跨做成上承式,中间跨与边跨之间做成过渡段。梁中间跨位于直线段内,其余跨位于反向曲线段内,曲线半径较小,对梁重产生较大的扭矩。边跨设计成变化高度的箱形截面,中间跨设计成 U 形梁,使得抗扭惯性矩的分布与扭矩之包络图一致。1990 年,瑞士建成的里兹跨隆河公路桥是当时单跨跨度最大的 U 形梁桥,其主梁采用变高度 U 形梁结构,中跨跨度达 143m。此外,又出现了槽形组合梁桥,并在布鲁塞尔高速铁路中成功应用。该结构为预制、预弯、预应力综合体系,通过预应力筋和预弯腹板中的钢梁共同对组合梁施加预应力,这种结构除具有预应力混凝土 U 形梁的优点外,还具有刚度大、跨越能力强等特点,梁体在工厂中预制既能保证施工质量,又能节省现场安装时间。在梁跨度、梁型、荷载及梁高相同的条件下,预制、预弯、预应力槽形组合梁的钢筋和混凝土用量明显少于简单钢筋混凝土组合梁[35],其结构形式如图 2.1-13 所示。

U 形梁是一种新型轨道交通结构,呈下承式开口薄壁结构,它是对早期槽形梁(或称折线 U 形梁)截面进行优化后得到的一种特殊截面形式。相比于传统的梁截面形式,U 形梁具有建筑高度低、隔音效果较好、建筑占地面积较小、断面利用率高、经济性好以及外形优美,与周围环境相协调等优点,近年来在城市轨道交通建设中广泛应用[36]。

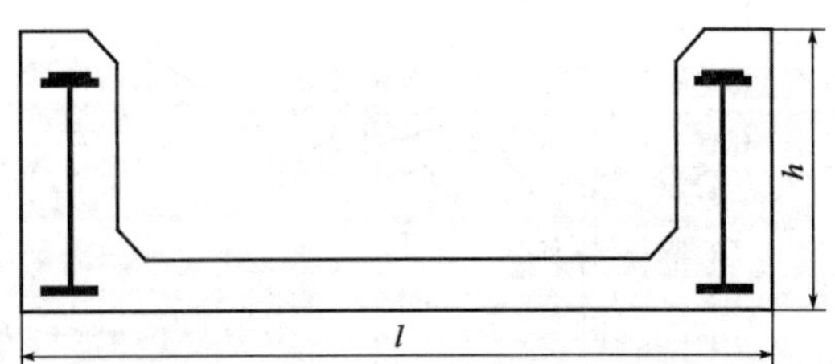

图 2.1-13 U 形组合梁横截面示意图

已建成的 U 形梁有以下几种:

①双线 U 形梁。

该种 U 形梁结构最早应用于上海轨道交通 6 号线,该槽形截面断面较大,为抵抗横向弯矩,在槽形截面底板下设置多道含横向预应力钢筋的横梁。设置横梁以后底板厚度明显降低,不仅减少了混凝土用量,也使结构的重心上移;取消了竖向预应力体系,采用横向和纵向预应力体系,增大了预应力偏心,减少了预应力钢束用量,与传统的折线形 U 形梁(槽形梁)相比有较大改进。

在双线 U 形梁结构中,当机车车辆沿单线行驶时,由于线路中心线与结构中心线并不重合,机车荷载会对 U 形梁截面产生偏载扭矩,而 U 形梁的抗扭性能并不好,实际运营效果不佳。若采用单线 U 形梁,结构中心线与线路中心线重合,可以消除偏载产生的扭矩,从而使受力更加合理。

②单线 U 形梁。

对于具有流线型外观的单线 U 形梁,机车荷载只有双线的一半,底板横向跨度也大大减小。由于其线路中心线和结构中心线重合,底板的横向弯矩不到双线 U 形梁的一半。在实际应用中,单线 U 形梁取消了底板的横梁和横向预应力钢束,底板厚度也相应降低,结构形式更加经济、合理。

我国上海轨道交通 8 号线采用了单线 U 形梁,如图 2.1-14 所示,相比于双线 U 形梁,梁高由 2.5m 变为 1.8m,腹板厚度由 0.35m 变为 0.24m,底板厚度由 0.24m 变为 0.23m,并且取消了横向预应力钢束。

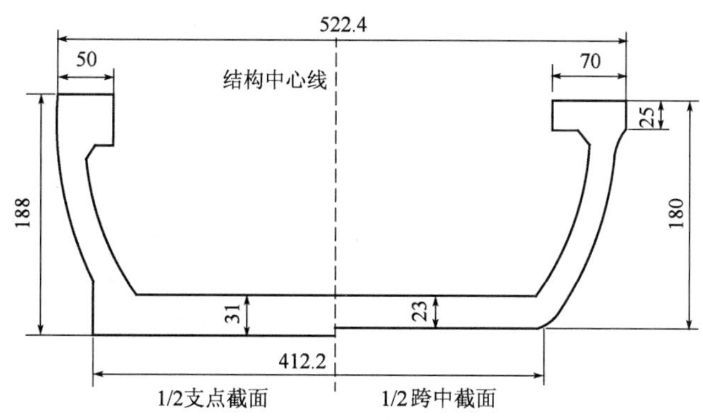

图 2.1-14　上海轨道交通 8 号线截面图(单位:cm)

U 形梁作为一种新型的结构形式(图 1.3-1),目前在上海、南京、重庆、广州、青岛等大型城市的轨道交通中被广泛运用[22]。其中,上海是目前国内城市轨道交通发展较好的城市之一,其轨道交通高架桥的结构形式经历了双线箱梁、单线箱梁到双线 U 形梁、单线 U 形梁的发展。随着设计技术水准和施工建设能力的提高和发展,U 形梁更能适应城市轨道交通系统的综合要求,正逐渐成为城市轨道交通高架线路的主要结构形式。

2.2　U 形梁的特点及结构形式

2.2.1　U 形梁的特点

近年来,我国的经济始终保持着高质量的稳定发展,城市化进程不断加快,大城市人口快速上升,但城市的基础设施建设相对落后,人民群众的日常出行需求和城市的公共交通系统之间的矛盾日趋严重,而城市轨道交通能很好地缓解这一问题。相对于地下线路的成本高和工期长,高架线建设成本低和工期短的优势尤为突出。城市轨道交通高架线路多采用传统的 T 形截面梁和箱形截面梁,但随着技术的发展和实验研究的不断突破和改进,U 形梁这种具有多种优势的梁截面形式逐渐进入大众视野,被应用于城市轨道交通的建设中。

1. U 形梁桥的优点

1)结构的建筑高度较低

传统箱梁结构的轨顶面至底面高度约为 2.4m,而 U 形梁桥的这一高度降低了 1.6m 左右。这种高度的降低,不仅使高架线建筑整体高度比传统高架线降低 1/3,节约了成本,而且使线路纵坡日臻完美,优化了列车运行条件[37]。箱梁与 U 形梁高度对比如图 2.2-1 所示。

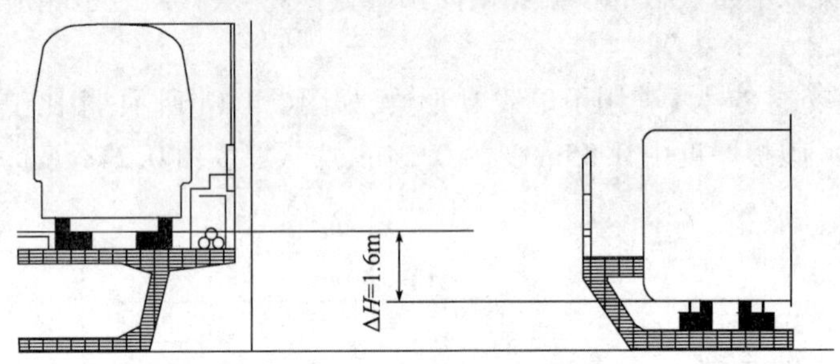

图 2.2-1　箱梁与 U 形梁高度对比

2)施工便捷,空间断面利用率高

U 形梁截面结构相对简单,采用标准跨度设计,有利于批量预制安装,增加了施工的便捷度。另外,U 形梁桥可充分利用顶板与腹板之间的空间放置各类电缆[38]。

3)材料用量相对减少

U 形梁在混凝土用量上的减少使其相对于传统箱梁更经济、环保。设计单位在对深圳地铁 6 号线梁型进行分析选型时,曾分别对箱梁和 U 形梁进行了比较,结果显示,相比箱梁,U 形梁的混凝土用量减少了 13%。另外,采用 U 形梁后,桥墩及基础的内力分布在一定程度上减少,也使得它们材料的用量减少[39]。

4)噪声控制

U 形梁两侧竖立的腹板能够起到屏障噪声的作用,在运营过程中可大大减少两侧声屏障的设置,同时能够有效控制轮轨噪声。更重要的是,当列车脱轨或发生地震时,两侧竖立的腹板如同一层拦阻层,具有防冲撞功能,代替了传统高架上的防撞墙,安全性、可靠性和牢固性更高,能够有效降低安全事故的损坏程度,桥下的安全得到了相应的保障。此外,翼缘可作为紧急疏散平台及检查维修通道,这得益于列车车厢内底板与翼缘高度相当,翼缘的综合利用使梁体自重又减少约 45%,免去再次建造桥上附属结构,缩短工期,降低成本,省去了维护环节[37-39]。

5)外形美观,环保

由于 U 形梁弧形的外观与冷硬的城市建筑相得益彰,使轨道交通线路成为一道流动的风景线,能较好地与城市环境融合。另外,U 形梁与箱梁结构相比,降低了能源消耗和二氧化碳排放量,减小了温室效应和城市热岛效应。根据以往文献可知,U 形梁桥结构施工所需的能源消耗远小于钢混结合梁和预应力混凝土箱梁,同时,在运营周期内,U 形梁高架结构具有良好的照明与通风条件,相较于上述两种传统结构,其二氧化碳排放当量分别减小了 57%、47%,符合绿色发展理念[38]。

6)系统集成性好

传统箱梁桥面的栏杆、电缆桥架、中央疏散平台和声屏障等附属结构,需要特殊的设计和施工环节。而在 U 形梁系统中,这些附属结构已被整合到预制结构中,从而提高了附属结构的施工技术与质量水平,使附属结构达到了主体结构预期的使用寿命,同时也缩短了结构设计和施工周期[22]。

2. U 形梁桥的缺点

1)桥梁结构噪声明显

虽然 U 形梁桥梁侧轮轨噪声的降噪效果明显[40],但是 U 形梁桥梁体较薄、质量较小,造成 U 形梁桥整体刚度小,可能使列车经过时桥梁局部振动响应过大,从而增大 U 形梁桥的结构噪声。而对于城市轨道交通而言,其运行速度大都在 120km/h 以内,根据以往对铁路噪声源的研究,可以推断城市轨道交通主要以轮轨噪声和桥梁结构噪声为主,故如何整治 U 形梁桥的结构噪声是一个富有挑战性的课题。国内曾有研究单位对南京地铁 2 号线做过相关测试,结果表明,U 形梁薄壁结构在列车动荷载作用下产生的低频结构噪声,较普通的箱形梁更为明显[38]。

2)抗扭转能力低

由于 U 形梁为开口薄壁结构,其抗扭刚度和横向抗弯刚度较小,扭转频率低;主梁弯扭耦合,梁板结合部位应力复杂;腹板混凝土竖向受拉;与此同时,桥梁结构与道床板结构局部振动明显,长此以往,会引发结构部分区域产生病害,相关附属固定设施松动而导致供电系统不稳定,维护成本与工作量相应增加,列车的正常运营与行车安全将受到影响[42]。

3)施工难度较大

U 形梁相对于传统的 T 梁和箱梁,截面尺寸复杂多变,施工难度相对较大,对施工机械的要求也相对较高[41]。因此在施工过程中,U 形梁从预制、运输到安装的整个施工组织过程相对困难,需要采用相关的有效措施进行技术攻关来解决遇到的具体问题。

4)预应力布置难度大

U 形梁底板存在较大的横向拉应力,例如在广州地铁 2 号线高架试验段大型预应力预制 U 形梁的有限元分析中,底部横向最大拉应力达 8.6MPa,远远大于纵向的拉应力[42]。并且由于 U 形梁底板横向尺寸较小,在进行 U 形梁施工时,施工难度大大增加。

2.2.2　U 形梁的结构形式

U 形梁作为一种下承式的开口薄壁结构断面,是由底板、两侧的腹板以及腹板顶部的翼缘板组成的一个“U”字形的横断面(图 2.2-2)。底板的上表面连接承轨台,列车行驶在底板的承轨台上并包裹在 U 形梁内。按道床板上通行的线路来分,U 形梁可分为单线 U 形梁与双线 U 形梁;按桥面形式可分为有砟桥面与无砟桥面;按端部支承情况,则可以是四点支承,也可做成端部满布支承[43]。

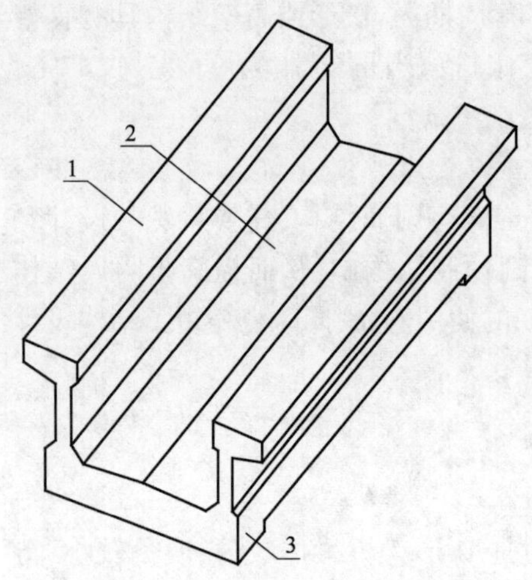

图 2.2-2　U 形梁组成及各部分名称
1-翼缘板；2-底板；3-腹板

当列车荷载作用在桥面上时，荷载通过道床板传给主梁，再由主梁传给支座（接近端部的部分荷载，则由道床板经端横梁传给支座）。所以道床板是直接承受荷载的，其厚度主要取决于横向跨度。一般有砟单线 U 形梁的道床板厚度可取 40 ~ 45cm，有砟双线 U 形梁的道床板厚度可取 50 ~ 65cm。主梁承受从道床板传来的荷载，这种荷载除引起主梁的弯曲之外，还引起主梁的扭转。主梁的形式有 I 形、T 形、箱形等，如图 2.2-3 所示。当主梁跨度不大时可用 I 形；跨度大时，宜采用箱形以增大其抗扭刚度。由于列车在两主梁之间通过，为了减小主梁间距，减小道床板的横向跨度，还可利用铁路限界下部的缩小部分，将腹板做成斜的，并将主梁上翼缘的大部分移向外侧，做成 T 形，称为斜墙式。若主梁腹板是竖直的，就称为直墙式。端横梁主要起加强结构的抗冲击作用。

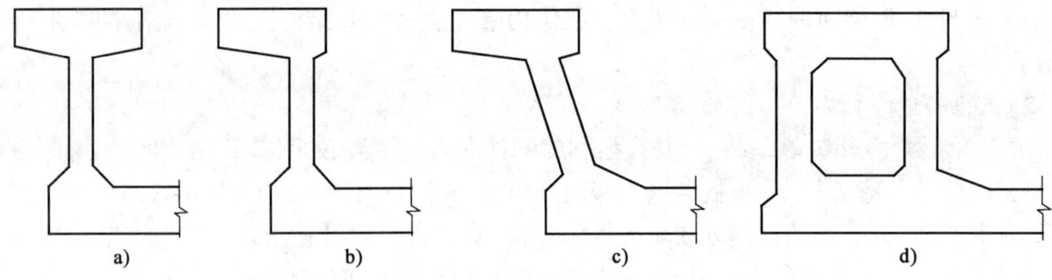

图 2.2-3　U 形梁主梁的形式

2008 年，北京城建设计研究总院在南京地下铁道有限责任公司和重庆市轨道交通（集团）有限公司的支持下，联合国内科研院校经过几年的反复攻关设计、计算分析和试验研究，研发了具有自主知识产权的 U 形梁系统。此“U”形梁的梁体由底板、腹板和翼缘板连成“U”字形横截面，底板的上表面连接承轨台，两侧的腹板不对称，其中一侧腹板顶部连接的翼缘板仅有凸向内侧的凸缘，为外观上呈“7”字形的弯弧形等壁厚腹板；另一侧腹板顶部连接的翼缘板为“T”字形翼缘板，从外观上看有内、外两个凸缘，为中上段外面隆鼓、平滑加厚的弯弧形不等壁厚腹板[22]（图 1.3-1）。

2.3　U 形梁几何特征

搜集了国内外已建成 U 形梁的数据，见表 2.3-1，苏联 U 形梁标准设计截面如图 2.3-1 所示，其标准设计截面尺寸见表 2.3-2；日本 U 形梁标准设计截面如图 2.3-2 所示，其标准设计截面尺寸见表 2.3-3。

已建城市轨道交通 U 形梁(单位:m)　　表 2.3-1

项目名称	跨径	梁高	预应力情况	横向宽度	腹板厚度	底板厚度
广州地铁 2 号线	25	1.75	后张法	5.29	0.25	0.25
上海轨道交通 8 号线	30	1.8	后张法	5.2	0.24	0.24
重庆轨道交通 1 号线	30	1.8	后张法	5	0.259	0.26
南京地铁 2 号线	25	1.8	后张法	5.15	0.26 ~ 0.28	0.26
	30	1.8	后张法	5.5、5.2、5.06	0.26 ~ 0.28	0.26
	18	1.8	后张法	5.5、5.2、5.06	0.26 ~ 0.28	0.26
	22	1.8	后张法	5.5、5.2、5.06	0.26 ~ 0.28	0.26
南京地铁 6 号线	25	1.8	后张法	5.5、5.2、5.06	0.26 ~ 0.28	0.26
	26	1.8	后张法	5.5、5.2、5.06	0.26 ~ 0.28	0.26
	28	1.8	后张法	5.5、5.2、5.06	0.26 ~ 0.28	0.26
	25	1.94	后张法	5.52、5.32	0.26	0.26
青岛蓝色硅谷轨道交通(11 号线)	28	1.94	后张法	5.52	0.26	0.26
	30	1.94	后张法	5.52、5.42、5.32	0.26	0.26
兰新二线	16.5	2	—	6.38	0.5	0.45
郑州地铁 9 号线	30	1.8	后张法	5.17	0.26	0.26 ~ 0.4
上海地铁 6 号线	30	2.5	后张法	10.4	0.35	0.24
	18	1.8	后张法	5.06、5.205、5.5	—	0.26
	22	1.8	后张法	5.06、5.205、5.5	—	0.26
	25	1.8	后张法	5.06、5.205、5.5	—	0.26
南京地铁 S1 号线	26	1.8	后张法	5.06、5.205、5.5	—	0.26
	28	1.8	后张法	5.06、5.205、5.5	—	0.26
	30	1.8	后张法	5.06、5.205、5.5	—	0.26
	24.9	1.8	后张法	5.46	0.26	0.26
宁高城际轨道交通二期	27.9	1.8	后张法	5.46	0.26	0.26
	29.9	1.8	后张法	5.46	0.26	0.26
京承线怀柔跨线桥	20	2.5、2.9	—	12.18	0.4、0.65	0.65、1.05
京承线通州西单线	24	2.4、2.7	—	7.1	0.3、0.54	0.45、0.75
北京地铁 22 号线	30	2.1、2.27	—	5.57	0.28、0.45	0.28
	32.7	1.9、2.04	混张法	5.42	0.28、0.3	0.4
青岛地铁 8 号线	24.7	1.9、2.04	混张法	5.42	0.28、0.3	0.4
	25	1.8、1.94	先张法	5.32、5.52	0.26、0.265	0.26
青岛地铁 13 号线	30	1.8、1.94	先张法	5.32、5.52	0.26、0.265	0.26
	25	1.8	先张法	5.54	0.25	0.25
上海地铁 16 号线	30	1.8	先张法	5.54	0.25	0.25
	35	1.8	先张法	5.54	0.25	0.25
布鲁塞尔地铁南站	26.65	1.36	—	3.98	0.35	0.25

苏联 U 形梁标准设计截面尺寸(单位:m)　　表 2.3-2

桥长	跨度	梁高 H	上翼缘宽 b_1	下翼缘宽 b_2	跨中腹板厚 t
12.0	11.3	1.25	0.55	0.65	0.14
15.0	14.3	1.65	0.60	0.65	0.16
18.0	17.3	2.05	0.60	0.65	0.16
24.0	23.3	2.60	0.60	0.75	0.16
27.0	26.3	2.60	0.60	0.85	0.18

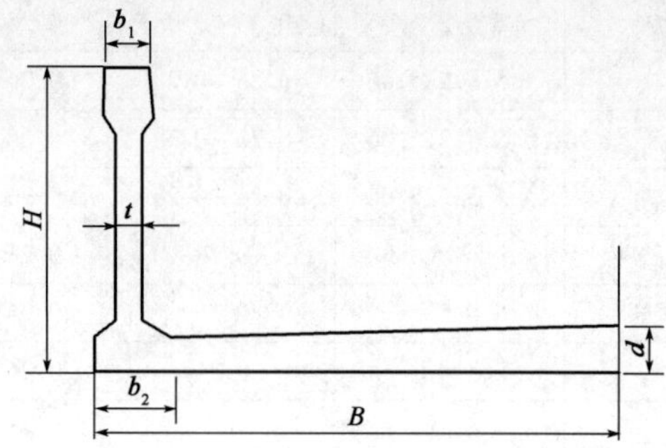

图 2.3-1　苏联 U 形梁标准设计截面

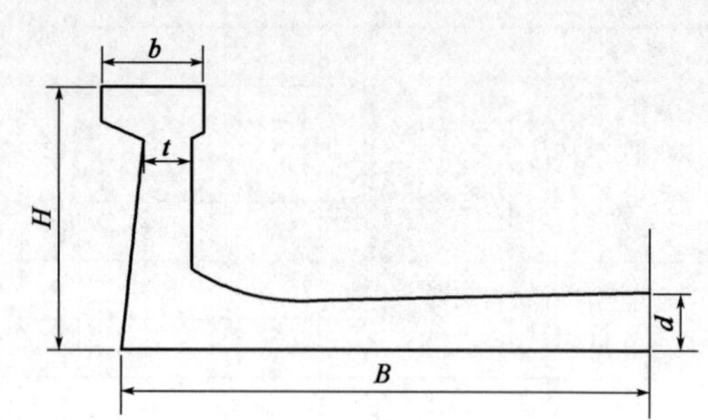

图 2.3-2　日本 U 形梁标准设计截面

日本 U 形梁标准设计截面尺寸(单位:m)　　表 2.3-3

桥长	跨度	主梁高 H	梁底宽 B	主梁腹板厚 t	主梁上翼缘宽 b	道床板厚 d
16.56	15.8	1.40	5.60	0.65	0.14	0.42
19.76	19.0	1.55	5.60	0.65	0.16	0.42
22.86	22.1	1.70	5.70	0.65	0.16	0.42
25.96	25.2	1.90	5.95	0.75	0.16	0.42
32.06	31.3	2.35	5.95	0.85	0.18	0.42

对国内外 U 形梁的截面高度与跨径数据进行了收集,见图 2.3-3,图中给出了梁高与跨径的散点图,并采用线性一次函数对梁高与跨径之间的关系进行了拟合,可得到梁高与跨径的函数关系为 $y=1.556+0.0132x$。

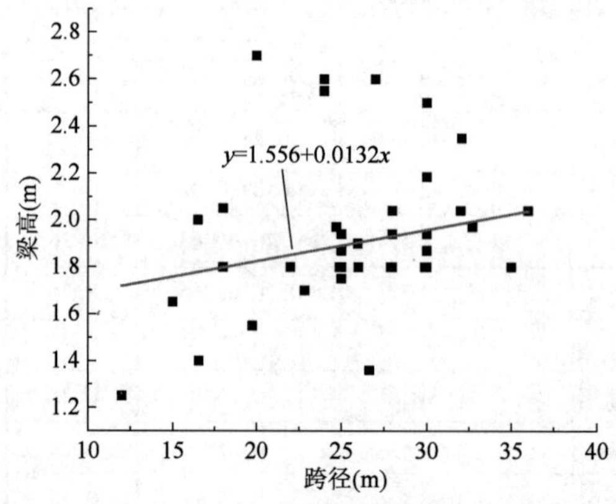

图 2.3-3　U 形梁截面高度随跨径变化图

图 2.3-4 是根据国内外 U 形梁设计采用的截面高跨比数据绘制的高跨比的概率直方图,并对高跨比出现的概率进行了拟合,考虑实际工程中的高跨比有一定的范围,与理论函数不同,因此,定义函数的范围为 0.045 ~ 0.135,则拟合函数定义如下:

$$y=0.0332+\frac{0.067}{\sqrt{2\pi}x}e^{\frac{-(\ln\frac{x}{0.06958})^2}{0.0198}}\quad(0.045\leqslant x\leqslant 0.135)$$

结合图中数据,计算了 0.055 ~ 0.09059 之间数据出现的累积概率为 0.007773,在函数的定义域内数据出现的概率为 0.009663，则高跨比在 0.055 ~ 0.09059 之间出现的概率占定义域内概率的 0.804，因此，建议在实际工程设计中，U 形梁的高跨比取$\frac{1}{18} \sim \frac{1}{11}$。

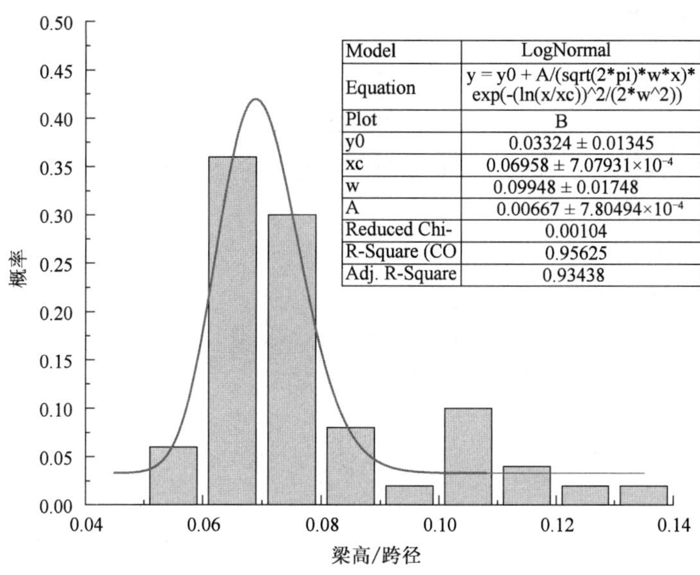

图 2.3-4　U 形梁高跨比概率图

图 2.3-5 是 U 形梁腹板厚度随梁高的变化趋势图，并对图中的数据进行了拟合，可得到梁高与腹板厚度之间的关系符合线性函数 $y = -0.0868 + 0.2179x$。

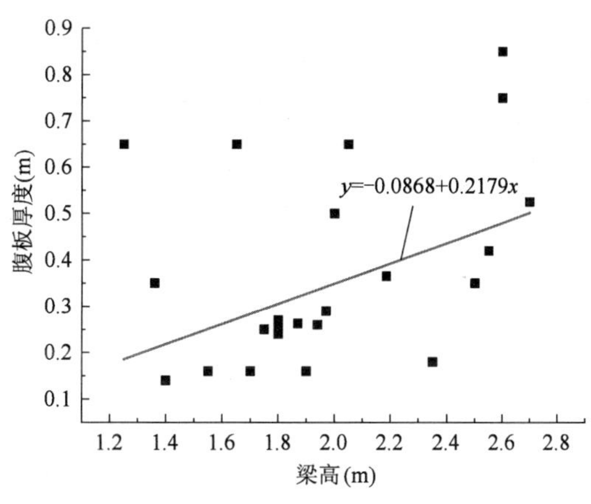

图 2.3-5　U 形梁腹板厚度随梁高变化图

图 2.3-6 是根据国内外 U 形梁设计采用的腹板厚度与梁高比值数据绘制的腹板厚度/梁高的概率直方图，并对腹板厚度/梁高出现的概率进行了拟合，考虑实际工程中的腹板厚度/梁高有一定的范围，与理论函数不同，因此，定义函数的范围为 0.065 ~ 0.335，则拟合函数定义如下：

$$y = 0.0285 + \frac{0.1821}{\sqrt{2\pi}x} e^{\frac{-\left(\ln\frac{x}{0.1458}\right)^2}{0.01598}} \quad (0.065 \leqslant x \leqslant 0.335)$$

结合图中数据，计算了 0.10608 ~ 0.20851 之间数据出现的累积概率为 0.0192，在函数的定义域内数据出现的概率为 0.024，则腹板厚度/梁高在 0.10608 ~ 0.20851 之间出现的概率占定义域内概率的 80%，因此，建议在实际工程设计中，U 形梁的腹板厚度/梁高取$\frac{1}{9} \sim \frac{1}{5}$。

图 2.3-7 是 U 形梁底板厚度随梁高的变化趋势图，并对图中的数据进行了拟合，可得到梁高与底板厚度之间的关系符合线性函数 $y = 0.02685 + 0.14129x$。

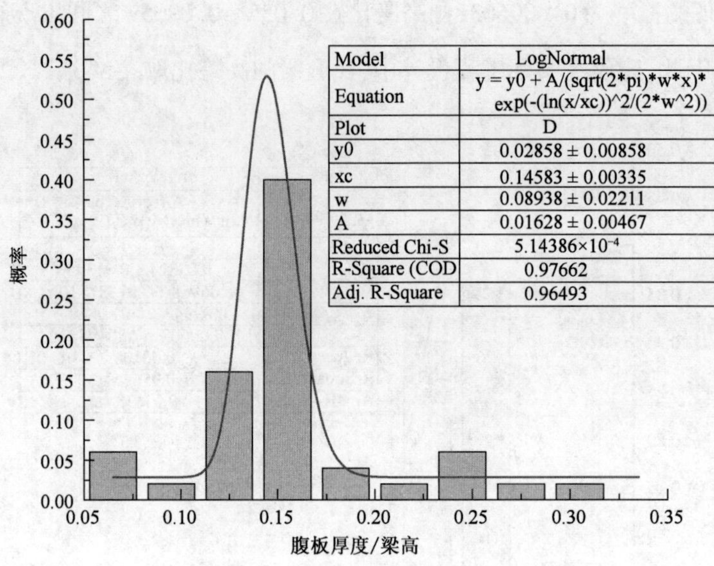

图 2.3-6　U 形梁腹板厚度/梁高概率图

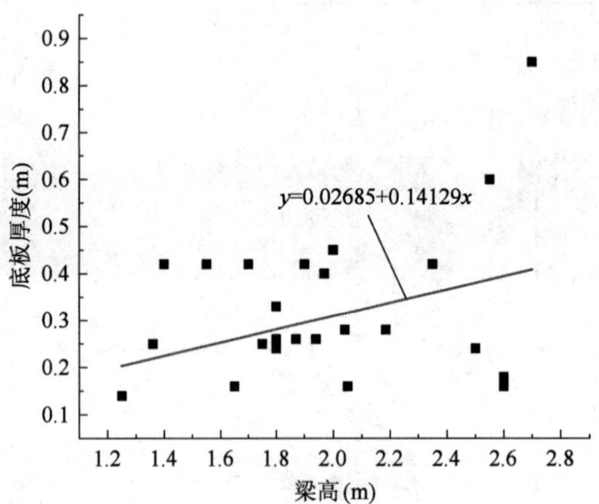

图 2.3-7　U 形梁底板厚度随梁高变化图

图 2.3-8 是根据国内外 U 形梁设计采用的底板厚度与梁高比值数据绘制的底板厚度/梁高的概率直方图，并对底板厚度/梁高出现的概率进行了拟合，考虑实际工程中底板厚度/梁高有一定的范围，与理论函数不同，因此，定义函数的范围为 0.065 ~ 0.335，则拟合函数定义如下：

$$y = 0.041 + \frac{0.1665}{\sqrt{2\pi}x} e^{\frac{-\left(\ln\frac{x}{0.1431}\right)^2}{0.0236}} \quad (0.065 \leqslant x \leqslant 0.335)$$

结合图中数据，计算了 0.08878 ~ 0.21797 之间数据出现的累积概率为 0.0233，在函数的定义域内数据出现的概率为 0.029，则底板厚度/梁高在 0.08878 ~ 0.21797 之间出现的概率占定义域内概率的 0.803，因此，建议在实际工程设计中，U 形梁的底板厚度/梁高取 $\frac{1}{11} \sim \frac{1}{5}$。

综上所述，U 形梁梁高、腹板厚度以及底板厚度的拟合公式以及建议值见表 2.3-4。

U 形梁拟合公式与截面尺寸建议值　　表 2.3-4

项　目	拟合函数	项　目	建议值
梁高-跨径	$y = 1.556 + 0.0132x$	梁高/跨径	$\frac{1}{18} \sim \frac{1}{11}$
腹板厚度-梁高	$y = -0.0868 + 0.2179x$	腹板厚度/梁高	$\frac{1}{9} \sim \frac{1}{5}$
底板厚度-梁高	$y = 0.02685 + 0.14129x$	底板厚度/梁高	$\frac{1}{11} \sim \frac{1}{5}$

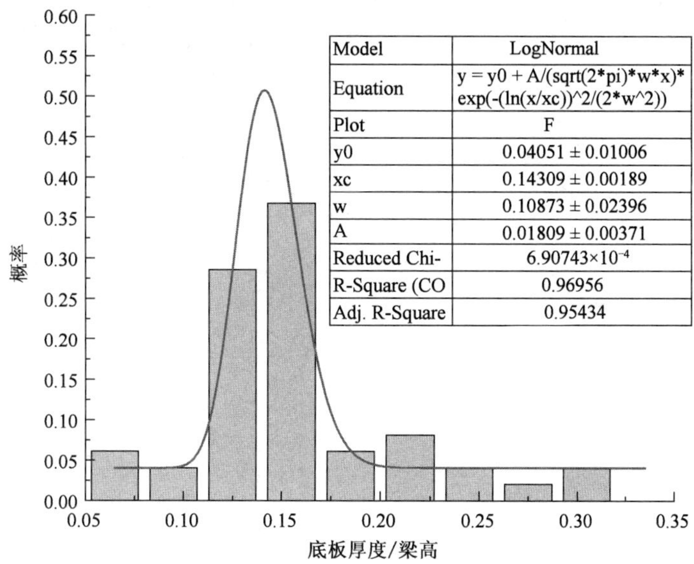

图 2.3-8　U 形梁底板厚度/梁高概率图

2.4　U 形梁的力学行为分析

U 形梁作为一种具有多种优势的新梁型，其力学行为的理论分析方法主要是解析法和有限元法[44-45]。

2.4.1　解析法

U 形梁被看作一整块道床板与两片加劲梁组合成的立体结构，道床板置于梁体的下翼缘。在竖向外荷载作用下，道床板不仅发生双向弯曲和扭转，而且还与主梁共同工作引起拉伸变形。主梁腹板受法向应力、剪切和扭、弯共同作用，比一般上承式桥梁的主梁腹板的工作状态要复杂得多。

采用解析法分析 U 形梁的力学行为时，是采用图 2.4-1 所示的直角坐标系，其中 x 轴为道床板的中央轴线，即桥中线，xOy 平面位于板的中间平面内。

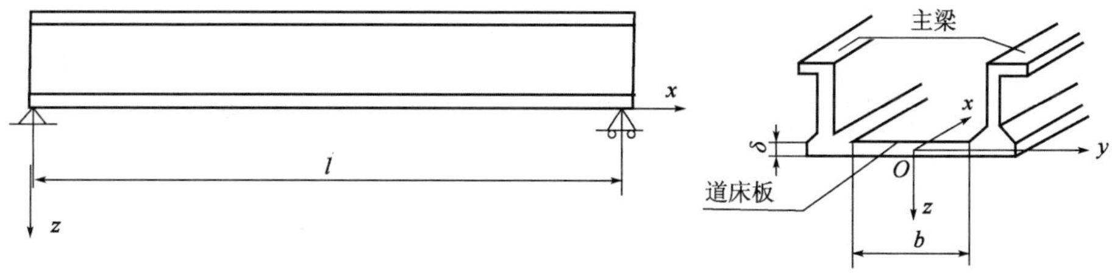

图 2.4-1　U 形梁函数解坐标系

首先将主梁和道床板沿某一结合部位（即接缝面）割开得到基本体系，主梁为具有非对称截面的简支梁，可按材料力学来分析；道床板则视为厚度 δ 不变、简支在两端的平板，用弹性理论分析。于是在接缝上将出现纵向剪力 $\tau(x)$、竖向力 $v(x)$、法向力 $p(x)$ 与弯矩 $m(x)$ 四项赘余的接缝内力，见图 2.4-2。然后利用接缝面上变形的连续条件求解四项赘余力，最终可得到 U 形梁的内力分布。

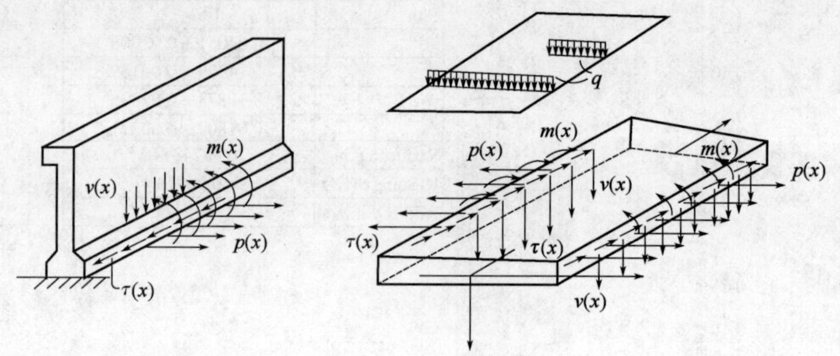

图 2.4-2 U 形梁接缝内力

就外荷载而言，在主梁上只有恒荷载作用，即主梁自重和人行道板重量，在道床板上除恒荷载外还有活荷载 $q(x)$，可近似地把一个轴重沿横向均匀分布到板的全宽 b（单线桥）或半宽（双线桥）上。在外荷载和接缝内力作用下，可以分别计算主梁与道床板位于接缝面上的四项变形：竖向挠曲的曲率、水平挠曲的曲率、绕 x 轴的转角、接缝面中线的纵向变形（图 2.4-3）。根据变形连续条件，在各个接缝面处，主梁和道床板的变形必须相等，从而建立四阶联立方程以求得四项接缝内力。在单线桥或双线桥受双线荷载同时作用时，利用外荷载的对称性，只需计算一侧的接缝。

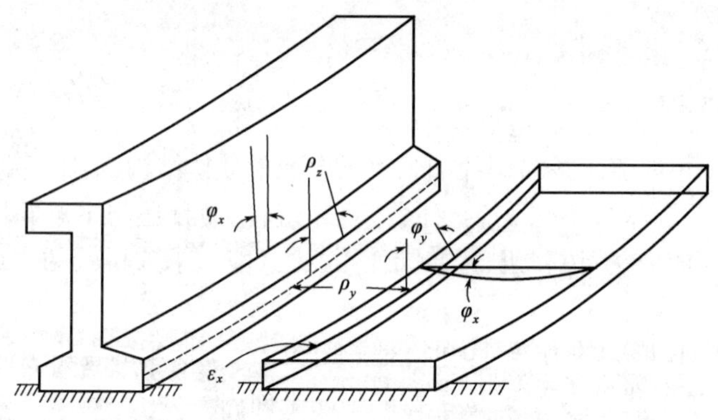

图 2.4-3 U 形梁接缝变形

在计算外荷载与接缝内力所引起的道床板的应力和变形时，由于板的挠度较小，与板的厚度相比为微量，而板的厚度又远小于板的平面尺寸，因此可以认为，板在垂直于板面的荷载 $v(x)$、$q(x)$ 与弯矩 $m(x)$ 作用下，位于板中间平面内的各个点均没有平行于板面的线位移。

运用函数解进行 U 形梁的理论计算，其计算特点是可以把竖向荷载及四项赘余力均展开为三角级数，利用三角级数的正交性，对级数的各项分别独立求解，随后再取若干项级数叠加。所取的项数越多，求得的结果就越接近于精确解。因此为取得精确结果，必须利用电算。函数解的优点在于力学概念明确，电算程序简便，电算结果便于整理，易于计算各项内力及变形的影响线。但它仅限于计算竖向荷载作用，同时只适用于 U 形梁梁端为满布支承的支承条件。

函数解的理论计算成果，经过有机玻璃整体模型试验，得到较为全面的验证。

解析法将 U 形梁看作一块道床板与两片腹板组合而成的空间结构，基本原则可归纳如下：在道床板和腹板结合位置将两者分解，此时腹板可视为非对称截面的简支梁，可按照材料力学的理论计算分析；道床板则视为厚度固定、两端简支的平板，可按照弹性理论分析研究。基于结合位置上变形的连续条件，可分别得到纵向剪力、竖向力、法向力和弯矩等静力性能，继而获得 U 形梁的内力分布形式[47]。

2.4.1.1　板的平面应力状态

由弹性理论可知，求解板的平面问题在于求解下列偏微分方程：

$$\frac{\partial^4 \phi}{\partial x^4}+2\frac{\partial^4 \phi}{\partial x^2 \partial y^2}+\frac{\partial^4 \phi}{\partial y^4}=0 \tag{2.4-1}$$

式中，ϕ 为应力函数，对于两端简支的板可取级数形式的应力函数：

$$\phi=\sum_{n=1}^{\infty} F_n(y)\sin\frac{n\pi x}{l} \tag{2.4-2}$$

式中，n 为正整数，l 为板的跨径，$F_n(y)$ 为坐标 y 的函数。其中，

$$\begin{aligned} F_n(y)=&A_n\cosh\frac{n\pi y}{l}+B_n\frac{n\pi y}{l}\sinh\frac{n\pi y}{l}+\\ &C_n\sinh\frac{n\pi y}{l}+D_n\frac{n\pi y}{l}\cosh\frac{n\pi y}{l} \end{aligned} \tag{2.4-3}$$

令

$$\begin{cases} \dfrac{n\pi x}{l}=x_n,\dfrac{n\pi y}{l}=y_n \\ \dfrac{n\pi}{l}=\omega_n,\dfrac{0.5bn\pi}{l}=\alpha_n \end{cases} \tag{2.4-4}$$

式中，系数 A_n、B_n、C_n、D_n 由边界条件确定，分对称荷载和反对称荷载两种情况。

1. 对称荷载

接缝纵向剪力见图 2.4-4。此时作用于两侧接缝的 $p(x)$ 和 $\tau(x)$ 都是对称的，$F_n(y)$ 为 y 的偶函数：

$$\begin{cases} C_n=D_n=0 \\ F_n(y)=A_n\cosh y_n+B_n y_n\sinh y_n \\ \phi=\sum\limits_{n=1}^{\infty}(A_n\cosh y_n+B_n y_n\sinh y_n)\sin x_n \end{cases} \tag{2.4-5}$$

应力函数已知，则各项应力皆可求得：

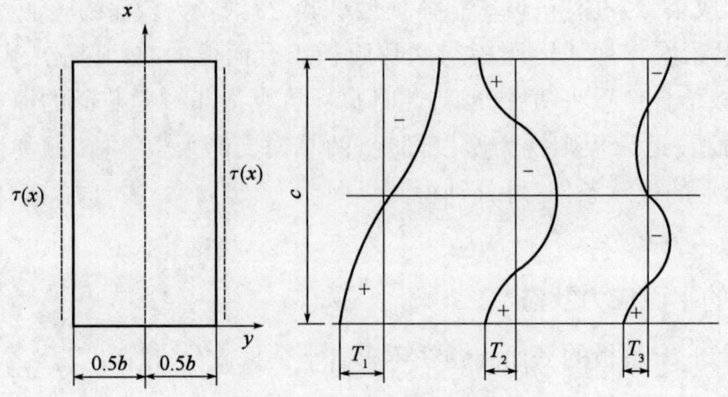

图2.4-4 接缝纵向剪力

$$\begin{cases}\sigma_x=\dfrac{\partial^2\phi}{\partial y^2}=\sum\limits_{n=1}^{\infty}\omega_n^2[A_n\cosh y_n+B_n(y_n\sinh y_n+2\cosh y_n)]\sin x_n\\ \sigma_y=\dfrac{\partial^2\phi}{\partial x^2}=-\sum\limits_{n=1}^{\infty}\omega_n^2[A_n\cosh y_n+B_n y_n\sinh y_n]\sin x_n\\ \tau_{xy}=-\dfrac{\partial^2\phi}{\partial x\partial y}=-\sum\limits_{n=1}^{\infty}\omega_n^2[A_n\sinh y_n+B_n(y_n\sinh y_n+y_n\cosh y_n)]\cos x_n\end{cases}\tag{2.4-6}$$

2.反对称荷载

此时作用于两侧接缝的$p(x)$和$\tau(x)$都是反对称的,$F_n(y)$是关于y的奇函数:

$$\begin{cases}A_n=B_n=0\\ F_n(y)=C_n\sinh y_n+D_n y_n\cosh y_n\\ \phi=\sum\limits_{n=1}^{\infty}(C_n\sinh y_n+D_n y_n\cosh y_n)\sin x_n\end{cases}\tag{2.4-7}$$

应力函数已知,则各项应力皆可求得:

$$\begin{cases}\sigma_x=\dfrac{\partial^2\phi}{\partial y^2}=\sum\limits_{n=1}^{\infty}\omega_n^2[C_n\sinh y_n+D_n(y_n\cosh y_n+2\sinh y_n)]\sin x_n\\ \sigma_y=\dfrac{\partial^2\phi}{\partial x^2}=-\sum\limits_{n=1}^{\infty}\omega_n^2[C_n\sinh y_n+D_n y_n\cosh y_n]\sin x_n\\ \tau_{xy}=-\dfrac{\partial^2\phi}{\partial x\partial y}=-\sum\limits_{n=1}^{\infty}\omega_n^2[C_n\cosh y_n+D_n(\cosh y_n+y_n\sinh y_n)]\cos x_n\end{cases}\tag{2.4-8}$$

2.4.1.2 薄板的弯曲

由弹性理论可知,薄板的弯曲问题在于求解下列偏微分方程:

$$\frac{\partial^4\omega}{\partial x^4}+2\frac{\partial^4\omega}{\partial x^2\partial y^2}+\frac{\partial^4\omega}{\partial y^4}=\frac{q(x)}{D}\tag{2.4-9}$$

式中：ω——板的挠度；

D——板的弯曲刚度：

$$D = \frac{E\delta^3}{12(1-\mu^2)} \tag{2.4-10}$$

$q(x)$——板上作用的荷载，在横向看作均匀分布在板全宽（单线桥及双线桥双线荷载作用时）或半宽（双线桥仅一线荷载作用时）上，在纵向表达为 x 的函数，并展开为三角级数：

$$q(x) = \sum_{n=1}^{\infty} \lambda_n \sin x_n \tag{2.4-11}$$

其中

$$\lambda_n = \frac{2}{l}\int_0^l q(x)\sin x_n \mathrm{d}x \tag{2.4-12}$$

因此，式(2.4-9)可以改写为：

$$\frac{\partial^4 \omega}{\partial x^4} + 2\frac{\partial^4 \omega}{\partial x^2 \partial y^2} + \frac{\partial^4 \omega}{\partial y^4} = \frac{1}{D}\sum_{n=1}^{\infty} \lambda_n \sin x_n \tag{2.4-13}$$

式(2.4-13)为四阶非齐次方程，它的解是相应的齐次方程的通解 ω_1 与全方程的特解 ω_2 之和，即

$$\omega = \omega_1 + \omega_2 \tag{2.4-14}$$

其中

$$\begin{cases} \omega_1 = \sum\limits_{n=1}^{\infty} Y_n \sin x_n \\ \omega_2 = \dfrac{1}{D}\sum\limits_{n=1}^{\infty} \dfrac{\lambda_n}{\omega_n^4}\sin x_n \\ Y_n = \dfrac{1}{D\omega_n^2}(A_n \cosh y_n + B_n y_n \sinh y_n + C_n \sinh y_n + D_n y_n \cosh y_n) \end{cases} \tag{2.4-15}$$

则

$$\omega = \sum_{n=1}^{\infty} \frac{1}{D\omega_n^2}\left(\frac{\lambda_n}{\omega_n^4} + A_n \cosh y_n + B_n y_n \sinh y_n + C_n \sinh y_n + D_n y_n \cosh y_n\right)\sin x_n \tag{2.4-16}$$

则各项内力和应力求解如下：

弯矩：

$$\begin{cases} M_x = -D\left(\dfrac{\partial^2 \omega}{\partial x^2} + \mu\dfrac{\partial^2 \omega}{\partial y^2}\right) \\ M_y = -D\left(\dfrac{\partial^2 \omega}{\partial y^2} + \mu\dfrac{\partial^2 \omega}{\partial x^2}\right) \end{cases} \tag{2.4-17}$$

扭矩:

$$M_{xy} = -M_{yx} = D(1-\mu)\frac{\partial^2 \omega}{\partial x \partial y} \tag{2.4-18}$$

剪力:

$$\begin{cases} Q_x = -D\dfrac{\partial}{\partial x}\left(\dfrac{\partial^2 \omega}{\partial x^2} + \dfrac{\partial^2 \omega}{\partial y^2}\right) \\ Q_y = -D\dfrac{\partial}{\partial y}\left(\dfrac{\partial^2 \omega}{\partial x^2} + \dfrac{\partial^2 \omega}{\partial y^2}\right) \end{cases} \tag{2.4-19}$$

应力:

$$\begin{cases} \sigma_x = \dfrac{12M_x}{\delta^3}z, \sigma_y = \dfrac{12M_y}{\delta^3}z \\ \tau_{xy} = -\tau_{yx} = \dfrac{12M_{xy}}{\delta^3}z \\ \tau_{xz} = \dfrac{6Q_x}{\delta^3}\left(\dfrac{\delta^2}{4} - z^2\right) \\ \tau_{yz} = \dfrac{6Q_y}{\delta^3}\left(\dfrac{\delta^2}{4} - z^2\right) \end{cases} \tag{2.4-20}$$

2.4.1.3 主梁的应力及变形

主梁上作用着恒荷载 g(主梁自重及人行道板重量)及接缝内力 $\tau(x)$、$p(x)$、$v(x)$、$m(x)$,如图 2.4-5 所示,它们与作用在道床板上的接缝内力大小相等但方向相反。U 形梁的主梁一般都是非对称梁,它的截面形心 C 与剪切中心 S(图 2.4-6)不在同一个点上。因此,以通过形心 C 的竖轴为 z_0 轴,水平轴为 y_0 轴,并规定曲率 k_y、k_z 的正负号相反。

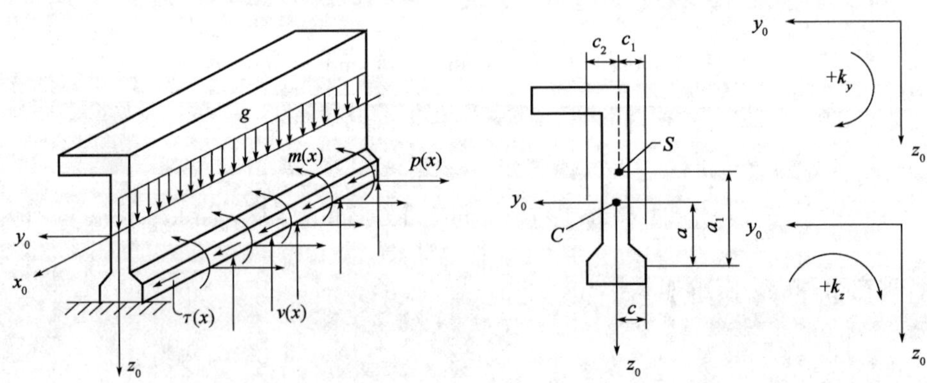

图 2.4-5 主梁上作用的荷载

图 2.4-6 主梁截面及变形示意

1. 轴向力及弯矩

由于 $\tau(x)$ 的作用在主梁 x 截面上引起的轴向力 N_τ:

$$N_{\tau} = \int_0^x \tau(x)\mathrm{d}x = \sum_{n=1}^{\infty} \frac{T_n}{\omega_n}\sin x_n \tag{2.4-21}$$

引起绕 y_0 轴弯矩 M_y 的因素有 g、$\tau(x)$ 及 $v(x)$ 等。$\tau(x)$ 沿板厚均匀分布,其合力作用在板的中间面内,它对主梁截面形心 C 的竖向距离为 a(图 2.4-6),因此它引起 x 截面上的弯矩为:

$$M_{y\tau} = a\int_0^x \tau(x)\mathrm{d}x = \sum_{n=1}^{\infty} \frac{T_n a}{\omega_n}\sin x_n \tag{2.4-22}$$

竖向荷载 g、$v(x)$ 与弯矩 M_{yg}、M_{yv} 按照材料力学中的公式有如下关系:

$$M_{yg} + M_{yv} = -g + v(x) = \sum_{n=1}^{\infty}(V_n - \lambda_{ng})\sin x_n \tag{2.4-23}$$

对式(2.4-23)直接积分可得:

$$M_{yg} + M_{yv} = \sum_{n=1}^{\infty}\frac{\lambda_{ng} - V_n}{\omega_n^2}\sin x_n + C_1 x + C_2 \tag{2.4-24}$$

对于简支梁而言,由边界条件可知,积分常数 $C_1 = C_2 = 0$,则

$$M_{yg} + M_{yv} = \sum_{n=1}^{\infty}\frac{\lambda_{ng} - V_n}{\omega_n^2}\sin x_n \tag{2.4-25}$$

因此得到:

$$M_y = M_{y\tau} + M_{yg} + M_{yv} = \sum_{n=1}^{\infty}\left(\frac{T_n a}{\omega_n} + \frac{\lambda_{ng} - V_n}{\omega_n^2}\right)\sin x_n \tag{2.4-26}$$

引起绕 z_0 轴弯矩 M_z 的因素有 $\tau(x)$ 和 $p(x)$。$\tau(x)$ 对主梁截面形心 C 的水平距离为 c,由相似原理可以得出:

$$M_z = M_{z\tau} + M_{zv} = -\sum_{n=1}^{\infty}\left(\frac{T_n c}{\omega_n} + \frac{P_n}{\omega_n^2}\right)\sin x_n \tag{2.4-27}$$

2. 扭矩及扭转角

绕 x_0 轴的扭矩是由 g、$p(x)$、$v(x)$、$m(x)$ 等各项因素所引起的。g、$v(x)$、$p(x)$ 对剪切中心 S 的距离分别为 c_2、c_1 与 a_1,见图 2.4-5 和图 2.4-6。

由图 2.4-7 所示的主梁微段 $\mathrm{d}x$ 的平衡条件可得:

$$\begin{gathered} M_x + \mathrm{d}M_x + [gc_2 + v(x)c_1 + p(x)a_1 + m(x)]\mathrm{d}x - \mathrm{d}M_x = 0 \\ \mathrm{d}M_x = -\sum_{n=1}^{\infty}(\lambda_{ng}c_2 + V_n c_1 + P_n a_1 + M_n)\sin x_n \mathrm{d}x \end{gathered} \tag{2.4-28}$$

微段 $\mathrm{d}x$ 的相对扭转角为:

$$\mathrm{d}\varphi_x = \frac{M_x}{GJ_{\mathrm{p}}}\mathrm{d}x \tag{2.4-29}$$

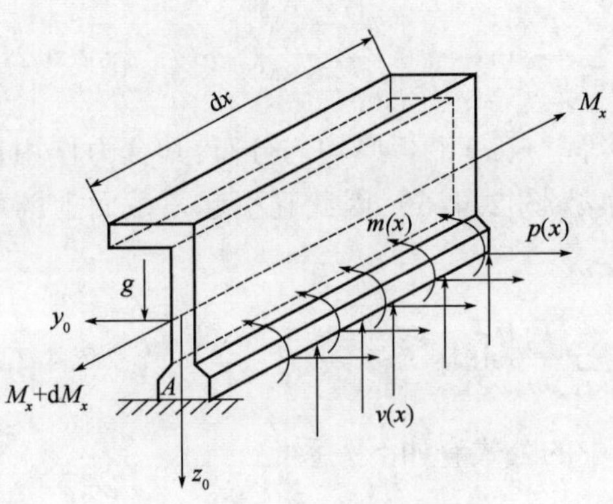

图 2.4-7 主梁微段的扭矩

式中：J_p——主梁抗扭几何刚度。

若假定桥的末端半框架是绝对刚性的，即当 $x=0$ 及 $x=l$ 时 $\varphi_x=0$，则：

$$\varphi_x=\frac{1}{GJ_p}\sum_{n=1}^{\infty}\frac{1}{\omega_n^2}(\lambda_{ng}c_2+V_nc_1+P_na_1+M_n)\sin x_n \tag{2.4-30}$$

实际上，在 $x=0$ 及 $x=l$ 处的半框架并非无限刚性，因而不可能有 $\varphi_x=0$，但如果精确考虑此问题，势必使 φ_x 不能表达为正弦级数，使后来的解析工作产生困难。为了避免产生这种困难，又照顾桥跨两端 $x=0$ 及 $x=l$ 处半框架可能产生的转角，于是在计算时将式(2.4-30)的 φ_x 乘一个系数 f (1.3～1.5)，这样处理可以使跨中 $\left(x=\dfrac{l}{2}\right)$ 附近的内力(主要是板的横向弯矩)更加接近实际情况。由此可得主梁扭矩 M_x：

$$M_x=\sum_{n=1}^{\infty}\frac{1}{\omega_n}(\lambda_{ng}c_2+V_nc_1+P_na_1+M_n)\cos x_n \tag{2.4-31}$$

2.4.2 有限元法

解析法适用于结构及边界几何形状较为规则的简单问题，然而现实生活中结构形式总是复杂多变的，这些复杂结构如果用解析法进行计算是相当困难的，而采用有限元法则可以解决相对比较复杂的结构、具有复杂边界条件或者结构和边界条件都很复杂的结构的问题。

有限元方法或有限元分析，是求取复杂微分方程近似解的一种非常有效的工具，是现代数字化科技中一种重要基础性原理。在工程技术中，它可成为工程设计和分析的可靠工具。严格来说，有限元分析必须包含三个方面：(1)有限元方法的基本数学力学原理；(2)基于原理所形成的实用软件；(3)使用时的计算机硬件[46]。

有限元法的原理和基本方程可以通过虚功原理或最小势能原理来建立。首先对虚功原理及最小势能原理予以简明的论述。

2.4.2.1 虚功原理(虚位移原理)

设有一承受外力作用的弹性体，其外力包括体积力(简称体力)Q 及面力 P。

体力列阵或矢量记为：

$$\boldsymbol{Q}=[Q_x\quad Q_y\quad Q_z]^{\mathrm{T}} \tag{2.4-32}$$

面力列阵或矢量记为：

$$\boldsymbol{P}=[P_x\quad P_y\quad P_z]^{\mathrm{T}} \tag{2.4-33}$$

假设弹性体发生了某种微小的虚位移，与各外力的分量相对应，虚位移 $\delta\boldsymbol{u}^*$ 可记为

$$\delta \boldsymbol{u}^{*} = [u^{*} \quad v^{*} \quad w^{*}]^{\mathrm{T}} \tag{2.4-34}$$

外力(体力及面力)在微小的虚位移上做的功,记为虚功 δW,并有:

$$\delta W = \iiint_V (Q_x u^{*} + Q_y v^{*} + Q_z w^{*})\mathrm{d}v + \iint_S (P_x u^{*} + P_y v^{*} + P_z w^{*})\mathrm{d}s \tag{2.4-35}$$

由虚位移引起相应的虚应变仍可由几何方程得出,记为:

$$\boldsymbol{\varepsilon}^{*} = [\varepsilon_x^{*} \quad \varepsilon_y^{*} \quad \varepsilon_z^{*} \quad \varepsilon_{xy}^{*} \quad \varepsilon_{yz}^{*} \quad \varepsilon_{zx}^{*}]^{\mathrm{T}} \tag{2.4-36}$$

虚应变能可由应力在相应的虚应变上做功来量度,虚应变能可记为 δU,且有:

$$\delta U = \iiint_V (\sigma_x \varepsilon_x^{*} + \sigma_y \varepsilon_y^{*} + \sigma_z \varepsilon_z^{*} + \cdots + \sigma_{zx} \varepsilon_{zx}^{*})\mathrm{d}v \tag{2.4-37}$$

将上面的公式写成矩阵形式,有:

$$\begin{cases} \delta \boldsymbol{W} = \iiint_V \delta \boldsymbol{u}^{*\mathrm{T}} Q \mathrm{d}v + \iint_S \delta \boldsymbol{u}^{*\mathrm{T}} P \mathrm{d}s \\ \delta \boldsymbol{U} = \iiint_V \boldsymbol{\varepsilon}^{*\mathrm{T}} \boldsymbol{\sigma} \mathrm{d}v \end{cases} \tag{2.4-38}$$

虚功原理的表述:弹性体(或变形连续体)处于平衡状态的充分和必要条件是对任意微小的虚位移,其外力在虚位移上所做的总虚功,等于变形体总的虚应变能。即

$$\delta W = \delta U \tag{2.4-39}$$

由式(2.4-38)及式(2.4-39)可知,虚功原理的数学表达式还可写为:

$$\iiint_V \boldsymbol{\varepsilon}^{*\mathrm{T}} \boldsymbol{\sigma} \mathrm{d}v = \iiint_V \delta \boldsymbol{u}^{*\mathrm{T}} Q \mathrm{d}v + \iint_S \delta \boldsymbol{u}^{*\mathrm{T}} P \mathrm{d}s \tag{2.4-40}$$

式(2.4-40)通常称为虚功方程。

2.4.2.2　最小势能原理

对于一个单向受力的弹性体,若沿 x 方向受力,并产生均匀的正应力 σ_x 及相应的正应变 ε_x,则该弹性体的单位体积内具有的变形势能为$\frac{1}{2}\sigma_x \varepsilon_x$,称之为比能。若弹性体受外力作用处于更复杂的应力状态下,体内任一点有全部六个应力分量 σ_x、σ_y、σ_z、σ_{xy}、σ_{yz}、σ_{zx},则此时的弹性体比能为:

$$U_0 = \frac{1}{2}(\sigma_x \varepsilon_x + \sigma_y \varepsilon_y + \sigma_z \varepsilon_z + \sigma_{xy} \varepsilon_{xy} + \sigma_{yz} \varepsilon_{yz} + \sigma_{zx} \varepsilon_{zx}) \tag{2.4-41}$$

或

$$U_0 = \frac{1}{2} \boldsymbol{\varepsilon}^{\mathrm{T}} \boldsymbol{\sigma} \tag{2.4-42}$$

则整个弹性体的总变形势能为：

$$U = \frac{1}{2}\iiint_V \boldsymbol{\varepsilon}^{\mathrm{T}}\boldsymbol{\sigma}\mathrm{d}x\mathrm{d}y\mathrm{d}z = \frac{1}{2}\iiint_V \boldsymbol{\varepsilon}^{\mathrm{T}}D\varepsilon\mathrm{d}x\mathrm{d}y\mathrm{d}z \tag{2.4-43}$$

假定弹性体在自然状态下 $u = v = w = 0$，其势能为零。在外力（体力、面力）作用下弹性体产生位移 u、v、w，则外力势能也就等于外力在实际位移上做的功并给以负值，即

$$W = -\left[\iiint(Q_x u + Q_y v + Q_x w)\mathrm{d}x\mathrm{d}y\mathrm{d}z + \iint(P_x u + P_y v + P_z w)\mathrm{d}s\right] \tag{2.4-44}$$

最小势能原理的表述：在给定的外力作用下，在满足位移边界条件的所有可能的位移中，能满足平衡条件的位移应使总势能成为极小值。由极值条件可知，此时势能泛函的一阶变分等于零，即

$$\delta(U + W) = \delta U + \delta W = 0 \tag{2.4-45}$$

则最小势能原理的数学表达式为：

$$\frac{1}{2}\delta\left(\iiint\boldsymbol{\varepsilon}^{\mathrm{T}}\boldsymbol{\sigma}\mathrm{d}x\mathrm{d}y\mathrm{d}z\right) - \delta\left(\iint\boldsymbol{u}^{\mathrm{T}}\boldsymbol{Q}\mathrm{d}x\mathrm{d}y\mathrm{d}z\right) - \delta\left(\int\boldsymbol{u}^{\mathrm{T}}\boldsymbol{P}\mathrm{d}x\right) = 0 \tag{2.4-46}$$

2.4.2.3 连续体的离散化

有限元法就是把结构力学的方法在连续体中推广，把连续体看作由有限个一定几何形状的单元体组合而成，而各单元体的公共角点视为节点。在建立有限元法基本方程前，首先要解决连续体的离散化问题。

把一个实际的连续体人为地划分成有限个更细小的子区域，这些小的子区域即称为“单元”。各单元之间认为仅在单元的各顶点即节点处彼此相互作用，在一个单元的区域内假定其仍满足匀质、连续的假定，对连续体的各个单元及节点给予定义，这就是“离散化”。

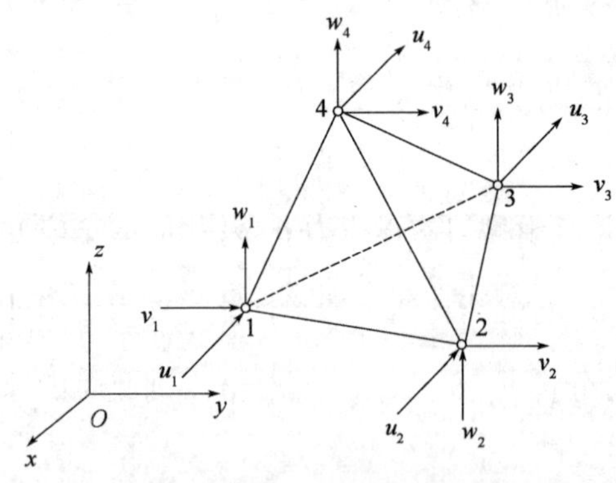

图 2.4-8 四面体三维单元及节点位移分量

有限元法通常是以离散化后各个节点的位移作为基本未知量，即按位移求解。若取一个单元来考察，则在外力作用下，单元体的各节点位移都可以由其沿坐标轴的分量来表示。图 2.4-8 所示为最简单的三维单元——四面体三维单元的各节点位移分量，有 u_1、v_1、w_1、u_2、v_2、w_2、u_3、v_3、w_3、u_4、v_4、w_4 共 12 个分量。同理，对于 8 节点六面体单元，应有 24 个分量。依次类推，对于一个具有 m 个节点的三维单元，其节点位移共有 $3 \times m$ 个分量。现用符号 $\boldsymbol{u}_e$ 来表示一个单元的节点位移列阵，则有：

$$\boldsymbol{u}_e = [u_1 \quad v_1 \quad w_1 \quad u_2 \quad v_2 \quad w_2 \quad \cdots \quad u_m \quad v_m \quad w_m]^{\mathrm{T}} \tag{2.4-47}$$

与节点位移列阵相对应，单元体的节点内力可记为：

$$\boldsymbol{f} = [f_{x1} \quad f_{y1} \quad f_{z1} \quad f_{x2} \quad f_{y2} \quad f_{z2} \quad \cdots \quad f_{xm} \quad f_{ym} \quad f_{zm}]^{\mathrm{T}} \tag{2.4-48}$$

弹性体被离散化成单元体的集合,待求解的基本未知量此时即转化为包含整体弹性体所有各单元节点的位移分量。现用符号 $\boldsymbol{U}$ 表示,称它为总体位移列阵。若弹性体被离散后,共有 N 个节点,则总体位移列阵可写成:

$$\boldsymbol{U}=[u_1 \quad v_1 \quad w_1 \quad u_2 \quad v_2 \quad w_2 \quad \cdots \quad u_N \quad v_N \quad w_N]^{\mathrm{T}} \tag{2.4-49}$$

现把单元体内任意一点的位移与单元节点位移的函数关系当作已知,并表示成以下形式:

$$\boldsymbol{u}=\boldsymbol{N}\boldsymbol{u}_e \tag{2.4-50}$$

式中,$\boldsymbol{u}_{\mathrm{e}}=[u \quad v \quad w]^{\mathrm{T}}$,为单元体内任一点的位移;$\boldsymbol{N}$ 为单元的形函数或称插值函数矩阵。

2.4.2.4　单元刚度方程

前述章节对虚功原理和最小势能原理作了简单介绍。利用能量原理可以建立有限元法的基本方程,导出有限元法的基本公式。首先,由虚功原理导出单元的刚度方程。在连续体被离散为单元的情况下,由式(2.4-50)的单元位移函数及弹性体的几何方程式 $\varepsilon=Lu$ 可得到单元体内的应变及应力与单元节点位移的关系:

$$\boldsymbol{\varepsilon}=\boldsymbol{L}\boldsymbol{u}=\boldsymbol{L}\boldsymbol{N}\boldsymbol{u}_e=\boldsymbol{B}\boldsymbol{u}_e \tag{2.4-51}$$

$$\boldsymbol{\sigma}=\boldsymbol{D}\boldsymbol{\varepsilon}=\boldsymbol{D}\boldsymbol{B}\boldsymbol{u}_e \tag{2.4-52}$$

式中,$\boldsymbol{B}=\boldsymbol{L}\boldsymbol{N}$,为应变矩阵或几何矩阵。

由式(2.4-38)及式(2.4-39)的虚功方程可得到单元体的虚应变能为:

$$\delta\boldsymbol{U}_e=\iiint_V \boldsymbol{\varepsilon}^{*\mathrm{T}}\boldsymbol{\sigma}\,\mathrm{d}x\mathrm{d}y\mathrm{d}z=\iiint_V \delta\boldsymbol{u}_e^{*\mathrm{T}}\boldsymbol{B}^{\mathrm{T}}\boldsymbol{D}\boldsymbol{B}\boldsymbol{u}_e\,\mathrm{d}x\mathrm{d}y\mathrm{d}z \tag{2.4-53}$$

同时,令 $k=\iiint \boldsymbol{B}^{\mathrm{T}}\boldsymbol{D}\boldsymbol{B}\,\mathrm{d}x\mathrm{d}y\mathrm{d}z$,则有:

$$\delta\boldsymbol{U}_e=\delta\boldsymbol{u}_e^{*\mathrm{T}}k\boldsymbol{u}_e \tag{2.4-54}$$

考察一个处于平衡状态的单元体,受有外力(体力 Q,面力 P)及其周围单元对其作用的平衡力 f。由式(2.4-38)及式(2.4-48)可得单元体的虚外功:

$$\delta\boldsymbol{W}_e=\iiint_V \delta\boldsymbol{u}_e^{*\mathrm{T}}\boldsymbol{N}^{\mathrm{T}}\boldsymbol{Q}_e\,\mathrm{d}x\mathrm{d}y\mathrm{d}z+\iint_S \delta\boldsymbol{u}_e^{*\mathrm{T}}\boldsymbol{N}^{\mathrm{T}}\boldsymbol{P}_e\,\mathrm{d}s+\delta\boldsymbol{u}_e^{*\mathrm{T}}\boldsymbol{f} \tag{2.4-55}$$

把 $\delta\boldsymbol{u}_e^{*\mathrm{T}}$ 提至积分符号外,并令:

$$\begin{cases}\boldsymbol{q}=\iiint_V \boldsymbol{N}^{\mathrm{T}}\boldsymbol{Q}_e\,\mathrm{d}x\mathrm{d}y\mathrm{d}z\\ \boldsymbol{p}=\iint_S \boldsymbol{N}_e^{\mathrm{T}}\boldsymbol{P}_e\,\mathrm{d}s\end{cases} \tag{2.4-56}$$

由虚功原理 $\delta\boldsymbol{U}=\delta\boldsymbol{W}$ 可得到:

$$ku_e = q + p + f \tag{2.4-57}$$

式中：k——单元刚度矩阵；

p——作用在单元上的体力的等效节点力；

q——作用在单元上的面力的等效节点力。

2.4.2.5 总体刚度方程

在给定的位移边界条件下，处于平衡状态的弹性体，若被剖分成 N 个单元，则弹性体总的虚应变能应等于各个单元虚应变能的总和，即

$$\delta U = \sum_{e=1}^{N} \delta U_e = \sum \delta u_e^{*\mathrm{T}} k u_e = \delta U^{*\mathrm{T}} K U \tag{2.4-58}$$

外力在相应的虚位移上的虚功应等于各单元体外力虚功之总和，故有：

$$\delta W = \sum_{e=1}^{N} \delta W_e = \sum (\delta u_e^{*\mathrm{T}} q + \delta u_e^{*\mathrm{T}} p + \delta u_e^{*\mathrm{T}} f) = \delta U^{*\mathrm{T}} R \tag{2.4-59}$$

由虚功原理 $\delta U = \delta W$ 可得：

$$KU = R \tag{2.4-60}$$

式中，K 为连续体的总体刚度矩阵；U 为连续体被离散化后全部节点的位移分量组成的总体位移列阵；R 为全部外力的等效节点力列阵。

它们与单元特性及单元刚度方程有如下关系：

$$\begin{cases} K = \sum k \\ R = \sum (q + p) \\ U = \sum u_e \end{cases} \tag{2.4-61}$$

可见，结构的总体刚度方程(2.4-61)中，总体刚度矩阵由各单元刚度矩阵组集而成，总体位移列阵包含各单元所有节点位移，荷载列阵则是作用在各个单元的节点荷载的组集。

2.4.2.6 求解步骤

有限元法求解问题的步骤如下：

1. 结构的离散化

结构的离散化就是把求解对象(结构或连续体)划分成由各单元组成的有限元法模型，即有限元网格。如图 2.4-9 所示，网格剖分时，应当注意满足两个基本要求，即近似性和连续性。近似性包括几何近似和物理近似，即要剖分形成的有限元网格，在几何形状(外形)和物理特性两方面都同原来的结构或连续体充分接近。这种近似是保证求解精度所必需的。连续性则要求剖分后的网格在各单元相互邻接的边界上保持连续，不得有任何重叠现象或存在空白间隙。

2. 建立单元刚度矩阵并组集总体刚度方程

根据前述章节所给出的单元基本刚度方程及刚度矩阵、外力等效节点力的基本公式，完成

单元刚度矩阵以及作用在单元上的外力的等效节点力的计算。对全部单元逐一形成其刚度矩阵、体力及面力的等效节点力,并进行叠加,就形成了总体刚度方程。

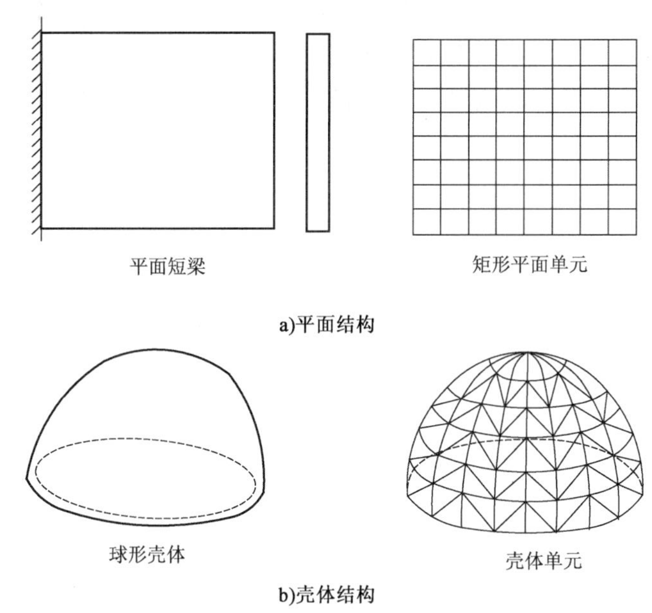

图2.4-9　结构离散化网格示例

3.引入边界条件,修改总体刚度方程

边界条件包括应力边界条件和位移边界条件。应力边界条件在总体刚度方程中已反映,这里主要考虑位移边界条件。在考虑了位移边界条件,对总体刚度方程作相应修改后,才可以求解总体方程组,得到未知的位移列阵 $\boldsymbol{U}$。

4.求解总体刚度方程

由前面的讨论可知,总体刚度方程为一线性方程组。解方程组即可得到未知位移列阵 $\boldsymbol{U}$,由总体方程 $\boldsymbol{KU}=\boldsymbol{R}$,可得:

$$\boldsymbol{U}=\boldsymbol{K}^{-1}\boldsymbol{R} \tag{2.4-62}$$

在进行问题求解时,除了注意基本未知量位移之外,更应注意弹性体内的变形及应力分布特征。在解方程组求得总体位移列阵后,就可以进一步利用几何方程和物理方程求得单元的应变、应力、主应力及其他未知量。

首先,对任意一个单元体,其节点位移 u_e 可直接从总体位移列阵中得到,由此即可求得任一单元的应变及应力:

$$\begin{cases}\boldsymbol{\varepsilon}=\boldsymbol{B}\boldsymbol{u}_e \\ \boldsymbol{\sigma}=\boldsymbol{D}\boldsymbol{\varepsilon}\end{cases} \tag{2.4-63}$$

5.计算结果的整理、分析与评价

有限元法计算成果的整理,主要是从大量的结果中找出对工程有意义的关键部位的数据

(位移、应变及应力)及计算结果反映的规律。这些工作由人工完成是一件十分烦琐而且费工费时的事。目前已发展和开发出的后处理技术可将这些工作完全交由计算机自动完成。后处理技术包括绘制各种图形,如变形图、等值线图,以及按要求绘制任一剖面或关键部位的位移、应力、主应力、分布曲线图等,还可绘制各种数据表等。计算报告书中所需的任何数据和图形都可以由后处理技术软件来完成,这就大大提高了工作效率,使计算者把主要的精力放在对计算结果的分析与评价工作上。

第3章　U形梁的设计实例

3.1　设计情况介绍

本书以青岛地铁8号线工程胶东镇站—大涧站区间的32.7m跨径混张预制U形梁设计为例。

3.1.1　项目概况

青岛属华北暖温带沿海季风区，大陆性气候，受海洋影响，空气湿润、气候温和，雨量较多，四季分明，具有春迟、夏凉、秋爽、冬长的气候特征。

青岛地铁8号线起自胶州北站，终至五四广场站（暂未开通），连接青岛新机场、北岸城区、东岸城区，是一条以交通疏解功能为主、规划引导作用为辅，兼顾旅游需求的快速轨道交通线（图3.1-1）。线路正线全长60.8km，共设置车站18座，其中高架站1座，地下站17座。高架区间为胶东国际机场敞口段终点至大涧站前敞口段起点，与在建济青高铁并行（图3.1-2）。正线里程YSK11+299.254~YSK17+820.909，长度约6.40km，约占工程线路总长的10.7%。高架区间贯穿于胶东镇中心区，主要沿济青高铁和营旧路布设，线路共跨越川一路、G204、规划青岛新机场高架南北匝道、大沽河北岸路堤、大沽河河道、大沽河南岸路堤、桃源河北岸路堤、桃源河河道、桃源河南岸路堤等城市现有及规划道路10余处，道路红线宽度多在40m以下；共跨越大沽河、桃源河2条河流，其中大沽河宽度达到1000m，桃源河宽度为200m。

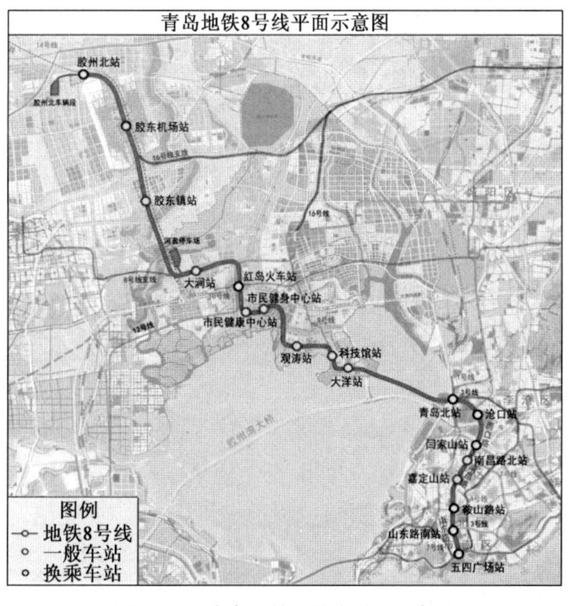

图3.1-1　青岛地铁8号线平面示意图

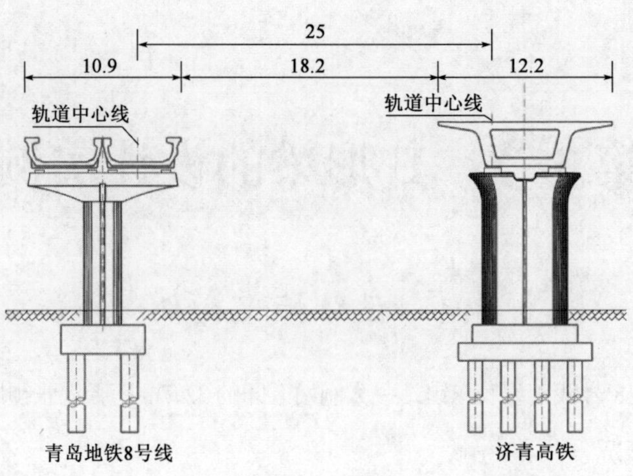

图 3.1-2　青岛地铁 8 号线与济青高铁桥梁关系图(单位:m)

青岛地铁 8 号线高架段自龙发热电出地面后跨越川一路、G204、规划胶州湾机场高速、大沽河南北堤、规划青岛新机场高速、桃源河南北堤,其中跨越川一路、G204 采用标准梁,其余共设置 6 处节点桥,采用简支梁或者连续箱梁结构形式。

其中,高架区间桥梁孔跨布置:(23.31 + 12 × 32.7)m 连续箱梁 + (24.7 + 3 × 32.7 + 2 × 24.7 + 32.7 + 20.7 + 7 × 32.7 + 2 × 24.7 + 3 × 32.7 + 20.7)m 简支 U 形梁 + (41 + 2 × 64 + 40.7)m 连续箱梁 + (2 × 20.7)m 简支 U 形梁 + (73 + 128 + 73)m 连续箱梁 + (24.7 + 22 × 32.7 + 24.7 + 32.7)m 简支 U 形梁 + (40.7 + 64 + 40.7)m 连续箱梁 + (32.7 + 2 × 24.7 + 32.7 + 2 × 24.7 + 24 × 32.7 + 3 × 24.7)m 简支 U 形梁 + (60.85 + 100 + 60.85)m 连续箱梁 + (33 × 32.7 + 24.7)m 简支 U 形梁 + (40.7 + 64 + 40.7)m 连续箱梁 + (2 × 24.7)m 简支 U 形梁 + (40.7 + 64 + 40.7)m 连续箱梁 + (24.7 + 6 × 32.7 + 24.7 + 7 × 32.7)m 简支 U 形梁[25]。

图 3.1-3　青岛地铁 8 号线高架桥效果图

青岛地铁 8 号线高架桥效果图如图 3.1-3 所示。

3.1.2　主要设计方法

我国现行规范中桥梁结构设计方法如下:

1)容许应力法(allowable stress method)

容许应力法为以结构构件的计算应力不大于有关规范所给定的材料容许应力的原则来进行设计,一般应力设计表达式为:

$$\sigma \leqslant [\sigma] \tag{3.1-1}$$

容许应力法以线弹性理论为基础,以构件危险截面的某一点或某一局部的计算应力小于或等于材料的容许应力为准则。在应力分布不均匀的情况下,如受弯构件、受扭构件或静不定结构,用这种设计方法结果比较保守。

容许应力法设计应用简便,是工程结构中的一种传统设计方法。它的主要缺点是,单一安全系数是一个笼统的经验系数,因之给定的容许应力不能保证各种结构具有比较一致的安全水平,也未考虑荷载增大的不同比率或具有异号荷载效应情况对结构安全的影响。

2)极限状态法(limit states method)

当整个结构或结构的一部分超过某一特定状态时就不能满足设计规定的某一功能要求,则此特定状态称为该功能的极限状态,按此状态进行设计的方法称极限状态法。

结构的极限状态方程通常定义为

$$Z=g(X_1,X_2,\cdots,X_n)=0 \tag{3.1-2}$$

它是针对破坏强度设计法的缺点而改进的工程结构设计法,分为半概率极限状态法和概率极限状态法。

目前国内尚无统一的城市轨道交通高架桥梁的设计规范。2013年8月,住房和城乡建设部颁布修订了《地铁设计规范》(GB 50157—2013),其10.4.1条文规定:区间桥梁的钢筋混凝土结构和钢结构,应按容许应力法设计。其材料、容许应力、主力与附加力组合下的应力提高系数、结构计算方法及构造要求,以及特殊荷载(地震力除外)参与组合时,容许应力提高系数应符合现行行业标准等有关规定。10.6条则专门对车站高架结构制定相应规范,10.6.12条文规定:车站高架结构中轨道梁及其支承结构的构造要求应与区间桥梁相同,其他构件的构造要求应按现行国家标准《混凝土结构设计规范》(GB 50010—2010)和有关建筑结构设计标准的规定执行[8]。

故本节介绍的青岛地铁8号线32.7m跨径混张预制U形梁设计均按照《铁路桥涵设计规范》(TB 10002—2017),采用容许应力法设计。

3.1.3　桥梁结构设计

3.1.3.1　桥梁选型

根据桥梁上部结构的建筑材料,桥梁可分为木桥、钢桥、钢筋混凝土桥、预应力混凝土桥、圬工桥(包括砖桥、石桥、混凝土桥)几大类,其中应用广泛的桥梁主要是钢桥、钢筋混凝土桥和预应力钢筋混凝土桥。

下面对它们的特点进行简单的论述。

1.钢桥的特点

(1)钢桥的优点:

①自重轻。钢桥基本由钢板和型钢通过栓接、焊接、栓焊组合等方式构成,板梁结构、箱梁结构、桁架结构作为桥面主要的承载体。

②跨距大。因其自重轻,故可以将跨距设计得更大,做成斜拉索桥、悬索桥,跨距最大甚至可以达到2000m。

③抗震性好。由于桥体自重轻,塑性韧性好,因此地震时桥梁产生的水平力较小,对桥墩

的抗震强度要求低。

④可以做成造型复杂的桥型。

(2)钢桥的缺点:钢桥的建设成本相对较高,也容易锈蚀,后期的维护管理要求较高。

2. 钢筋混凝土桥的特点

(1)钢筋混凝土桥的优点:

①施工成本低,技术要求相对钢桥要低。

②材料供应方便,钢筋、水泥、木材等材料可以就近采购。

③耐久性好、适应性强、整体性好,现场施工方便。

④维护管理简单方便,相对于钢桥更适合野外场所。

(2)钢筋混凝土桥的缺点:桥体自重大,抗震性差;现场浇筑施工工期长、受季节影响大,且需要架设大量的脚手架模板等,对地面环境要求高,在城市中对交通影响大。[51]

3. 预应力钢筋混凝土桥的特点

(1)预应力钢筋混凝土桥的优点:

①提高了构件的抗裂度和刚度。对构件施加预应力后,构件在使用荷载作用下可不出现裂缝,或可使裂缝推迟出现,有效地改善了构件的使用性能,提高了构件的刚度,增强了结构的耐久性。

②可以节省材料,减轻自重。预应力混凝土由于采用高强度材料,因而可减小构件截面尺寸,节省钢材与混凝土用量,降低结构物的自重。这对自重比例很大的大跨径桥梁来说,有着更加显著的优越性。对于大跨度和重荷载结构,采用预应力混凝土结构一般是经济合理的。

③可以减小混凝土梁的竖向剪力和主拉应力。预应力混凝土梁的曲线钢筋(束)可使梁中支座附近的竖向剪力减小;又由于混凝土截面上预应力的存在,荷载作用下的主拉应力也相应减小。这有利于减小梁的腹板厚度,使预应力混凝土梁的自重进一步减小。

④结构质量安全可靠。施加预应力时,钢筋(束)与混凝土同时经受了一次强度检验。

⑤预应力可作为结构构件连接的手段,促进大跨结构新体系与施工方法的发展。

此外,预应力混凝土结构还可以提高结构的耐疲劳性能。因为具有强大预应力的钢筋,在使用阶段由加荷或卸荷所引起的应力变化幅度相对较小,所以其疲劳破坏的可能性也小。这对承受动荷载的桥梁结构来说是很有利的。

(2)预应力钢筋混凝土桥的缺点:

①工艺较复杂,对施工质量要求甚高。

②需要一定的专门设备,如张拉机具、灌浆设备等。先张法需要张拉台座,后张法还需要数量较多、质量可靠的锚具等。

③预应力反拱度不易控制。它随混凝土徐变的增加而加大,造成桥面不平顺。

④预应力混凝土结构的开工费用较大,对于跨径小、构件数量少的工程而言,成本较高。

但是,以上缺点是可以设法克服的。例如对于跨径较大的结构,或跨径虽不大,但构件数量很多时,采用预应力混凝土结构就比较经济了。总之,从实际出发,因地制宜地合理设计和妥善安排,预应力混凝土结构就能充分发挥其优越性。所以,它在近数十年来得到了迅猛的发展,尤其对桥梁新结构体系及施工方法的发展起了重要的推动作用,是一种极有发展前途的工程结构。[52]

3.1.3.2　桥梁结构设计

桥梁结构分为上部结构和下部结构两部分。上部结构是桥梁跨越空间并承受其上面外加作用的结构建筑物,下部结构是支撑上部结构并将上部结构传来的作用传递到地基的结构建筑物。设有支座的桥梁,支座以上部分(包括支座)称为上部结构,支座以下部分称为下部结构。

1. 上部结构设计

城市轨道交通高架桥的结构类型选择应该结合线路规划、跨越障碍物要求、施工和养护的便利性等方面综合考虑。桥梁基本结构体系主要有梁桥、拱桥、索桥及组合桥梁,但是在城市轨道交通高架桥中应用最多的仍然是梁式体系桥梁,结构体系选取仍以梁式桥作为重要的分析内容。而混凝土梁式桥由于其刚度大、结构技术成熟等优点而广泛应用于城市轨道交通的高架桥中。混凝土梁式桥主要有简支体系和连续体系两种,其中连续体系又包括连续梁桥和连续刚构桥。简支梁桥、连续梁桥及连续刚构(架)桥这三种桥式特点和适用情况见表 3.1-1。

三种桥式特点和适用情况比较表　　表 3.1-1

桥式方案	桥式特点	适用情况
简支梁桥	受力明确,便于工程质量控制及预制架设	适用于桥梁长度长而工期短的情况
连续梁桥	施工多采用现浇,即使采用简支变连续施工方法也需现场施工作业,工期较长	适用于墩台基础沉降易于控制、桥梁长度短、工期较长的情况
连续刚构(架)桥	轨道交通墩柱不高,一般为 8m 左右甚至矮至 5m;无缝线路要求桥墩刚度大,与连续刚构(架)桥要求下部结构刚度小矛盾	仅用于跨度(如 3×10m)较小情况,如高架车站和道岔区,现浇施工

根据国内外轨道交通高架线路的设计经验,可供高架区间桥梁选用的标准桥梁结构体系主要有简支梁体系和连续梁体系。简支梁是一种最常用的桥梁结构体系。简支梁静定结构的特点决定了它结构简单,同时支座不均匀沉降及混凝土收缩、徐变等因素都不会引起内力的变化,也不会产生因预应力引起的次内力。特别是在软土地区,不均匀沉降相对较大,采用简支梁是较经济合理的方案。标准跨径的简支结构易于实现标准化、规模化的设计与施工,当局部墩位需调整时影响范围小,施工组织灵活。高架区间的标准跨径由经济和景观要求确定。关于经济性,根据轨道交通高架结构的上、下部工程费用确定的经济跨径为 25~32m。关于景观要求,由于轨道梁的竖向刚度要求较高,需采用较大的梁高,适当加大跨径可以使梁高、桥跨与桥下净空较好地协调,以提高桥下的通透性,改善景观。

此外,简支结构对基础沉降的适应性比连续结构好,对无缝线路长钢轨纵向力的适应性高。同时,轨道交通是公共交通,一旦中断影响极大,因此,一旦中断必须快速修通,简支体系比连续体系有明显快速抢修的优势。原铁道部编写的《客运专线常用跨度桥梁选型专题报告》的经济比较结果表明,在基础较差情况下简支梁相比连续结构明显经济。

综上所述，对城市轨道交通高架桥这种长桥来说，结构体系宜采用简支体系，只有在如道岔区、跨越道路需较大跨度等特殊情况下才采用连续结构。[8]

2. 桥梁截面形式

城市轨道桥梁的断面形式一般采用组合式 T 形梁、箱形梁、U 形梁等，这 3 种梁型截面各项技术指标见表 3.1-2。

3 种梁型截面各项技术指标的比较 表 3.1-2

梁型截面		U 形梁	箱形梁	T 形梁
施工方法		现浇	现浇或预制节段整体拼装	预制吊装
施工难易程度		较难	一般	方便
施工速度		慢	慢	快
环境影响	施工影响	大	大	小
	运行噪声	结构腹板与上翼缘构成有效的防噪体系，运行噪声小，可不设声屏障	存在箱体内空腔共鸣效应，运行噪声大	介于 U 形梁和箱形梁之间
景观		主梁顶板和腹板将外观较差的走行系统遮挡，只露出整洁、美观的上部车体，视觉效果好	景观效果好	外观简洁，线条流畅，比常规的密肋、多横梁的 T 形梁结构有较大改进
结构性能		抗扭性能差	刚度大，动力性能好	受力明确
徐变变形		后期徐变变形较小	后期徐变变形小，适用于无砟轨道	后期徐变变形较大
适应性		直线	直线、曲线、渡线	直线、曲线、渡线
建设经验		较少	技术成熟	铁路中大量使用

轨道交通系统进入城市后，随着城市地势、工程投资规模、沿线周边环境条件的变化，形成了高架线路、地面线路、地下线路。为了节省轨道交通系统总投资，要求高架结构有较小的建筑高度。早期，轨道交通高架结构一般采用常见的城市高架桥或公路高架桥的形式，建筑高度较大。U 形梁是适合于轨道交通高架结构要求较小建筑高度的结构形式之一，而且 U 形梁的建筑高度与跨径无关，便于轨道交通系统在线路纵断面上做定线布置。

此外，与上承式预应力钢筋混凝土铁路桥梁相比，U 形梁可以大大降低建筑高度（从轨底到梁底的高度），而且 U 形梁的建筑高度主要取决于道床板的横向跨度，与梁的纵向跨度无关。因此当纵向跨度越大，建筑高度降低得越显著。如按标准设计，跨度 16m 的低高度钢筋混凝土梁，梁高为 1.1m，跨度 32m 的预应力混凝土梁，梁高为 2.5m。如用 U 形梁，则建筑高度可分别降低至 0.7m 与 2.1m。由于降低了建筑高度，可以节省大量路基土方量，并减小占地面积，从而大大降低工程投资。在一定的路基高度下，可以减少桥下开挖，有利于在某些地下水位较高的地方减少排水工程量。预应力混凝土铁路 U 形梁与下承式钢梁相比，有节省钢材、降低噪声、养护简便等优点。[43]

U 形梁在城市轨道交通建设中具有建筑美观性好、建筑高度较小、断面空间利用率高和降噪效果好等特点，其在城市轨道交通设计与建设中占有明显优势。所以，U 形梁是城市轨道交通高架桥梁的一种合理形式。

综上所述，结合目前国内外 U 形梁结构设计的应用现状，依照青岛地铁 8 号线桥梁整体结构与济青高铁对跨布置要求，青岛地铁 8 号线高架桥梁设计采用了结构美观轻盈的 32.7m 预应力简支 U 形梁，并采用单线 U 形梁并置结构形式，梁体内、外侧腹板均采用流线弧形外观。

单线 U 形梁结构顶宽 5.42m，开口宽 3.7m，跨中截面梁高 1.9m，底板厚 0.26m，支点截面梁高 2.04m，底板厚 0.4m，梁端到支座中心线 0.6m，外侧腹板采用弧形，内腹板采用斜腹板，跨中腹板厚 0.28m，端支点腹板厚 0.3m。梁体横截面设计图如图 3.1-4 所示。梁体立面设计图如图 3.1-5 所示。

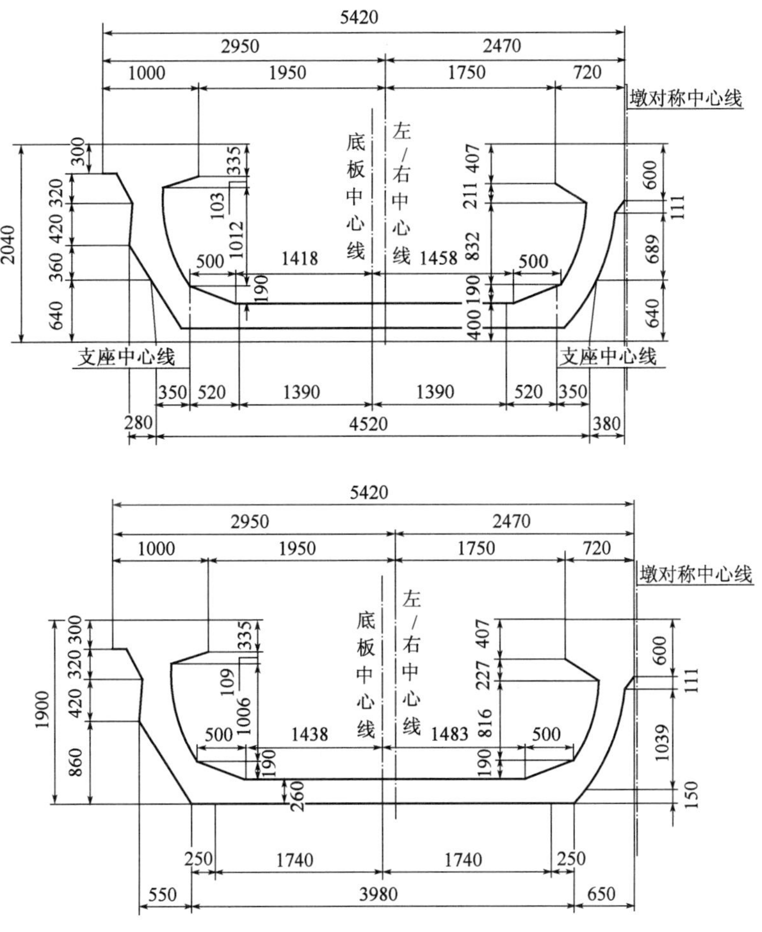

图 3.1-4　梁体横截面设计图

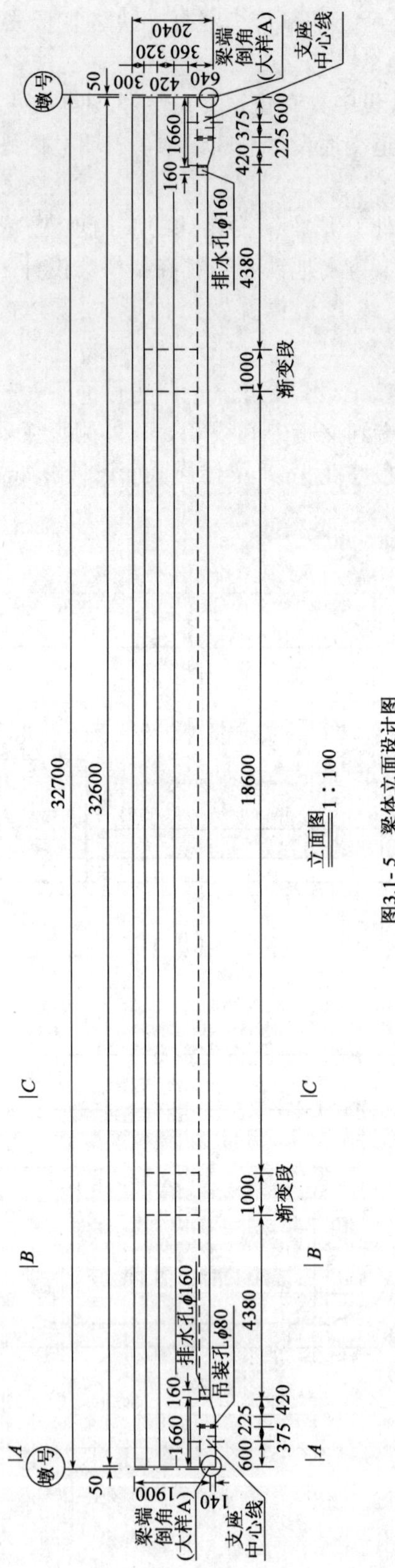

图3.1-5 梁体立面设计图

3. 下部结构设计

城市轨道交通高架桥的桥墩除必须承受上部结构的荷载外,还应考虑受力合理、体量较小,并与上部建筑风格相协调。特别是高架桥多为跨线桥,常受地形、地貌、交通等限制,又与城市建筑及环境密切相关,其造型格外重要,即必须使高架桥与城市环境协调。所以,桥梁下部结构形式及桥墩位置选择应该遵循安全、耐久、满足交通要求、造价低、养护维修工作量小、预制施工方便、工期短、多留空间、少占地、与城市环境和谐等原则。对于全线高架桥,宜减少桥墩的数目。适用于城市高架桥的桥墩形式有 T 形墩、实体墩和 Y 形墩等,其特点及适用性见表 3.1-3。

各式桥梁下部结构的特点及适用性对比　　表 3.1-3

下部结构	特点及适用性
T 形墩	T 形墩既能够减轻墩身质量、节约工程材料、减少占地面积,又较美观,特别适用于高架桥与地面道路斜交的情况。如将 T 形墩与区间 T 形梁、箱形梁、U 形梁等上部结构结合,则上、下部结构的轮廓线可平顺过渡、受力合理
实体墩	实体墩有独柱墩与双柱墩两种,双柱墩相对占地要多一些,因此应用较少。双柱墩外形简洁明快,给人稳健的感觉,适用于 T 形梁、单箱单室组合梁、单箱单室梁等梁底较宽及道路分隔带较宽的情况。单柱墩占地少,较适用于如单箱单室梁梁底较窄的情况,在轨道交通中较多地被采用
Y 形墩	Y 形墩兼有 T 形墩和双柱墩的优点,质量轻,占地面积少,外形美观简洁,造型轻巧,视野良好,并有利于桥下交通;Y 形桥墩上部为双柱式,对盖梁工作条件有利,但施工比较复杂

青岛地铁 8 号线桥梁下部结构标准墩采用圆端形截面墩柱 T 形墩,墩柱截面前后设 10cm 深凹槽,盖梁采用宝石型,按预应力混凝土结构设计,预应力分两次张拉。预应力钢束采用 6 束 15 ϕ^{S} 15.2mm 钢绞线。盖梁预应力构造图如图 3.1-6 所示。

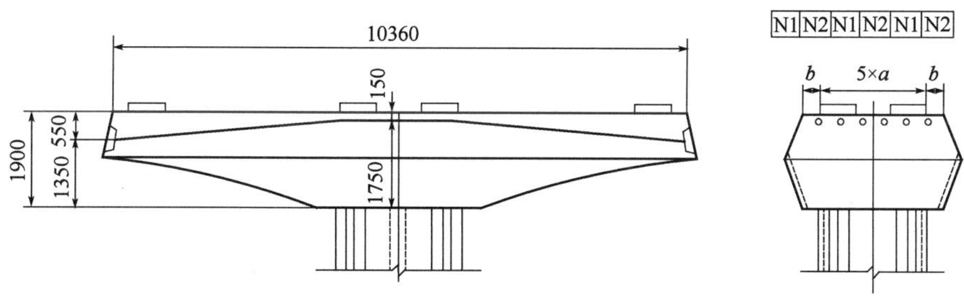

图 3.1-6　盖梁预应力构造图

结合场地地质条件,区间采用桩基础,按照摩擦桩设计。桩基采用直径为 1.2m 群桩,分别为 4 桩、5 桩、6 桩承台,根据桥梁刚度及受力验算进行下部结构的选择。标准承台桩基布置图如图 3.1-7 所示。

3.1.4　高架桥基本情况

青岛地铁 8 号线工程的高架桥,采用先张法的 U 形梁,全线预制梁均为直桥,曲线桥梁以直代曲采用平分中矢布跨,调整内外腹板长度以保证预制梁相接处伸缩缝的宽度。高架区间高架桥长度为 728.445m，预制 U 形梁跨径共计 32.7m、24.7m、20.7m 和 20.345m 四种，其中 32.7m 预制 U 形梁采用混张工艺预应力混凝土单线 U 形梁，其他跨径预制 U 形梁采用先张法预制的预应力混凝土单线 U 形梁，具有预应力筋和混凝土的黏结性与整体性良好、成批预制效率高等优点，依据铁路行业和公路行业关于预制梁的要求，需要对先张法预制的 U 形梁进行分批抽检试验，检验 U 形梁是否满足规范和达到设计使用性能[48]。青岛地铁 8 号线高架区间 U 形梁类型统计见表 3.1-4。

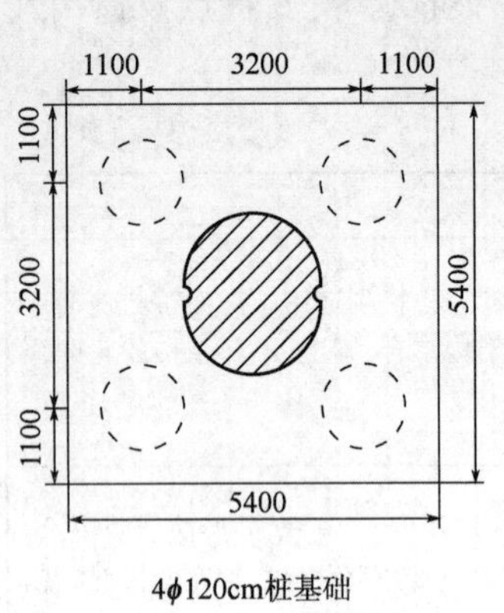

4φ120cm桩基础

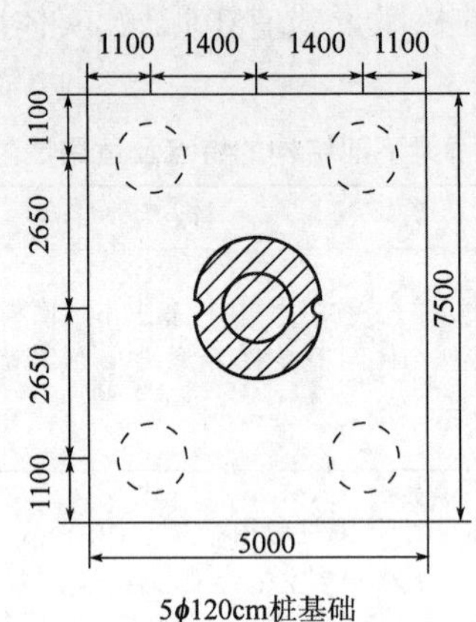

5φ120cm桩基础

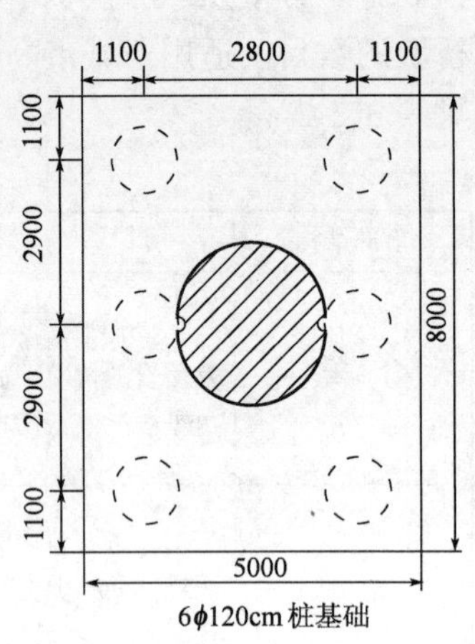

6φ120cm桩基础

图 3.1-7　标准承台桩基布置图

青岛地铁 8 号线 U 形梁类型统计表　　表 3.1-4

区间名称	U 形梁长度（m）	计算跨度（m）	曲线（片）	直线（片）	数量小计（片）	数量合计（片）
胶胶区间	32.7	32.6	24	14	38	312
	24.7	24.6	0	2	2	
	20.7	20.6	4	2	6	
	20.345	20.195	2	0	2	
胶大区间	32.7	32.6	—	—	218	
	24.7	24.6	—	—	38	
	20.7	20.6	—	—	8	

由表 3.1-4 可见，胶东机场预埋段胶州北站至胶东镇站的高架区间，胶东镇站至大涧站的高架区间共计 412 片 U 形梁。4 种跨径 U 形梁具体数量见表 3.1-5[48]。

4 种跨径 U 形梁数量统计表　　表 3.1-5

序　号	名　称	单　位	数　量
1	20.345m 简支 U 形梁	片	2
2	20.7m 简支 U 形梁	片	114
3	24.7m 简支 U 形梁	片	40
4	32.7m 简支 U 形梁	片	256
共计		片	412

U形梁结构顶宽5.42m,开口宽3.7m,采用的预制U形梁高1.9m,跨中处底板厚0.26m,支点截面梁高2.04m,底板厚0.4m。连续梁跨径布置及梁高如下:(40+64+64+40)m连续箱梁2联,中支点梁高4m,边支点梁高2.2m;(40+64+40)m连续箱梁2联,中支点梁高4m,边支点梁高2.2m;(73+128+73)m连续箱梁1联,中支点梁高8m,边支点梁高4.2m;(60+100+60)m连续箱梁1联,中支点梁高6.5m,边支点梁高3.2m。节点桥边支点处梁高为2.2~4.2m,而U形梁支点处底板厚0.4m,在桥梁分联处两种梁型的梁高相差很大,连接处存在较大高差,对桥梁景观不利,设计时应采用适当的构造形式,以减小高差太大带来的突兀感,增强景观效果[49]。

3.2　确定设计参数

3.2.1　技术指标

本设计主要依据《铁路桥涵设计基本规范》(TB 10002.1—2005)、《地铁设计规范》(GB 50157—2013)。有关预应力技术要求,参照《公路钢筋混凝土及预应力混凝土桥涵设计规范》(JTG 3362—2018)。

结合现行规范,青岛地铁8号线高架桥32.7m预应力U形梁的技术指标如表3.2-1所示。

主要技术指标　　表3.2-1

列车类型	B型车,6辆编组
最高行车速度	120km/h
牵引种类	电力,高架区段区间采用第三轨受流方式
抗震设防烈度	Ⅵ度
设计使用年限	桥梁主体结构为100年,其他损坏、修复不影响轨道交通正常运营的附属结构为50年
桥面防水等级	Ⅰ级

3.2.2　主要材料

1. 混凝土

按照设计规范要求,预应力混凝土桥跨结构的混凝土强度等级不得低于C40。本设计梁体混凝土采用C55混凝土,其特性参数如表3.2-2所示。

C55混凝土特性参数　　表3.2-2

材　料	项　目	单　位	参　数
混凝土(C55)	轴心抗压极限强度f_c	MPa	37.0
	轴心抗拉极限强度f_{ct}	MPa	3.30
	弹性模量E_c	MPa	36000

续上表

材　料	项　目	单　位	参　数
混凝土（C55）	计算材料容重 ρ	kN/m^3	26.5
	线膨胀系数 α		1.0×10^{-5}

本设计根据施工顺序不同，采用的混凝土也有差异。先张预应力封锚采用环氧砂浆，后张预应力封锚采用 C55 微膨胀混凝土；防水保护层采用 C40 纤维混凝土。

2. 普通钢筋及预应力钢筋

预应力钢绞线采用ϕ^S 17.8mm 的高强低松弛钢绞线，其技术条件应符合现行《预应力混凝土用钢绞线》（GB/T 5224—2014）的规定，其特性参数详见表 3.2-3。

钢绞线特性参数　　表 3.2-3

材　料	项　目	单　位	参　数
钢绞线（ϕ^S17.8）	抗拉强度标准值 f_w	MPa	1860
	张拉控制应力	MPa	1302
	弹性模量 E_p	MPa	1.95×10^5

普通钢筋采用 HPB300 和 HRB400，其技术条件应符合现行国家标准《钢筋混凝土用钢　第 1 部分：热轧光圆钢筋》（GB/T 1499.1—2017）和《钢筋混凝土用钢　第 2 部分：热轧带肋钢筋》（GB/T 1499.2—2018）的规定。

3.2.3　预应力结构

3.2.3.1　预应力混凝土

预应力混凝土，是在混凝土内部施加内应力，内应力的大小和分布能抵消给定外部施加的荷载所引起的应力，并达到预期的设计结果。在钢筋混凝土构件中，预应力一般是靠张拉钢筋来实现的。此外，预应力混凝土也包括由于内部应变引起应力在一定程度上被抵消的情况，例如拱内应力调整法。

下面将通过三个不同的概念来说明和分析张拉预应力筋混凝土的基本行为[51]。

第一个概念：预先施加应力使混凝土变为弹性材料。此概念把混凝土当作一种弹性材料，抗拉弱、抗压强的混凝土被压（一般通过张拉钢筋实现）后，就能抵抗拉应力。由此概念就产生了无拉应力的准则。一般认为，如果混凝土中没有拉应力，就可能没有裂缝，混凝土也就不是脆性材料，而变为一种弹性材料。

因此，在此概念下混凝土被视为有两个力系——内部预应力及外部荷载，外部荷载所引起的拉应力被预应力所产生的压应力所抵消，即荷载引起的混凝土开裂会被预应力筋所产生的预应力所阻止或推迟。只要没有裂缝，由两个力系所产生的混凝土的应力、应变及挠度可以分别考虑并在需要的时候叠加。

第二个概念：预加应力是为了使高强度钢筋和混凝土结合。此概念是将预应力混凝土看作钢筋和混凝土的一种结合，和钢筋混凝土一样，用钢筋承受拉力而混凝土承受压力，以便形成一个抵抗外弯矩的力偶，如图 3.2-1 所示。

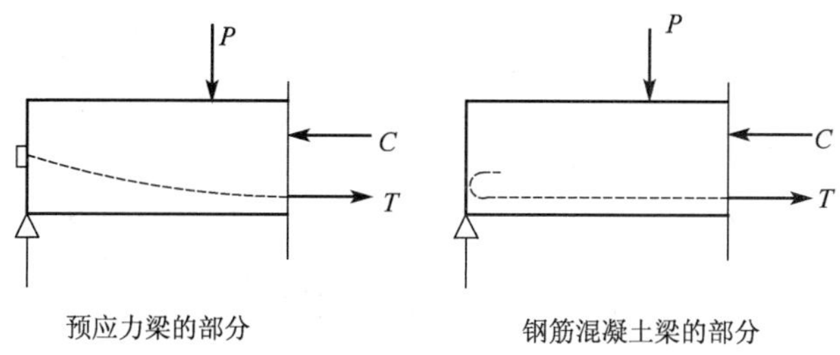

图 3.2-1　预应力混凝土梁内和钢筋混凝土梁内的内部抵抗力矩

在预应力混凝土中,采用的是高强度钢筋,在其强度被充分利用之前必须有很大的伸长变形。若此高强度钢筋像在普通混凝土内那样被简单地埋置在混凝土内,周围的混凝土必将在钢筋全部强度被利用之前产生非常严重的裂缝,如图 3.2-2 所示。因此,需要将钢筋相对于混凝土预张拉并加以锚固,这样就可以在两种材料中实现所希望的应力和应变:混凝土中的压应力和压应变及钢筋中的拉应力和拉应变。

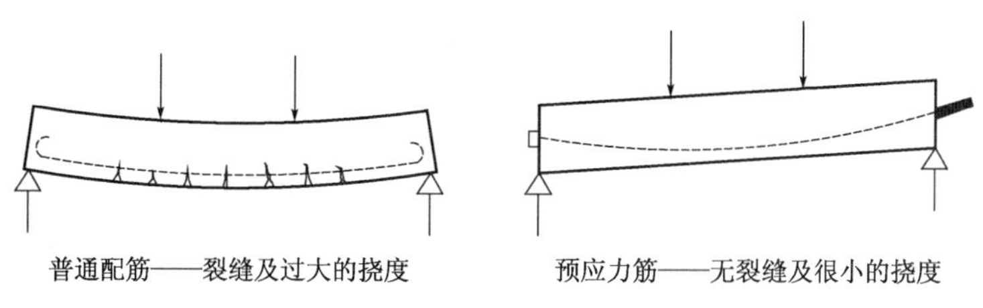

图 3.2-2　采用高强度钢筋的混凝土梁

第三个概念:预加应力实现荷载平衡。这个概念主要把预加应力看作试图平衡构件受力的荷载。在预应力混凝土的总体设计中,预加应力的效果被认为是平衡重力荷载,以便受弯构件如板、梁及主梁在给定的荷载条件下不受挠曲应力。这就能把一挠曲构件转换成受直接应力的构件,因而大大简化了结构的设计和分析。

以上三个概念是从不同的角度来解释预应力混凝土的原理。预加应力使混凝土成为弹性材料的概念可看成是全预应力混凝土弹性分析的依据;对混凝土构件施加预应力是为了使高强度钢材与混凝土能协同工作的概念则可看成是强度理论,它指出预应力混凝土不能超越其材料自身强度的界限;施加预应力以实现部分荷载平衡的概念则为复杂的预应力混凝土超静定梁的设计与分析提供了简捷的方法。这三个不同的概念恰恰为预应力混凝土结构的弹性设计、塑性设计以及平衡设计提供了理论依据。

预应力混凝土梁的工作原理可以由图 3.2-3 予以说明。[52]

3.2.3.2　预应力筋

预应力混凝土的设计者在早期注重全部消除规定使用荷载下构件中的拉应力,这称为全预应力(full prestressing)。根据从预应力混凝土结构中获得的经验,介于全预应力混凝土和普通钢筋混凝土之间的折中解决方法具有很多优点。这种折中的解决方法称为部分预应力(partial prestressing),当全部使用荷载作用时它容许出现受控制的混凝土拉应力值。

目前,国内外将整个加筋混凝土系列按照受力性能及变形情况分为若干等级,但稍有差别。

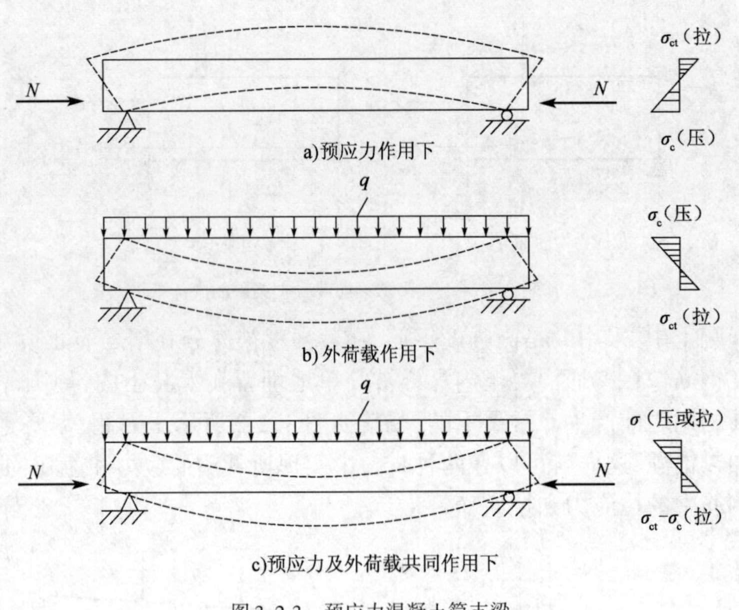

图 3.2-3　预应力混凝土简支梁

1. 国外对加筋混凝土的分类

1970 年国际预应力协会(FIP)、欧洲混凝土委员会(CEB)根据预应力程度大小的不同,建议将加筋混凝土分为四个等级:

Ⅰ级:全预应力——在全部荷载最不利组合作用下,混凝土不出现拉应力。

Ⅱ级:有限预应力——在全部荷载最不利组合作用下,混凝土允许出现拉应力,但不超过其弯拉强度;在长期持续荷载作用下,混凝土不出现拉应力。

Ⅲ级:部分预应力——在全部荷载最不利组合作用下,构件的混凝土允许出现裂缝,但裂缝宽度不超过规定值。

Ⅳ级:普通钢筋混凝土结构。

这种分类以全预应力混凝土与普通钢筋混凝土为两个边界,设计者可以根据对结构功能的要求和所处的环境条件,合理选用预应力度,以求得最优结构设计方案。这种等级的划分不能认为是质量等级的划分。预应力混凝土结构质量主要取决于它的使用性能、承载力和耐久性等,而不取决于预应力度。

2. 我国对加筋混凝土的分类

中国土木工程学会《部分预应力混凝土结构设计建议》(1985 年,以下简称《PPC 建议》)按照预应力度将加筋混凝土分为全预应力、部分预应力和钢筋混凝土三类。其中,部分预应力包括国际分类法的Ⅱ级有限预应力与Ⅲ级部分预应力。因此,部分预应力是指介于全预应力和钢筋混凝土结构中间广阔领域的预应力混凝土结构。而部分预应力混凝土又分为 A 类构件与 B 类构件。A 类构件指的是在正常使用极限状态下构件的预压受拉区混凝土的正截面拉应力不超过规定的限值。B 类构件则是指混凝土的正截面拉应力允许超过规定的限值,但当出现裂缝时,其裂缝宽度不超过允许的限值。

本设计采用全预应力理论设计。钢绞线采用符合现行《预应力混凝土用钢绞线》(GB/T 5224—2014)的ϕ^S17.8mm 低松弛钢绞线，抗拉强度标准值f_{pk} = 1860MPa，弹性模量 E_p = 1.95×10^5MPa。

3.2.3.3　预应力筋的布置

U 形梁的道床板中，除布置横向预应力筋外，道床板作为主梁的下翼缘，还要布置纵向钢筋。在主梁腹板中除布置纵向钢筋外，为了承受道床板传来的径向拉应力，还要布置竖向预应力筋。所以 U 形梁是三向预应力结构，构造比上承式预应力梁复杂，自重比上承式梁大，施工过程也有其本身的特点，只要掌握了这些特点，就可以保证其施工质量。[2]

截至青岛地铁 8 号线工程设计完成以前，已建的城市轨道交通 U 形梁的跨径为 30m 左右，预应力钢束张拉工艺有先张法、后张法，预应力钢筋采用直径为 15.20m 高强度低松弛钢绞线，纵向钢束布置情况分为有腹板束和无腹板束两种情况，有腹板束的布置居多，钢束根数为 80 根左右，如上海某轨道交通 30m 标准跨径配置 84 根预应力钢束，南京地铁 2 号线 25m 标准跨径配置 74 根预应力钢束，已建的 U 形梁均未设置横向预应力筋。

随着高性能混凝土及其他新型材料、设备的使用，设计单位对 U 形梁结构进一步优化，取消了横向及竖向的预应力体系，只设置纵向的预应力体系，如此大大简化了 U 形梁施工程序。[53]

本设计 32.7m 预制预应力 U 形梁先张法主梁采用 88 束ϕ^S17.8mm 低松弛钢绞线。其中，28 束 N1 为通长束，26 束 N2 两侧梁端失效长度均为 2.4m，26 束 N3 两侧梁端失效长度均为 5.0m，N4 和 N5 各 4 束。钢束布置原则是避开支座、防落梁挡块等预埋件，通常束 N1 布置在上层，加套管失效短束 N2、N3 布置在下层。底板及腹板布设三层预应力筋，底板底面至下层预应力筋中心线的距离为 72mm；下层预应力筋中心线至中层预应力筋中心线的距离为 60mm；中层预应力筋中心线至上层预应力筋中心线的距离为 60mm。预应力钢束具体布置如图 3.2-4、图 3.2-5 所示。

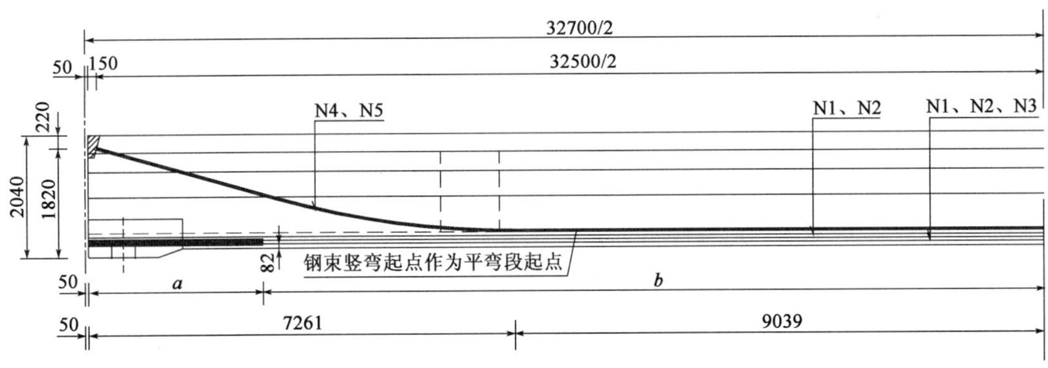

图 3.2-4　1/2 跨钢束立面布置图(混张法)

3.2.4　荷载

1) 恒荷载

恒荷载(永久作用)是指结构永久承受的荷载，其作用位置、大小和方向一般是固定不变的。作用于桥梁上部结构的恒荷载，主要是结构的重力和附属设备等外加重力；作用于桥梁下部结构的恒荷载，主要是由支座传递下来的上部结构的重力、墩台本身的重力、土压力和水压(浮)力等。为计算分析方便，将恒荷载分为一期恒荷载和二期恒荷载。一期恒荷载主要是主体承重结构自身的重力及预加力等，二期恒荷载是除主体承重结构之外的其他恒荷载，如不参与结构受力的桥面铺装、栏杆等重力。

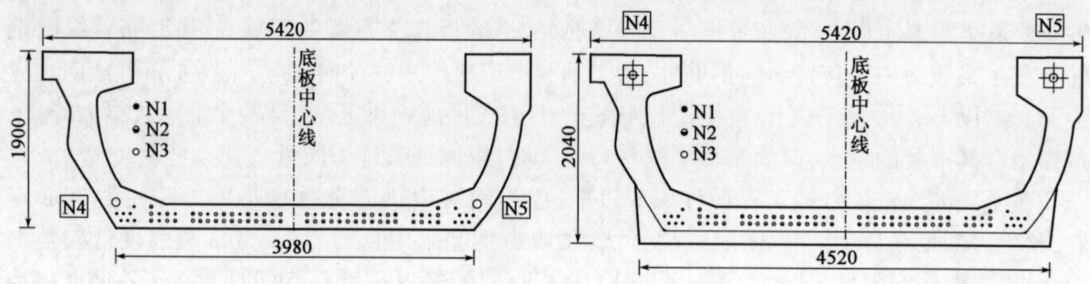

图 3.2-5　跨中截面预应力筋布置图(混张法)

根据相关设计规范设定：

①自重：预应力钢筋混凝土容重取 26.5kN/m^3。

②二期恒荷载 34.86kN/m，空间实体单元按二期恒荷载实际位置加载。

2)活荷载

车辆活荷载是指桥梁承受的机动交通荷载。车辆活荷载的种类繁多，因此，需要对车辆活荷载进行调查分析和综合概括，并按照安全、适用和经济的原则，确定设计采用的标准活荷载。对铁路桥，车辆活荷载指列车荷载；对公路桥，车辆活荷载主要指汽车荷载。而对于城市轨道交通桥梁，由于各条线路所采用的轨道车辆不同，所采用的轨道车活荷载也有所不同。

根据相关设计规范，青岛地铁 8 号线工程列车设计荷载图示如图 3.2-6 所示。

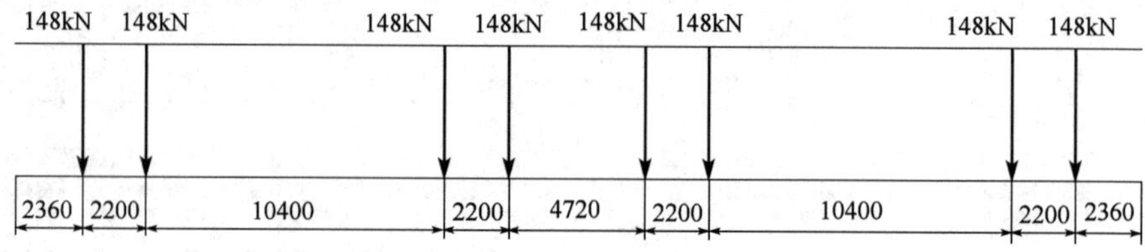

图 3.2-6　列车设计荷载图示

地铁车辆竖向荷载应按其实际轴重和排列计算，并考虑冲击力的影响，其冲击系数取 $1+\mu$，μ 按现行《铁路桥涵设计规范》(TB 10002—2017)规定的计算值取值，活荷载动力系数取值 1.225。

3)附加力

附加力包括风荷载及温度影响力。

①风荷载：工点范围内百年一遇按 50m/s 计算，基本风压取 800Pa。

②温度影响力：考虑底板升降温 6℃。

4)荷载组合

在确定各种桥梁作用后，还需要根据荷载作用特性、桥梁结构特性、施工方法以及桥位处的环境等因素来决定各种作用的取舍以及它们同时作用的可能性，这就是作用组合(load combination)。作用组合应以桥梁在施工和运营时可能处于最不利的受力状态为原则。《铁路桥涵设计规范》(TB 10002—2017)和《公路钢筋混凝土及预应力混凝土桥涵设计规范》(JJG 3362—2018),均规定了不同的作用组合,基本的组合方式见表 3.2-4。

基本的作用组合方式　　表 3.2-4

组　合	组合方式
组合Ⅰ	永久作用(的一种或几种)与可变作用(的一种或几种)相组合,即仅考虑主力
组合Ⅱ	组合Ⅰ与其他可变作用(的一种或几种)相组合,即主力与附加力同时作用
组合Ⅲ	组合Ⅰ与偶然荷载(的一种或几种)相组合,即主力与特殊荷载同时作用

本桥中,恒荷载包括主梁自重、二期恒荷载及预加应力,活荷载包括列车竖向静活荷载及列车竖向动力作用,附加力包括风荷载及温度影响力。根据跨中影响线分布情况,列车荷载按照跨中最不利状况布置,具体见图 3.2-7。

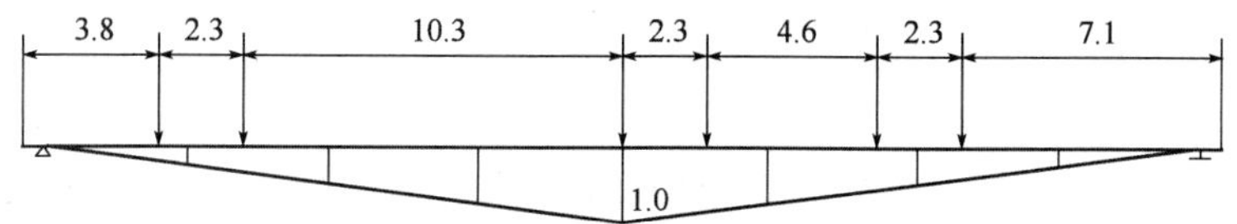

图 3.2-7　活荷载布置图(跨中最大正弯矩加载)(单位:m)

计算荷载组合包括两种组合,即主力(恒荷载 + 活荷载)、主力 + 附加力(恒荷载 + 活荷载 + 附加力),具体如下所示:

①主力:梁体自重 + 二期恒荷载 + 预加应力 + 活荷载(跨中最不利);

②主力 + 附加力:梁体自重 + 二期恒荷载 + 预加应力 + 活荷载(跨中最不利) + 风荷载 + 底板升降温。

根据以上计算荷载组合,以 32.7m 跨径 U 形梁为基础建立三维实体单元进行设计分析。

3.3　主要设计计算

目前国内采用的预应力混凝土 U 形梁结构属于一种复杂的空间梁、板组合结构。荷载作用下,底板不仅会产生双向弯曲和扭转,还会与腹板共同工作,主梁腹板也会受到法向应力及弯、剪、扭共同作用,受力特点呈现空间性。

U 形梁结构特殊、受力复杂,特别是底板在横向取消预应力钢束后,其横向抗裂性能如何以及整体受力能否满足目前设计运营的要求等问题还不清楚。同时,目前国内轨道交通工程中 U 形梁应用较少,尚无成熟、系统的设计经验可供借鉴。

因此,本设计需要对 U 形梁在设计阶段的结构设计、荷载设计,以及运营阶段的受力、变形情况进行计算分析和模型试验。

3.3.1　有效预应力计算

3.3.1.1　预应力损失的类型

在设计计算中,需要考虑由于建筑材料的性能、预应力张拉工艺和锚固等,可能引起预加应力逐渐变小,即发生所谓的“预应力损失”,使钢筋中的预应力不等于张拉初始应力(即张拉控制应力,用 σ_{con} 表示)。因此,须正确计算各项预应力损失,方能正确计算有效预应力。

根据各种预应力损失发生的机理,预应力损失大致分为六类:①管道摩阻损失 σ_{l1}。在后张法构件中,张拉时预应力钢筋在预留孔道中发生滑动,因而产生摩阻力。钢筋在远离张拉端处的应力会由于这种摩阻力的存在而小于张拉端的应力。先张法折线形预应力钢筋在转弯处也会发生摩阻损失。②锚头变形损失 σ_{l2}。在对钢筋进行锚固时,钢丝会回缩,由于受压也会使锚具变形、垫圈之间的接缝缩小,从而使已经张拉并锚固的预应力钢筋缩短,引起预应力损失。③温差损失 σ_{l3}。先张法构件采用蒸汽养护时由于台座与钢筋间存在温差,钢筋温度高于台座,使得钢筋比台座的伸长量大,引起钢筋预应力下降。④弹性压缩损失 σ_{l4}。后张法构件分批张拉时,后张拉的预应力使得构件受压而弹性缩短,因此会使先前已经张拉并锚固的预应力钢筋变松从而造成预应力损失,且先张法也会产生弹性压缩损失。⑤钢筋松弛损失 σ_{l5}。钢材的松弛特性使得钢筋在锚固后发生松弛,从而引起预应力损失。⑥混凝土收缩、徐变损失 σ_{l6}。混凝土的收缩以及构件受到预应力的持续压缩而产生徐变变形,都将使构件缩短,引起预应力损失。

由上述情况可知,计算各项预应力损失值在设计中是很重要的。求出各项损失值之后,便可求出各阶段预应力钢筋的实存预拉应力和混凝土中的实存预压应力,再加上荷载引起的应力增量,即得预应力钢筋和混凝土中的实际应力。

3.3.1.2 不同施工工艺预应力计算

由上面的分析可以看出,不同施工工艺所引起的预应力损失值是不同的。

(1)对于后张法预应力混凝土构件,张拉钢筋对所张拉钢筋本身不会引起像先张法那样的弹性压缩应力损失,只有当多根钢筋分批张拉时,才会对已张拉并锚固的钢筋引起弹性压缩应力损失。

(2)后张法是在混凝土已完成部分收缩变形之后进行张拉的。因此,其由于混凝土硬化收缩所造成的应力损失要比先张法构件小。

(3)后张法构件中没有先张法构件在蒸汽养护时发生的温差应力损失,而先张法构件则不存在后张法构件中的管道摩阻应力损失。

前已述及,预应力筋中的有效预应力 σ_{pe} 是预应力筋张拉后,从锚下张拉控制应力 σ_{con} 中扣除相应阶段的应力损失 σ_1 后,在钢筋中实际存在的预拉应力。不同受力阶段的有效预应力值是不同的,必须先将预应力损失值按受力阶段组合,然后才可算出不同阶段的混凝土有效预应力 σ_{pe}。预应力损失值组合一般根据应力损失出现的先后与全部完成所需要的时间,区分先张法、后张法,按预加应力和使用两个阶段来进行,具体如表 3.3-1 所示。

各阶段预应力损失值的组合　　表 3.3-1

受力阶段	预加应力方法	
	先张法	后张法
传力锚固阶段(Ⅰ)	$\sigma_l^{\mathrm{I}}=\sigma_{l2}+\sigma_{l3}+\sigma_{l4}+0.5\sigma_{l5}$	$\sigma_l^{\mathrm{I}}=\sigma_{l1}+\sigma_{l2}+\sigma_{l4}$
使用阶段(Ⅱ)	$\sigma_l^{\mathrm{II}}=0.5\sigma_{l5}+\sigma_{l6}$	$\sigma_l^{\mathrm{II}}=\sigma_{l5}+\sigma_{l6}$

注:σ_l^{I} 是指钢筋张拉完毕,并进行传力锚固时所出现的应力损失值之和;σ_l^{II} 是指传力锚固结束后出现的应力损失值之和。

本设计运用有限元软件 midas Civil 对主梁纵向预应力筋的有效预应力进行计算，得到预应力损失分布图，并根据几何建模情况对预应力筋进行划分，将分布长度内的有效预应力换算成平均等效初应变并分别赋予其值。

先张法预应力损失包括混凝土的锚头变形损失，温差应力损失，混凝土弹性压缩损失，钢筋的应力松弛和混凝土收缩、徐变损失，计算的锚下张拉控制应力为 1302MPa。后张法预应力损失包括管道摩阻损失，锚头变形损失，混凝土弹性压缩损失，钢筋的应力松弛和混凝土收缩、徐变损失，计算的锚下张拉控制应力为 1302MPa。

3.3.2　结构空间计算

强度与刚度是任何桥梁设计中均需要关注的两个关键问题，城市轨道交通高架桥也不例外。城市轨道交通高架桥一般为预应力混凝土结构，其强度与刚度的设计指标主要参考现行《地铁设计规范》(GB 50157—2013)。

U 形梁在竖向荷载作用下，表现出明显的空间受力特性，例如剪力滞效应、道床板的双向弯曲效应、主梁的扭转效应等。采用平面分析方法只能考虑主梁与道床板的单向弯曲效应，其余空间效应无法考虑。故可采用空间梁板模型，分析 U 形梁的空间效应。

本设计计算采用大型有限元分析软件 ANSYS 14.0，建立跨径为 32.7m 的预应力混凝土 U 形梁实体模型，分别取运营阶段跨中及 1/4 截面位置进行对比分析。实体模型主要用于截面应力分布规律的研究，根据实体模型的计算结果对平面单梁模型及结构的总体应力储备进行调整。

1. 挠度计算

与普通铁路或公路桥梁相比，桥梁刚度限制是轨道交通高架桥设计中的一个重要参数。刚度与车桥的动力特性密切相关。为保证车辆过桥时乘坐舒适性及不引起桥梁过大的动力释放，轨道交通高架桥梁的刚度最小限制要求均比普通铁路、公路桥梁严格。U 形梁上部结构的刚度有如下要求：

现行《地铁设计规范》(GB 50157—2013)第 9.1.5 条规定，钢筋混凝土与预应力混凝土梁式桥跨结构在列车静活荷载作用下，其竖向挠度不应超过的容许值见表 3.3-2。

梁式桥跨结构竖向挠度容许值　　表 3.3-2

跨　度	挠度容许值
$L \leq 30$m	$L/2000$
$L > 30$m	$L/1500$

注：表中 L 为梁的跨度。

现行《地铁设计规范》(GB 50157—2013)第 9.1.6 条规定：梁式桥跨结构的横向自振频率应不小于 $90/L$，其中 L 为桥梁跨度(m)。

现行《地铁设计规范》(GB 50157—2013)第 9.4.8 条规定：预应力混凝土梁的后期徐变拱度或挠度，应严格限制。线路铺设后，徐变拱度或挠度不宜大于 15mm。必要时，在轨道铺设时采用预挠或预拱的办法，以减小后期徐变拱度或挠度对线路平顺性的影响。

本设计模型考虑主梁自重、自重 + 二期恒荷载、预应力、自重 + 预应力、静活荷载(跨中最大正弯矩加载)、主力、主力+附加力等工况,各工况下挠度计算结果见表3.3-3。

各工况下梁体跨中位置最大挠度值(单位:cm)　　表3.3-3

工况	自重	自重+二期恒荷载	预应力	自重+预应力	静活荷载	主力	主力+附加力
挠度值	-2.27	-3.07	3.31	1.11	-1.08	-0.96	-1.53

注:挠度值取竖直向上为正,竖直向下为负。

2. 应力计算

本设计模型计算结果为32.7m跨径预应力混凝土U形梁的三维空间数值分析结果,分别考虑主梁自重、自重+二期恒荷载、预应力、自重+预应力、静活荷载(跨中最不利)、主力、主力+附加力等工况。其中,各工况下跨中截面及1/4跨度截面纵向应力结果见表3.3-4、表3.3-5。

各工况下梁体跨中截面应力值(单位:MPa)　　表3.3-4

工况		自重	自重+二期恒荷载	预应力	自重+预应力	静活荷载	主力	主力+附加力
应力值	最大值	6.08	-8.10	4.31	-4.14	3.54	-2.28	-2.07
	最小值	-8.70	-11.60	-13.90	-8.58	-4.23	-12.1	-12.9

注:应力值取拉应力为正,压应力为负。下同。

各工况下梁体1/4跨度截面应力值(单位:MPa)　　表3.3-5

工况		自重	自重+二期恒荷载	预应力	自重+预应力	静活荷载	主力	主力+附加力
应力值	最大值	4.54	6.30	4.28	-1.99	1.82	-5.94	-4.48
	最小值	-6.59	-8.92	-13.9	-9.84	-2.81	-7.65	-8.81

3.4 预应力技术

U形梁截面多变,刚度小,尺寸较复杂,施工难度相对较大,对施工机械的要求也较高,致使在工程施工过程中,梁的预制、运输、安装的施工组织均较为困难,需采取有效措施,开展科技攻关,破解施工中的难题[41]。

国外U形梁的施工方法有很多种,除就地现浇以外,还有预制装配或拖拉就位等。如日本的中川放水桥,就是先建造主梁,然后吊模施工道床板。该方法适用于保持桥下净空而不能安装满堂支撑的情况。此外,还有预制横梁、主梁现浇形式,适用于运营线路上的施工。比利时高速铁路的U形梁是预制后整体吊装就位,虽然对周围交通影响很小,但对起重设备要求较高。法国工程师Jean Muller于1990年推出了一种预制装配式U形梁,并在美国申请了专利。此结构采用了部分预制技术,适于标准化设计施工[45]。

U形梁可以做成各种各样的形状,并根据不同的条件,采用不同的施工方法。但预应力混凝土构件施加预应力,一般按在构件的混凝土浇筑之前或之后施加预应力区分为先张法和后张法两种基本方法。目前,国内现有的预制预应力U形梁结构主要采用后张法施工。

3.4.1 先张法

先张法即先张拉预应力钢筋后浇筑构件混凝土的施工方法。其施工示意图如图 3.4-1 所示，首先按设计规定的张拉力将预应力筋用千斤顶进行张拉，并临时锚固在张拉台座上；然后浇筑构件的混凝土；待混凝土硬化并达到一定强度后，解除预应力钢筋与张拉台座之间的联系，在钢筋回缩时，通过预应力钢筋与混凝土之间的黏结力，将张拉力传递至混凝土构件，形成预应力混凝土构件。

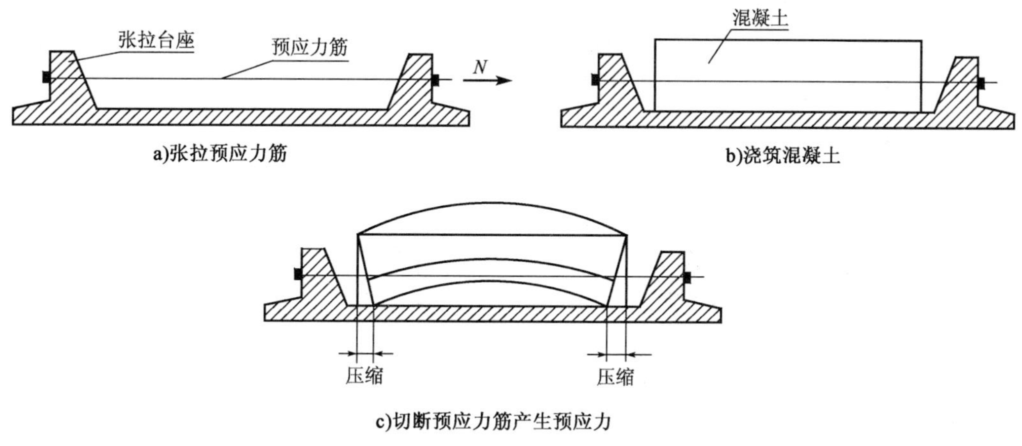

图 3.4-1 先张法施工示意图

先张法生产工艺简单，工序少，质量容易得到保证，适宜工厂批量化生产，是中小型预制预应力混凝土构件的主要施工方法，特别是在房屋建筑中运用较多。

先张法是一种非常经济的施加预应力方法，这不仅是由于设计的标准化，可以重复利用钢模或玻璃纤维模板，而且也是因为可同时使许多构件迅速地施加预应力，大大节省劳力。此外，还省去了昂贵的端部锚具的金属附件。

广州地铁 2 号线高架试验段采用 24m 先张法预应力 U 形梁，采用预制架设法施工。该梁由广州市地下铁道设计研究院与法国索菲图公司合作设计，梁全长 24.9m，梁高 1.75m，梁上口宽 5.29m，下口宽 4.71m，腹板、底板以及翼缘板厚均为 0.25m，横断面尺寸如图 3.4-2 所示。这是国内城市轨道交通领域最早进行的关于 U 形梁设计、施工的研究。[54]

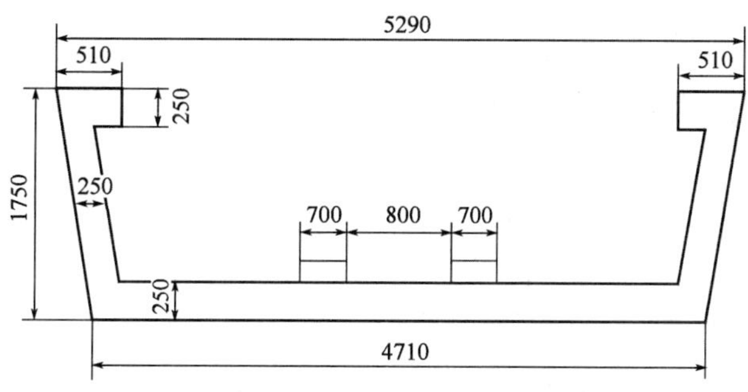

图 3.4-2 试验梁横断面图

该工程采用 C50 混凝土，纵向预应力钢束均为直线束，选用 74 束 7 ϕ^S5mm 低松弛钢绞线，极限抗拉强度 $f_{pk}=1860$MPa，一端张拉，锚下张拉控制应力 $\sigma_{con}=0.75f_{pk}=1395$MPa。

为了解此预应力结构的受力特性，需进行模拟力学加载试验，并结合空间有限元计算，对 U 形梁进行全面的力学分析，研究其在正常使用阶段及承载能力极限状态下的受力与变形特性，为轨道交通 U 形梁的设计提供依据。

由于 U 形梁在荷载和预加应力作用下受力复杂，具有多向空间受力的特点，缩尺模型试验较难反映实际 U 形梁在使用状态下的受力特征及承载能力。因此，中铁三局集团有限公司进行了一孔单线 U 形梁的足尺试验。[55]

此外，先张法预应力混凝土 U 形梁还应用于 2001 年上海地铁 6 号线一孔双线 U 形梁足尺试验，以及上海地铁 11 号线等。

3.4.2 后张法

后张法是先浇筑构件混凝土，待混凝土凝结达一定强度后张拉预应力筋，然后对孔道灌浆的施工方法。其施工示意图如图 3.4-3 所示。预应力钢筋可以预先埋置在混凝土体的孔道内，也可在张拉前穿入预留的混凝土孔道中。后张法预应力筋的张拉一般采用千斤顶(亦有用电热法张拉钢筋的)，张拉后通过锚具将预应力钢筋两端锚固在梁端的混凝土体上，使混凝土体受到预压应力。这时，预应力钢筋与混凝土梁体之间尚无接触，需要向管道压注水泥浆，使预应力钢筋与混凝土梁体黏结在一起。

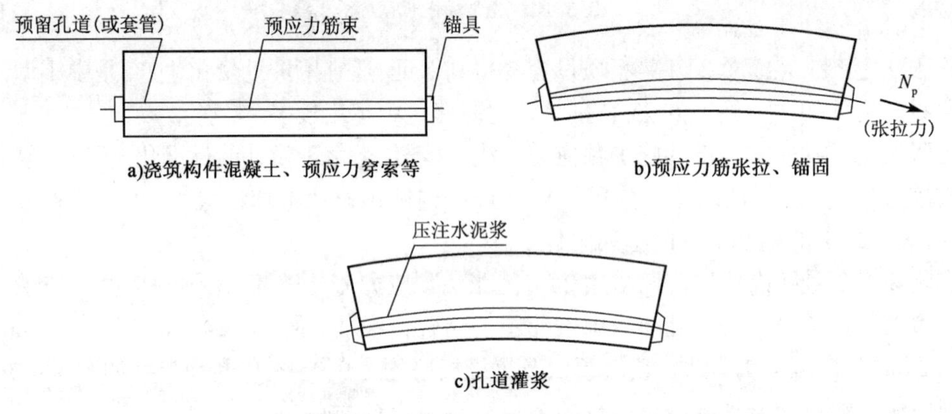

图 3.4-3　后张法施工示意图

后张法不用张拉台座，张拉设备简单，便于现场施工，预应力筋可按设计要求布置成曲线形，是目前预应力混凝土构件现场施工的主要方法。[52]

高架桥采用整孔预制预应力混凝土简支 U 形梁，标准跨度 30m，梁外观整体呈“U”字形，为开口薄壁结构，腹板为弧形设计，支座中心距梁端 0.6m，梁端 1.2m 为 U 形梁底板加厚区，梁高由 1.8m 增至 1.94m，渐变段长 0.42m。如图 3.4-4 所示。

采用全预应力理论设计。钢绞线采用的是 ϕ^S15.2mm 低松弛钢绞线，抗拉强度标准值 $f_{pk}=1860$MPa，弹性模量 $E_P=1.95\times10^5$MPa。U 形梁底板束采用 8 根 10 ϕ^S 15.2mm 低松弛钢绞线，腹板束采用 2 根 7 ϕ^S 15.2mm 低松弛钢绞线，锚具分别采用 M15-10 和 M15-7，金属波纹管内径分别为 90mm 和 70mm。底板及腹板预应力筋中心线至底板底面的距离分别为 120mm 和 115mm。其预应力筋布置如图 3.4-5 所示。

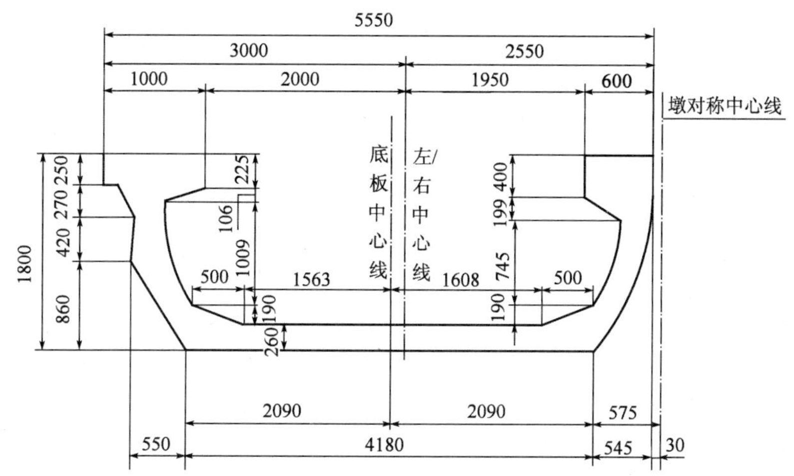

图 3.4-4　跨中截面

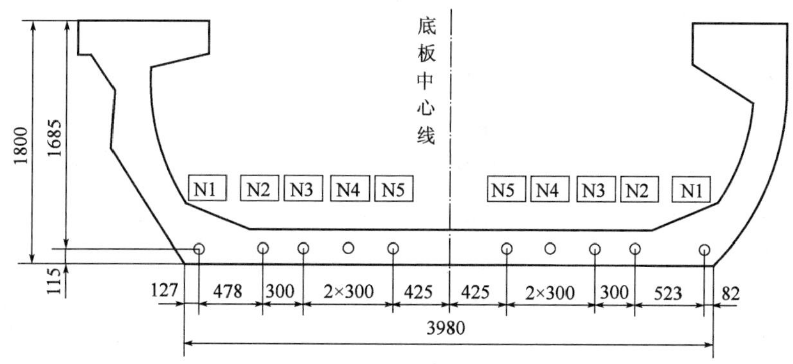

图 3.4-5　跨中截面预应力筋布置

后张法在预应力混凝土 U 形梁中应用广泛，如重庆轨道交通 1 号线、南京地铁 2 号线和 6 号线、上海地铁 8 号线等。

3.4.3　混张法

1. 先张法和混张法的对比

先张法、后张法这两种张拉方式各具优点，且均存在一定的缺点。它们的优缺点对比如表 3.4-1所示。

先张法、后张法优缺点对比表　　表 3.4-1

施工方法	优　点	缺　点
先张法	(1)预应力筋定位准确，无封锚施工，结构耐久性好； (2)工序简单，大批量制梁速度快，质量稳定； (3)锚具可重复使用，较为经济	(1)需要较大的台座或成批的钢模、养护池等固定设备，一次性投资较大； (2)预应力筋布置多数为直线型，曲线布置比较困难

续上表

施工方法	优　点	缺　点
后张法	(1)施工工艺成熟,应用广泛; (2)梁场一次性投入较低,布置灵活; (3)施工工序多,工期较长	耗费特制锚具,临时锚具不可以重复使用

先张法主要靠黏结力锚固,不需要专门的锚具。其锚固原理是,当预应力筋受到张拉时,由于泊松效应,截面缩小;当切断或放松预应力筋时,端部应力为零,钢筋恢复其原来截面(图 3.4-6),在构件端部以内钢筋的回缩受到周围混凝土的阻拦,造成径向压应力,并在钢筋和混凝土间产生黏结应力,通过黏结应力使混凝土受到预压力。[56]此外,先张法与后张法相比除了具有施工简单、生产效率高、成本低等优点外,其最大的优势是取消了预留管道和压浆工序,省去了构造复杂的锚具,靠混凝土的黏结力锚固钢筋,混凝土保护钢筋免于锈蚀,结构的耐久性得到了保证。

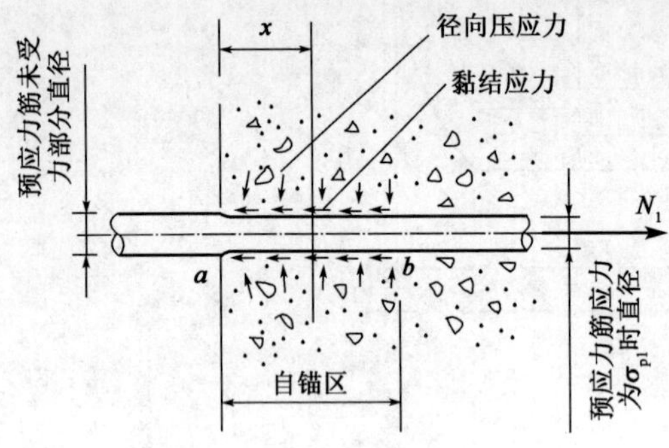

图 3.4-6　先张法自锚区应力分布图

2. 混张法在 U 形梁中的特点

U 形梁体构造与槽形梁相似,皆由道床板、主梁及模梁等部分组成。当列车荷载作用在桥面上时,荷载通过道床板传给主梁,再由主梁传到支座(接近端部的部分荷载,则由道床板经端横梁传给支座)。因此,道床板是直接承受荷载的,其厚度主要取决于横向跨度。为防止道床板因厚度和重量引起的拉应力,导致混凝土开裂现象产生,可通过先张法对 U 形梁道床板施加预应力,使预应力筋对在荷载作用下的受拉区混凝土预先施加压应力,用于抵消由荷载引起的拉应力,以防止混凝土开裂。

鉴于 U 形梁属于下承式板-梁组合结构,抗扭刚度差,腹板与行车道板相接的位置以及行车道板横向受力复杂,主梁承受从道床板传来的荷载,荷载除引起主梁的弯曲之外,还引起主梁的扭转。道床板弯矩受 U 形梁扭转的影响也较大,腹板承受竖向拉力等[57]。

综上所述,根据国内及青岛地铁 R1 线和 R3 线的建设经验,结合工程实际特点,青岛地铁 8 号线 32.7m 预制 U 形梁采用混张法施工。

混张法兼具先张法和后张法的优点,具体表现为:

(1)结构受力合理,不仅总体分批次,而且可以根据荷载的施加进度分批次张拉,可克服一次全部张拉导致的反拱大、反向拉应力大。

(2)“先 + 后”的预应力张拉模式,可以更好地实现根据荷载(U 形梁一期自重、二期恒荷载、线路和桥面铺装设施等)施加进度,逐步施加预应力。

(3)在预应力施工过程中,先张法和后张法的综合运用,可以减少由于预应力施加工艺和锚具所带来的预应力损失,在一定程度上提高材料的利用率和结构的安全性。

在本设计中,U 形梁腹板采用 2 束 4 ϕ^S17.8mm 后张钢绞线,底板采用 80 束ϕ^S17.8mm 先张钢绞线。底板布设三层预应力筋,层间距 75mm;其中 N_1 为通长束,N_2 两侧梁端失效长度均为2.4m,N_3两侧梁端失效长度均为5.0m。

3.混张法基本施工工艺流程

现如今,城市轨道交通桥梁预应力施工技术多采用先张法和后张法单独施工,先张法和后张法都有各自的特点,而当一个施工项目仅用其中某一种技术不足以符合施工要求时,就可以采用混张法。混张法继承了先张法和后张法的优势,也克服了一些缺点,能够更好地根据施工时荷载的施加进度调整预加应力。

本设计中,U形梁纵向按全预应力体系计算,采用混张法施工;U形梁根据其构造特征,底板预应力钢筋采用先张法施工,腹板预应力钢筋采用后张法施工。预应力钢束布置如图3.4-7和图3.4-8所示。其中,腹板采用2束4 $\phi^S17.8$mm后张钢绞线(N_4、N_5);底板采用80束$\phi^S17.8$mm先张钢绞线,设三层预应力筋,层间距75mm,其中N_1为通长束,N_2两侧梁端失效长度均为2.4m,N_3两侧梁端失效长度均为5.0m。

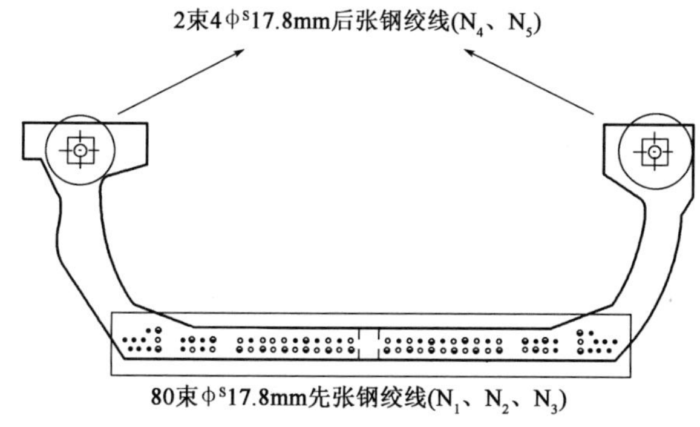

图3.4-7 横断面预应力筋布置图

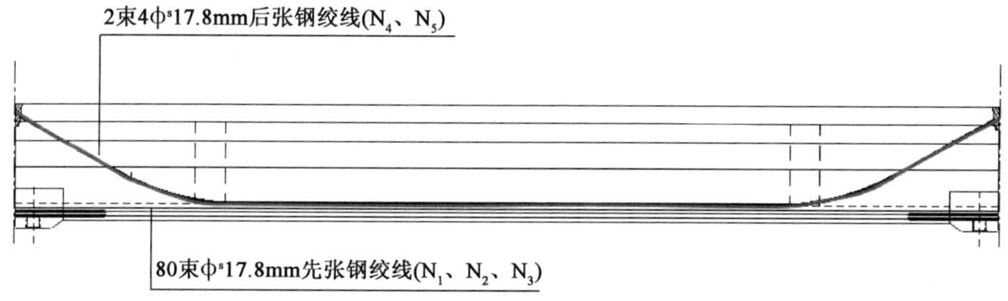

图3.4-8 纵断面预应力筋布置图

U形梁底板首先进行先张法施工,先张采用分步张拉施工;先张预应力放张后即可进行后张预应力施工,钢绞线张拉控制应力均应达到设计强度。

第4章 U形梁空间效应分析

4.1 有限元空间分析方法

预应力混凝土U形梁是一种下承式结构,由底板、腹板、端横梁等部分组成。与T形梁、箱形梁等上承式桥梁相比,U形梁大大降低了建筑高度,有利于城市轨道交通线路纵断面的定线布置,内侧布置各类通信、信号、电力电缆等设备,断面空间利用率高,造型美观,结构轻巧,有效阻挡轮轨噪声。U形梁的强度、刚度、抗裂性和耐久性等性能均能满足规范和设计的要求,在铁路桥梁中有诸多应用。

U形梁空间效应分析采用ANSYS软件,下文结合该软件在结构分析中的应用,以及U形梁分析所需要建立的有限元模型和分析方法,进行详细介绍[59]。

4.1.1 单元划分、混凝土及预应力筋的单元类型选择

就预应力混凝土结构而言,在ANSYS有限元模型中,根据受力特点,混凝土一般采用实体单元(SOLID45)模拟,预应力钢束采用杆单元(LINK8)模拟,通过建立约束方程使力筋单元与混凝土单元连接为整体,预应力通过有效初应变施加。

SOLID45单元用于构造三维实体结构。单元通过8个节点来定义,每个节点有3个沿着x、y、z方向平移的自由度。单元具有塑性、蠕变、膨胀、应力强化、大变形和大应变能力。

LINK8单元称为3D杆单元,可用于模拟桁架、连杆、索和弹簧等,每个节点同样具有3个自由度,该单元可承受轴向拉压力,但不能承受弯矩。

4.1.2 有限元法中单元的通用特性

单元的通用特性包括单元输入参数,单元结果输出,单元坐标系,线性材料性质,节点和单元荷载等。

1. 单元输入参数

单元输入参数主要有节点、自由度、实常数、材料性质、荷载等方面的信息,现简单介绍如下。

1)节点

单元的节点用I、J、K等描述,每个单元都标出了节点的顺序和方位。节点序列可在网格划分时自动生成,也可由用户通过“E”命令定义。节点号必须与单元描述中“Nodes”的列表顺序相符,节点I是单元的第一个节点号,节点顺序决定了某些单元的单元坐标系方位。

2)自由度

每种单元类型都有一自由度集,该自由度集可为位移、转角、温度、压力等。用户不必明确地定义节点上的自由度,而是用与之相关的单元类型确定,因此单元类型的选择在ANSYS分析中是很重要的。

位移和转角自由度通常用UX、UY、UZ、ROTX、ROTY、ROTZ表示,其意义分别为沿节点坐标系x、y、z的平动位移和绕节点坐标系x、y、z的转动位移。温度自由度为TEMP,压力自由度为PRES。

3)实常数

实常数用于计算单元矩阵,典型的实常数包括面积、厚度或高度、内径与外径等。实常数的内容由单元类型决定,每一种单元的实常数可能都不相同。

4)材料性质

每种单元都具有不同的材料性质,典型的材料性质包括弹性模量、密度、热胀系数等。ANSYS用标识符定义每种性质,如EX表示单元坐标系下x方向的弹性模量,DENS表示密度等。所有的材料性质都可表示为温度的函数,即随温度的变化而变化。

以正交各向异性材料为例,需要输入的材料性质包括三个方向的弹性模量、泊松系数、热膨胀正割系数、剪切模量、质量密度、刚度矩阵阻尼系数、参考温度、摩擦系数、材料阻尼系数、荷载等。

2. 单元结果输出

单元结果输出包括节点解(也称基本解)和单元解(也称导出解),这些结果会写入输出文件、数据库和结果文件中。

1)节点解

节点解包括节点自由度解(如节点位移和温度)与约束节点的反力解。

2)单元解

单元解主要是指面荷载、质心解、表面解、积分点解、单元节点解、单元节点荷载、非线性解、平面和轴对称解、杆件力解等及其结果项。

对结构分析单元而言,表面压力输出的是单元节点上的输入压力。

质心解在列表输出时给出单元质心(或接近中心)的输出结果,如应力、应变和温度等。

实体单元的某些自由表面(指与其他单元没有任何联系,并且没有任何自由度约束和节点荷载的表面)的表面解可列表输出。

一些2D和3D实体单元、壳单元可输出积分点解。

单元节点荷载是指作用在单元每个节点上的荷载或力,包括静荷载、阻尼荷载和惯性荷载等。

杆件力解对大多数结构线单元(如BEAM3单元)都适用。杆件力实际上是杆件内力或杆端内力。

3. 单元坐标系

单元坐标系用于确定输入或输出参数的方向,如正交各向异性材料的方向、压力荷载方向及应力方向等。单元坐标系采用右手正交法则。对于线单元(如LINK8),缺省的x轴方向为单元 I 节点指向 J 节点;对于实体单元(如 SOLID45),缺省的单元坐标系一般平行于总体直角坐标系。部分特殊单元需在节点坐标系下定义,便于控制单元方向,特别是对两节点的单元具有重合节点的情况更为方便。

4. 线性材料性质

结构材料可能是各向同性、正交各向异性或各向异性。对于各向同性材料,必须输入弹性模量、泊松比;对于正交各向异性或各向异性也必须设置参考相关资料。

5. 节点和单元荷载

荷载分节点荷载和单元荷载两种类型。节点荷载施加到节点上,与单元没有直接关系,而与节点自由度直接相关,如节点位移约束和节点集中力荷载。单元荷载是指面荷载、体荷载和惯性荷载,它们总是与具体单元相关(即使在单元的节点上施加单元荷载)。面荷载(如结构分析单元的压力)可以节点荷载形式施加,也可以单元荷载形式施加,如面荷载可施加到单元的一个面上,或更方便地施加到单元面的节点上。面荷载以节点荷载形式可施加更一般的渐变荷载。

4.1.3 SOLID45 实体单元的力学特点

SOLID45 实体单元称为 3D 各向异性结构实体单元,可模拟晶体和复合材料等。该单元由 8 个节点定义,每个节点有 3 个自由度,即沿节点坐标系 x、y 和 z 方向的平动位移,单元模型如图 4.1-1 所示,可退化为五面体的棱柱体单元或四面体单元。

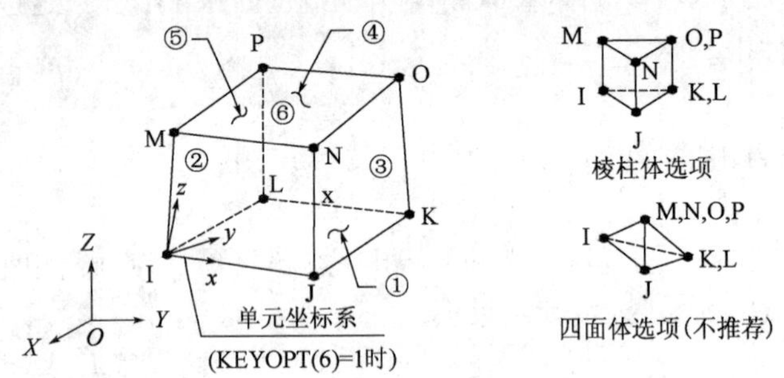

图 4.1-1　SOLID45 单元几何特性

4.1.3.1 输入参数与选项

图 4.1-1 给出了 SOLID45 的节点位置和单元坐标系,单元输入数据包括 8 个节点和各向异性材料或正交各向异性材料属性,正交各向异性材料的应力-应变关系同 SOLID45 单元。

各向异性材料的应力-应变关系通过输入 $\boldsymbol{D}$ 矩阵的数据表定义,若未输入该矩阵,则按正交各向异性材料分析。$\boldsymbol{D}$ 矩阵为 6×6 的对称矩阵,因此只需输入该矩阵的下三角元素。矩阵元素通过命令"TB"定义,命令中的"TBOPT"定义矩阵采用逆矩阵(应变用应力表示,或称柔度形式)或非逆矩阵(应力用应变表示,或称刚度形式)。输入材料和输出应力的方向与单元坐标系相同。

压力荷载可作为单元各面上的面荷载输入。单元体荷载为施加在节点上的温度。在几何非线性分析时,可通过设置计入压力刚度效应;在特征值屈曲分析中压力刚度效应自动计入。

SOLID45 单元的输入参数与选项如表 4.1-1 所示。

SOLID45 单元的输入参数与选项　　表 4.1-1

参数类别	参数及说明
节点	I、J、K、L、M、N、O、P
自由度	UX、UY、UZ
实常数	无
材料属性	若通过命令"TB"定义了各向异性材料，则还需输入： ALPX、ALPY、ALPZ、DENS 和 DAMP 否则需要输入： EX、EY、EZ、PRXY、PRYZ、PRXZ(或 NUXY、NUYZ、NUXZ)、ALPX、ALPY、ALPZ(或 CTEX、CTEY、CTEZ，或 THSX、THSY、THSZ)、DENS、DAMP、GXY、GYZ、GXZ
面荷载	face1—J-I-L-K；face2—I-J-N-M；face3—J-K-O-N；face4—K-L-P-O；face5—L-I-M-P；face6—M-N-O-P
体荷载	温度—T(I)、T(J)、T(K)、T(L)、T(M)、T(N)、T(O)、T(P)
特性	应力刚化、大变形、单元生死、自适应下降求解技术
KEYOPY(1)	形函数附加项(ESF)选择： 0—计入形函数附加项；1—不计形函数附加项
KEYOPY(5)	附加应力输出控制： 0—单元基本解；1—所有积分点的基本解；2—节点应力解
KEYOPY(6)	单元坐标系控制： 0—单元坐标系与总体坐标系平行；1—单元坐标系与单元平行，即 x 轴平行于 I-J 边，y 轴在 I-J-K 平面内；2—单元 x 轴通过用户子例程 USERAN 指定

4.1.3.2　输出数据及注意事项

单元应力方向与单元坐标系平行，材料性质矩阵可列表输出。单元附加输出说明如表 4.1-2所示。

SOLID45 单元输出说明　　表 4.1-2

名称	说明	O	R
EL、NODES、MAT、VOLU、(XC、YC、ZC)、PRES、TEMP、S(X、Z、XY、YZ、XZ)、S(1、2、3)、S(INT、EQV)、EPEL(X、Y、Z、XY、YZ、XZ)、EPEL(1、2、3)、EPTHX(X、Y、Z、XY、YZ、XZ)、EPTH(EQV)等			
KEYOPT(5) = 2 时节点应力输出	TEMP、SINT、SEQV、S(X、Y、Z、XY、YZ、XZ)		

4.1.3.3　应力-应变关系矩阵的输入

各向异性弹性材料需要输入应力-应变关系矩阵 $\boldsymbol{D}$，弹性系数矩阵 $\boldsymbol{D}$ 在这里设为：

$$
\boldsymbol{D}=\begin{bmatrix} D_{11} & & & & & \\ D_{21} & D_{22} & & 对 & & \\ D_{31} & D_{32} & D_{33} & & 称 & \\ D_{41} & D_{42} & D_{43} & D_{44} & & \\ D_{51} & D_{52} & D_{53} & D_{54} & D_{55} & \\ D_{61} & D_{62} & D_{63} & D_{64} & D_{65} & D_{66} \end{bmatrix} \tag{4.1-1}
$$

即既可用刚度形式，也可用柔度形式定义，刚度形式就是用应变表示应力时的弹性系数矩阵，实质是 **D** 矩阵；而柔度形式就是用应力表示应变时的弹性系数矩阵，实质是 **D** 矩阵的逆矩阵，但这里均用 **D** 矩阵表达。可通过命令“TB”的“TBOPT”项定义刚度形式或柔度形式。当 TBOPT =0 时为刚度形式，当 TBOPT =1 时为柔度形式(不适用于显式动力单元)。

定义 **D** 矩阵的命令及数据表如下：

TB,ANEL,MAT,NTEMP,—,TBOPT

TBDATA,STLOC,C1,C2,C3,C4,C5,C6

可通过命令“TBTEMP”定义 6 条与温度相关的数据表，但不适用于耦合单元；对于任意温度的弹性常数，则通过各矩阵之间的元素值线性内插计算得到。

TBDATA 的常数与 **D** 矩阵元素的对应关系如下：

C1 ~ C6 对应：D_{11}、D_{21}、D_{31}、D_{41}、D_{51}、D_{61}。

C7 ~ C12 对应：D_{22}、D_{32}、D_{42}、D_{52}、D_{62}、D_{33}。

C13 ~ C18 对应：D_{43}、D_{53}、D_{63}、D_{44}、D_{54}、D_{64}。

C19 ~ C21 对应：D_{55}、D_{65}、D_{66}。

4.1.4 LINK8 杆单元的力学特点

LINK8 杆单元称为 3D 杆单元，具有广泛的工程应用，可模拟桁架、连杆、索和弹簧等。该单元可承受轴向拉压力，但不能承受弯矩，每个节点具有 3 个自由度，即沿节点坐标系 x、y 和 z 方向的平动位移，单元模型如图 4.1-2 所示。

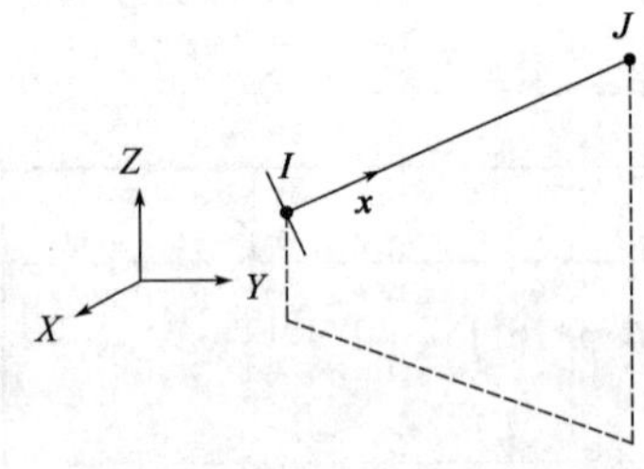

图 4.1-2 LINK8 单元几何特性

4.1.4.1 输入参数与选项

图 4.1-2 给出了 LINK8 的节点位置和单元坐标系，可通过 2 个节点、横截面面积、初应变和材料属性定义该单元。单元的 x 轴方向为沿单元长度从节点 I 指向节点 J。单元的初应变 ISTRN 通过 Δ/L 给定，Δ 为单元长度 L(由 I 和 J 节点坐标计算)与零应变单元长度之差。

可在节点上输入温度或热流作为单元的体荷载。节点 I 上的温度 T(I) 缺省为 TUNIF，节点 J 上的温度缺省为 T(I)。热流与温度的定义基本相同，但缺省值不再是 TUNIF 而是零。

LINK8 单元的输入参数与选项如表 4.1-3 所示。

LINK8 单元的输入参数与选项　　表 4.1-3

参数类别	参数及说明
节点	I、J
自由度	UX、UY、UZ
实常数	AREA—截面面积，ISTRN—初应变
材料属性	EX、ALPX(或 CETX，或 THSX)、DENS、DAMP
面荷载	无
体荷载	温度—T(I)、T(J)；热流—FL(I)、FL(J)
特性	塑性、蠕变、膨胀、应力刚化、大变形、单元生死
KEYOPTS	无

4.1.4.2　输出数据

单元计算结果输出有节点位移(全部节点解)和单元附加输出。单元附加输出说明如表 4.1-4所示。

LINK8 单元输出说明　　表 4.1-4

名　称	说　明	O	R
EL	单元号	Y	Y
NODES	单元节点号(I 和 J)	Y	Y
MAT	单元材料号	Y	2
VOLU	单元体积	—	Y
XC、YC、ZC	单元结果的输出位置 (当前坐标系中的坐标)	Y	Y
TEMP	节点 I 和 J 的温度	Y	Y
FLUEN	节点 I 和 J 的热流	Y	Y
MFORX	单元坐标系中沿 x 轴的杆端力	Y	Y
SAXL	轴向应力	Y	Y
EPELAXL	轴向弹性应变	Y	Y
EPTHAXL	轴向热应变	Y	Y
EPINAXL	轴向初应变	Y	Y
SEPL	等效应力	1	1
SRAT	应力状态率	1	1
EPEQ	等效塑性应变	1	1
HPRES	静水压力	1	1
EPPLAXL	轴向塑性应变	1	1
EPCRAXL	轴向蠕变应变	1	1
EPSWAXL	轴向膨胀应变	1	1

4.1.4.3　单元矩阵

单元矩阵均在单元坐标系中描述，通过转换可获得整体坐标下的单元矩阵。

1）形函数

LINK8 单元坐标系如图 4.1-3 所示，形函数如下：

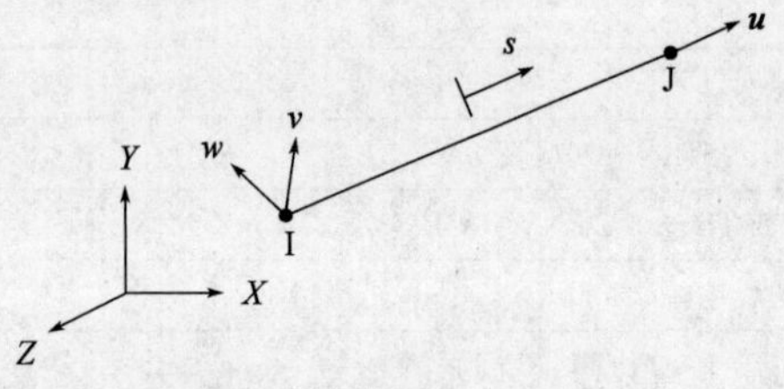

图 4.1-3 LINK8 单元坐标系

$$u = \frac{1}{2}[u_1(1-s) + u_1(1+s)] \tag{4.1-2}$$

$$v = \frac{1}{2}[v_1(1-s) + v_1(1+s)] \tag{4.1-3}$$

$$w = \frac{1}{2}[w_1(1-s) + w_1(1+s)] \tag{4.1-4}$$

2）单元刚度矩阵

$$\boldsymbol{K}_l = \frac{A\overline{E}}{L}\begin{bmatrix} 1 & 0 & 0 & -1 & 0 & 0 \\ 0 & 0 & 0 & 0 & 0 & 0 \\ 0 & 0 & 0 & 0 & 0 & 0 \\ -1 & 0 & 0 & 1 & 0 & 0 \\ 0 & 0 & 0 & 0 & 0 & 0 \\ 0 & 0 & 0 & 0 & 0 & 0 \end{bmatrix} \tag{4.1-5}$$

式中：A——单元截面面积，即用命令“R”输入的实常数 AREA。

L——单元长度。

$\overline{E}$——当进行线性分析时为弹性模量 E，即用命令“MP”输入的材料属性 EX；当进行塑性分析并计算切线刚度矩阵时，为切线模量 E_T。

3）单元质量矩阵

单元一致质量矩阵和单元集中质量矩阵如式（4.1-6）和式（4.1-7）所示。

$$\boldsymbol{M}_l = \frac{\rho AL(1-\varepsilon^{\text{ln}})}{6}\begin{bmatrix} 2 & 0 & 0 & 1 & 0 & 0 \\ 0 & 2 & 0 & 0 & 1 & 0 \\ 0 & 0 & 2 & 0 & 0 & 1 \\ 1 & 0 & 0 & 2 & 0 & 0 \\ 0 & 1 & 0 & 0 & 2 & 0 \\ 0 & 0 & 1 & 0 & 0 & 2 \end{bmatrix} \tag{4.1-6}$$

$$\boldsymbol{M}_l^1 = \frac{\rho AL(1-\varepsilon^{\text{ln}})}{2}\begin{bmatrix} 1 & 0 & 0 & 0 & 0 & 0 \\ 0 & 1 & 0 & 0 & 0 & 0 \\ 0 & 0 & 1 & 0 & 0 & 0 \\ 0 & 0 & 0 & 1 & 0 & 0 \\ 0 & 0 & 0 & 0 & 1 & 0 \\ 0 & 0 & 0 & 0 & 0 & 1 \end{bmatrix} \tag{4.1-7}$$

式中：ρ——质量密度，即用命令“MP”输入的材料属性 DENS；

$\varepsilon^{\ln}$——初应变，即用命令“R”输入的实常数 ISTRN。

4）单元应力刚度矩阵

$$\boldsymbol{S}_l = \frac{F}{L}\begin{bmatrix} 0 & 0 & 0 & 0 & 0 & 0 \\ 0 & 1 & 0 & 0 & -1 & 0 \\ 0 & 0 & 1 & 0 & 0 & -1 \\ 0 & 0 & 0 & 0 & 0 & 0 \\ 0 & -1 & 0 & 0 & 1 & 0 \\ 0 & 0 & -1 & 0 & 0 & 1 \end{bmatrix} \tag{4.1-8}$$

式中：F——单元轴向力，对首次迭代，其值为 $AE\varepsilon^{\ln}$，对后续迭代步采用上一迭代步（不一定是上一子步）的计算轴向力。

5）单元荷载列阵

$$\boldsymbol{F}_l = \boldsymbol{F}_l^{\mathrm{n}} - \boldsymbol{F}_l^{\mathrm{nr}} \tag{4.1-9}$$

式中：$\boldsymbol{F}_l^{\mathrm{n}}$——施加的荷载矩阵，如式（4.1-10）所示；

$\boldsymbol{F}_l^{\mathrm{nr}}$——Newton-Raphson 迭代（简称 NR 迭代）的残余力，即 NR 迭代的不平衡力，当无 NR 迭代时则无此项列阵，如式（4.1-13）所示。

$$\boldsymbol{F}_l^{\mathrm{n}} = AE\varepsilon_n^{\mathrm{T}}\left[-1 \quad 0 \quad 0 \quad 1 \quad 0 \quad 0\right]^{\mathrm{T}} \tag{4.1-10}$$

其中，当为线性分析或首次 NR 迭代时，

$$\varepsilon_n^{\mathrm{T}} = \varepsilon_n^{\mathrm{th}} - \varepsilon_n^{\mathrm{in}} = \alpha_n(T_n - T_{\mathrm{ref}}) - \varepsilon^{\mathrm{in}} \tag{4.1-11}$$

当为 NR 迭代的后续迭代步时，

$$\varepsilon_n^{\mathrm{T}} = \Delta\varepsilon_n^{\mathrm{T}} = \alpha_n(T_n - T_{\mathrm{ref}}) - \alpha_{n-1}(T_{n-1} - T_{\mathrm{ref}}) \tag{4.1-12}$$

式中：α_n，α_{n-1}——T_n 和 T_{n-1} 时的热膨胀系数，即用命令“MP”输入的材料属性 ALPX；

T_n，T_{n-1}——单元在当前迭代步和上一迭代步的平均温度；

T_{ref}——参考温度，用命令“TREF”输入。

$$\{\boldsymbol{F}_l^{\mathrm{nr}}\} = AE\varepsilon_{n-1}^{\mathrm{el}}\left[-1 \quad 0 \quad 0 \quad 1 \quad 0 \quad 0\right]^{\mathrm{T}} \tag{4.1-13}$$

式中：$\varepsilon_{n-1}^{\mathrm{el}}$——上一迭代步的弹性应变。

6）单元内力和应力

线性分析或首次 NR 迭代时的弹性应变（输出说明中的 EPELAXL）为：

$$\varepsilon_{n-1}^{\mathrm{el}} = \varepsilon_n - \varepsilon^{\mathrm{th}} + \varepsilon^{\mathrm{in}} \tag{4.1-14}$$

式中：ε_n——总应变，$\varepsilon_n = \dfrac{u}{L}$，$u$ 为单元的轴向位移差，即单元的伸长值；

ε^{th}——热应变(输出说明中的 EPTHAXL)。

非线性分析或 NR 迭代的后续步时的弹性应变为:

$$\varepsilon_n^{el} = \varepsilon_{n-1}^{el} + \Delta\varepsilon - \Delta\varepsilon^{th} - \Delta\varepsilon^{pl} - \Delta\varepsilon^{cr} - \Delta\varepsilon^{sw} \tag{4.1-15}$$

式中:$\Delta\varepsilon$——应变增量,$\Delta\varepsilon = \dfrac{\Delta u}{L}$,$\Delta u$ 为单元的轴向位移增量差;

$\Delta\varepsilon^{th}$——热应变增量;

$\Delta\varepsilon^{pl}$——塑性应变增量;

$\Delta\varepsilon^{cr}$——蠕变应变增量;

$\Delta\varepsilon^{sw}$——膨胀应变增量。

单元应力(输出说明中的 SAXL)为:

$$\sigma = E\varepsilon^{a} = E(\varepsilon_n^{el} + \Delta\varepsilon^{cr} + \Delta\varepsilon^{sw}) \tag{4.1-16}$$

从式(4.1-16)可知,用于计算应力的应变在子步的开始就包含了蠕变应变和膨胀应变,而不是在子步结束时考虑该效应。

单元内力(输出说明中的 MFORX)为:

$$F = A\sigma \tag{4.1-17}$$

4.1.5 混凝土、钢筋等材料本构关系

根据 U 形梁的材料组成,参照钢筋混凝土结构非线性分析理论[59],对 U 形梁混凝土、钢筋的材料特性,以及混凝土和钢筋之间的黏结处理方法介绍如下。

4.1.5.1 混凝土的本构关系

1. 单调加载时的应力-应变关系

1) 单向受压

混凝土在轴向压力下一般的应力-应变关系曲线见图 4.1-4。

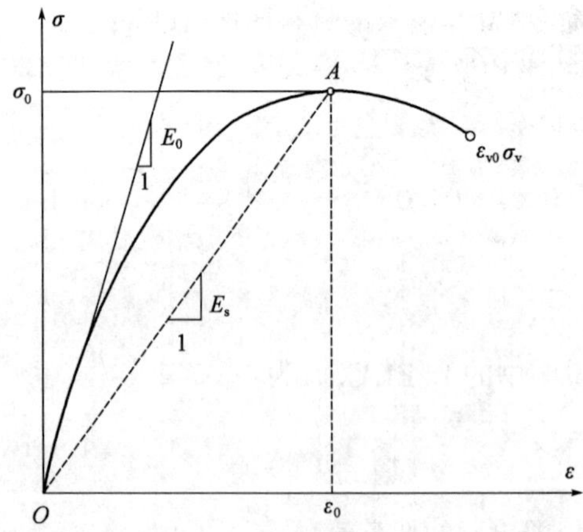

图 4.1-4　混凝土在轴向压力下一般的应力-应变关系

Saenz 建立了一般性的公式:

$$\sigma = \frac{E\varepsilon}{1 + (R + R_E)\dfrac{\varepsilon}{\varepsilon_0} + C\left(\dfrac{\varepsilon}{\varepsilon_0}\right)^2 + D\left(\dfrac{\varepsilon}{\varepsilon_0}\right)^3} \tag{4.1-18}$$

式中,E 为弹性模量;C 和 D 为常数,可由下列条件确定:

①$\varepsilon = 0, \sigma = 0$;

②$\varepsilon = 0, \dfrac{d\sigma}{d\varepsilon} = E_0$(图 4.1-4 中原点的切线模量);

③$\varepsilon=\varepsilon_0,\sigma=\sigma_0$;

④$\varepsilon=\varepsilon_0,\dfrac{d\sigma}{d\varepsilon}=0$(图 4.1-4 中最高点的 E 值等于零);

⑤$\varepsilon=\varepsilon_u,\sigma=\sigma_u,\varepsilon_u=0.003\sim0.004$。

可以得到:

$$\sigma=\frac{E_0\varepsilon}{1+(R+R_E-2)\dfrac{\varepsilon}{\varepsilon_0}-(2R-1)\left(\dfrac{\varepsilon}{\varepsilon_0}\right)^2+R\left(\dfrac{\varepsilon}{\varepsilon_0}\right)^3} \tag{4.1-19}$$

其中:

$$R=\frac{R_E(R_\sigma-1)}{(R_\varepsilon-1)^2}-\frac{1}{R_\varepsilon}$$

$$R_E=\frac{E_0}{E_s},R_\sigma=\frac{\sigma_0}{\sigma_u},R_\varepsilon=\frac{\varepsilon_u}{\varepsilon_0}$$

如果忽略条件⑤可得下式:

$$\sigma=\frac{E_0\varepsilon}{1+\left(\dfrac{E_0}{E_s}-2\right)\dfrac{\varepsilon}{\varepsilon_0}+\left(\dfrac{\varepsilon}{\varepsilon_0}\right)^2} \tag{4.1-20}$$

式(4.1-20)只适用于应力-应变曲线的上升段,在有限元计算中常采用此式。

2)单向受拉

关于混凝土轴向受拉应力-应变的实验研究较少,朱伯龙与董振祥在《钢筋混凝土非线性分析》[60]中所提出的部分试验结果见图 4.1-5。

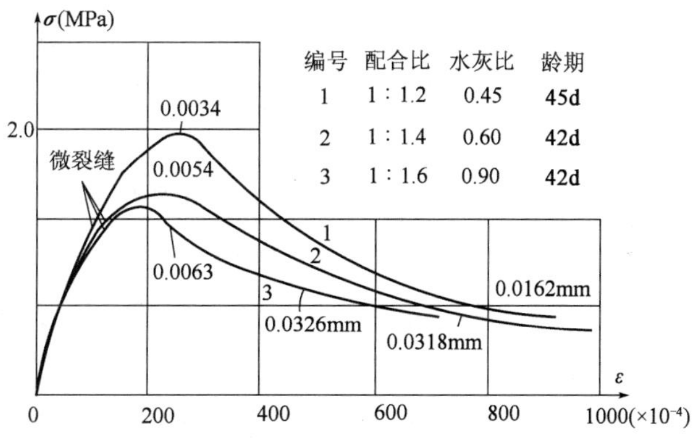

图 4.1-5　混凝土单向受拉时的应力-应变关系

混凝土单向受拉的应力-应变关系式可采用两折线(图 4.1-6)、三段斜直线(由 Madu 提出,见图 4.1-7)和曲线等。其表达式为:

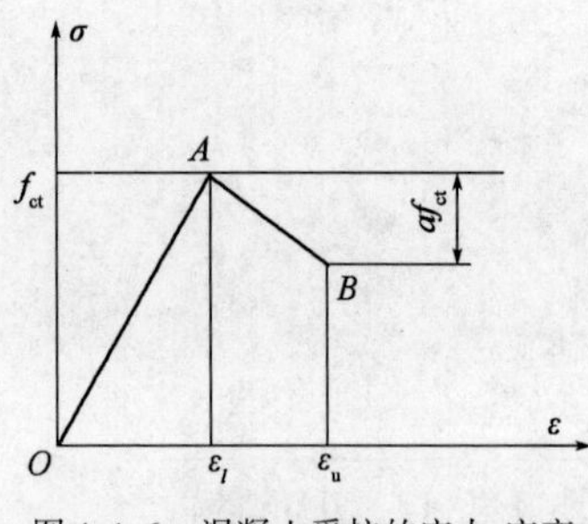

图 4.1-6　混凝土受拉的应力-应变关系(两折线)

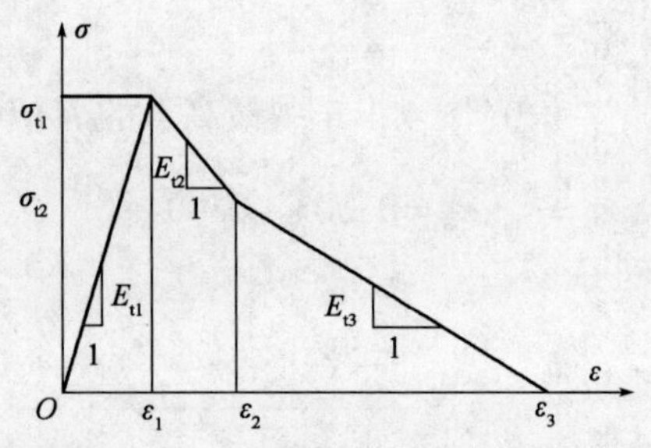

图 4.1-7　混凝土受拉的应力-应变关系(三段斜直线)

①按两折线假定(图 4.1-6):

$$\left.\begin{aligned}&\sigma=f_{ct}\frac{\varepsilon}{\varepsilon_l} && (0\leqslant\varepsilon\leqslant\varepsilon_l)\\&\sigma=f_{ct}\left(1-a\frac{\varepsilon-\varepsilon_t}{\varepsilon_u-\varepsilon_l}\right) && (\varepsilon_l\leqslant\varepsilon\leqslant\varepsilon_u)\end{aligned}\right\}\tag{4.1-21}$$

式中:ε_l——对应于抗拉强度f_{ct}的应变;

ε_u——受拉最大应变。

②按三段斜直线假定(图 4.1-7):

$$\left.\begin{aligned}&\sigma(\varepsilon)=\phi(\varepsilon)\varepsilon && 0\leqslant\varepsilon\leqslant\varepsilon_2\\&\phi_1(\varepsilon)=E_{t1} && \\&\phi_2(\varepsilon)=E_{t1}\frac{\varepsilon_2}{\varepsilon}+E_{t2}\left(1-\frac{\varepsilon_2}{\varepsilon}\right) && \varepsilon_2\leqslant\varepsilon\leqslant\varepsilon_3\\&\phi_3(\varepsilon)=\phi_2(\varepsilon_3)\frac{\varepsilon_2}{\varepsilon}+E_{t3}\left(1-\frac{\varepsilon_3}{\varepsilon}\right) && \varepsilon_3\leqslant\varepsilon\leqslant\varepsilon_4\end{aligned}\right\}\tag{4.1-22}$$

③按曲线假定:

$$\left.\begin{aligned}&\sigma=f_{ct}\frac{2\varepsilon}{\varepsilon+0.0001} && \varepsilon\leqslant0.0001\\&\sigma=f_{ct} && 0.0001<\varepsilon\leqslant0.00015\\&\sigma=0 && \varepsilon>0.00015\end{aligned}\right\}\tag{4.1-23}$$

在有限元分析中,混凝土单向受拉下的应力-应变关系一般简化为线性关系。

2. 双向受力时的应力-应变关系

混凝土在双向受力下的试验数据比较多,试验结果表明,混凝土的应变与应力状态的性质(受压或受拉)等有关。为了既方便又能较好地反映混凝土在双向受力下的应力-应变关系,可采用非线性弹性模式。该模式属于经验型,计算简单,适用于单调加载和混凝土受压区非线性变形阶段,在钢筋混凝土结构有限元分析中应用较多。此外,也可采用弹塑性模式、断裂力学模式等。

1)非线性弹性本构关系

非线性弹性本构模型有两种基本形式：

①全量式应力-应变形式。

②增量式应力-应变形式。

全量式应力-应变形式仅适用于按比例一次加载的情况。在钢筋混凝土有限元分析中,非线性弹性本构关系的增量式应力-应变形式应用较多,下面介绍其中的几个模式。

①Darwin 和 Pecknold 模式[61]。

Darwin 和 Pecknold 模式的基本假定:混凝土为正交各向异性材料,并且在各级荷载增量内应力-应变呈线弹性关系,其应力增量与应变增量关系式为：

$$\begin{Bmatrix} \mathrm{d}\sigma_1 \\ \mathrm{d}\sigma_2 \\ \mathrm{d}\tau_{12} \end{Bmatrix} = \frac{1}{1-\nu_1\nu_2}\begin{bmatrix} E_1 & \nu_2 E_1 & 0 \\ \nu_1 E_2 & E_2 & 0 \\ 0 & 0 & (1-\nu_1\nu_2)G \end{bmatrix}\begin{Bmatrix} \mathrm{d}\varepsilon_1 \\ \mathrm{d}\varepsilon_2 \\ \mathrm{d}\gamma_{12} \end{Bmatrix} \tag{4.1-24}$$

式中：E_1, E_2——施加一级荷载后在主应力方向的等效切线模量；

$\mathrm{d}\sigma_1, \mathrm{d}\sigma_2, \mathrm{d}\tau_{12}$——由荷载增量引起的应力增量；

$\mathrm{d}\varepsilon_1, \mathrm{d}\varepsilon_2, \mathrm{d}\gamma_{12}$——由荷载增量引起的应变增量；

ν_1, ν_2——由于在方向1、2受力而对方向2、1所产生影响的泊松比值。

各向异性体弹性力学的基本关系式为：

$$\nu_1 E_2 = \nu_2 E_1$$

并近似取 $\nu^2 = \nu_1\nu_2$,这样,式(4.1-24)就成为：

$$\begin{Bmatrix} \mathrm{d}\sigma_1 \\ \mathrm{d}\sigma_2 \\ \mathrm{d}\tau_{12} \end{Bmatrix} = \frac{1}{1-\nu^2}\begin{bmatrix} E_1 & \nu\sqrt{E_1 E_2} & 0 \\ \nu\sqrt{E_1 E_2} & E_2 & 0 \\ 0 & 0 & (1-\nu^2)G \end{bmatrix}\begin{Bmatrix} \mathrm{d}\varepsilon_1 \\ \mathrm{d}\varepsilon_2 \\ \mathrm{d}\gamma_{12} \end{Bmatrix} \tag{4.1-25}$$

如图4.1-8所示,从该曲线上取得切线模量,再考虑泊松比影响[通过代入式(4.1-25)中的泊松比计算],就可以得到双向受力下真实的应力增量与应变增量的关系。

根据 Darwin 和 Pecknold 的分析,从双向受力应力-应变曲线中消除泊松比影响后所得的等效单向应力-应变关系仍可用 Saenz 公式,其形式表示为：

$$\sigma_i = \frac{E_0\varepsilon_{iu}}{1+\left(\dfrac{E_0}{E_s}-2\right)\left(\dfrac{\varepsilon_{iu}}{\varepsilon_{ic}}\right)+\left(\dfrac{\varepsilon_{iu}}{\varepsilon_{ic}}\right)^2} \tag{4.1-26}$$

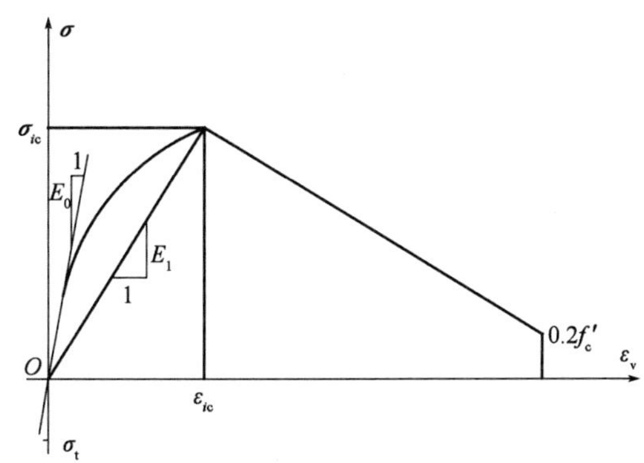

图4.1-8　等效单向受力应力-应变曲线

式中：i——主应力方向（$i=1,2$）；

ε_{ic}——相应于最大压应力 σ_{ic} 的等效单向受力应变；

ε_{iu}——等效单向受力应变，即 $\varepsilon_{iu}=\sum\frac{\Delta\sigma_i}{E_i}$；

E_s——相应于最大压应力 σ_{ic} 的割线模量，$E_s=\frac{\sigma_{ic}}{\varepsilon_{ic}}$；

E_0——原点切线模量，取单向受力时的 E_0 值。

关于 σ_{ic} 的计算，Darwin 和 Pecknold 建议采用 Kupfer 和 Gerstle 所提出的公式[62]，即在压-压区域：

$$\left(\frac{\sigma_1}{f'_c}+\frac{\sigma_2}{f'_c}\right)^2-\frac{\sigma_2^2}{f'_c}-3.65\frac{\sigma_1}{f'_c}=0 \tag{4.1-27a}$$

或

$$\left.\begin{aligned}\sigma_{2c}&=\frac{1+3.65a}{(1+a)^2}f'_c\\ \sigma_{1c}&=a\sigma_{2c}\end{aligned}\right\} \tag{4.1-27b}$$

式中：f'_c——圆柱体抗压强度，取负号；

σ_{1c}，σ_{2c}——压应力，均取负号；

a——与材料性质有关的常数。

在压-拉区域：

$$\sigma_{1t}=\left(1-0.8\frac{\sigma_2}{f'_c}\right)f'_t \tag{4.1-28a}$$

$$\sigma_{2c}=\frac{1+3.65a}{(1+a)^2}f'_c \tag{4.1-28b}$$

式中：f'_t——单向受力时的抗拉强度，取负号；

σ_{1t}——拉应力；

σ_{2c}——压应力。

在拉-拉区域：

$$\left.\begin{aligned}\sigma_{1t}&=f'_t\\ \sigma_{2t}&=f'_t\end{aligned}\right\} \tag{4.1-29}$$

在上述公式的基础上，作了修改后的计算公式如下：

在压-压区域（σ_1 为压应力，σ_2 为压应力，$0\leqslant a\leqslant1$）：

$$\left.\begin{aligned}\sigma_{2c}&=\frac{1+3.65a}{(1+a)^2}f'_c\\ \sigma_{1c}&=a\sigma_{2c}\end{aligned}\right\} \tag{4.1-30}$$

在压-拉区域(σ_1 为拉应力,σ_2 为压应力, $-0.17 \leqslant a \leqslant 0$):

$$\left.\begin{aligned}\sigma_{2c} &= \frac{1+3.28a}{(1+a)^2} f'_c \\ \sigma_{1t} &= a\sigma_{2c}\end{aligned}\right\} \tag{4.1-31}$$

在拉-压区域(σ_1 为拉应力,σ_2 为压应力, $-\infty < a < -0.17$):

$$\left.\begin{aligned}\sigma_{2c} &\leqslant 0.65 f'_t \\ \sigma_{1t} &= f'_t\end{aligned}\right\} \tag{4.1-32}$$

在拉-拉区域(σ_1 为拉应力,σ_2 为拉应力,$1 < a < \infty$):

$$\left.\begin{aligned}\sigma_{1t} &= f'_t \\ \sigma_{2t} &= f'_t\end{aligned}\right\} \tag{4.1-33}$$

对于 ε_{ic} 值,则按下式确定:

当 $|\sigma_{ic}| > |f'_c|$ 时:

$$\varepsilon_{ic} = \varepsilon_p \left[3\left(\frac{\sigma_{ic}}{f'_c}\right) - 2\right] \tag{4.1-34a}$$

当 $|\sigma_{ic}| < |f'_c|$ 时:

$$\varepsilon_{ic} = \varepsilon_p \left[-1.6\left(\frac{\sigma_{ic}}{f'_c}\right)^3 + 2.25\left(\frac{\sigma_{ic}}{f'_c}\right)^2 + 0.35\left(\frac{\sigma_{ic}}{f'_c}\right)\right] \tag{4.1-34b}$$

将式(4.1-26)微分,得

$$E_t = \frac{d\sigma_i}{d\varepsilon_{iu}} = \frac{E_i\left[1 - \left(\frac{\varepsilon_{iu}}{\varepsilon_{ic}}\right)^2\right]}{\left[1 + \left(\frac{E_0}{E_s} - 2\right)\left(\frac{\varepsilon_{iu}}{\varepsilon_{ic}}\right) + \left(\frac{\varepsilon_{iu}}{\varepsilon_{ic}}\right)^2\right]^2} \tag{4.1-35}$$

式中:E_i——主应力方向 i 的切线模量($i=1,2$)。

上述切线模量值可用在双向受压、一向受拉一向受压时的受压方向。

对于双向受拉、一向受拉一向受压时的受拉方向切线模量,则仍按单项受拉,沿用原点的切线模量值。

在计算过程中等效单向受力应变值由加载过程中累积求得,即

$$\varepsilon_{iu} = \sum \frac{\Delta\sigma_i}{E_i}$$

式中:$\Delta\sigma_i$——每一级荷载增量在主应力方向 i 所引起的应力增量;

E_i——上一级荷载增量施加后,在主应力方向 i 的切线模量值。

②Liu,Nilson 和 Slate 模式[63]。

Liu 等假定混凝土为正交各向异性材料,并认为在每级荷载增量中,应力-应变呈线弹性关系。该模式适用于应力-应变曲线的上升段。

根据上述假定,Liu 等也采用了式(4.1-24)的应力增量与应变增量关系式。

Liu 等采用的双向受压下的应力-应变关系表达式为:

$$\sigma_i = \frac{E_0 \varepsilon_i}{(1-\nu a_i)\left[1+\left(\frac{1}{1-\nu a_i}\cdot\frac{E_0}{E_s}-2\right)\left(\frac{\varepsilon_i}{\varepsilon_{ic}}\right)+\left(\frac{\varepsilon_i}{\varepsilon_{ic}}\right)^2\right]} \tag{4.1-36}$$

式中:E_0——单向受力时的初始切线模量。

ν——单向受力时的泊松比。

a_i——垂直于 i 方向主应力与 i 方向主应力的比值。

E_s——割线模量,$E_s = \frac{\sigma_{ic}}{\varepsilon_{ic}}$。

σ_{ic}——主要主应力(数值较大的应力值),MPa。

ε_{ic}——相应于最大应力 σ_{ic} 的应变,当 $a_i \leqslant 1$ 时,$\varepsilon_{ic} = -0.0025$;当 $a_i > 1$ 时,$\varepsilon_{ic} = (500 - 78\sigma_{ic}) \times 10^{-6}$。

将式(4.1-36)对 ε_i 微分,得出:

$$E_{ib} = \frac{d\sigma_i}{d\varepsilon_i} = \frac{E_0\left[1-\left(\frac{\varepsilon_i}{\varepsilon_{ic}}\right)^2\right]}{(1-\nu a_i)\left[1+\left(\frac{1}{1-\nu a_i}\cdot\frac{E_0}{E_s}-1\right)\left(\frac{\varepsilon_i}{\varepsilon_{ic}}\right)+\left(\frac{\varepsilon_i}{\varepsilon_{ic}}\right)^2\right]^2} \tag{4.1-37}$$

如果将 E_{ib} 直接代入应力增量与应变增量公式(4.1-25)中计算,就会出现上节所述的泊松比被重复考虑的情况,所以应消除这种影响。

Liu 等将式(4.1-37)中的泊松比分离,分离了泊松比影响后的计算公式见式(4.1-38)。实际上,在式(4.1-38)中还留有 ν 值的部分影响,并未把 ν 值完全分离出去。

$$E'_{ib} = E_{ib}(1-\nu a_i) = \frac{E_0\left[1-\left(\frac{\varepsilon_i}{\varepsilon_{ic}}\right)^2\right]}{\left[1+\left(\frac{1}{1-\nu a_i}\cdot\frac{E_0}{E_s}-1\right)\left(\frac{\varepsilon_i}{\varepsilon_{ic}}\right)+\left(\frac{\varepsilon_i}{\varepsilon_{ic}}\right)^2\right]^2} \tag{4.1-38}$$

式中,E'_{ib} 为 i 方向($i=1,2$)的有效切线模量。

把 E'_{ib} 代入应力增量与应变增量公式中并对剪切项作不同于 Darwin 模式的处理,可得出式(4.1-39)。

$$\begin{Bmatrix} d\sigma_1 \\ d\sigma_2 \\ d\tau_{12} \end{Bmatrix} = \begin{bmatrix} \lambda'\frac{E'_{1b}}{E'_{2b}} & \lambda'\nu & 0 \\ \lambda'\nu & \lambda' & 0 \\ 0 & 0 & \frac{E'_{1b}E'_{2b}}{E'_{1b}+E'_{2b}+2E'_{2b}\nu} \end{bmatrix} \begin{Bmatrix} d\varepsilon_1 \\ d\varepsilon_2 \\ d\gamma_{12} \end{Bmatrix} \tag{4.1-39}$$

式中：E'_{1b}——双向受压时，用式(4.1-38)计算，并取 $i=1$；双向受拉、一向受拉一向受压时用 E_0。

E'_{2b}——双向受压时，用式(4.1-38)计算，并取 $i=2$；双向受拉时，采用 E_0；一向受拉一向受压时，用单向受压切线模量，即用式(4.1-38)按 $a_i=0$ 计算，并取 $i=2$。

$$\lambda' = \frac{E'_{1b}}{\dfrac{E'_{1b}}{E'_{2b}} - \nu^2}$$

泊松比 ν 值，根据单向受力试验结果取为0.2。

对于一向受拉一向受压情况，当受拉方向开裂后，$E'_{ib}=0$，无法再利用式(4.1-39)求算应力增量，此时可采用 Cedolin 和 Poli 有关剪切模量的表达式，将式(4.1-39)改为：

$$\begin{Bmatrix} \mathrm{d}\sigma_1 \\ \mathrm{d}\sigma_2 \\ \mathrm{d}\tau_{12} \end{Bmatrix} = \begin{bmatrix} 0 & 0 & 0 \\ 0 & E'_{2b} & 0 \\ 0 & 0 & 0.1E_0\left(1-\dfrac{\varepsilon_1}{\varepsilon_p}\right) \end{bmatrix} \begin{Bmatrix} \mathrm{d}\varepsilon_1 \\ \mathrm{d}\varepsilon_2 \\ \mathrm{d}\gamma_{12} \end{Bmatrix} \tag{4.1-40}$$

式中，ε_1 为垂直于裂缝方向的应变；ε_p 为单向受压的极限应变；其他符号意义同前。

③Kupfer 和 Gerstle 模式。

Kupfer 等将混凝土视作各向同性体，根据试验结果，采用非线性的剪切模量和体积模量得到非线性弹性本构关系。

按弹性体假定，剪切模量 G 和体积模量 K 分别为：

$$\left.\begin{aligned} G &= E/2(1+\nu) \\ K &= E/3(1-2\nu) \end{aligned}\right\} \tag{4.1-41}$$

Kupfer 等根据试验资料，得出 K_s 及 G_s 的变化规律有如下的关系：

$$\left.\begin{aligned} \frac{G_s}{G_0} &= 1 - a\left(\frac{\tau_0}{f_{cu}}\right)^m \\ \frac{K_s}{K_0} &= \frac{G_s/G_0}{e^{-s}} \end{aligned}\right\} \tag{4.1-42}$$

式中：　$s=(c\gamma_0)^p$；

G_0, K_0——原点的剪切模量与体积模量；

G_s, K_s——剪切割线模量与体积割线模量，它们随八面体应变的增大而减小，见图4.1-9；

τ_0, γ_0——八面体剪应力及八面体剪应变；

f_{cu}——混凝土单向受压强度；

m, a, c, p——常数，由试验数据统计求出的结果，见表4.1-5及表4.1-6。

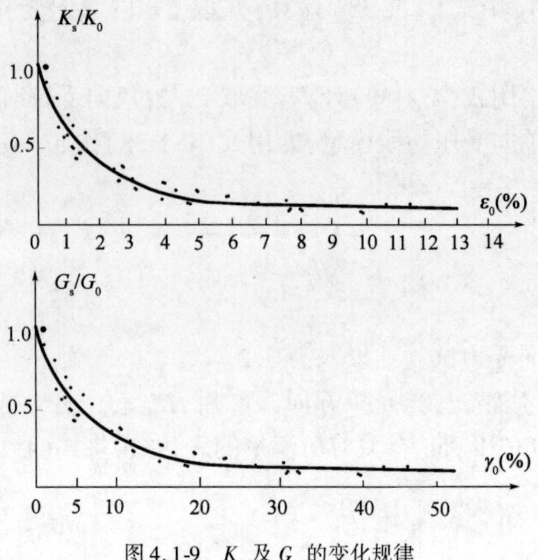

图 4.1-9 K_s 及 G_s 的变化规律

常数 a、m 取值 表 4.1-5

f_{cu}	G_0/f_{cu}	a	m
19.1	650	2.9	2.0
32.4	425	3.4	2.4
61.9	261	5.3	4.0

常数 c、p 取值 表 4.1-6

f_{cu}	K_0/f_{cu}	c	p
19.1	830	470	1.90
32.4	556	420	2.20
61.9	415	500	3.35

Kupfer 等人同时又提出下列公式：

$$\left.\begin{aligned}\frac{G_T}{G_0}&=\frac{\left[1-a\left(\frac{\tau_0}{f_{cu}}\right)^m\right]^2}{1+(m-1)a\left(\frac{\tau_0}{f_{cu}}\right)^m}\\ \frac{K_T}{K_0}&=\frac{G_T/G_0}{e^{-s}(1-ps)}\end{aligned}\right\}\tag{4.1-43}$$

式中：G_T——剪切切线模量；

K_T——体积切线模量。

利用式(4.1-41)可得到 E,ν 与 G,K 的关系：

$$\left.\begin{aligned}E&=\frac{6GK}{2(G+3K)}\\ \nu&=\frac{3K-2G}{2(G+3K)}\end{aligned}\right\}\tag{4.1-44}$$

在有限元计算中，求解非线性问题的计算方法有增量法、迭代法等。如果采用迭代法求解非线性问题，需采用割线模量；如果采用增量法求解，需采用切线模量。

用迭代法求解时，可用 G_s、K_s 代替式(4.1-44)中的 G 和 K，再代入 $\boldsymbol{\sigma}=\boldsymbol{D\varepsilon}$ 及 $\boldsymbol{D}$ 的计算式，可得出应力-应变关系式：

$$\begin{Bmatrix}\sigma_x\\ \sigma_y\\ \tau_{xy}\end{Bmatrix}=4G_s\frac{3K_s+G_s}{3K_s+4G_s}\begin{bmatrix}1 & \dfrac{3K-2G_s}{2(3K_s+G_s)} & 0\\ \dfrac{3K_s-2G_s}{2(3K_s+G_s)} & 1 & 0\\ 0 & 0 & \dfrac{3K_s+4G_s}{4(3K_s+G_s)}\end{bmatrix}\begin{Bmatrix}\varepsilon_x\\ \varepsilon_y\\ \tau_{xy}\end{Bmatrix}\quad(4.1\text{-}45)$$

用增量法求解时，可用 G_T、K_T 代替式(4.1-45)中的 G_s 和 K_s，即可求出应力-应变关系式。Kupfer 等模式的形式虽简单，但在实际应用中受到较大的限制，其原因主要是根据部分试验数据得出的参数和规律有一定的适用范围，当应力水平较高时，此模式的计算值与试验值相差较大。

2）弹塑性本构模型

经典的塑性理论目前主要有两种：一是形变理论，二是增量理论。

形变理论是弹塑性小变形理论的简称，该理论试图直接建立全量式应力-应变关系，仅适用于简单加载情况(在按比例加载的情况下可以得到较理想的结果)。在电子计算机广泛应用的情况下，形变理论已较少采用。

增量理论又称流动理论，是描述材料在塑性状态时应力与应变速度或应变增量之间关系的理论，这一理论在实际应用中需要按加载过程积分，计算比较复杂，但随着电子计算机的发展和计算方法的改进，增量理论得到广泛的应用。

①Mises 模式。

在讨论该模式之前，先简单介绍塑性力学中的几个定义以及增量塑性理论的几个基本假定。

a. 等效应力$\bar{\sigma}$和等效塑性应变增量 $\mathrm{d}\,\bar{\varepsilon}_p$。

仅仅是为了应用方便而引用这两个量。$\bar{\sigma}$并不表示作用在哪个面上的应力，$\mathrm{d}\,\bar{\varepsilon}_p$ 也不是塑性应变强度的全微分。

$$\begin{aligned}\bar{\sigma}&=\frac{1}{\sqrt{2}}\sqrt{(\sigma_x-\sigma_y)^2+(\sigma_y-\sigma_z)^2+(\sigma_z-\sigma_x)^2-6(\tau_{xy}^2+\tau_{yz}^2+\tau_{zx}^2)}\\&=\frac{2}{\sqrt{2}}\sqrt{(\sigma_1-\sigma_2)^2+(\sigma_2-\sigma_3)^2+(\sigma_3-\sigma_1)^2}\end{aligned}\quad(4.1\text{-}46)$$

$\bar{\sigma}$与八面体剪应力的关系为：

$$\bar{\sigma}=\frac{3}{\sqrt{2}}\tau_0\quad(4.1\text{-}47)$$

$$\mathrm{d}\,\overline{\varepsilon}_{\mathrm{p}}=\frac{\sqrt{2}}{3}\sqrt{(\mathrm{d}\varepsilon_{x\mathrm{p}}-\mathrm{d}\varepsilon_{y\mathrm{p}})^2+(\mathrm{d}\varepsilon_{y\mathrm{p}}-\mathrm{d}\varepsilon_{z\mathrm{p}})^2+(\mathrm{d}\varepsilon_{z\mathrm{p}}-\mathrm{d}\varepsilon_{x\mathrm{p}})^2+\frac{3}{2}(\mathrm{d}\gamma_{xy\mathrm{p}}^2+\mathrm{d}\gamma_{yz\mathrm{p}}^2+\mathrm{d}\gamma_{zx\mathrm{p}}^2)}$$

$$=\frac{\sqrt{2}}{3}\sqrt{(\mathrm{d}\varepsilon_{1\mathrm{p}}-\mathrm{d}\varepsilon_{2\mathrm{p}})^2+(\mathrm{d}\varepsilon_{2\mathrm{p}}-\mathrm{d}\varepsilon_{3\mathrm{p}})^2+(\mathrm{d}\varepsilon_{3\mathrm{p}}-\mathrm{d}\varepsilon_{1\mathrm{p}})^2} \tag{4.1-48}$$

b. 屈服条件。

Mises 模式的屈服条件：

$$F(\overline{\sigma})=\overline{\sigma}-K=0 \tag{4.1-49}$$

式中，K 为单向受力时的屈服应力。它表示在复合应力作用下，当等效应力达到单向受力的屈服应力时，材料屈服。

在主应力空间中 Mises 模式的屈服面为一个圆柱面，如图 4.1-10 所示。

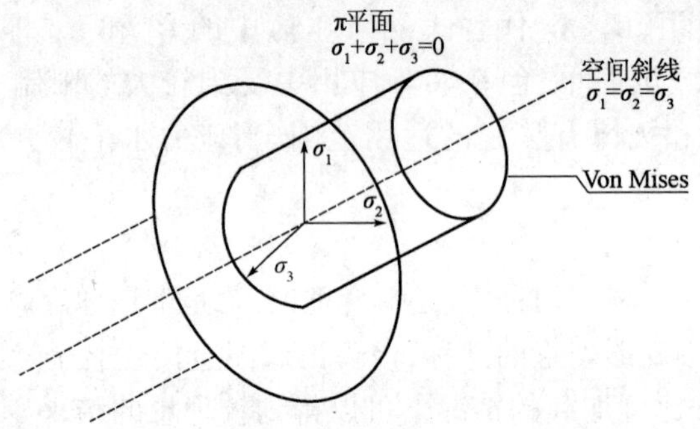

图 4.1-10　主应力空间中 Mises 模式的屈服面

c. 硬化规律。

材料屈服后，随着塑性变形增加，应力也同时增大。卸载后再加载，后继屈服极限将比初始屈服极限高，这就是硬化现象。此处仅引用各向同性硬化理论，即后继屈服面随着硬化程度发生大小变化，但不发生形状和位置变化。

各向同性硬化理论基于如下假设：硬化程度只是总塑性功 W_{p} 的函数，而与应力路径无关。

$$\overline{\sigma}=F(W_{\mathrm{p}}) \tag{4.1-50}$$

实际上，硬化程度不仅取决于单元体的最初和最终状态之差，也与应变路径有关，所以采用塑性应变增量 $\mathrm{d}\,\overline{\varepsilon}_{\mathrm{p}}$，并沿应变路径积分 $\int\mathrm{d}\,\overline{\varepsilon}_{\mathrm{p}}$ 来反映硬化程度。

$$\overline{\sigma}=H'_0\left(\int\mathrm{d}\,\overline{\varepsilon}_{\mathrm{p}}\right) \tag{4.1-51}$$

式中，H'_0为应变硬化系数，具体数值可由单向受力时的应力与塑性应变关系确定。新的屈服只有在等效应力满足上述关系时才发生，利用微分关系，可得出下列硬化规律：

$$\mathrm{d}\,\overline{\sigma}=H'_0\mathrm{d}\,\overline{\varepsilon}_{\mathrm{p}} \tag{4.1-52}$$

d. 流动法则。

流动法则也称正交定律,描述塑性应变增量各分量与应力间的相互关系,也是确定塑性应变增量方向的一条规定。在主应力空间中,将塑性应变能相同的点连起来形成的曲面称为塑性势面。流动法则规定,任意点处塑性应变增量的方向总是与塑性势面正交。流动法则是为计算而作的一种假定,其塑性势面可以假设为各种不同的形式。在塑性理论中,如果塑性势面与屈服面重合,那么这个流动法则就称为相关联(亦称相适应)的流动法则,反之称为不相关联的流动法则。

相关联的流动法则比较适用于金属材料,不少学者认为混凝土应该采用不相关联的流动法则,但为了方便,在实际结构分析中往往仍然采用相关联的流动法则。

如果采用相关联的流动法则,则可以将塑性应变增量表示成与屈服函数对应力微分成比例的关系式,即

$$\mathrm{d}\{\varepsilon\}_{\mathrm{p}}=\lambda\left\{\frac{\partial F}{\partial\sigma}\right\} \tag{4.1-53a}$$

若采用 Mises 模式的屈服函数[式(4.1-49)],则上式可改写为:

$$\mathrm{d}\{\varepsilon\}_{\mathrm{p}}=\lambda\left\{\frac{\partial\overline{\sigma}}{\partial\sigma}\right\} \tag{4.1-53b}$$

其中:$\mathrm{d}\{\varepsilon\}_{\mathrm{p}}$ 为 $\{\mathrm{d}\varepsilon_{x\mathrm{p}},\mathrm{d}\varepsilon_{y\mathrm{p}},\mathrm{d}\varepsilon_{z\mathrm{p}},\mathrm{d}\gamma_{xy\mathrm{p}},\mathrm{d}\gamma_{yz\mathrm{p}},\mathrm{d}\gamma_{zx\mathrm{p}}\}^{\mathrm{T}}$;$\left\{\frac{\partial\overline{\sigma}}{\partial\sigma}\right\}$为$\left\{\frac{\partial\overline{\sigma}}{\partial\sigma_x},\frac{\partial\overline{\sigma}}{\partial\sigma_y},\frac{\partial\overline{\sigma}}{\partial\sigma_z},\frac{\partial\overline{\sigma}}{\partial\sigma_{xy}},\frac{\partial\overline{\sigma}}{\partial\sigma_{yz}},\frac{\partial\overline{\sigma}}{\partial\sigma_{zx}}\right\}^{\mathrm{T}}$;$\lambda$ 为待定常数。

将等效应力$\overline{\sigma}$分别对 σ_x、σ_y、σ_z、τ_{xy}、τ_{yz}、τ_{zx}求偏导数,可得出下列关系:

$$\left\{\begin{matrix}\dfrac{\partial\overline{\sigma}}{\partial\sigma_x}\\ \dfrac{\partial\overline{\sigma}}{\partial\sigma_y}\\ \dfrac{\partial\overline{\sigma}}{\partial\sigma_z}\\ \dfrac{\partial\overline{\sigma}}{\partial\tau_{xy}}\\ \dfrac{\partial\overline{\sigma}}{\partial\tau_{yz}}\\ \dfrac{\partial\overline{\sigma}}{\partial\tau_{zx}}\end{matrix}\right\}=\left\{\begin{matrix}\dfrac{3\ \sigma'_x}{2\overline{\sigma}}\\ \dfrac{3\ \sigma'_y}{2\ \overline{\sigma}}\\ \dfrac{3\ \sigma'_z}{2\overline{\sigma}}\\ \dfrac{3\tau_{xy}}{\overline{\sigma}}\\ \dfrac{3\tau_{yz}}{\overline{\sigma}}\\ \dfrac{3\tau_{zx}}{\overline{\sigma}}\end{matrix}\right\} \tag{4.1-54}$$

式中,$\sigma'_x=\sigma_x-\sigma_{\mathrm{m}}=\sigma_x-\left(\dfrac{\sigma_x+\sigma_y+\sigma_z}{3}\right)$;$\sigma'_y=\sigma_y-\sigma_{\mathrm{m}}=\sigma_y-\left(\dfrac{\sigma_x+\sigma_y+\sigma_z}{3}\right)$;$\sigma'_z=\sigma_z-\sigma_{\mathrm{m}}=\sigma_z-\left(\dfrac{\sigma_x+\sigma_y+\sigma_z}{3}\right)$。

由式(4.1-53a)、式(4.1-53b)及式(4.1-54)可以得出：

$$\left.\begin{aligned}
d\varepsilon_{xp} &= \lambda \cdot \frac{3}{2}\frac{\sigma'_x}{\overline{\sigma}} \\
d\varepsilon_{yp} &= \lambda \cdot \frac{3}{2}\frac{\sigma'_y}{\overline{\sigma}} \\
d\varepsilon_{zp} &= \lambda \cdot \frac{3}{2}\frac{\sigma'_z}{\overline{\sigma}} \\
d\gamma_{xyp} &= \lambda \cdot \frac{3\tau_{xy}}{\overline{\sigma}} \\
d\gamma_{yzp} &= \lambda \cdot \frac{3\tau_{yz}}{\overline{\sigma}} \\
d\gamma_{zxp} &= \lambda \cdot \frac{3\tau_{zx}}{\overline{\sigma}}
\end{aligned}\right\} \tag{4.1-55}$$

将式(4.1-55)代入式(4.1-48)可得出：

$$d\,\overline{\varepsilon}_p = \lambda \tag{4.1-56}$$

现在可以导出弹塑性本构模型。达到塑性阶段以后，应力增量与应变增量的关系为：

$$d\{\boldsymbol{\sigma}\} = [\boldsymbol{D}]_e \cdot d\{\boldsymbol{\varepsilon}\}_e = [\boldsymbol{D}]_e(d\{\boldsymbol{\varepsilon}\} - d\{\boldsymbol{\varepsilon}\}_p) \tag{4.1-57}$$

式中：$d\{\boldsymbol{\sigma}\}$ 为 $\{d\sigma_x, d\sigma_y, d\sigma_z, d\gamma_{xy}, d\gamma_{yz}, d\gamma_{zx}\}^T$；$d\{\boldsymbol{\varepsilon}\}$ 为总应变增量 $\{d\varepsilon_x, d\varepsilon_y, d\varepsilon_z, d\gamma_{xy}, d\gamma_{yz}, d\gamma_{zx}\}^T$；$d\{\boldsymbol{\varepsilon}\}_e$ 为总应变增量的弹性部分；$d\{\boldsymbol{\varepsilon}\}_p$ 为总应变增量的塑性部分。

由式(4.1-52)可得

$$d\,\overline{\sigma} = \left\{\frac{\partial\overline{\sigma}}{\partial\sigma}\right\}^T d\{\boldsymbol{\varepsilon}\} = H'_0 d\,\overline{\varepsilon}_p \tag{4.1-58}$$

从而可得

$$d\,\overline{\varepsilon}_p = \frac{\left\{\frac{\partial\overline{\sigma}}{\partial\sigma}\right\}^T [\boldsymbol{D}]_e d\{\boldsymbol{\varepsilon}\}}{H'_0 + \left\{\frac{\partial\overline{\sigma}}{\partial\sigma}\right\}^T [\boldsymbol{D}]_e \left\{\frac{\partial\overline{\sigma}}{\partial\sigma}\right\}} \tag{4.1-59}$$

而

$$d\{\boldsymbol{\varepsilon}\}_p = \frac{\left\{\frac{\partial\overline{\sigma}}{\partial\sigma}\right\}\left\{\frac{\partial\overline{\sigma}}{\partial\sigma}\right\}^T [\boldsymbol{D}]_e}{H'_0 + \left\{\frac{\partial\overline{\sigma}}{\partial\sigma}\right\}^T [\boldsymbol{D}]_e \left\{\frac{\partial\overline{\sigma}}{\partial\sigma}\right\}} d\{\boldsymbol{\varepsilon}\} \tag{4.1-60}$$

$$d\{\boldsymbol{\sigma}\} = [\boldsymbol{D}]_e(d\{\boldsymbol{\varepsilon}\} - d\{\boldsymbol{\varepsilon}\}_p) = \left\{[\boldsymbol{D}]_e - \frac{[\boldsymbol{D}]_e\left\{\frac{\partial\overline{\sigma}}{\partial\sigma}\right\}\left\{\frac{\partial\overline{\sigma}}{\partial\sigma}\right\}^T [\boldsymbol{D}]_e}{H'_0 + \left\{\frac{\partial\overline{\sigma}}{\partial\sigma}\right\}^T [\boldsymbol{D}]_e \left\{\frac{\partial\overline{\sigma}}{\partial\sigma}\right\}}\right\} d\{\boldsymbol{\varepsilon}\} = [\boldsymbol{D}]_{ep} \cdot d\{\boldsymbol{\varepsilon}\} \tag{4.1-61}$$

可知弹塑性矩阵为：

$$[\boldsymbol{D}]_{\mathrm{ep}} = [\boldsymbol{D}]_{\mathrm{e}} - \frac{[\boldsymbol{D}]_{\mathrm{e}}\left\{\frac{\partial\overline{\sigma}}{\partial\sigma}\right\}\left\{\frac{\partial\overline{\sigma}}{\partial\sigma}\right\}^{\mathrm{T}}[\boldsymbol{D}]_{\mathrm{e}}}{H'_0 + \left\{\frac{\partial\overline{\sigma}}{\partial\sigma}\right\}^{\mathrm{T}}[\boldsymbol{D}]_{\mathrm{e}}\left\{\frac{\partial\overline{\sigma}}{\partial\sigma}\right\}} \tag{4.1-62}$$

在平面应力情况下，只要将式(4.1-62)中$[\boldsymbol{D}]_{\mathrm{e}}$及$\left\{\frac{\partial\overline{\sigma}}{\partial\sigma}\right\}$改成：

$$[\boldsymbol{D}]_{\mathrm{e}} = \frac{E}{1-\nu^2}\begin{bmatrix} 1 & \nu & 0 \\ \nu & 1 & 0 \\ 0 & 0 & \frac{1-\nu}{2} \end{bmatrix}$$

$$\left\{\frac{\partial\overline{\sigma}}{\partial\sigma}\right\} = \begin{bmatrix} \frac{3}{2}\frac{\sigma'_x}{\overline{\sigma}} & \frac{3}{2}\frac{\sigma'_y}{\overline{\sigma}} & \frac{3\tau_{xy}}{\overline{\sigma}} \end{bmatrix}^{\mathrm{T}}$$

经演化后，可得出

$$[\boldsymbol{D}]_{\mathrm{ep}} = \begin{bmatrix} \frac{E}{1-\nu^2} & \frac{\nu E}{1-\nu^2} & 0 \\ \frac{\nu E}{1-\nu^2} & \frac{E}{1-\nu^2} & 0 \\ 0 & 0 & \frac{E}{2(1+\nu)} \end{bmatrix} - \begin{bmatrix} \frac{\overline{S}_1^2}{\overline{S}} & \frac{\overline{S}_1\overline{S}_2}{\overline{S}} & \frac{\overline{S}_1\overline{S}_3}{\overline{S}} \\ \frac{\overline{S}_1\overline{S}_2}{\overline{S}} & \frac{\overline{S}_2^2}{\overline{S}} & \frac{\overline{S}_2\overline{S}_3}{\overline{S}} \\ \frac{\overline{S}_1\overline{S}_3}{\overline{S}} & \frac{\overline{S}_2\overline{S}_3}{\overline{S}} & \frac{\overline{S}_3^2}{\overline{S}} \end{bmatrix} \tag{4.1-63}$$

将式(4.1-63)代入式(4.1-61)，即可得出逐级加载下按切线刚度法得出的应力增量-应变增量关系。

②Drucker-Prager 模式。

对于岩土、混凝土材料，不少学者采用 Drucker-Prager 所建议的条件，其屈服条件为：

$$F(\sigma) = aI_1 + \sqrt{J_2} - K = 0 \tag{4.1-64}$$

式中：I_1——应力第一不变量，$I_1 = \sigma_x + \sigma_y + \sigma_z$；

J_2——应力偏量第二不变量；

a,K——与材料性质有关的常数。

在主应力空间中，Drucker-Prager 屈服准则的屈服面是一个圆锥面，如图 4.1-11 所示。

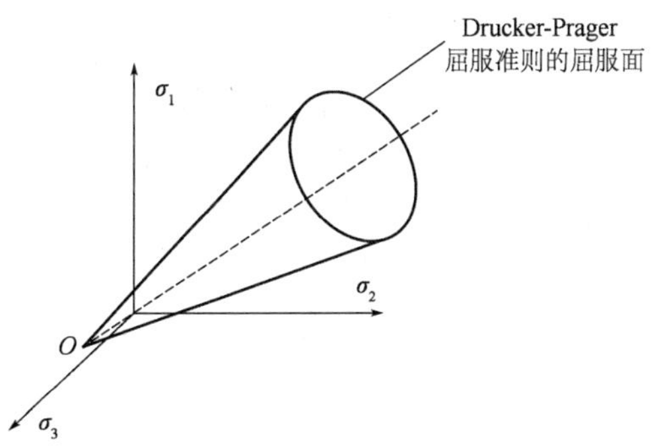

图 4.1-11　主应力空间中 Drucker-Prager 屈服准则的屈服面

采用 Drucker-Prager 屈服条件，同时又限定塑性势面与屈服面重合,即采用相关联的流动法则也可推导相应的弹塑性矩阵$[\boldsymbol{D}]_{ep}$。

弹塑性矩阵$[\boldsymbol{D}]_{ep}$的推导过程与 Mises 模式相类似,硬化规律仍可用式(4.1-52)即 $d\bar{\sigma}=H_0'd\bar{\varepsilon}_p$,并采用相关联的流动法则。塑性应变增量与应力状态之间的关系式可写成:

$$d\{\varepsilon\}_p=\lambda\left\{\frac{\partial F}{\partial\sigma}\right\}$$

并可推导得到 $\lambda=d\bar{\varepsilon}_p$。

塑性阶段的应力增量和应变增量的关系式为:

$$d\{\sigma\}=[\boldsymbol{D}]_e d\{\varepsilon\}$$

其中弹塑性矩阵的推导过程类似于前面的推导过程。

$$[\boldsymbol{D}]_{ep}=[\boldsymbol{D}]_e-\frac{[\boldsymbol{D}]_e\left\{\frac{\partial\bar{\sigma}}{\partial\sigma}\right\}\left\{\frac{\partial\bar{\sigma}}{\partial\sigma}\right\}^T[\boldsymbol{D}]_e}{H_0'+\left\{\frac{\partial\bar{\sigma}}{\partial\sigma}\right\}^T[\boldsymbol{D}]_e\left\{\frac{\partial\bar{\sigma}}{\partial\sigma}\right\}} \tag{4.1-65}$$

对于二维问题的弹塑性矩阵仍可利用式(4.1-63),但此处$\bar{S}$、$\bar{S}_1$、$\bar{S}_2$、$\bar{S}_3$ 需按下式计算:

$$\bar{S}=\frac{4}{9}\bar{\sigma}^2H'+\bar{S}_1\sigma_x'+\bar{S}_2\sigma_y'+2\bar{S}_3\tau_{xy}'+a\bar{\sigma}(\bar{S}_1+\bar{S}_2)$$

$$\bar{S}_1=\frac{E}{1-\nu^2}(\sigma_x'+\nu\sigma_y')+\bar{a}\frac{E}{1-\nu}\bar{\sigma}$$

$$\bar{S}_2=\frac{E}{1-\nu^2}(\nu\sigma_x'+\sigma_y')+\bar{a}\frac{E}{1-\nu}\bar{\sigma}$$

$$\bar{S}_3=\frac{E}{1+\nu}\tau_{xy}'$$

式中,$H'=\left(1-\frac{3}{2}\bar{a}\right)^2H_0'$,$\bar{a}=\frac{2}{\sqrt{3}}a$。

4.1.5.2 钢筋与混凝土之间的黏结

钢筋与混凝土两种不同材料共同工作的基础是它们之间具有足够的黏结强度。黏结应力通常是指在钢筋与混凝土接触界面上所产生的沿钢筋纵向分布的剪应力,这种黏结应力使钢筋与混凝土之间可传递应力并变形协调。在钢筋混凝土非线性有限元分析中,必须考虑钢筋与混凝土之间的黏结滑移关系,考虑黏结应力可能发生破坏的情况。

黏结应力按其在钢筋混凝土结构构件中的作用性质可分为图 4.1-12、图 4.1-13 所示的两种类型。

(1)锚固黏结应力:如图 4.1-12 所示,钢筋必须有足够的锚固长度,通过这段长度上黏结应力的积累,钢筋被"锚固"在混凝土中,这样可使钢筋在未充分发挥其作用前不被拔出,以保证钢筋强度的充分发挥。

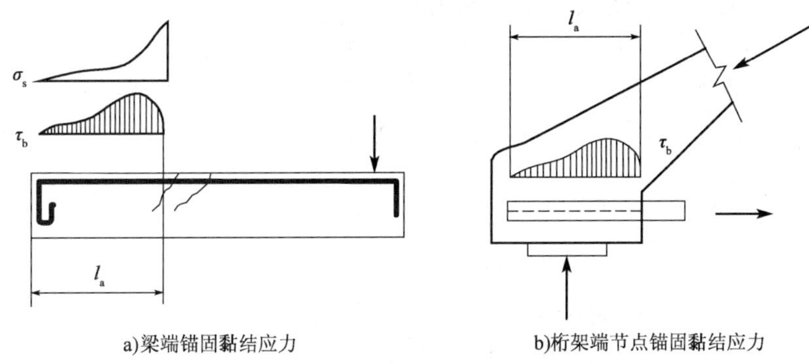

图 4.1-12　锚固黏结应力

(2)开裂截面处的黏结应力:如图 4.1-13 所示,开裂截面处的钢筋应力通过裂缝两侧的黏结应力向混凝土传递。

量测黏结应力有不同的试验方法,如中心拔出试验、拉伸试验、梁式试验。试验方法的选择取决于所研究的黏结应力作用的性质,试验方法对黏结应力、平均黏结应力($\bar{\tau}$)-滑移(S)关系曲线均有影响。

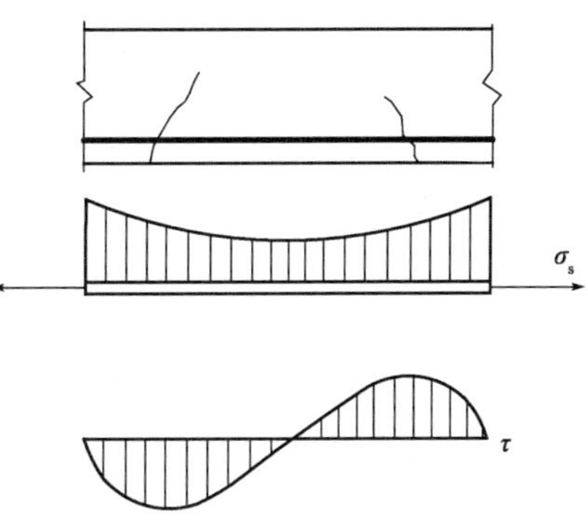

图 4.1-13　开裂截面处的黏结应力

通过试验可以得到平均黏结应力、加载端滑移量等数据,但在本构关系上还有待进一步研究。本节主要讨论黏结机理和目前所采用的一些黏结滑移本构关系。

1. 黏结机理

钢筋与混凝土之间的黏结强度主要由三部分组成:

①混凝土中水泥凝胶体与钢筋表面的化学胶着力,也称胶结力;

②混凝土收缩,将钢筋紧紧握固而产生的摩擦力;

③钢筋表面粗糙、凹凸不平,与混凝土之间产生的机械咬合作用力,也称咬合力。咬合力又包括表面咬合力(光圆钢筋、螺纹钢筋)和齿肋咬合力(螺纹钢筋)。

由于钢筋表面形状(光圆或变形钢筋)不同,在黏结受力过程中所发生的物理现象也不同。

光圆钢筋的黏结强度,在滑移前主要取决于胶结力,发生滑移后则取决于摩擦力和咬合力。对于变形钢筋的黏结强度,虽然胶结力和摩擦力仍然存在,但其黏结强度主要依靠钢筋表面凸出的肋与混凝土的机械咬合力。

加载初期,由胶结力承担界面上的剪应力。随着荷载增大,胶结力不足以抵抗后,钢筋开始滑移,此时黏结强度主要由钢筋表面肋对混凝土的斜向挤压力和钢筋与周围混凝土之间的摩擦力所组成。

从图 4.1-14 中可看出,斜向挤压力沿钢筋轴线的分力使肋间的混凝土受弯受剪,其径向分力使钢筋四周的混凝土产生环向拉应力。在这些力的综合作用下,当荷载引起的在主拉应力和环向拉应力方向上的应变超过混凝土的极限拉应变时,将产生图 4.1-14 所示的内部斜裂缝和径向裂缝。随着荷载增大,钢筋肋处受挤压一面的混凝土被压碎,使钢筋有可能沿由混凝土挤碎后的压实粉末所形成新的较平滑的滑移面滑动。如果钢筋外围混凝土较薄,又未配置环向箍筋来约束混凝土的变形,则径向内裂缝很容易发展到构件表面,形成沿纵向钢筋的劈裂裂缝。这种裂缝发展到一定长度时,将使外围混凝土保护层崩裂,从而丧失黏结能力,此类破坏一般称为劈裂黏结破坏。

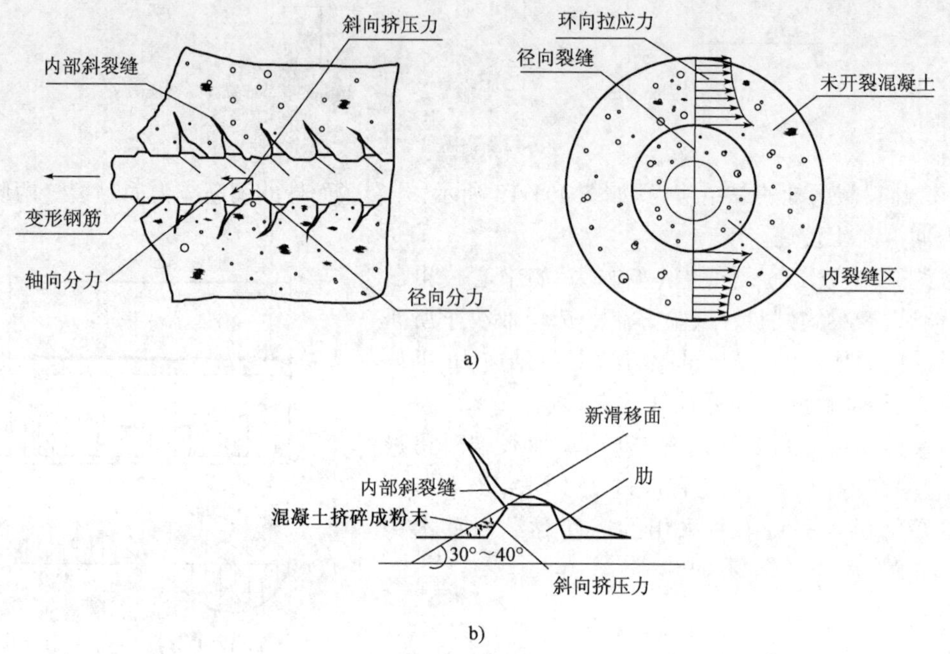

图 4.1-14　变形钢筋肋处的挤压力及内部裂缝

2. 钢筋与混凝土的黏结滑移本构关系

钢筋与混凝土的局部黏结应力-局部滑移关系如图 4.1-15 所示。

图 4.1-15 中,从 0 至 τ_0 一段主要是胶结力,滑移较小,τ_0 在 0.6MPa 左右。黏结应力为 τ_A 时,由于环向拉应力小于主拉应力,初始次生斜裂缝可能出现,τ_A 点可作为初始斜裂缝出现的临界值。当黏结应力超过 τ_A 时,不仅次生斜裂缝发展,劈裂裂缝也将发生;对于光圆钢筋来说,如果保护层很薄,劈裂裂缝有可能穿透保护层使黏结失效,黏结力由图中 B 点迅速下降至 F。

对于螺纹变形钢筋,τ_A 至 τ_B 段咬合力占主导地位;越过 τ_B,螺纹钢筋主要靠齿肋的咬合力起作用,受压裂缝出现在螺纹钢筋黏结应力达到 τ_U 时;如果劈裂裂缝穿过保护层,黏结强度则由 U 点下降至 G,否则下降至 r 点;而黏结强度从 τ_U 下降至残余黏结强度 τ_r。

若钢筋外围混凝土较厚,或有环向箍筋约束混凝土的变形,则纵向劈裂裂缝的发展受到抑制,使荷载能继续增加,直到肋间混凝土的剪切强度被耗尽,钢筋连同肋间的破碎混凝土逐渐被拔出,此时相对滑移量可达 1 ~ 2mm。由于滑移面上还残存有相当大的骨料摩擦阻力和咬合力,黏结应力并不降低,黏结-滑移曲线出现较长的水平段,表现出较好的黏结延性。这种破坏的黏结强度比劈裂黏结强度大很多。

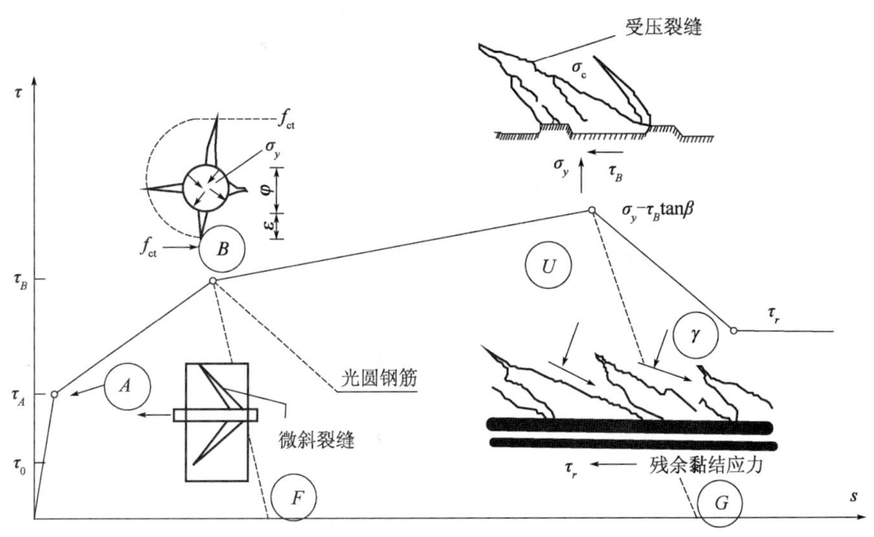

图 4.1-15 钢筋和混凝土局部黏结应力-局部滑移关系

4.1.6 温度的处理方法

在 U 形梁的空间效应分析过程中,计入了温度的影响。参照一般有限元法原理与应用经验[64],对温度的影响效果介绍如下。

这里将分析由于温度变形所引起的节点荷载,取图 4.1-16 所示坐标,把 x 轴放在单元的中和轴上,把 y 轴放在横剖面的对称轴上,假设单元内的温度沿 x 方向是常量,只在 y、z 两个方向变化,而且关于 y 轴对称,即 $T(y,z)=T(y,-z)$。

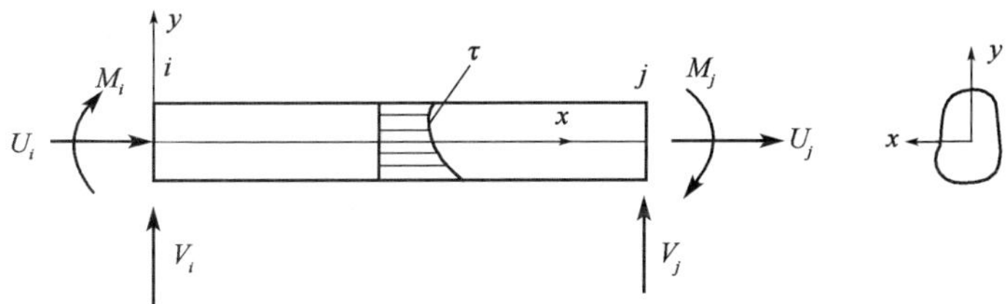

图 4.1-16 温度引起的节点荷载坐标图

对于杆系结构来说,应力分量 $\sigma_y=\sigma_z=\tau_{yz}=\tau_{zx}=0$,单元内任一点的应变按下式计算:

$$\varepsilon_x=\frac{\sigma_x}{E}+aT \tag{a}$$

$$\gamma_{xy}=\frac{\tau_{xy}}{G} \tag{b}$$

式(a)右端第 1 项为应力 σ_x 引起的应变,第 2 项为温度引起的应变,a 为线胀系数。温度变化不引起剪切应变,所以式(b)中没有出现温度 T。

现假定节点 i 和 j 完全固定,$\{\delta\}^e=\{0\}$,即:

$$u_i = v_i = \phi_i = u_j = v_j = \phi_j = 0$$

在这种条件下，单元内任一点的应变也为零，即：

$$\varepsilon_x = \gamma_{xy} = 0$$

由式(a)、式(b)，得到单元内任一点的应力为：

$$\sigma_x = -EaT, \tau_{xy} = 0 \tag{4.1-66}$$

为了维持平衡，此时在节点 i 和 j 处的节点力为：

$$\left.\begin{aligned}
U_i &= \int(-\sigma_x)\mathrm{d}A = \int EaT\mathrm{d}A \\
V_i &= \int(-\tau_{xy})\mathrm{d}A = 0 \\
M_i &= \int(-\sigma_x)y\mathrm{d}A = \int EaTy\mathrm{d}A \\
U_j &= \int\sigma_x\mathrm{d}A = -\int EaT\mathrm{d}A \\
V_j &= \int\tau_{xy}\mathrm{d}A = 0 \\
M_j &= \int\sigma_x y\mathrm{d}A = -\int EaTy\mathrm{d}A
\end{aligned}\right\} \tag{c}$$

因作用于单元的力与作用于节点的力的大小相等、方向相反，故把以上各量改变符号，即得到施加于节点 i 和 j 的温度荷载如下：

$$\{\boldsymbol{P}_T\}^e = \begin{Bmatrix} X_i \\ Y_i \\ R_i \\ X_j \\ Y_j \\ R_j \end{Bmatrix} = \begin{Bmatrix} -H \\ 0 \\ -S \\ H \\ 0 \\ S \end{Bmatrix} \tag{4.1-67}$$

$$\left.\begin{aligned}
H &= \int EaT\mathrm{d}A \\
S &= \int EaTy\mathrm{d}A
\end{aligned}\right\} \tag{4.1-68}$$

式中，H 为力；S 为力矩。

如果单元内的温度是均匀的，则：

$$H = EaTA, S = 0$$

因此,在建立结构的整体平衡方程组时,只需考虑温度荷载[式(4.1-67)],但在计算应力时,除了考虑由位移$\{\delta\}$引起的应力外,对于本单元来说,还必须叠加固端温度应力,如式(4.1-66)所示。

另外,式(4.1-67)给出的是局部坐标系中的温度荷载,而整体坐标系中的温度荷载可按式(4.1-69)计算:

$$\{\widetilde{\boldsymbol{P}}_T\}^e = [\boldsymbol{T}]^{\mathrm{T}} \{\boldsymbol{P}_T\}^e \tag{4.1-69}$$

式中,$[\boldsymbol{T}]$为坐标转换矩阵。

4.2　U 形梁有限元空间模型介绍

4.2.1　总体模型介绍

采用大型有限元分析软件 ANSYS15.0,建立青岛地铁 8 号线 32.7m 跨径预应力混凝土 U 形梁实体模型,具体尺寸参照设计图纸;建模长度单位采用 m。本实体模型混凝土采用 SOLID45 实体单元模拟,预应力钢束采用 LINK8 杆单元模拟,通过建立约束方程使力筋单元与混凝土单元连接为整体,预应力通过有效初应变施加,其值采用 midas Civil 软件计算。

有限元模型单位设定:实体模型应力单位为 Pa。

坐标设定:X 方向为横桥向,Y 方向为梁高方向,Z 方向为顺桥向。

应力正负号设定:压为负,拉为正。

全桥共计 869385 个单元。U 形梁几何模型如图 4.2-1 所示,截面网格划分如图 4.2-2 所示,有限元模型和有限元网格划分如图 4.2-3、图 4.2-4 所示。

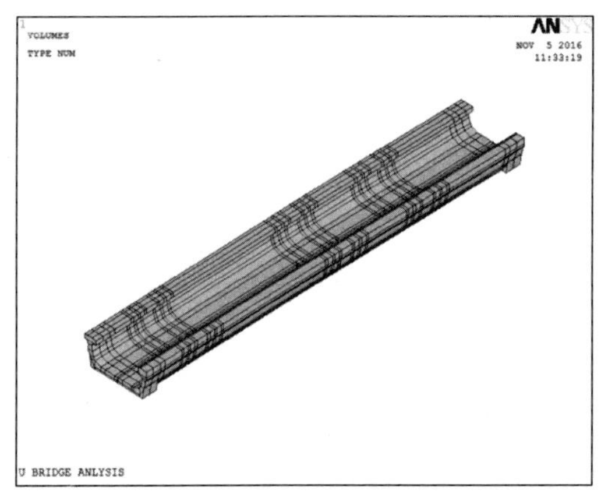

图 4.2-1　U 形梁几何模型

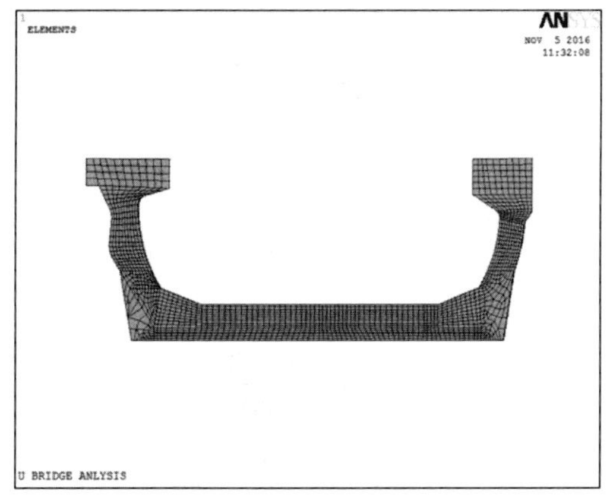

图 4.2-2　截面网格划分

4.2.2　U 形梁设计特点及活荷载施加方法

4.2.2.1　U 形梁设计特点

据计算分析,由于梁腹板采用弧形,腹板及底板的厚度均较薄,属于一种复杂的空间梁、板组合结构。因此,在荷载作用下,底板不仅会产生双向弯曲和扭转,还会与腹板共同工作,主梁腹板也会受到法向应力及弯、剪、扭共同作用,受力特点呈现空间性。

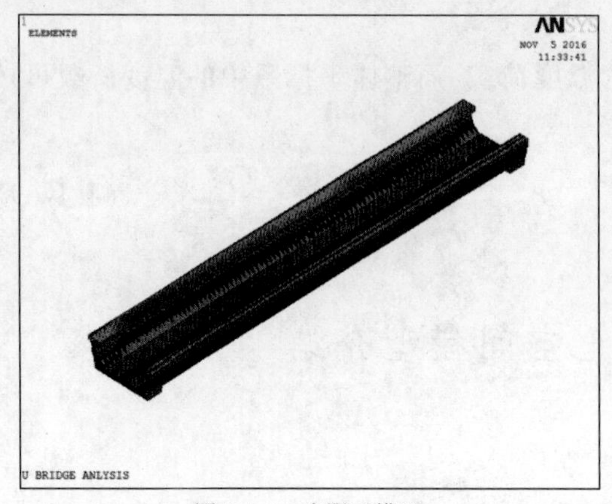

图 4.2-3　有限元模型

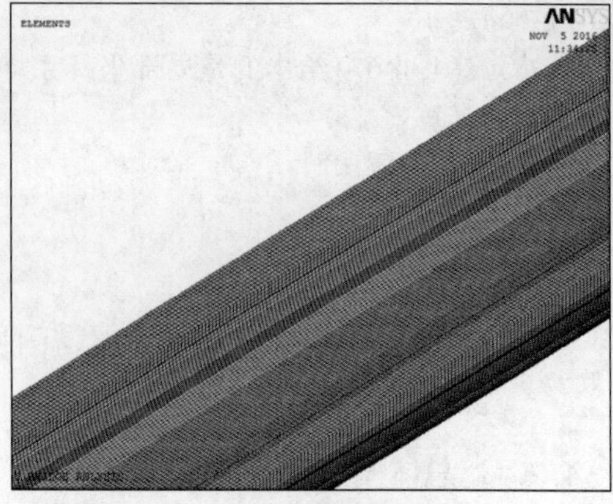

图 4.2-4　有限元网格划分

此外,虽然在跨中、1/4 跨、1/8 跨及支座处的底板纵向正应力沿梁的横向分布基本相同,但支点附近剪力滞效应明显,使得主梁各截面没有统一的中性轴,在预应力布置及应力控制上,应充分考虑该类开口构件的剪滞效应影响,近年来多采用能量法进行分析。

U 形梁采用比较薄的底板结构,最大横向弯矩发生在跨中横截面底板中心处。恒载作用下,由支点到跨中底板横向弯矩由负弯矩逐渐变为正弯矩,即由底板的顶面受拉变为底面受拉。在设计计算及横向钢筋配置上有较高的要求。

4.2.2.2　活荷载的施加方法

ANSYS 结构分析中的面荷载为压力,其标识符为 PRES,其相关命令如表 4.2-1 所示。

施加面荷载及其相关命令　　表 4.2-1

位　置	命　令	功　能	备　注
节点	SF	对节点群施加面荷载	由节点群确定面
	SFSCALE	比例缩放节点群面荷载	仅适用于有限元模型
	SFCUM	累加节点群面荷载	有替代、累加和忽略 3 种方式
	SFFUN	定义节点号与面荷载的函数关系	也可用于单元加载命令
	SFGRAD	定义面荷载的梯度	也可用于单元、线、面加载命令
	SFLIST	节点群面荷载列表	
	SFDELE	删除节点群面荷载	
单元	SFE	在单元上施加面荷载	单元的任一面,各节点数量可不等
	SFBEAM	在梁单元施加面荷载	分布荷载、跨间集中荷载等
	SFELIST	单元面荷载列表	
	SFEDELE	删除单元面荷载	
线	SFL	在线上施加面荷载	2D 面单元、壳单元
	SFLLIST	线上面荷载列表	
	SFLDELE	删除线上面荷载	

续上表

位　置	命　令	功　能	备　注
面	SFA	在面上施加面法向的面荷载	3D 体单元、壳单元
	SFALIST	面上面荷载列表	
	SFADELE	删除面上面荷载	
转换	SFTRAN	将几何模型上的面荷载传到有限元模型上	仅转换面荷载
	SBCTRAN	将几何模型上的所有边界条件传到有限元模型上	

虽然线分布荷载和面分布荷载都称为压力,但对不同的单元类型,其荷载单位不尽相同。

对于 2D 面单元,无论面荷载施加在单元边还是边界线(LINE),其荷载单位都是“力/面积”。

对于 SHELL 单元,施加面法向的面荷载单位为“力/面积”,而单元边或单元边界线上的面荷载单位为“力/长度”。

对于梁单元,其分布荷载单位为“力/长度”,单元端部荷载单位为“力”。

对于 3D 体单元,其面荷载的单位为“力/面积”。

1. 施加节点面荷载

(1)对节点群施加面荷载。

命令:SF、Nlist、Lab、VALUE、VALUE2。

其中:Nlist 为节点群,可取 ALL 或元件名,也可为 P(进入 GUI 方式拾取节点)。

Lab 为面荷载标识符,结构分析为 PRES。

VALUE 为面荷载值或表格型面荷载的表格名称。

VALUE2 为复数输入时面荷载值的第二个值。

3D 体单元面的所有节点在 Nlist 表示的节点群中时才能施加该荷载,否则不予施加,即由 Nlist 节点群能够确定多少个单元面就给多少单元面(与几何面无关)施加荷载,此时与单元是否被单独选择无关。面荷载的方向与单元面法向相同。利用该命令的特点可以解决大面上局部加载的问题(其他命令也可),只需在划分网格时加以控制,生成比较规则的单元面即可。

对于 2D 面单元,当在单元外部边界(不是单元边)上加载时,仅选择外部边界上的节点群即可加载;当节点群不在单元外部边界时,尚须单独选择包含这些节点的单元,否则不予施加。面荷载的方向与单元面平行,且指向单元面边界。该特点对于单元周边施加相同面荷载比较简单,当然也可施加单元任一边的面荷载,但稍稍麻烦些。

(2)定义节点号与面荷载的函数关系。

命令:SFFUN、Lab、Par、Par2。

其中:Lab 为面荷载标识符,结构分析为 PRES。

Par 为储存面荷载值的参数名(数组参数)。

Par2 为用于复数输入时的第二个值。

该命令定义节点号与面荷载的函数关系,数组中值的位置(数组下标)表示节点号,数组值表示面荷载的大小。该命令比较适于施加由其他软件计算出的节点面荷载,但对于 ANSYS 自动生成的有限元模型,其节点编号由系统自动确定,显然要直接应用这种函数关系并不容易。该命令所定义的函数关系,可用于“SF”和“SFE”命令。

2.施加单元面荷载

命令:SFE、ELEM、LKEY、Lab、KVAL、VAL1、VAL2、VAL3、VAL4。

其中:ELEM 为拟施加面荷载的单元号,也可为 ALL 或元件名。

LKEY 为与面荷载相关的荷载控制参数,缺省为 1,在每个单元的帮助中有说明。如 PLANE42 单元,其节点编号顺序为 IJKL(按逆时针),每边的编号为①—IJ,②—JK,③—KL,④—LI,LKEY =1,2,3,4 时对应边为①②③④。

Lab 为面荷载标识符,结构分析为 PRES。

关于 KVAL,当 Lab = PRES 时,KVAL =0 或 1 表示 VAL1 ~ VAL4 为压力的实部,KVAL =2 表示 VAL1 ~ VAL4 为压力的虚部。

VAL1 为第一个面荷载值或表格边界条件名称,比较典型的是在面上的第 I 个节点上,节点的顺序在单元中明确地给定(如上述 PLANE42 单元),依次类推其他荷载值及对应的节点。

VAL2 ~ VAL4 为面上节点的第 2、3、4 个面荷载值,如果为空,则与 VAL1 相等;如果为 0 或其他空值则均为 0; 当然也可用作表格边界条件名称。

对于 2D 平面单元,可对单元的任一面(实为单元边界)施加面荷载,荷载施加到该单元面的角节点上(高次单元的中间节点荷载由系统自动处理),相邻角节点的数值可以不等。

对于 3D 体单元,用 SFE 施加面荷载时,也要确定面号及方向才能保证正确(可根据单元节点列表确定单元面号),同样也可施加不同的荷载值使得该面上各节点荷载不同。

对于 SHELL 单元,其①和②面为底面和顶面,其余为侧面(侧边)。

4.3 计算结果汇总

4.3.1 结构整体分析

U 形梁受力呈明显的空间特征,计算中采用空间实体单元模型进行分析,实体模型主要用于截面应力分布规律的研究,根据实体模型的计算结果对平面单梁模型及结构的总体应力储备进行调整。

钢筋混凝土结构有限元模型可以根据不同的计算要求与计算条件选择,一般有整体式、组合式、分离式三种。

采用有限元法进行结构分析时,很难将混凝土和钢筋分别进行单元划分,因此多采用整体式模型,整体式模型可以有效反映结构在外荷载作用下的位移和应力分布。整体式模型的思路是把钢筋分散于整个单元当中。钢筋的处理方法有两种:一种是改变钢筋屈服强度或混凝土的弹性模量(即调整参与结构受力材料的整体力学性能),另一种是将钢筋与混凝土两部分组合成为单元刚度矩阵。但整体式模型不能揭示混凝土和钢筋之间相互作用的微观机理,这是一个比较明显的缺陷。

当混凝土与钢筋之间黏结较好且基本无相对滑移时,可采用组合式模型。常用的组合式模型有钢筋和混凝土复合单元、分层组合式两种。组合式模型的方法是先分别求出混凝土和钢筋两种材料对单元刚度矩阵的贡献,然后将钢筋和混凝土材料组合成为复合单元刚度矩阵。组合式钢筋混凝土有限元模型见图 4.3-1。

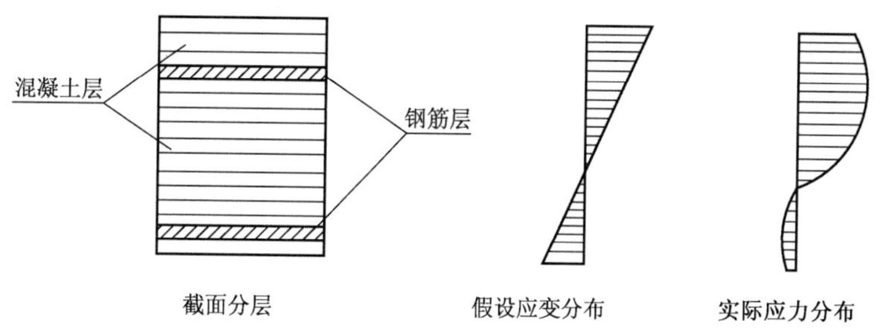

图 4.3-1　组合式钢筋混凝土有限元模型

分离式模型的思路是根据钢筋和混凝土不同的力学性能选择不同的单元形式,再根据计算精度要求进行单元划分。对于平面问题,钢筋材料通常采用三角形单元、矩形单元以及等参单元;混凝土材料一般采用矩形单元、三角形单元、四节点或者八节点等参单元。为了减少单元、节点数目以及钢筋与混凝土交界面处产生的大量过渡单元,在处理中一般将钢筋考虑为一维杆单元。为了模拟在外力作用下,钢筋与混凝土之间在相互约束的同时所产生的相对滑移,一般需要插入黏结单元(如四节点、六节点节理单元)。分离式钢筋混凝土有限元模型见图 4.3-2。

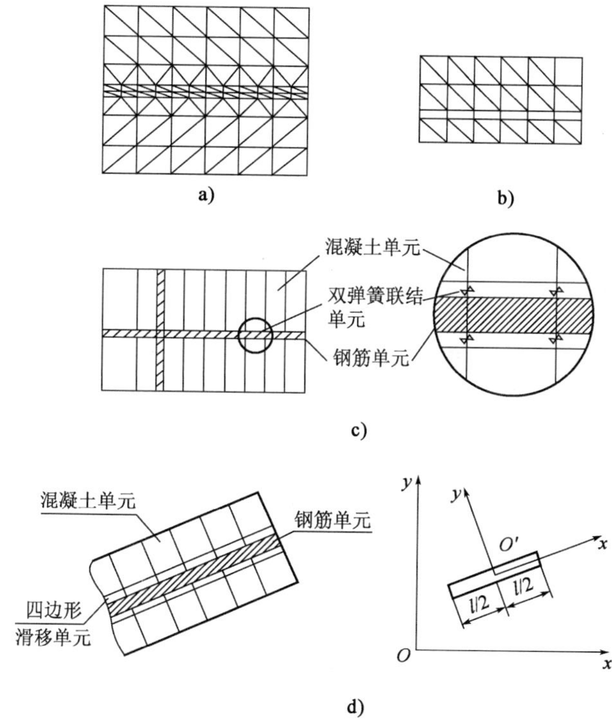

图 4.3-2　分离式钢筋混凝土有限元模型

与整体式模型和组合式模型相比，分离式模型较好地模拟了钢筋与混凝土之间的相互作用，揭示了钢筋混凝土结构材料间的微观机理。当然，这也需要计算机有更大的内存与更快的计算速度。

4.3.2 边界条件模拟

本桥为简支 U 形梁，根据设计图纸建立 32.7m 跨径预应力混凝土 U 形梁几何模型后，按张拉锚固时的情况进行模拟，如图 4.3-3 所示；预应力筋单元与混凝土单元通过约束方程连接，如图 4.3-4 所示。

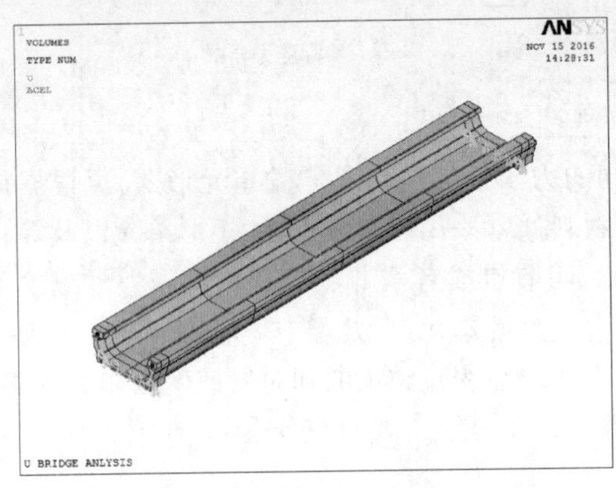

图 4.3-3　几何模型边界条件

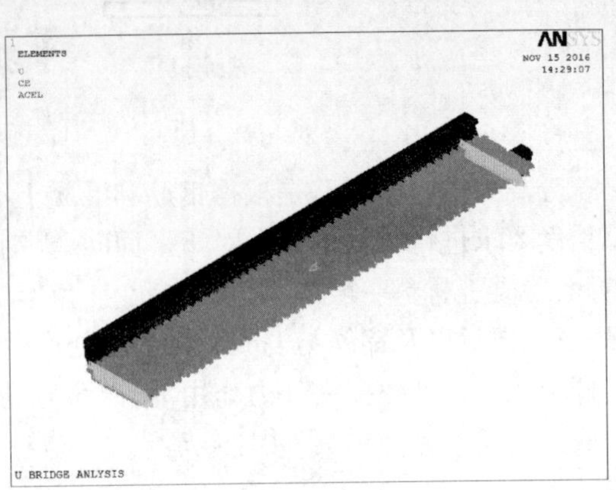

图 4.3-4　预应力筋约束条件

4.3.3 荷载模拟

本模型二期恒荷载及风荷载均按实际位置用均布荷载模拟，活荷载按图 4.3-5 加载，底板局部升降温 6℃，按图 4.3-6、图 4.3-7 模拟。

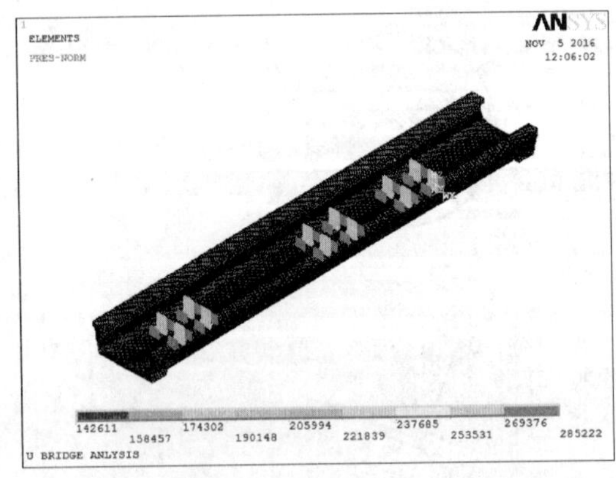

图 4.3-5　活荷载(跨中最大正弯矩加载)加载示意图

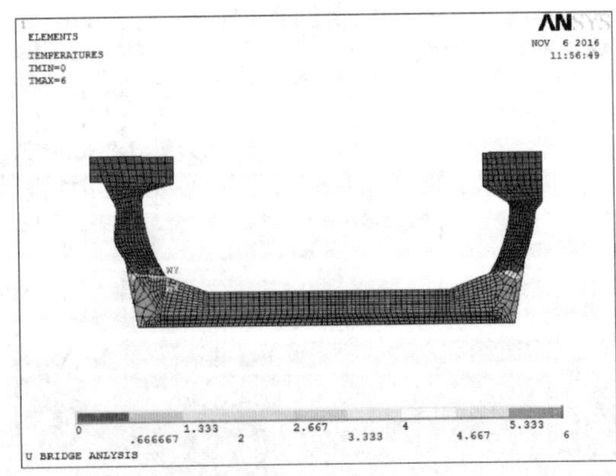

图 4.3-6　底板局部升温示意图

4.3.4 挠度计算结果

本模型挠度计算结果考虑主梁自重、自重 + 二期恒荷载、自重 + 预应力、预应力、静活荷载

(跨中最大正弯矩加载)、主力、主力+附加力等工况,具体如图4.3-8～图4.3-15所示。

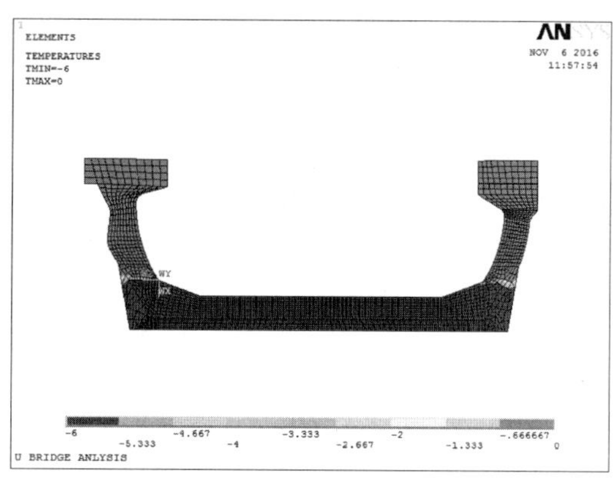

图4.3-7　底板局部降温示意图

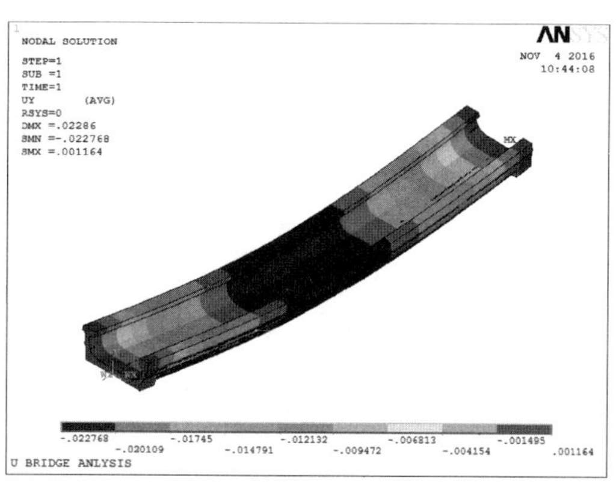

图4.3-8　主梁自重作用下梁体挠度（单位:m）

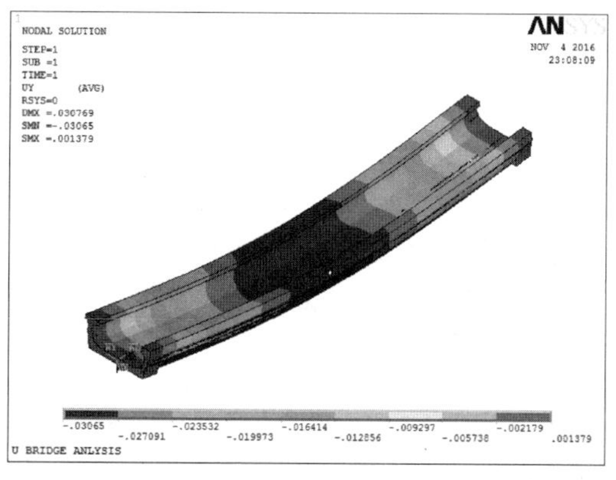

图4.3-9　主梁自重+二期恒荷载作用下梁体挠度(单位:m)

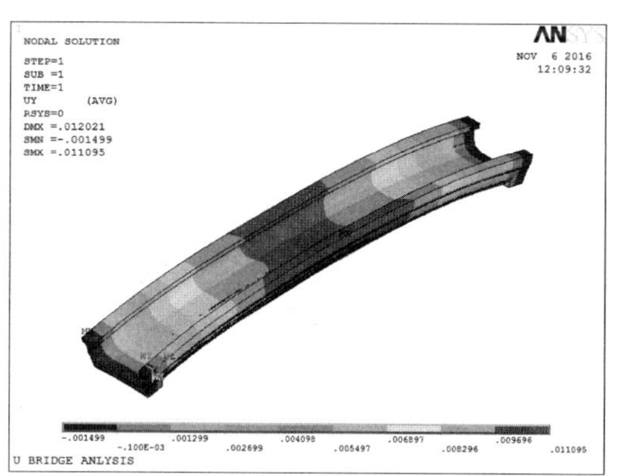

图4.3-10　主梁自重+预应力作用下梁体挠度（单位:m）

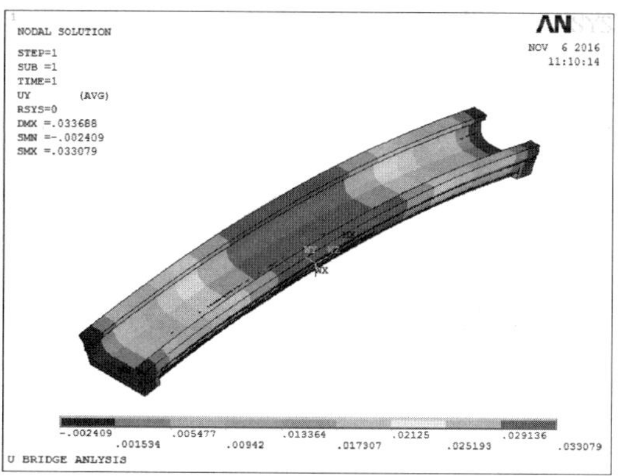

图4.3-11　预应力作用下梁体挠度（单位:m）

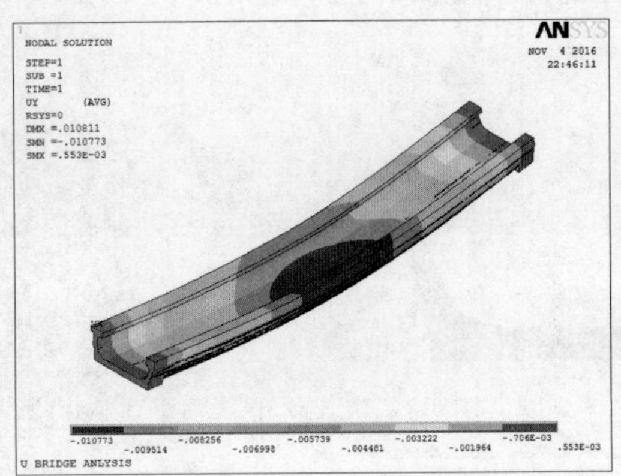

图 4.3-12　静活荷载(跨中最大正弯矩加载)作用下梁体挠度(单位:m)

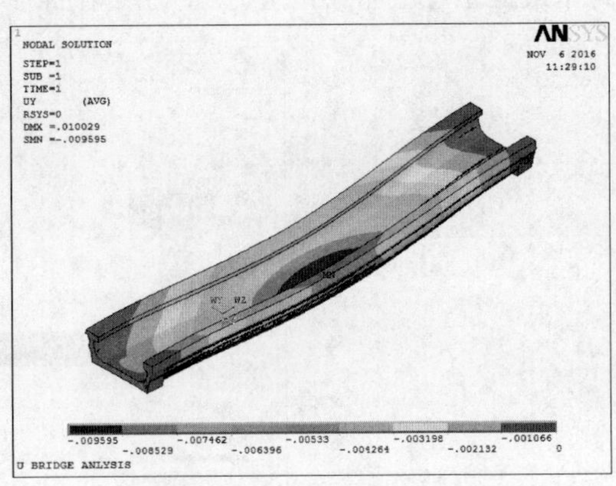

图 4.3-13　主力作用下梁体挠度(单位:m)

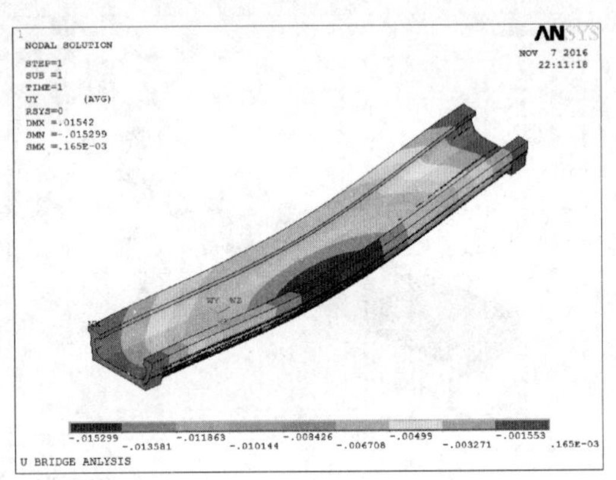

图 4.3-14　主力 + 附加力(风力 + 底板升温)作用下梁体挠度(单位:m)

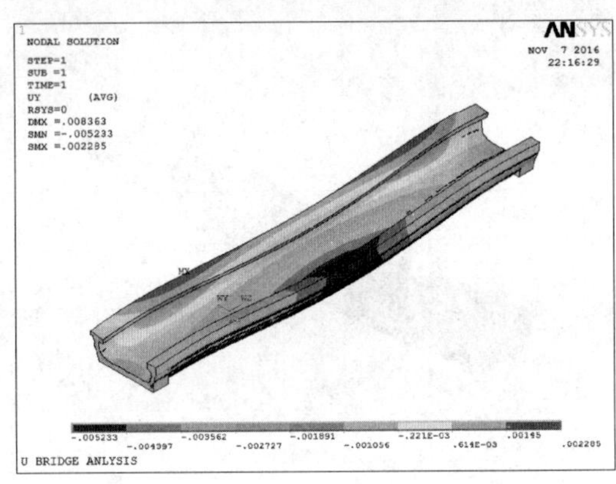

图 4.3-15　主力 + 附加力(风力 + 底板降温)作用下梁体挠度(单位:m)

根据梁体挠度计算结果(表 4.3-1),可以得出以下结论:

(1)在主梁自重作用下,梁体下挠变形明显,且梁体变形较为均匀,跨中最大挠度为 2.27cm;

(2)在主梁自重与二期恒荷载共同作用下,梁体下挠变形进一步增大,跨中最大挠度为 3.07cm;

(3)在主梁自重与预应力共同作用下,梁体出现上拱变形,跨中最大上拱挠度为 1.11cm;

(4)在预应力作用下,梁体出现明显的上拱变形,跨中最大上拱挠度为 3.31cm;

各工况下梁体跨中位置最大挠度值(单位:cm)　　表 4.3-1

工况	自重	自重 + 二期恒荷载	自重 + 预应力	预应力	静活荷载	主力	主力 + 附加力
挠度值	-2.27	-3.07	1.04	3.31	-1.08	-0.96	-1.53

注:挠度值取竖直向上为正,竖直向下为负。

(5)在静活荷载(跨中最大正弯矩加载)作用下,梁体出现下挠变形,且梁体局部变形明显,这主要是由于截面不对称,活荷载相对于截面处于偏载加载状态,跨中最大下挠变形为1.08cm;

(6)在主力、主力+附加力作用下,主力、主力+附加力作用下的跨中最大挠度分别为0.96cm、1.53cm。

4.3.5　应力计算结果

32.7m跨径预应力混凝土U形梁模型应力的三维空间数值分析结果,分别考虑主梁自重、自重+二期恒荷载、自重+预应力、预应力、静活载(跨中最不利)、主力、主力+附加力等工况。其中,跨中截面及1/4跨度截面纵向应力结果如下。

1.跨中截面纵向应力计算结果

各工况下跨中截面纵向应力云图如图4.3-16~图4.3-23所示。

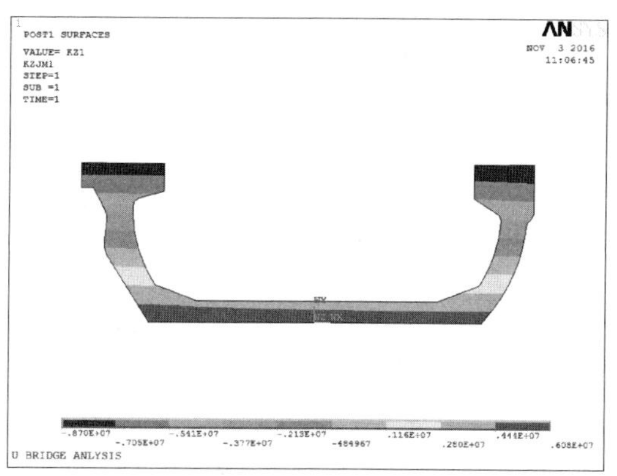

图4.3-16　自重作用下跨中截面纵向应力云图(单位:Pa)

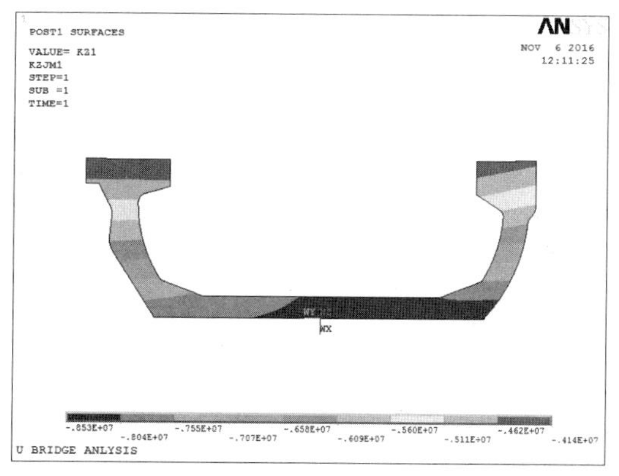

图4.3-17　自重+预应力作用下跨中截面纵向应力云图(单位:Pa)

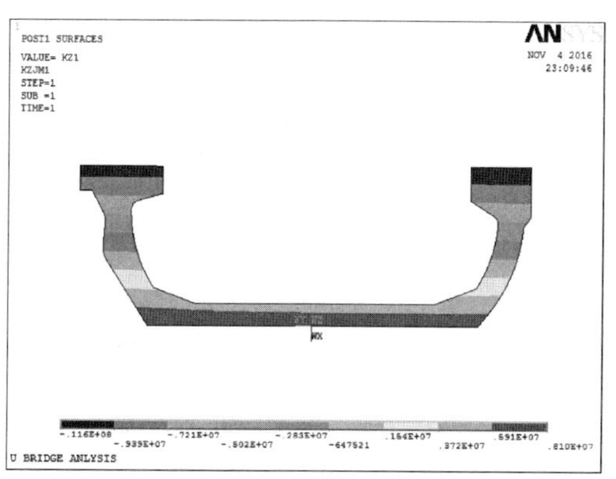

图4.3-18　自重+二期恒荷载作用下跨中截面纵向应力云图(单位:Pa)

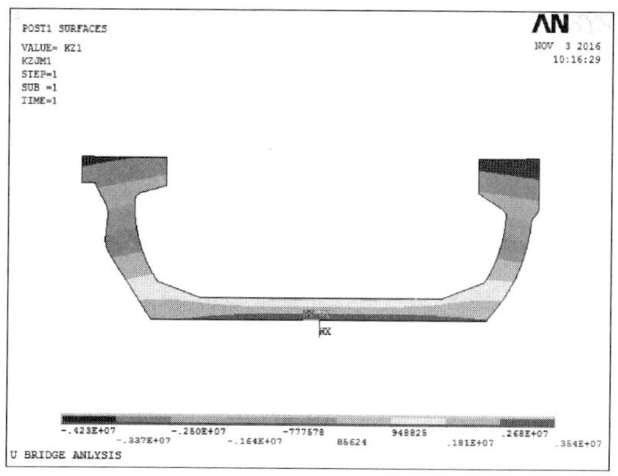

图4.3-19　静活荷载(跨中最大正弯矩加载)作用下跨中截面纵向应力云图(单位:Pa)

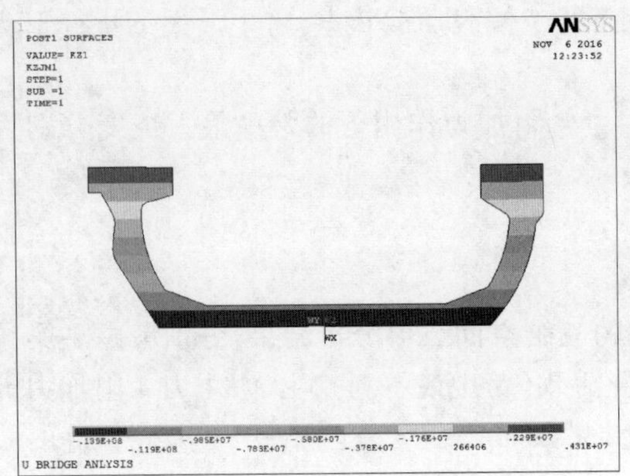

图 4.3-20 预应力作用下跨中截面纵向应力云图(单位:Pa)

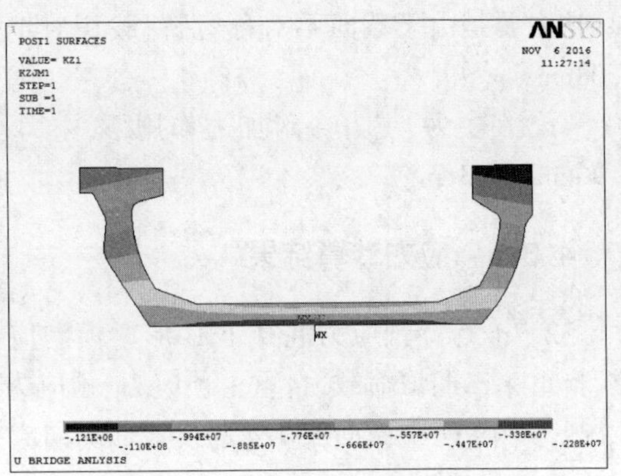

图 4.3-21 主力作用下跨中截面纵向应力云图(单位:Pa)

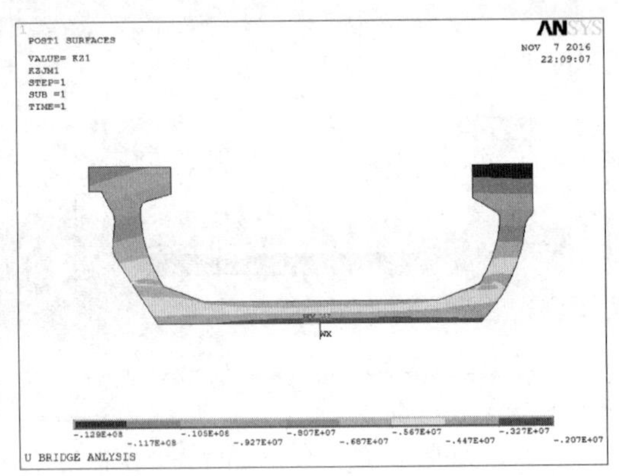

图 4.3-22 主力 + 附加力(风力 + 底板升温)作用下跨中截面纵向应力云图(单位:Pa)

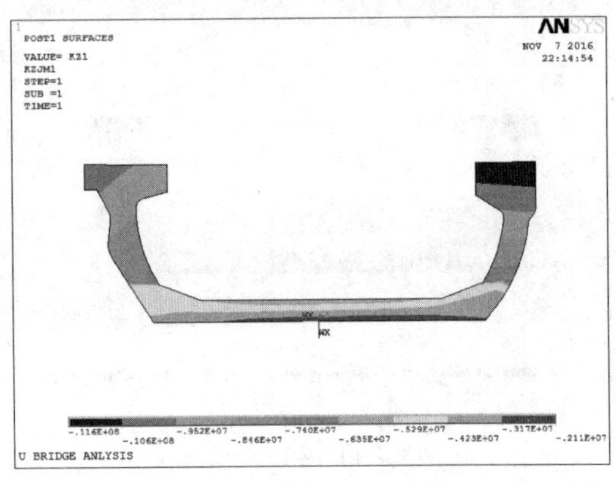

图 4.3-23 主力 + 附加力(风力 + 底板降温)作用下跨中截面纵向应力云图(单位:Pa)

根据跨中截面纵向应力计算结果(表 4.3-2),可以得出以下结论:

(1)在主梁自重作用下,跨中截面应力分层明显,上部为压应力,下部为拉应力,上缘压应力最大为 8.70MPa,下缘拉应力最大为 6.08MPa;

(2)在主梁自重与预应力共同作用下,跨中截面处于全受压状态,最大压应力为8.58MPa,处于内腹板底部边缘;

(3)在主梁自重与二期恒荷载共同作用下,跨中截面受压区范围进一步增大,上缘压应力最大为 11.60MPa,下缘压应力最大为 8.10MPa;

(4)在静活荷载(跨中最大正弯矩加载)作用下,跨中截面应力分布较为对称,上缘压应力最大为 4.23MPa,下缘拉应力最大为 3.54MPa;

(5)在预应力作用下,跨中截面上部出现拉应力,下部压应力范围较大,上缘拉应力最大为 4.31MPa,下缘压应力最大为 13.9MPa;

(6)在主力作用下,跨中截面全截面受压,其中底板下缘在主力、主力 + 附加力作用下最小压应力分别为 2.28MPa、2.07MPa,主力、主力 + 附加力作用下最大压应力分别为 12.1MPa、12.9MPa,满足要求。

各工况下梁体跨中截面应力值(单位:MPa)　　表 4.3-2

工况		自重	自重 + 二期恒荷载	预应力	自重 + 预应力	静活荷载	主力	主力 + 附加力
应力值	最大值	6.08	-8.10	4.31	-4.14	3.54	-2.28	-2.07
	最小值	-8.70	-11.60	-13.90	-8.58	-4.23	-12.1	-12.9

注:应力值取拉应力为正,压应力为负。

2.1/4 跨截面纵向应力计算结果

各工况下 1/4 跨截面纵向应力云图如图 4.3-24 ~ 图 4.3-31 所示。

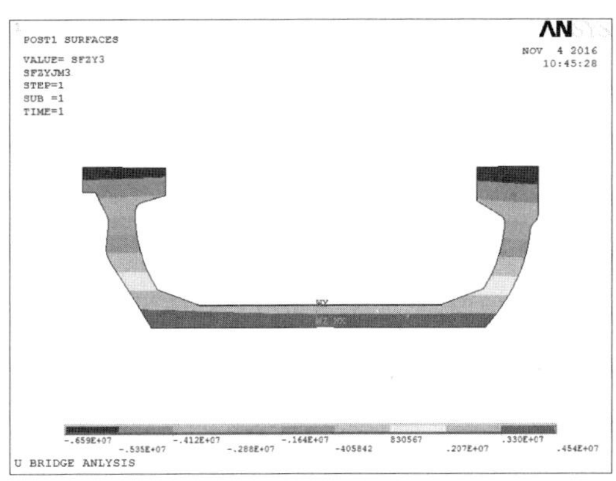

图 4.3-24　自重作用下 1/4 跨截面纵向应力云图(单位:Pa)

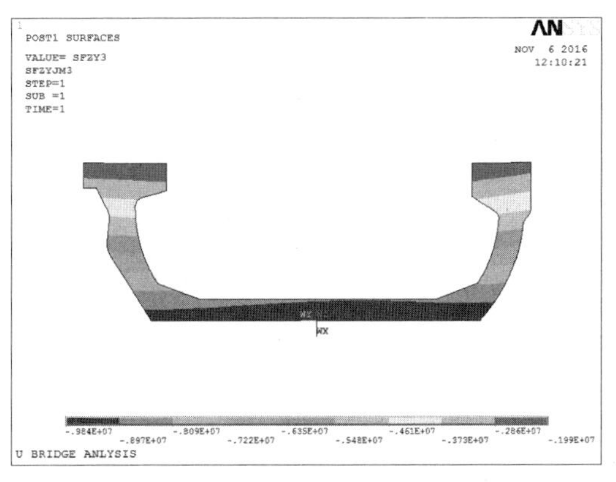

图 4.3-25　自重 + 预应力作用下 1/4 跨截面纵向应力云图(单位:Pa)

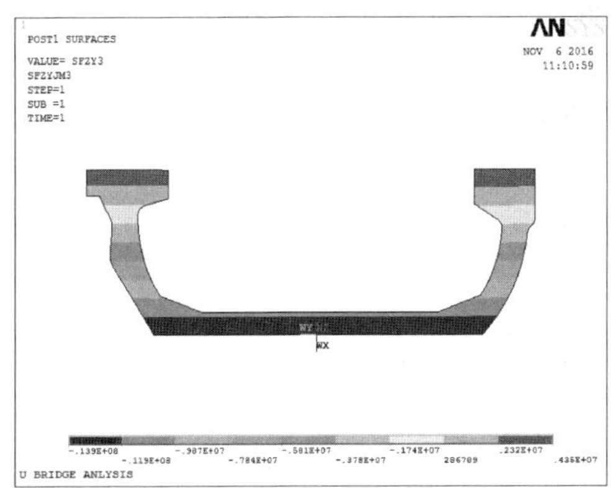

图 4.3-26　预应力作用下 1/4 跨截面纵向应力云图(单位:Pa)

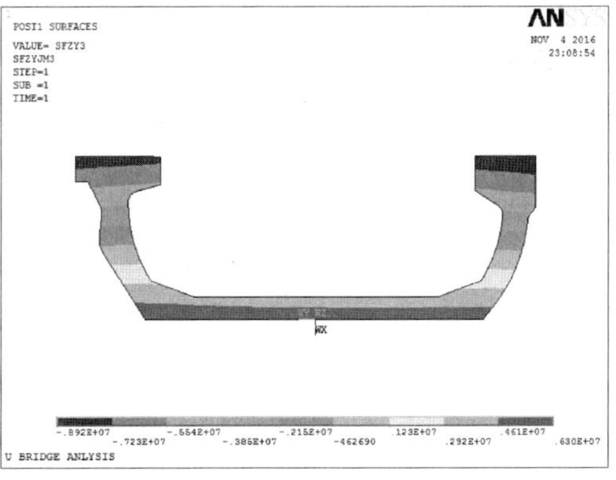

图 4.3-27　自重 + 二期恒荷载作用下 1/4 跨截面纵向应力云图(单位:Pa)

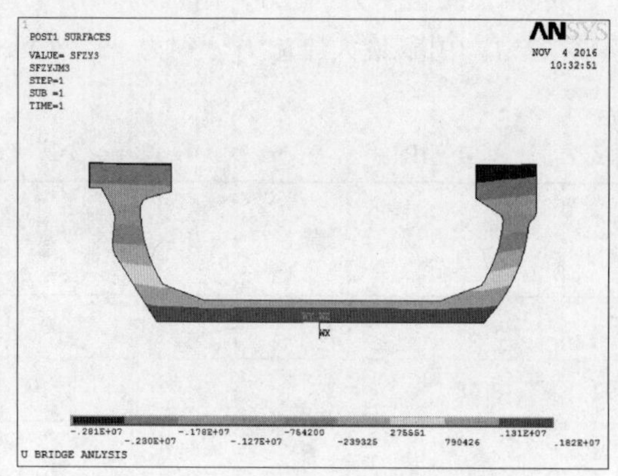

图 4.3-28　静活荷载作用下 1/4 跨截面纵向应力云图(单位:Pa)

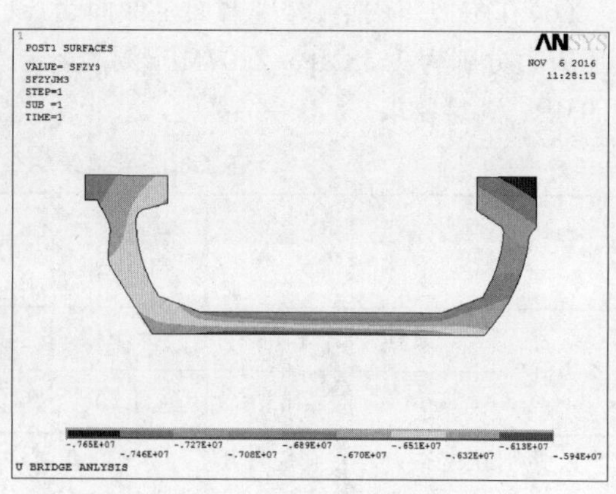

图 4.3-29　主力作用下 1/4 跨截面纵向应力云图(单位:Pa)

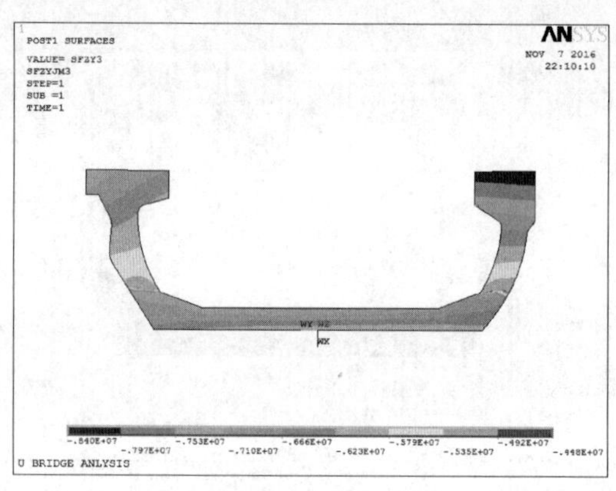

图 4.3-30　主力 + 附加力(风力 + 底板升温)作用下 1/4 跨截面纵向应力云图(单位:Pa)

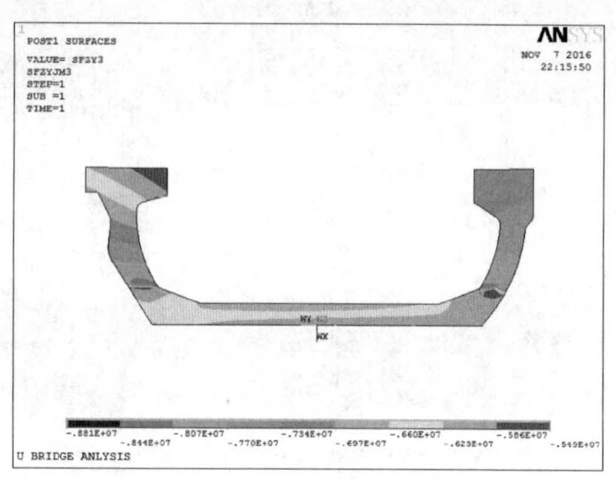

图 4.3-31　主力 + 附加力(风力 + 底板降温)作用下 1/4 跨截面纵向应力云图(单位:Pa)

根据 1/4 跨截面纵向应力计算结果(表 4.3-3),可以得出以下结论:

(1)在主梁自重作用下,1/4 跨截面应力分层明显,上部为压应力,下部为拉应力,上缘压应力最大为 6.59MPa,下缘拉应力最大为 4.54MPa;

(2)在主梁自重与预应力共同作用下,1/4 跨截面处于全受压状态,最大压应力为 9.84MPa,处于内腹板底部边缘;

(3)在主梁自重与二期恒荷载共同作用下,1/4 跨截面受拉区范围进一步增大,上缘压应力最大为 8.92MPa,下缘拉应力最大为 6.30MPa;

各工况下梁体 1/4 截面应力值(单位:MPa)　　表 4.3-3

工况		自重	自重 + 二期恒荷载	预应力	自重 + 预应力	静活荷载	主力	主力 + 附加力
应力值	最大值	4.54	6.30	4.28	-1.99	1.82	-5.94	-4.48
	最小值	-6.59	-8.92	-13.9	-9.84	2.81	-7.65	-8.81

注:应力值取拉应力为正,压应力为负。

(4)在静活荷载(跨中最大正弯矩加载)作用下,1/4跨截面应力分布较为均匀,上缘拉应力最大为2.81MPa,下缘拉应力最大为1.82MPa;

(5)在预应力作用下,1/4跨截面上部出现拉应力,下部压应力范围较大,上缘拉应力最大为4.28MPa,下缘压应力最大为13.9MPa;

(6)在主力、主力+附加力作用下,1/4跨截面全截面受压,底板下缘在主力、主力+附加力作用下最小压应力分别为5.94MPa、4.48MPa,腹板上缘在主力、主力+附加力作用下最大压应力分别为7.65MPa、8.81MPa,满足规范要求。

4.4 支座处局部分析

支座作为多向活动部件的连接装置,主要受到来自复杂部件的随机变化载荷的作用力,由于载荷复杂多变,且存在局部应力集中现象,导致支座处容易产生破坏,故需进行支座处的局部分析。

4.4.1 荷载工况

为进行支座处局部应力分析,对如下3种荷载工况进行验算:

工况1:主力,即梁体自重+二期恒荷载+预加应力+活荷载(支座反力最大);

工况2:主力+附加力,即梁体自重+二期恒荷载+预加应力+活荷载(支座反力最大)+风荷载+底板升温6℃;

工况3:主力+附加力,即梁体自重+二期恒荷载+预加应力+活荷载(支座反力最大)+风荷载+底板降温6℃。

活荷载布置图(支座反力最大加载)如图4.4-1所示。

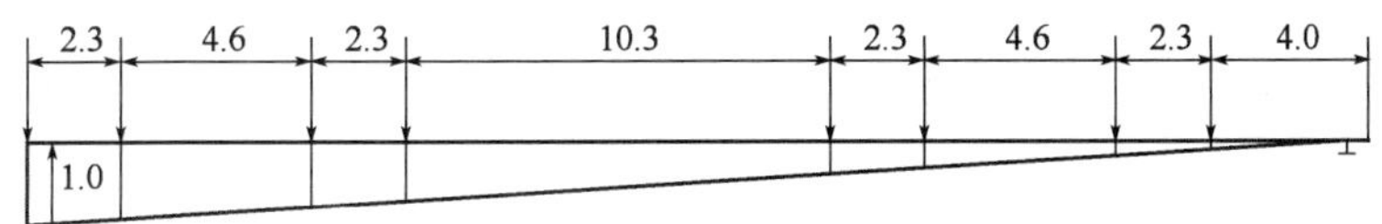

图4.4-1 活荷载布置图(单位:m)

4.4.2 应力计算结果

1)工况1计算结果

工况1作用下支座处法向应力云图如图4.4-2、图4.4-3所示。从图中可看出,法向压应力局部最大达到22.9MPa,法向拉应力局部最大达到8.25MPa。为更加直观,将法向压应力和法向拉应力超出限值的区域显示出来,如图4.4-4、图4.4-5所示,其中彩色区域为超限区域,灰色区域应力满足相关规范要求。

从图中可看出,法向压应力均小于相关规范限制,法向拉应力超限区域主要集中在支座垫板与主梁交界处,最大拉应力达8.25MPa,在变截面位置处也出现法向拉应力超限现象。经查看,扣除小范围的应力集中点,最大法向拉应力为4.94MPa,超限值为2.38MPa,超限区域较小。

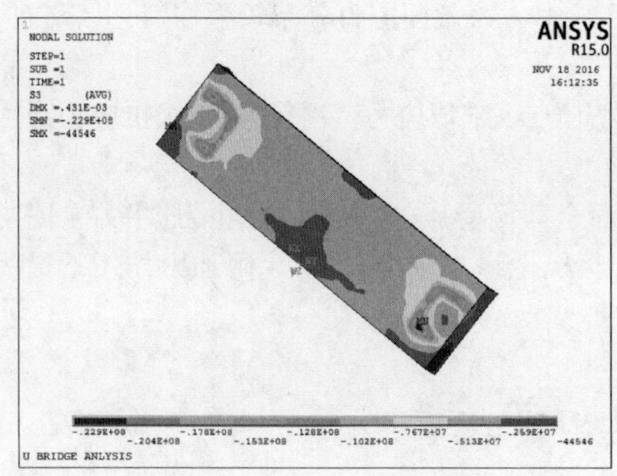

图 4.4-2　法向压应力云图(单位:Pa)

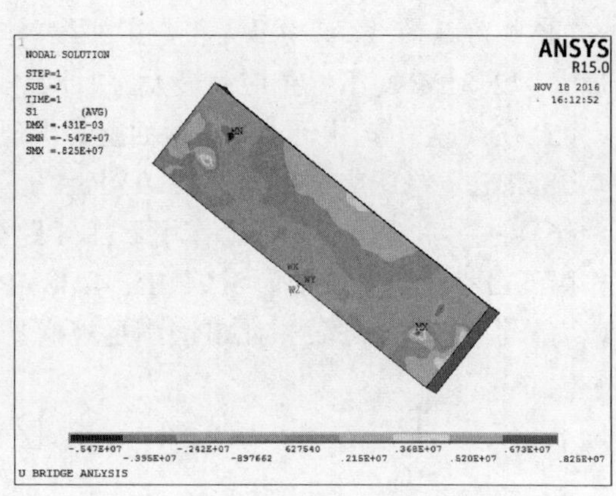

图 4.4-3　法向拉应力云图(单位:Pa)

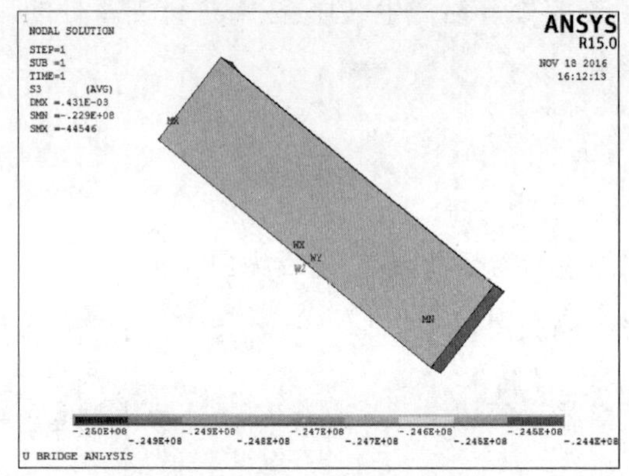

图 4.4-4　法向压应力超限区域云图(单位:Pa)

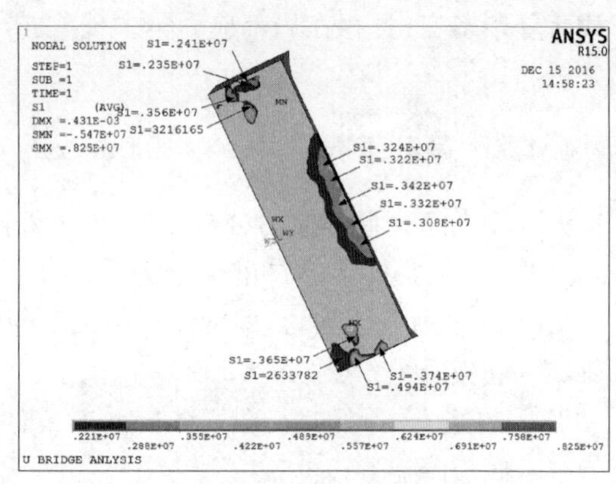

图 4.4-5　法向拉应力超限区域云图(单位:Pa)

2)工况 2 计算结果

工况 2 作用下支座处法向应力云图如图 4.4-6、图 4.4-7 所示。从图中可看出,法向压应力局部最大达到 31MPa,法向拉应力局部最大达到 21.2MPa。为更加直观,将法向压应力和法向拉应力超出限值的区域显示出来,如图 4.4-8、图 4.4-9 所示,其中彩色区域为超限区域,灰色区域应力满足相关规范要求。

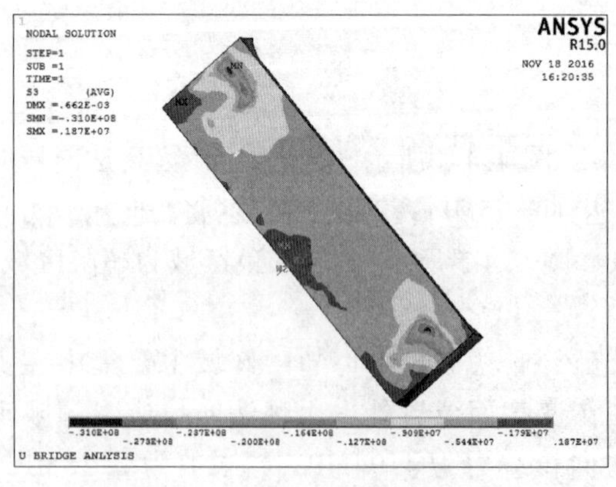

图 4.4-6　法向压应力云图(单位:Pa)

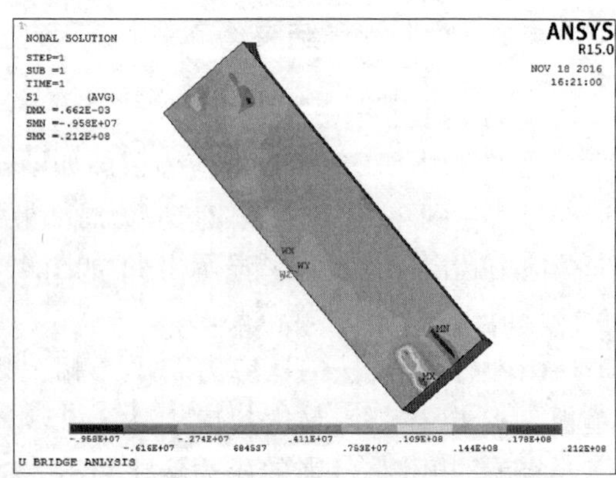

图 4.4-7　法向拉应力云图(单位:Pa)

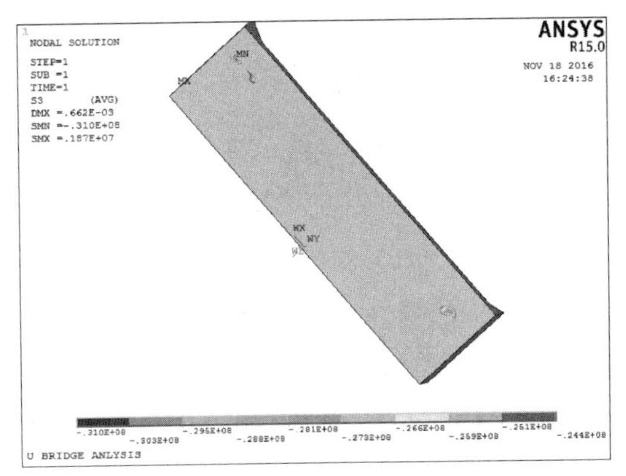

图 4.4-8　法向压应力超限区域云图(单位:Pa)

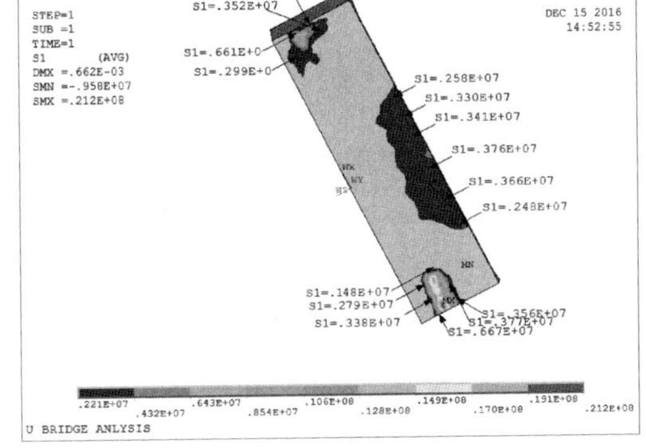

图 4.4-9　法向拉应力超限区域云图(单位:Pa)

从图中可看出,在主力 + 附加力(风荷载 + 底板升温 6℃)的作用下,出现某些应力集中点的法向压应力超限,法向拉应力超限区域主要集中在支座垫板与主梁交界处,尤其是在外腹板处,最大拉应力达 21.2MPa,说明附加力对支座处的局部应力影响很大,必须引起重视。在变截面位置处同样也出现法向拉应力超限,超限值在 2MPa 以内。经查看,扣除小范围的应力集中点,最大法向拉应力为 6.67MPa,超限值为 4.46MPa,超限区域较小。

3)工况 3 计算结果

工况 3 作用下支座处法向应力云图如图 4.4-10、图 4.4-11 所示。从图中可看出,法向压应力局部最大达到 32.7MPa,法向拉应力局部最大达到 25.2MPa。为更加直观,将法向压应力和法向拉应力超出限值的区域显示出来,如图 4.4-12、图 4.4-13 所示,其中彩色区域为超限区域,灰色区域应力满足相关规范要求。

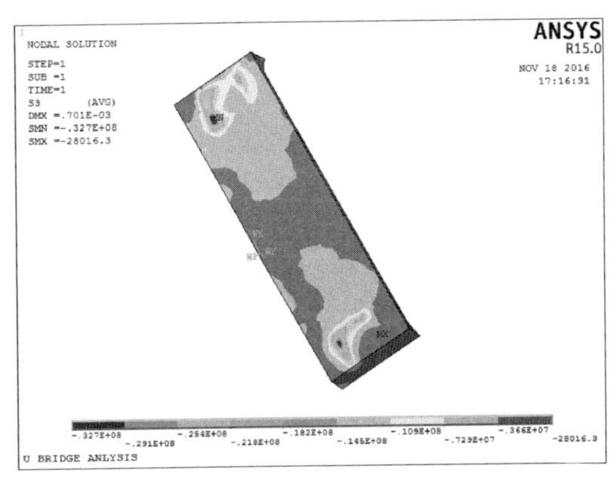

图 4.4-10　法向压应力云图(单位:Pa)

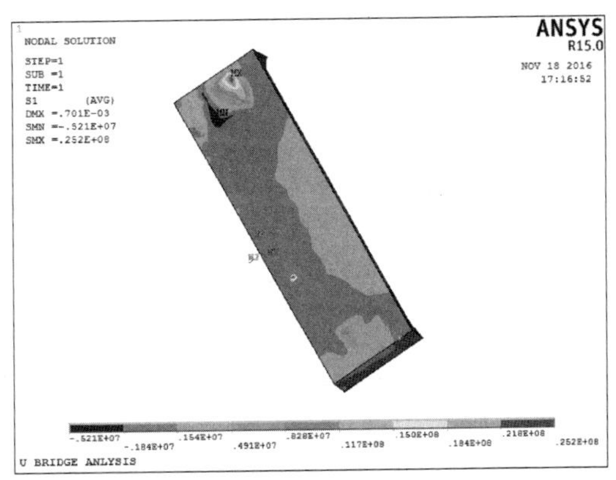

图 4.4-11　法向拉应力云图(单位:Pa)

从图中可知,在主力 + 附加力(风荷载 + 底板降温 6℃)的作用下,出现某些应力集中点的法向压应力超限,法向拉应力超限区域主要集中在支座垫板与主梁交界处,最大拉应力达 25.2MPa,说明附加力对支座处的局部应力影响很大,必须引起重视。在变截面处也出现法向拉应力超限,超限值在 2MPa 以内。经查看,扣除小范围的应力集中点,最大法向拉应力为 7.00MPa,超限值为 4.79MPa,超限区域较小。

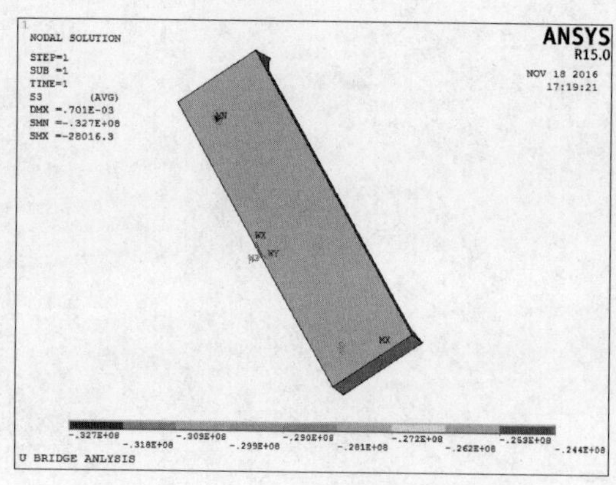

图 4.4-12　法向压应力超限区域云图(单位:Pa)

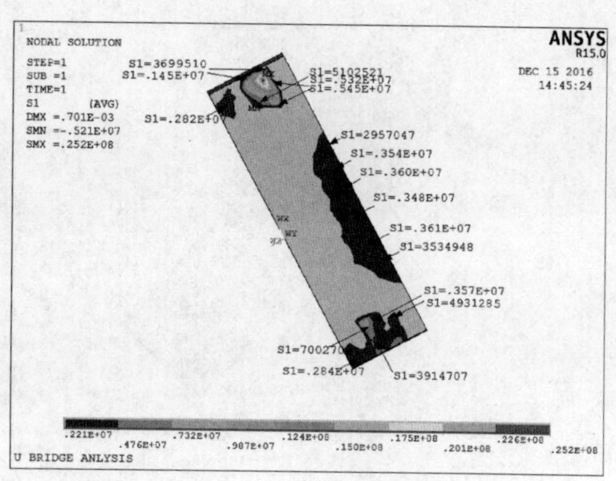

图 4.4-13　法向拉应力超限区域云图(单位:Pa)

4.5　计算结果及比较

根据平面模型计算结果可以看出:

(1)传力锚固阶段混凝土法向压应力最大值为 11.1MPa,满足相关规范要求。

(2)运营阶段的梁体在静活荷载作用下最大竖向挠度是 9.70mm,挠跨比为 1/3247,满足相关规范要求。

(3)在运营阶段,主力(工况 3)、主力 + 附加力(工况 4)作用下正截面抗弯强度安全系数均满足相关规范要求。最不利位置为梁体跨中截面,主力、主力 + 附加力作用下安全系数分别为 2.58、2.56,满足相关规范要求。

(4)在运营阶段,主力(工况 3)、主力 + 附加力(工况 4)作用下正截面抗裂安全系数 K_f 最小为 1.48,满足相关规范要求。

(5)在运营阶段,主力、主力 + 附加力作用下混凝土最大压应力分别为 12.86MPa、13.38MPa,满足相关规范要求。

(6)在运营阶段,主力 + 附加力(工况 4)作用下梁体截面最大剪应力为 2.41MPa,满足相关规范要求。

根据实体模型计算结果可以看出:

(1)在活荷载(跨中最大正弯矩加载)作用下,由于偏心的影响,梁体出现明显的局部变形,主力、主力 + 附加力作用下跨中最大挠度分别为 0.96cm、1.53cm。

(2)主力作用下,U 形梁跨中截面处于全截面受压状态,底板下缘最小压应力为2.28MPa,腹板上缘最大压应力为 12.1MPa。

(3)主力 + 附加力作用下,由于线路偏心及截面不对称性的影响,U 形梁跨中截面应力分布不均匀,但仍处于全截面受压状态,底板下缘最小压应力为 2.07MPa,腹板上缘最大压应力为 12.9MPa。

(4)主力作用下,U 形梁 1/4 跨截面处于全截面受压状态,底板下缘最小压应力为 5.94MPa,腹板上缘最大压应力为 7.65MPa。

(5)主力 + 附加力作用下,由于偏心及截面不对称性的影响,U 形梁 1/4 跨截面应力分布不均匀,但仍处于全截面受压状态,底板下缘最小压应力为 4.48MPa,腹板上缘最大压应力为 8.81MPa。

(6)在梁端锚下区域,扣除应力集中的情况,其法向压应力均能满足相关规范要求,而腹板内侧部分区域的拉应力超限,最大法向拉应力为 5.73MPa,超限 3.32MPa。

(7)在支座位置处,扣除小范围的应力集中点,其法向压应力均能满足相关规范要求。主力作用下最大法向拉应力达 8.25MPa,扣除小范围的应力集中点,最大法向拉应力为 4.94MPa,超限值为 2.38MPa,超限区域较小;主力 + 附加力作用下最大法向拉应力达 25.8MPa,超限值达 23.06MPa,扣除小范围的应力集中点,最大法向拉应力为 7.00MPa,超限值为 4.79MPa。附加力对支座处的局部应力影响较大,需引起重视。

为进一步确定计算结果的精确性,将实体模型与杆系模型计算结果进行对比分析,包括对比分析主梁自重、活荷载(跨中最不利位置)等作用下的跨中截面应力及挠度,截面部分应力点如图 4.5-1 所示,对比结果见表 4.5-1、表 4.5-2。

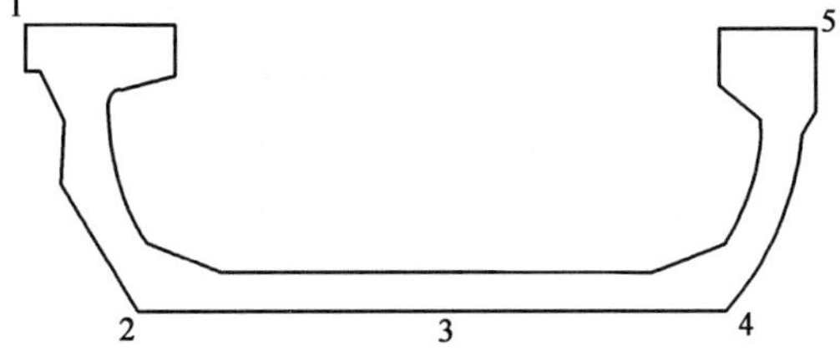

图 4.5-1　跨中截面部分应力点示意图

注:1、2、3、4、5 点分别代表外侧腹板上缘及下缘、底板下缘(中)、内侧腹板上缘及下缘应力点。

跨中截面(最不利位置)纵向正应力对比表(单位:MPa)　　表 4.5-1

荷载工况	杆系模型		实体模型				
			内侧腹板		外侧腹板		底板下缘(中)
	上缘	下缘	上缘	下缘	上缘	下缘	
	max	min	—	—	—	—	—
主力	12.7	2.7	15.1	0.81	14.6	2.04	0.41
主力 + 附加力	13.4	2.7	15.5	0.98	15.8	0.31	0.45

注:表中应力压应力为正,拉应力为负;实体模型计算结果表示在活荷载(跨中最不利位置)工况下的计算结果。

梁体跨中(最大)挠度对比表(单位:mm)　　表 4.5-2

荷载工况	杆系模型	实体模型
	max	
主力	7.7	18.2
主力 + 附加力	5.7	18.6

注:实体模型计算结果表示在活荷载(跨中最不利位置)工况下的计算结果。

根据上述对比分析结果,可以得出以下结论:

(1)根据表 4.5-1 的对比分析结果,由于 U 形梁截面的不对称性及线路偏心的影响,实体单元模型 U 形梁截面应力表现出较强的不均匀性,主力作用下杆系模型计算的跨中截面下缘最小压应力为 2.7MPa,而三维实体单元在主力作用下底板压应力为 0.41MPa,实体单元应力安全储备值要小于平面杆系模型计算结果,但均满足相关规范要求。

(2)主力 + 附加力作用下杆系模型计算的跨中截面下缘最小压应力为 2.7MPa,而三维实体单元在主力 + 附加力作用下底板压应力为 0.45MPa,实体单元应力安全储备值要小于平面杆系模型计算结果,但均满足相关规范要求。

(3)根据表 4.5-2 的对比分析结果,由于实体模型的空间效应及荷载的偏心影响,实体模型跨中最大挠度均比杆系模型大,主力作用下实体模型为 18.2mm,而杆系模型仅为 7.7mm。

综上所述,主梁受力均满足规范要求,并有较大的富余度;梁端锚下区域法向压应力满足规范要求,腹板内侧部分区域法向拉应力超限,最大法向拉应力为 5.73MPa,超限 3.32MPa。扣除小范围的应力集中点,支座位置处法向拉应力满足规范要求,仅很小区域内法向拉应力超限,主力作用下最大超限值为 2.94MPa,主力 + 附加力作用下最大超限值为 4.79MPa。

通过对 U 形梁的综合分析,其截面尺寸以及预应力钢束的布置满足受力要求。U 形梁的腹板束(N4 和 N5)张拉采用二次张拉。梁体强度满足设计要求后,首先进行初张拉,之后将梁移出台位;强度、弹性模量及龄期 3 项指标均达到设计要求后,再在存梁台位进行终张拉。在上述法向拉应力超限的区域加强构造配筋,在梁端通过改进支撑工艺等方式改善局部应力集中情况。此外,应严格按照相关要求进行钢束张拉、放张及灌浆,确保施工质量。

第 5 章　U 形梁的温度效应

5.1　研 究 背 景

5.1.1　U 形梁的温度效应研究现状

U 形梁具有的建筑高度小、能有效降低噪声等特点,使其在城市轨道交通中优势明显,近些年在城市轨道交通中得到较为广泛的应用。本章仍结合青岛地铁 8 号线高架桥中 32.7m 跨径简支 U 形梁介绍 U 形梁温度效应。

1)国内研究现状

1978 年起,铁道部科学研究院西南研究所成立了温度应力专题研究组,对广西红水河铁路斜拉桥和九江长江大桥铁路桥进行研究。刘兴法、管敏鑫[65-70]等通过对实测资料的分析,对温度分布指数函数模型进行了改进,分别以截面内的竖向、横向温差或在板厚度方向的温差作为各方向的温度变化幅度,以指数函数表示温度分布,而温差基数及指数系数的取值则主要根据实测资料经回归分析确定,并以所得温度分布模式为依据,对箱梁的纵向温度应力和横向温度应力进行了分析,得出了有关计算公式。铁道部科学研究院西南研究所的这些研究成果和计算方法,被列入当时的铁路桥涵设计规范该规范虽多次修订,但有关温度效应计算的条文一直,沿用至今。薛嵩等人[71]以独塔斜拉桥混凝土槽形截面为研究对象,建立了 U 形梁热力学仿真模型,得到了其温差荷载模式。罗泉[72]在 U 形梁监测基础上,以翼缘顶面三个温度测点、腹板中部两个温度测点、底板三个温度测点,拟合得到了基于铁路桥涵设计规范的实测 U 形梁的竖向温度梯度参数。贾琳[73]对南京长江二桥北汉主桥的大跨度预应力混凝土连续箱梁桥进行了温度场现场观测,测出混凝土最大竖向温差为 20℃,并经过理论分析认为温度分布规律可以表示成指数函数的形式,指出当时有关公路桥涵设计规范规定 5℃的数值过于偏小。李立峰等人[74]和邵旭东等人[75]分别按照世界各国不同规范温度荷载模式对混凝土箱形梁的横向和纵向温度应力进行了计算和对比分析,发现按不同规范所得的计算结果相差很大,甚至出现了控制部位温度应力符号相反的情况,其中按当时的公路桥涵设计规范所计算的结果最小,说明迫切需要研究符合实际情况的温度荷载模式。陈玉骥[76]对钢混凝土结合梁的温度效应进行了研究,提出了钢梁、混凝土桥面板以及剪力连接件中的温度应力计算方法。董旭等人[77]以青岛地区某无砟轨道交通 U 形梁为研究对象,对其跨中 U 形梁截面进行了 48h 日照温度场及温度自应力现场连续观测,得到了最大温差时刻竖向及横向温度场分布,建立了 U 形梁日照温度梯度模式。

《铁路桥涵混凝土结构设计规范》(TB 10092—2017)明确规定对箱形梁必须进行温度应力计算,并给出了箱形梁纵向温度应力和横向温度应力的具体计算方法。在公路桥梁方面,原来只在《公路钢筋混凝土及预应力混凝土桥涵设计规范》(JTG 3362—2018)中规定形梁按顶板比其他部位高 5℃考虑日照温差应力的影响。不断有学者及工程技术人员根据现场实测资料和研究分析,指出其温度荷载的取值偏低。最新颁布的《公路桥涵设计通用规范》(JTG D60—2015)作了新的取值规定,竖向温差视铺装层情况取 14 ~25℃,主要借鉴美国 AASHTO 规范的规定;但对温度应力的计算,现行《公路钢筋混凝土及预应力混凝土桥涵设计规范》(JTG 3362—2018)只给出了纵向温度应力的计算方法,与铁路桥涵设计规范中的方法一样,在原理上都与 Priestley[78-80]等提出的简化计算方法一致。

2)国外研究现状

20 世纪 50 年代起,国外学者通过对桥墩及混凝土梁裂缝的调查分析,逐渐认识到温度应力对混凝土桥梁结构的重要影响,意识到即使在静定结构中,非线性温差也可能产生足够大的拉应力,导致混凝土开裂。但是 20 世纪 70 年代以前,有关温度问题的研究主要在桥梁结构的年温变化方面,其目的是为伸缩缝装置和支座设计提供依据,尽管已认识到结构内部温度分布的非线性特征,但一般都按稳定温度场或者假定温度沿梁高线性变化来简化计算。英国的 Emerson[81]通过对气温资料与实测桥梁温度的分析,提出了根据气温极值来确定桥梁年温变化范围的方法,认为在英格兰,混凝土桥梁的年温变化范围与气温变化范围相同,钢桥的最低温度比最低气温低 3 ~4℃,最高温度按摄氏度计约为最高气温的 1.5 倍。美国的 Zuk 等学者[82-84],对混凝土箱梁和组合梁桥温度分布进行了长期大量的现场实测,通过回归分析,在 Barber 的路面温度场分析模型[85]基础上,提出了以日气温和太阳总辐射强度确定混凝土桥面板顶面和沥青铺装层表面最高温度的经验公式,同时给出了计算截面内最大竖向温差的近似公式,认为截面内的温度分布按梁高线性变化。实测资料表明,混凝土桥梁结构的温度响应,除梁(杆)端局部区域以外,沿轴线方向的变化很小,可以认为是在横截面内的二维分布;为了简化计算,对于箱形梁等薄壁截面构件,许多学者进一步将截面内的温度场简化为沿板壁厚度方向的一维分布。关于混凝土桥梁结构的非线性温度分布解析方法的研究,始于英国的 Stephenson,他以半无限空间的周期性温度响应的表面波幅作为板壁两表面之间的温差,以指数函数表示沿壁厚方向的温度分布[86]。20 世纪 70 年代,新西兰的 Priestley 等通过对现场测试数据的分析,以 5 次幂函数表示板厚方向的一维非线性温度分布[78-80]。此后,德国的 Kehlbeck[87]对影响混凝土桥梁结构温度分布的各种气象因素,如太阳辐射、大气辐射、地表反射、结构物表面对外辐射和对流热交换、气温变化等进行了深入分析,建立了为求解混凝土内部热传导问题的较为全面的边界条件模型,对一维板的日照温度分布进行了数值分析,并对影响温度分布的各项因素进行了参数研究。Kehlbeck 所建立的求解热传导问题的边界条件模型被后来的许多学者在温度分布的数值计算中所采纳或借鉴,为解决此类问题提供了具有实际意义的思路和方法。澳大利亚的 Churchward 与 Sokal[88-89]通过对实测数据的回归分析,得出了用双曲函数表示的一维非线性温度分布。Imbsen 和 Potgieter 等[90-92]将美国细分为多个区域,根据历史气象资料确定最不利气象条件,用数值方法对混凝土箱梁温度分布进行了大量的计算,给出各区域混凝土箱梁竖向温差设计值,结果表明,不同区域的温差设计值有较大的差别。近年的美国 AASHTO 公路桥梁设计规范[93-94]部分体现了他们的研究成果。2000 年韩国的 Chang 和 Im[95]对汉城(今称“首尔”)某公路混凝土钢箱梁组合梁桥进行了长达 20 个月的连续观察,以数理统计的方法得出了有关温度荷载参数,并用有限元法进行了对比分析,然后将分析结果推广到不同位置、方位和截面几何尺寸的其他同类桥梁的温度荷载计算中。

5.1.2　U 形梁温度效应研究意义

日照或寒流等等因素对桥梁结果影响较大,对箱形梁的影响更为明显,是预应力混凝土梁发生裂缝的主要原因之一,因此设计中应予以重视。

随着城市轨道交通的快速发展,U 形梁这种新的结构形式越来越多地在工程设计中使用。与传统混凝土箱形梁相比,U 形梁具有降噪好、外形美观、造价低等特点。同时,U 形梁结构是由底板、腹板和翼缘板组成的"U"字形薄壁开口截面,日照温度场分布受截面形式影响而具有其特殊性,而由于 U 形梁结构形式较为新颖,并且约束比较小,这是否也会导致其温度自应力比较小的论断有待进一步验证。虽然国内外众多学者已开展了大量箱梁桥及 U 形梁日照温度效应的相关研究,但对于城市轨道交通 U 形梁日照温度效应的规律研究明显不足。且目前各国现行桥梁设计规范规定的温度梯度模式是基于箱形梁结构的,尚无 U 形梁温度梯度模式规定。故需要进一步研究温度对 U 形梁桥的影响,以保证桥梁结构的安全性与耐久性。

因此,本书作者结合青岛地铁 8 号线中 U 形梁的修建,开展 U 形梁温度效应的理论研究,通过收集国内外相关规范和参考文献,分析 U 形梁温度效应的应力分布规律,为此类桥梁的修建积累相关经验。

5.2　温度分布特点及计算模式

5.2.1　温度分布特点

1. 温度荷载的分类

根据温度变化在混凝土上的时间性、方式以及影响程度的差异,温度荷载可以分为三种类型:日照荷载、整体升降温荷载和年温差荷载。如表 5.2-1 所示,日照温度变化首先是由太阳辐射作用所致,其次是气温变化影响,后者相对于前者来说要小得多,再次是风速的影响;降温温度变化主要是强冷空气的侵袭作用和日落后在夜间形成的内高外低的温度分布;年平均温度变化则是由极缓慢的气温变化所致。

温度类型表　　表 5.2-1

温度变化	主要影响因素	时间性	作用范围	分布状态	对结构的影响	复杂性
日照温度变化	太阳辐射	短时急变	局部性	不均匀	局部应力大	复杂
骤然降温温度变化	强冷空气	短时变化	整体	较均匀	应力较大	较复杂
年平均温度变化	缓慢气温变化	长期缓慢	整体	均匀	整体位移大	简单

2. 温度荷载的特点

1) 日照温度变化

工程结构的日照温度变化很复杂,影响因素众多,主要有以下几个方面:太阳的直接辐射、天空辐射、地面反射、气温变化、风速以及地理纬度、结构物的方位和壁板的朝向、附近的地形地貌条件等。因此,工程结构物由于日照温度变化引起的表面和内部温度变化,是一个随机变化的复杂函数。表面温度变化具有明显的谐波曲线特性,但又随壁板朝向不同而有明显的差别。其中既有太阳辐射引起的局部性，又有混凝土的热传导性带来的不均匀性，故难以直接求得函数解，只能求得近似的数值解。从工程应用的角度考虑，可以从大量的实测资料分析中得出以下结论：在结构物所在地的地理纬度、方位角、时间及地形条件确定的情况下，影响结构日照温度变化的主要因素是太阳辐射程度、气温变化和风速。如从应用角度考虑，为求得日最大表面温度，风速这个因素也可以忽略，因为当工程结构表面温度达到最大时，风速几乎接近于零。这样从设计控制温度荷载考虑，影响工程结构表面温度的因素实际上可简化为太阳辐射和气温变化。而对这两个因素各气象台、站均有观测资料可查。

2）骤然降温温度变化

骤然降温温度变化分为两种情况：一是结构物在冷空气侵袭下，结构外表面迅速降温，结构物中形成内高外低的温度分布；二是日照降温，由于日落等致使结构物外表面温度迅速下降，此时结构物内部温度几乎没有变化，形成较大的内高外低的温差。这两种降温温度变化，一般只需考虑气温变化和风速这两个因素，可以忽略日照辐射影响。这种降温温差荷载的变化较日照温度荷载要缓慢一些，变化过程约为 20h 左右。在这两种降温温差荷载中，冷空气侵袭作用引起的结构物降温速度，南方地区平均降温速度为 1℃/h，最大降温速度为 4℃/h，比日照升温速度 10℃/h 要小得多。

3）年平均温度变化

混凝土结构物由于年平均温度变化引起结构物温度变化，因其是长期的缓慢作用，故结构物整体发生均匀的温度变化。所以，在考虑年温对结构物的影响时，均以结构物的平均温度为依据。一般以最高与最低月平均温度的变化值作为年温变化幅度。因年温变化比较简单，且在诸多文献中早有论述以及在相关规范中早有规定，而骤然降温温度变化与日照温度变化作用机理相同且相对较为简单，因此，对年温变化和骤然降温温度变化作用均不再赘述，而只考虑日照温度变化对钢筋混凝土箱梁的影响。

5.2.2 温度荷载参数

混凝土桥梁在日照非线性温度梯度作用下的温度应力问题，在 20 世纪 50 年代才被认识和注意到，但现已越来越受到人们的广泛重视。特别是随着混凝土桥梁向高墩大跨方向发展，箱形梁和空心墩等薄壁闭合截面结构被广泛使用，这种形式的截面对非线性温度荷载更加敏感，容易产生较大的温度应力，从而引起严重的裂损病害，影响结构安全和正常使用。因此，在桥梁设计中应该充分考虑温度效应。但是，除了非常复杂或特殊结构类型以外，在对通用结构类型的一般桥梁进行设计时，不需要都进行全面详细的日照温度效应分析。按一般设计惯例，各国都在桥梁设计规范中给定适用于普通桥梁结构设计的温度荷载规定值。在设计中，温度荷载取值应满足安全、适用、耐久和经济合理的原则，温度荷载参数取值分析对桥梁结构设计中准确合理考虑温度效应具有重要意义。

1. 国外规范关于温度荷载的规定及分析

自从混凝土桥梁非线性温度效应被人们重视以来，各国学者对此进行了广泛的研究，其研究成果部分反映在各种桥梁设计规范中。下面介绍几个较有影响的国外桥梁设计规范有关温度荷载的规定。

1) 英国标准 BS 5400 和欧洲标准 Eurocode

由英国标准协会(British Standard Institute)主持编写的欧洲结构规范中关于温度作用部分的规定基本上沿用了 BS 5400 的体系,推荐使用的竖向温度梯度模式和取值与 BS 5400 规定的相同。此外,欧洲结构规范对温度梯度还增加了两项规定:一是应考虑因腹板受太阳辐射而引起的水平向温差;二是对混凝土箱梁应考虑横向温度应力。英国桥梁设计和施工规范 BS 5400 是各国规范中对桥梁结构温度效应规定得最详细和最全面的。BS 5400 规定应考虑如下两种温度效应:

①在规定重现期内的桥梁整体温度变化,也被称为桥梁有效温度(effective bridge temperatures),其特征值包括最高温度、最低温度和对应的有效温度变化幅度。桥梁有效温度所引起的荷载或荷载效应包括:因温度变形受约束所引起的门式框架、拱、柔性墩和橡胶支座等结构中的荷载或荷载效应;支座摩阻力所引起的荷载或荷载效应。BS 5400 规定上述两种温度荷载取值时,将桥梁按结构形式分成四种类型。每类结构的有效温度都以规定重现期内最高、最低气温为依据,以最高、最低气温升高或降低规定量值,作为桥梁有效温度的最高值和最低值。

②桥梁上部结构竖向温度梯度引起的结构荷载和荷载效应。BS 5400 同样对四种桥梁类型分别规定竖向温度梯度。竖向温度梯度包括从太阳吸收热量引起的正温差和由于结构表面向外界损失热量所引起的负温差。混凝土梁的温度梯度模式如图 5.2-1 所示,温度参数取值如表 5.2-2 所示,其中各特征温度 T_1、T_2等的取值依梁高和桥面铺装层厚度而定,表中仅列出梁高 $h \geq 1.5$m 时的值。

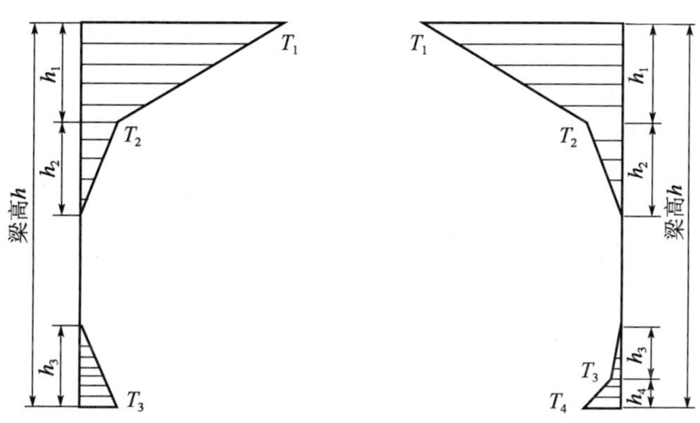

图 5.2-1　BS 5400 混凝土梁温度梯度模式

BS 5400 温度参数取值(单位:℃)　　表 5.2-2

梁高 h(m)	铺装层厚度 (mm)	正温差			负温差			
		T_1	T_2	T_3	T_1	T_2	T_3	T_4
$h \geq 1.5$	无铺装层	15.4	4.5	2.0	-13.7	-1.0	-0.6	-6.7
	带防水面层	23.6	5.0	1.4	-13.7	-1.0	-0.6	-6.7
	50	17.8	4.0	2.1	-10.6	-0.7	-0.8	-6.6
	100	13.5	3.0	2.5	-8.4	-0.5	-1.0	-6.5
	150	10.0	2.5	2.0	-6.5	-0.4	-1.2	-6.2
	120	7.5	2.1	1.5	-5.0	-0.3	-1.2	-5.6

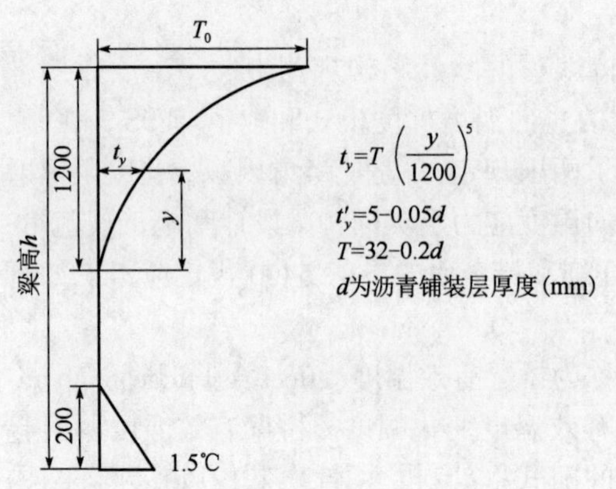

图 5.2-2　新西兰公路桥梁设计规范竖向温度梯度模式

2）新西兰规范

新西兰公路桥梁设计规范同样规定了桥梁整体温度变化和竖向温度梯度引起的温度效应。桥梁整体温度变化：钢结构，±25℃，混凝土结构，±20℃。竖向温度梯度模式如图 5.2-2 所示，由从梁顶最高值沿梁高向下在 1200mm 范围内降至零的五次幂函数和在梁底 200mm 内 1.5℃的反向温差所组成；而箱形梁箱室上方的混凝土板中则为线性变化，沿板厚的变化速率为每 100mm 下降 $t'_y=5-0.05d$，其中 d 为沥青铺装层厚度。桥梁设计应该考虑竖向温度梯度所引起的纵向应力和横向应力。

新西兰公路桥梁设计规范所采用的这种桥梁竖向温度梯度模式，主要反映了 Priestley 等学者的研究成果，该设计温度梯度模式早在 20 世纪 70 年代初就已被当时的桥梁设计规范所采用，一直沿用至今。

3）美国 AASHTO 公路桥梁设计规范

最新的美国 AASHTO 公路桥梁设计规范再次对温度效应的规定作了较大的修改。在桥梁整体温度变化效应方面，补充了一种改进的新方案，与原方案并存，可两者选一。新方案按结构类型给出了最高梁温和最低梁温的全国等值线图，与原方案比较，各类结构的整体温度变化幅度有所增大，特别是混凝土结构整体温度变化增幅较大。在梯度温差方面，竖向正温度梯度规定如图 5.2-3 所示，图中 t 为混凝土桥面板厚度，尺寸 A 取值如下：

①梁高大于或等于 0.4m 的混凝土上部结构，取 $A=0.3$m；

②梁高小于 0.4m 的混凝土上部结构，取 A = 梁高；

③对钢梁上部结构，取 $A=0.3$m。

为确定图中温差基数 T_1、T_2，将国土划分成了四个太阳辐射区，其中 1,2,3 区主要为美国西部、中部和东部地区，4 区为阿拉斯加州，各区的温度基数值见表 5.2-3。图中 T_3 一般应取为 0，如果有通过具体研究而获得的合适值，可取此值，但也不能超过 3℃。竖向负温度梯度规定如下：桥面为普通混凝土铺装时，取表 5.2-3 所列数据乘 −0.3；桥面为沥青混凝土铺装时，取表 5.2-3 所列数据乘 −0.2。

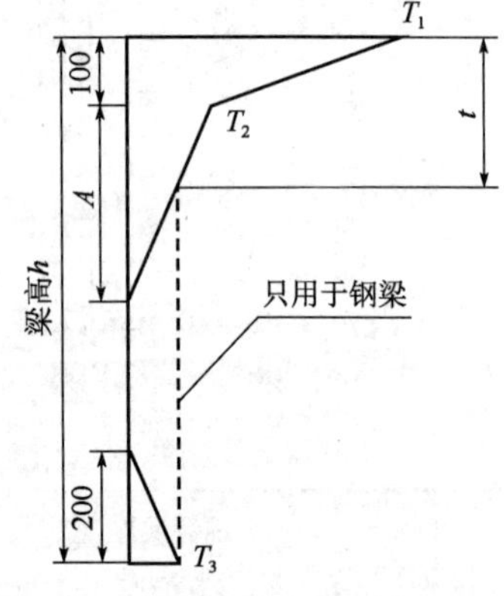

图 5.2-3　AASHTO 竖向正温度梯度

温度梯度基数（单位：℃）　　表 5.2-3

分　区	T_1	T_2
1	30	7.8
2	25	6.7
3	23	6
4	21	5

4) 澳大利亚桥梁设计规范

澳大利亚桥梁设计规范规定顶板 300mm 范围内,温度梯度沿着梁高呈直线变化,顶板最大温差 $T_1=24℃$,$T_2=6℃$;顶板 $(h-300)/2$ 范围内,按照直线变化。竖向温度梯度模式如图 5.2-4所示。

2. 国内规范关于温度荷载的规定及分析

1)《铁路桥涵混凝土结构设计规范》(TB 10092—2017)

《铁路桥涵混凝土结构设计规范》(TB 10092—2017)规定,桥涵结构和构件应计算均匀温差和日照温差引起的变形和应力,混凝土箱形梁应考虑截面温差所引起的纵向和横向温度应力;温差荷载包括日照温差荷载和降温温差荷载,须分别计算。该规范规定的温差荷载如下:有砟箱梁只考虑沿梁宽方向的温差荷载;无砟无枕箱梁应分别考虑沿梁高方向的温差荷载和两个方向的组合温差荷载。箱梁温差分布见图 5.2-5,沿梁高、梁宽方向的温差曲线为指数函数,按下式计算:

$$T_y = T_{01}\mathrm{e}^{-\alpha y}$$

$$T_x = T_{02}\mathrm{e}^{-\alpha x}$$

式中,T_{01}、T_{02}分别为梁高方向、梁宽方向的温差;α 为指数函数系数,按表 5.2-4 取值;x、y 为计算点到受太阳直接照射表面的距离。

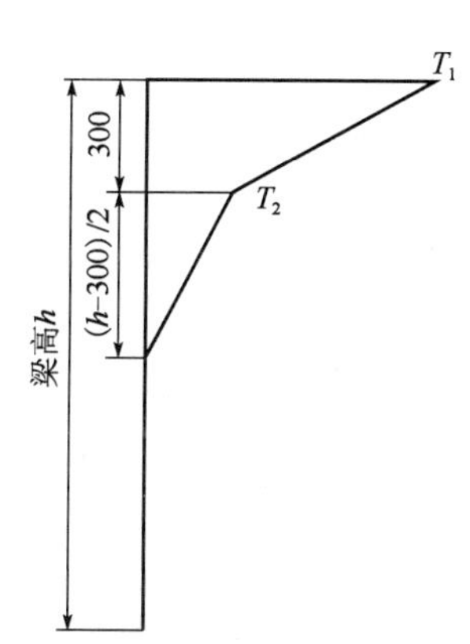

图 5.2-4　澳大利亚桥梁设计规范竖向温度梯度模式

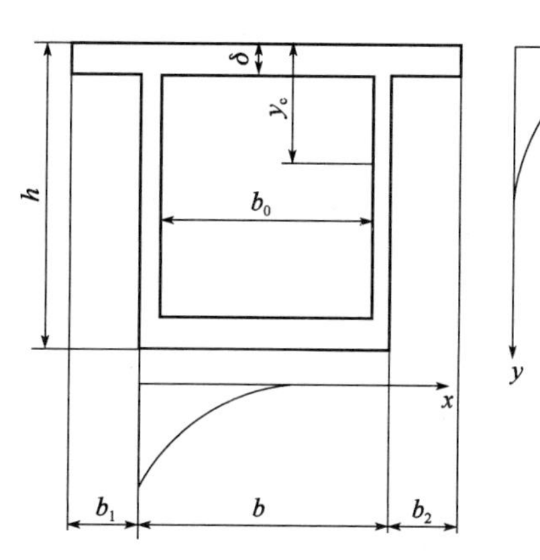

图 5.2-5　箱梁温差分布图

日照温差曲线的参数值　　表 5.2-4

梁　别	组合种类	梁高方向		梁宽方向	
		α	T_{01}(℃)	α	T_{02}(℃)
无砟桥面	单向	5	20	—	—
	双向	7	16	7	16
有砟桥面	单向	—	—	7	16

注:由于规范中原表有印刷错误,本报告此处进行了调整。

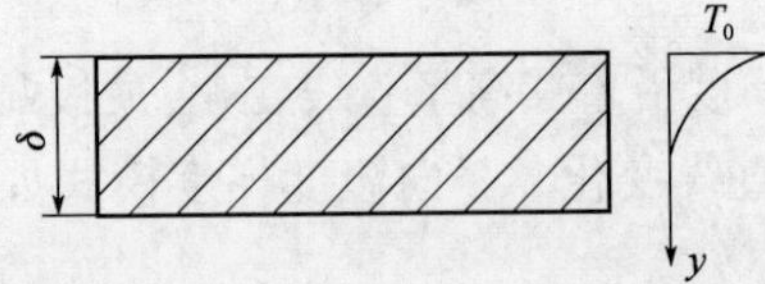

图5.2-6　箱梁沿板厚方向温差分布图

箱梁沿板厚方向温差分布见图5.2-6,沿板厚方向的温差曲线按下式计算:

$$T'_y = T'_0 e^{-\alpha' y}$$

$$T'_0 = T_0(1 - e^{-\alpha\delta})$$

式中,δ为板厚;α'按表5.2-5取值。

沿板厚方向温差曲线的指数α'值　　表5.2-5

板厚δ(mm)	0.16	0.18	0.20	0.24	0.26
α'	15	14	13	11	10

关于温差应力与其他荷载的组合,《铁路桥涵混凝土结构设计规范》(TB 10092—2017)规定,计算主力与温度应力的组合时,可不再与其他附加荷载组合,此时材料容许应力可提高20%。

2)《公路桥涵设计通用规范》(JTG D60—2015)

《公路桥涵设计通用规范》(JTG D60—2015)对温度荷载的规定作了较大的修改,给出了更详细的均匀温度变化和梯度温度变化规定值,取值都比以前有较大的提高,从而使得温度效应计算的要求比以前更严格。在温度梯度方面,由于国内在这方面缺乏深入的研究,因此主要借鉴了美国AASHTO的LRFD设计规范的规定,采用的温度梯度模式见图5.2-7,其中竖向日照正温差温度基数取值见表5.2-6,取$T_3=0$。竖向日照负温差温度基数为正温差温度基数乘-0.5。

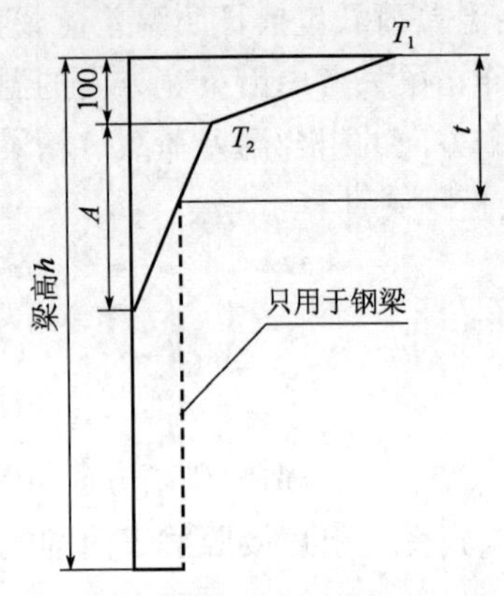

图5.2-7　公路桥梁规范竖向温度梯度模式

竖向日照正温差计算的温度基数　　表5.2-6

结构类型	T_1(℃)	T_2(℃)
水泥混凝土铺装	25	6.7
50mm厚沥青混凝土铺装层	20	6.7
100mm厚沥青混凝土铺装层	14	5.5

3. 董旭等人[74]经实测提出的温度模式

董旭等人以青岛地区轨道交通工程某无砟轨道U形梁为研究对象,对其跨中U形断面进行了48h的日照温度场及应力现场观测,得到了最大温差时刻竖向及横向温度场分布,建立了U形梁日照温度梯度模式。

1)竖向温度梯度

①腹板竖向温度梯度。

$$t_{yw} = t_m e^{-\alpha_1 y} \quad (A_1 \leqslant y \leqslant B_1)$$

$$t_{yw} = t_n \quad (B_1 \leqslant y \leqslant C_1)$$

$$t_{yw} = \frac{t_n}{C_1 - D_1} y - \frac{D t_n}{C_1 - D_1} \quad (C_1 \leqslant y \leqslant D_1)$$

式中,t_{yw}为腹板竖向温差,t_m为腹板上部翼缘板高度范围内温差(℃),t_n为腹板底部底板高度范围内温差（℃），α_1 为腹板竖向温度梯度计算参数，$A_1 \sim B_1$ 为腹板上部翼缘板高度范围区域，$B_1 \sim C_1$ 为腹板中部区域，$C_1 \sim D_1$ 为腹板底部底板高度范围区域，其中 A_1 点为腹板上部翼缘板顶面，为竖向坐标零点，坐标方向向下为正值，单位为 cm。

根据试验结果拟合，$t_m = 15℃$，$\alpha_1 = 0.13$，$A_1 = 0$，$B_1 = 25\text{cm}$，$C_1 = 154\text{cm}$，$D_1 = 180\text{cm}$，腹板竖向温度梯度模式见图 5.2-8。

②底板竖向温度梯度。

$$t_{yb} = t_b e^{-\alpha_2 y} \quad (A_2 \leqslant y \leqslant B_2)$$

式中，t_{yb} 为沿底板高度方向竖向温差（℃），t_b 为底板的最大温差（℃），α_2 为底板竖向温度梯度拟合计算参数，$A_2 \sim B_2$ 为底板高度范围，其中 A_2 点为底板顶面，为竖向坐标零点，坐标方向向下为正值，单位为 cm。

根据试验结果拟合，$t_b = 14℃$，$\alpha_2 = 0.15$，$A_2 = 0$，$B_2 = 25\text{cm}$。底板竖向温度梯度模式见图 5.2-9。

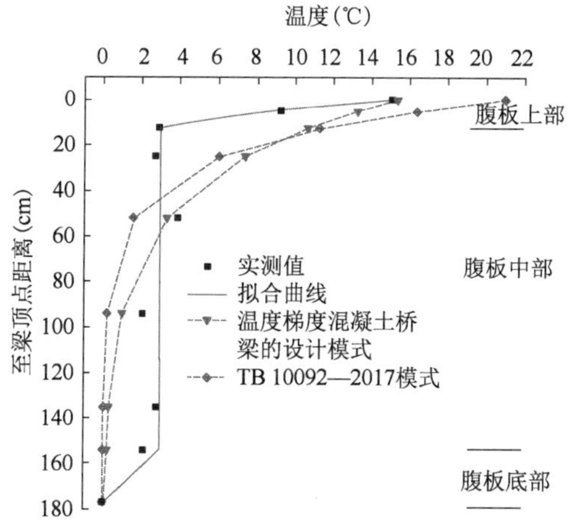

图 5.2-8　腹板竖向温度梯度模式

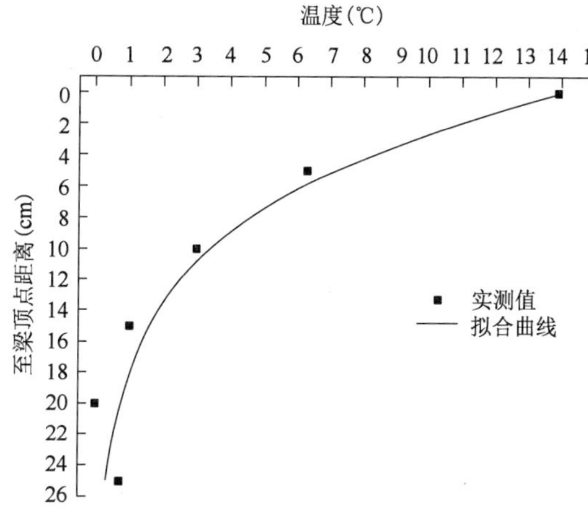

图 5.2-9　底板竖向温度梯度模式

2）横向温度梯度

董旭等人根据试验结果，只考虑单侧腹板中部横向温度梯度，U 形梁右侧腹板中部横向温差分布以指数函数拟合，其梯度模式如下式所示。

$$t_{xw} = t_w e^{-\alpha_3 x} \quad (A_3 \leqslant x \leqslant B_3)$$

式中，t_{xw} 为腹板横向温差（℃），t_w 为腹板的横向最大温差（℃），α_3 为腹板横向温度梯度拟合计算参数，$A_3 \sim B_3$ 为腹板横向区域范围，其中 A_3 点为腹板外侧，为横向坐标零点，坐标方向以向内侧方向为正值，单位为 cm。

根据试验结果拟合，$t_w = 12.5℃$，$\alpha_3 = 0.15$，$A_3 = 0$，$B_3 = 25\text{cm}$。腹板横向温度梯度模式见图 5.2-10。

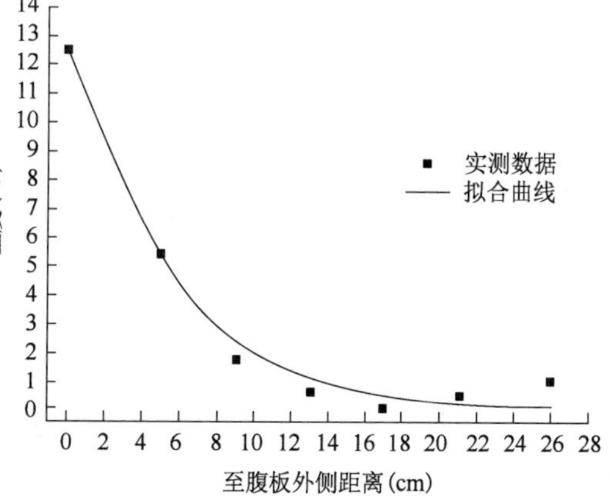

图 5.2-10　腹板横向温度梯度模式

4. 不同温度梯度对比分析

1) 竖向温度梯度对比

各规范及参考的升温梯度模式如图 5.2-11 所示,降温梯度模式如图 5.2-12 所示,图中 T_1、T_2、T_3、T_4 确定了各国温度模式的具体分布,称之为温度基数,取值见表 5.2-7。另外,经查阅资料,将各规范的温度基数修改为青岛地区温度,修改后的升温梯度模式见图 5.2-13,降温梯度模式见图 5.2-14,温度基数取值见表 5.2-8。

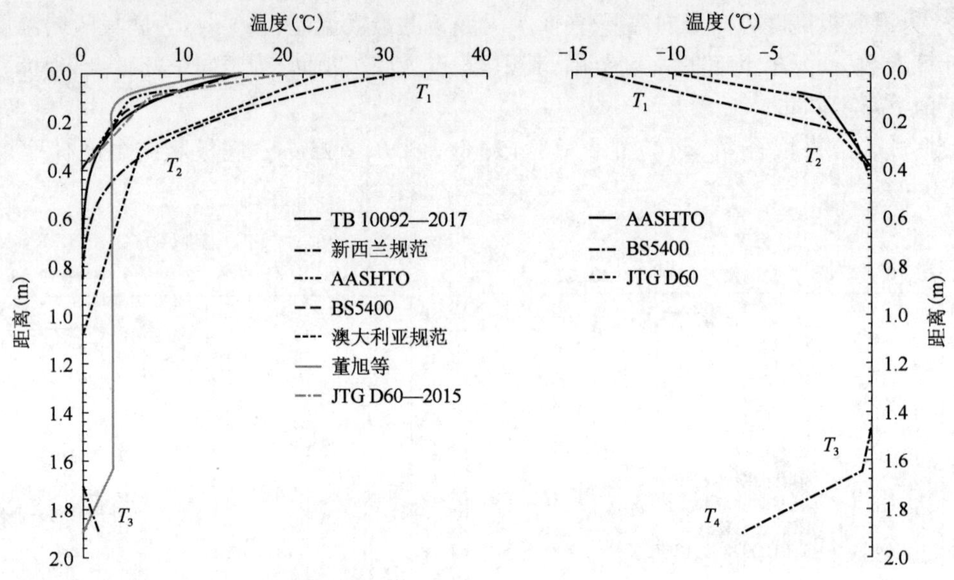

图 5.2-11 升温梯度模式对比图　　图 5.2-12 降温梯度模式对比图

各温度梯度模式的温度基数　　表 5.2-7

各温度模式	分布特征	正温差基数(℃)			负温差基数(℃)			
		T_1	T_2	T_3	T_1	T_2	T_3	T_4
TB 10092—2017	指数函数	16						
新西兰规范	幂函数	32		1.5				
JTG D60—2015	折线	20	6.7		-10	-3.4		
AASHTO	折线	21	5		-10.5	-2.5		
BS 5400	折线	15.4	4.5	2	-13.7	-1.0	-0.6	-6.7
澳大利亚规范	折线	24	6					
董旭等	分段函数	15	3	3				

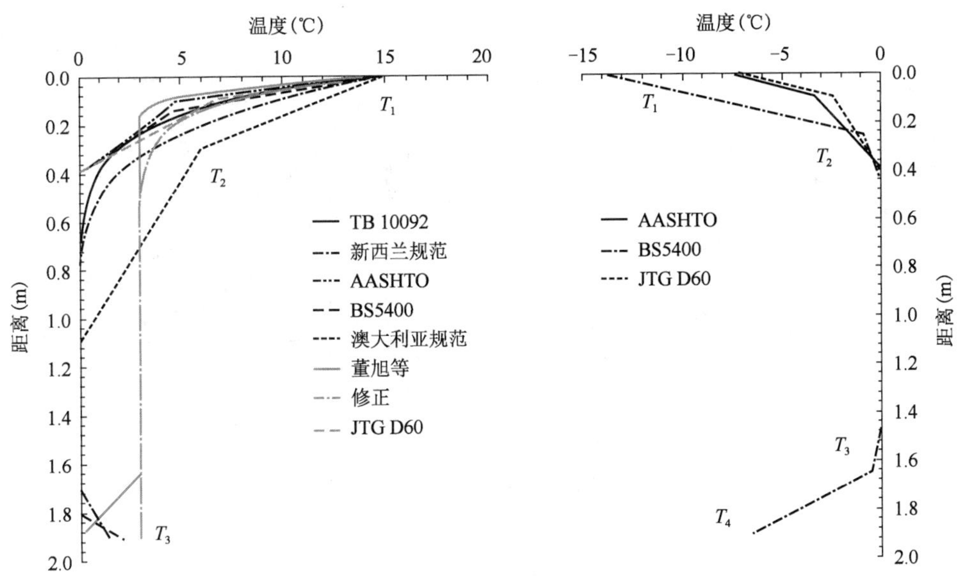

图 5.2-13　升温梯度模式对比图(青岛地区温度)　　图 5.2-14　降温梯度模式对比图(青岛地区温度)

青岛地区温度梯度模式的温度基数　　表 5.2-8

各温度模式	分布特征	正温差基数(℃)			负温差基数(℃)			
		T_1	T_2	T_3	T_1	T_2	T_3	T_4
TB 10092—2017	指数函数	15						
新西兰规范	幂函数	15		1.5				
JTG D60—2015	折线	15	6.7		-7.5	-3.4		
AASHTO	折线	15	5		-7.5	-2.5		
BS 5400	折线	15	4.5	2	-13.7	-1.0	-0.6	-6.7
澳大利亚规范	折线	15	6					
董旭等	分段函数	15	3	3				

2)横向温度梯度对比

仅 TB 10092—2017 和董旭等人提出了横向升温梯度模式。图中 T_1 确定了两个温度模式的初始分布,称之为温度基数,取值见表 5.2-9。另外,将 TB 10092—2017 的温度基数修改为青岛地区温度,修改后的升温梯度模式见图 5.2-15,降温梯度模式见图 5.2-16,温度基数取值见表 5.2-10。

横向升温梯度模式的温度基数　　表 5.2-9

各温度模式	分布特征	正温差基数(℃)		
		T_1	T_2	T_3
TB 10092—2017	指数函数	16		
董旭等	指数函数	12.5		

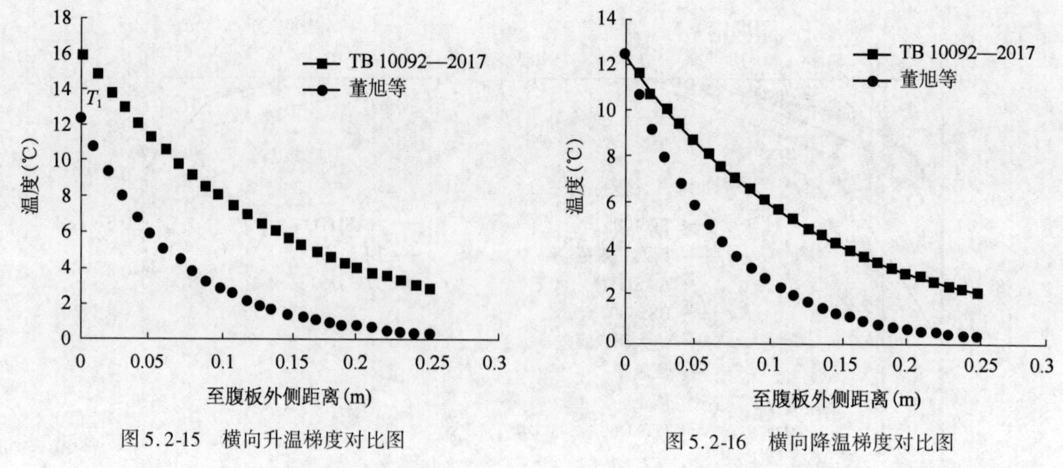

图 5.2-15　横向升温梯度对比图　　图 5.2-16　横向降温梯度对比图

横向升温梯度模式的温度基数(青岛地区温度)　　表 5.2-10

各温度模式	分布特征	正温差基数(℃)		
		T_1	T_2	T_3
TB 10092—2017	指数函数	12.5		
董旭等	指数函数	12.5		

5.3　U 形梁温度效应计算模型

青岛地铁 8 号线 32.7m 跨径预应力混凝土 U 形梁模型介绍见 4.2.1 节。U 形梁温度效应计算模型按各国规范规定的温度模式进行加载,取跨中截面位置进行纵向、横向和竖向温度应力对比分析。

1. 边界条件模拟

本桥为简支 U 形梁,根据设计图纸建立 32.7m 跨径预应力混凝土 U 形梁几何模型后,按实际边界条件进行模拟,如图 5.3-1 所示。

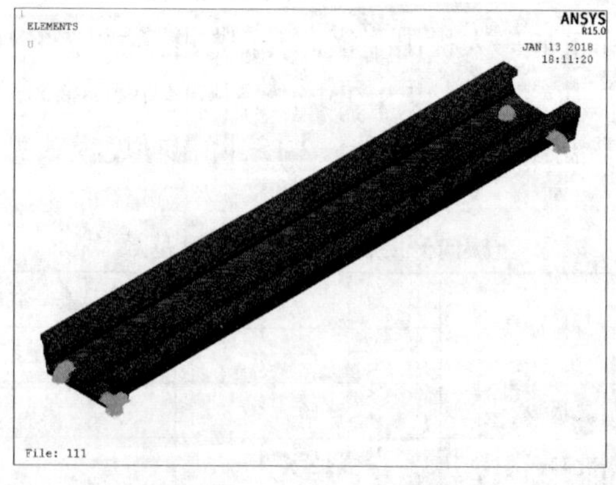

图 5.3-1　几何模型边界条件

2. 荷载模拟

本模型温度恒荷载根据各个规范给定值按均布荷载模拟，温度荷载加载示意图如图 5.3-2 ~ 图 5.3-4 所示。

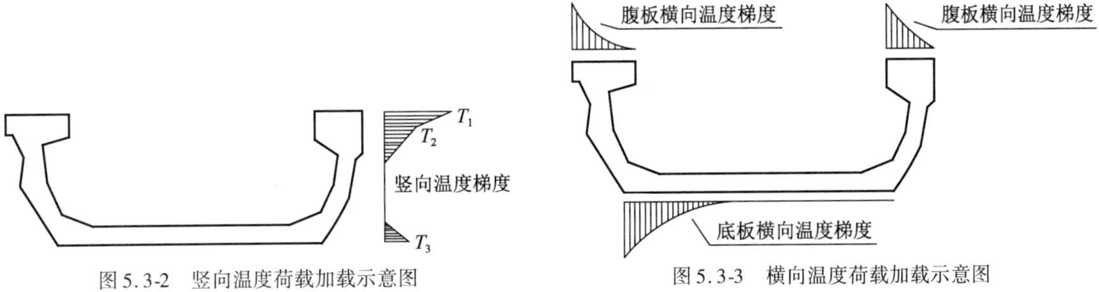

图 5.3-2　竖向温度荷载加载示意图

图 5.3-3　横向温度荷载加载示意图

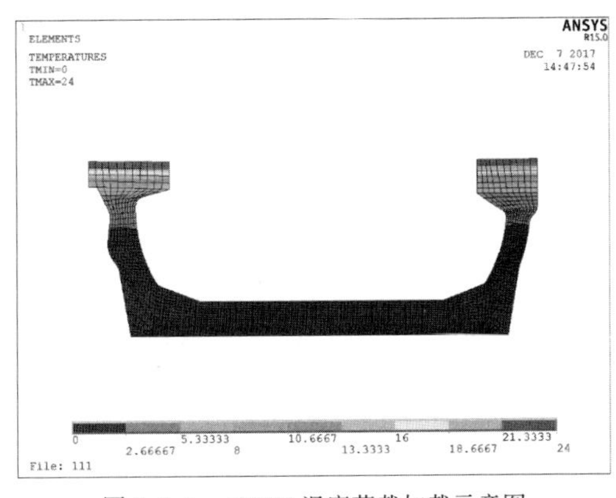

图 5.3-4　ANSYS 温度荷载加载示意图

5.4　U 形梁温度效应计算结果分析

5.4.1　各国规范温度作用效应对比

现有关于温度效应的规范有《铁路桥涵混凝土结构设计规范》(TB 10092—2017)、《公路桥涵设计通用规范》(JTG D60—2015)、美国规范(AASHTO)、新西兰混凝土设计规范、英国规范(BS 5400)、澳大利亚桥梁设计规范。另外，董旭等人以青岛地区某无砟轨道交通 U 形梁为研究对象，对跨中 U 形梁进行了 48h 日照温度场及温度自应力现场连续观测，得到了最大温差时刻竖向及横向温度场分布，建立了 U 形梁日照温度场梯度模式。以上温度梯度模式均已在 5.2 节详细介绍。

本模型采用各个规范及董旭等人提出的温度梯度模式，利用有限元软件 ANSYS 进行加载，取跨中截面纵向、横向、竖向应力计算结果，分别对升温与降温作用效应进行对比分析，具体计算结果如下。

1. 升温作用下主梁应力计算结果

1) 跨中截面纵向温度应力计算结果

参照各既有规范计算得到的跨中截面纵向温度应力结果如图 5.4-1 ~ 图 5.4-6 所示，参照董旭等人提出的温度梯度模式计算得到的跨中截面纵向温度应力结果如图 5.4-7 所示，最大、最小应力值见表 5.4-1。

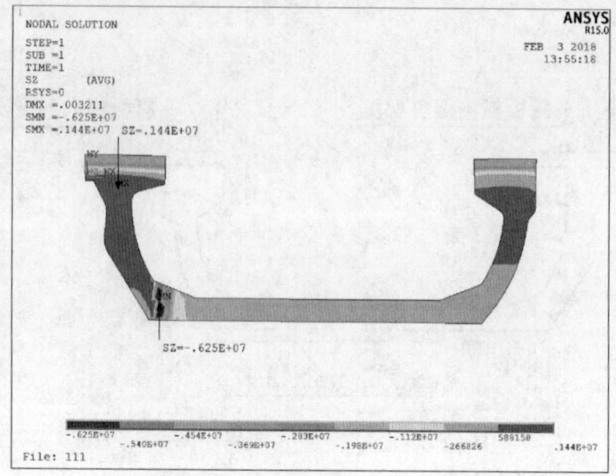

图 5.4-1 铁路规范(TB 10092—2017)跨中截面纵向温度应力云图(单位:Pa)

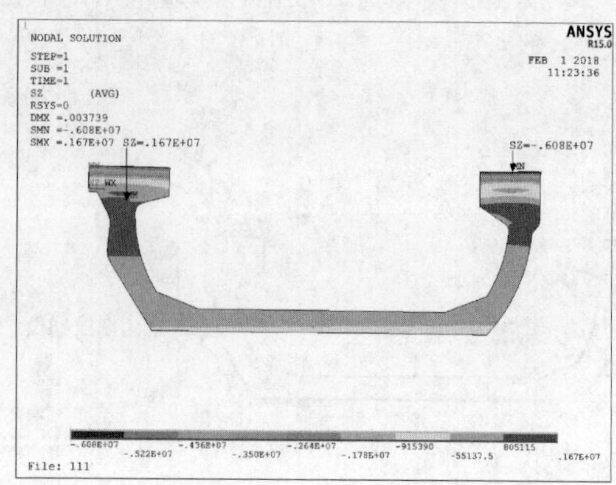

图 5.4-2 公路规范(JTG D60—2015)跨中截面纵向温度应力云图(单位:Pa)

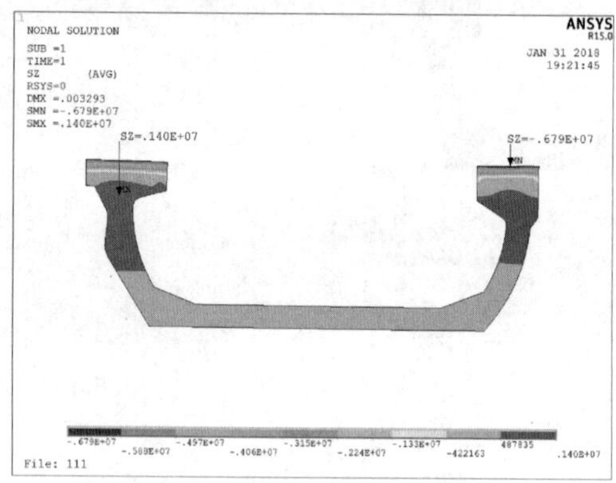

图 5.4-3 美国规范(AASHTO)跨中截面纵向温度应力云图(单位:Pa)

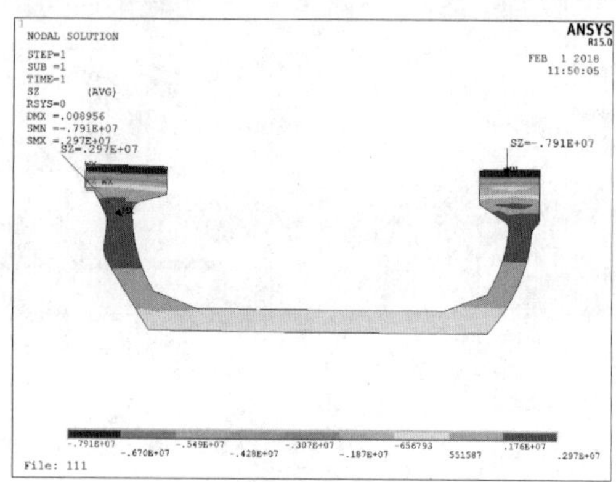

图 5.4-4 新西兰规范跨中截面纵向温度应力云图(单位:Pa)

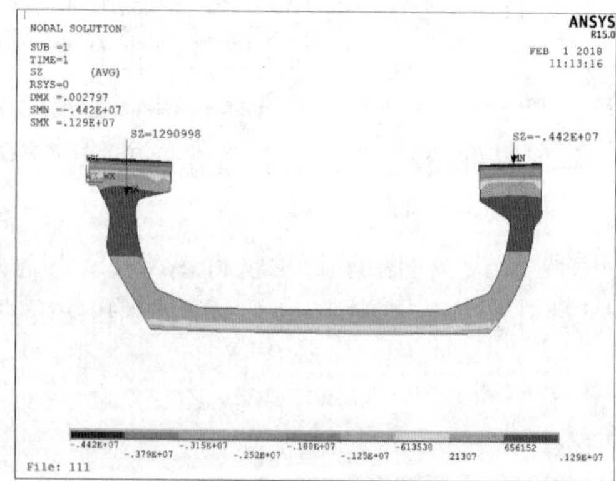

图 5.4-5 英国规范(BS 5400)跨中截面纵向温度应力云图(单位:Pa)

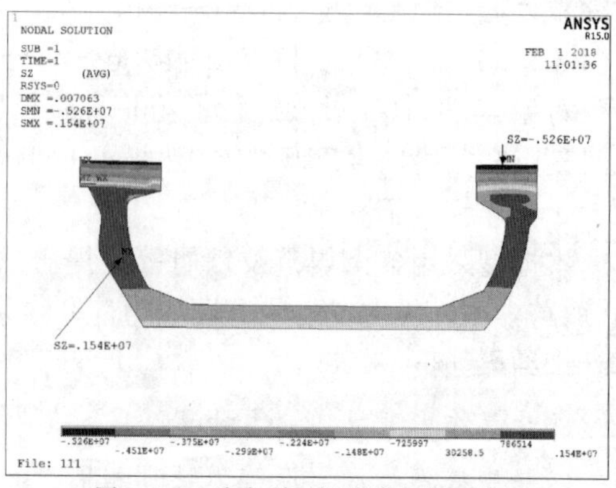

图 5.4-6 澳大利亚规范跨中截面纵向温度应力云图(单位:Pa)

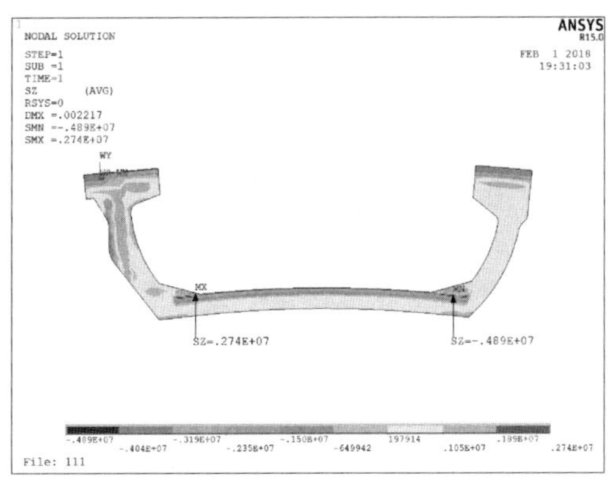

图 5.4-7 董旭等人提出的温度梯度模式跨中截面纵向温度应力云图(单位:Pa)

各规范下梁体跨中截面纵向温度应力值 表 5.4-1

规范		铁路规范(TB 10092—2017)	公路规范(JTG D60—2015)	美国规范(AASHTO)	新西兰规范	英国规范(BS 5400)	澳大利亚规范	董旭等人
温度应力值(MPa)	最大值	1.44	1.67	1.40	2.97	1.29	1.54	2.74
	最小值	-6.25	-6.08	-6.79	-7.91	-4.42	-5.26	-4.89

注:应力值取拉应力为正,压应力为负。

根据图 5.4-1 ~ 图 5.4-7 跨中截面纵向温度应力计算结果,可以得出以下结论:

①铁路规范考虑了竖向温度梯度和底板横向温度梯度,最大拉应力出现在左侧腹板顶部,最大拉应力值为 1.44MPa;最大压应力出现在腹板与底板交界处,最大压应力值为 6.25MPa。

②除铁路规范(TB 10092)外,各国规范温度梯度模式下纵向温度应力分布相似,腹板中部产生拉应力,新西兰规范计算的拉应力最大,其值为 2.97MPa;翼板产生压应力,各规范最大压应力均出现在翼板顶部,新西兰规范计算的纵向压应力最大,其值为 7.91MPa;U 形梁底板产生的拉应力与压应力均较小。

③董旭等人提出的温度梯度模式,由于考虑了腹板竖向、底板竖向和腹板横向温度梯度,其应力分布明显与其他规范的应力分布不同。底板下缘与腹板内侧产生较大的纵向拉应力,翼板顶面与底板顶面产生较大纵向压应力。在腹板与底板交界处,由于温度变化较大,最大纵向拉应力达 2.74MPa。

2)跨中截面横向温度应力计算结果

参照各既有规范计算得到的跨中截面横向温度应力结果如图 5.4-8 ~ 图 5.4-13 所示,参照董旭等人提出的温度梯度模式计算得到的跨中截面横向温度应力结果如图 5.4-14 所示,最大、最小应力值见表 5.4-2。

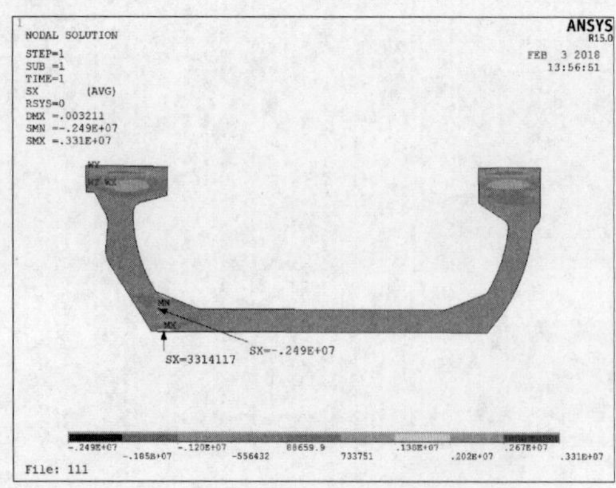

图5.4-8 铁路规范(TB 10092)跨中截面横向温度应力云图(单位:Pa)

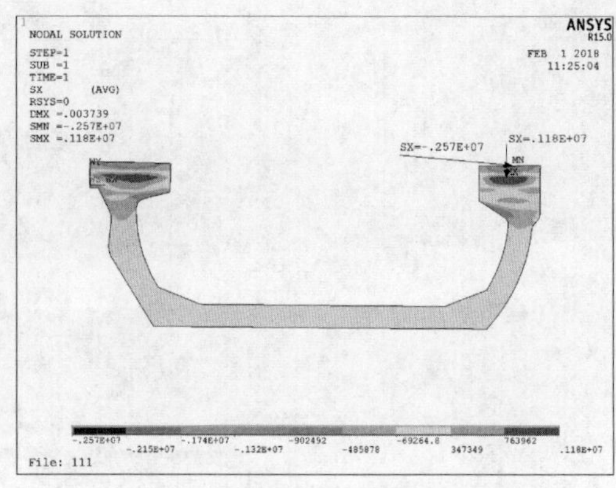

图5.4-9 公路规范(JTG D60)跨中截面横向温度应力云图(单位:Pa)

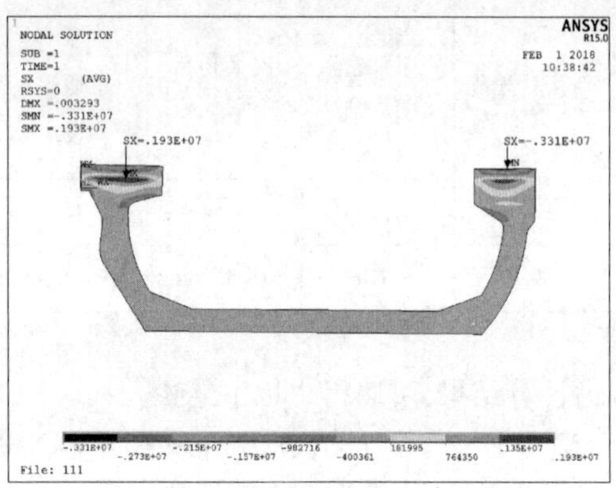

图5.4-10 美国规范(AASHTO)跨中截面横向温度应力云图(单位:Pa)

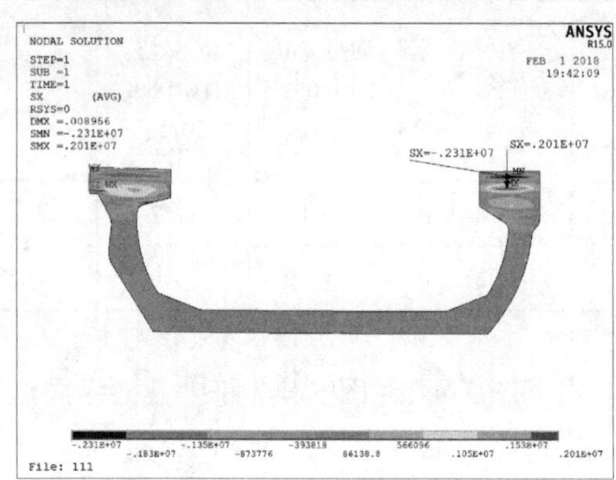

图5.4-11 新西兰规范跨中截面横向温度应力云图(单位:Pa)

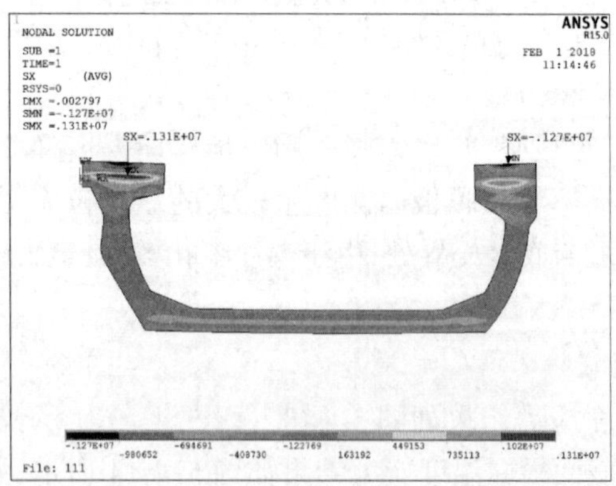

图5.4-12 英国规范(BS 5400)跨中截面横向温度应力云图(单位:Pa)

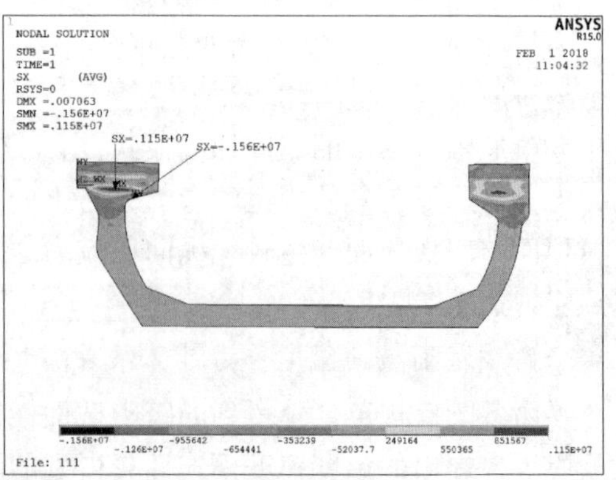

图5.4-13 澳大利亚规范跨中截面横向温度应力云图(单位:Pa)

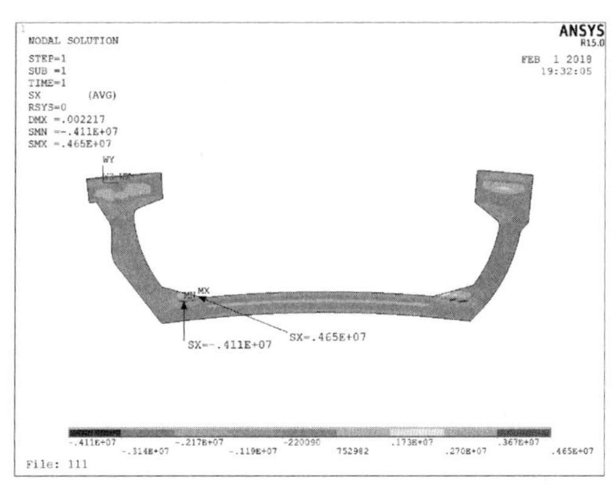

图 5.4-14　董旭等人提出的温度梯度模式跨中截面横向温度应力云图(单位:Pa)

各规范下梁体跨中截面横向温度应力值　　表 5.4-2

规范		铁路规范(TB 10092)	公路规范(JTG D60)	美国规范(AASHTO)	新西兰规范	英国规范(BS 5400)	澳大利亚规范	董旭等人
温度应力值(MPa)	最大值	3.31	1.18	1.93	2.01	1.31	1.15	4.65
	最小值	-2.49	-2.57	-3.31	-2.31	-1.27	-1.56	-4.11

注:应力值取拉应力为正,压应力为负。

根据图 5.4-8 ~ 图 5.4-14 跨中截面横向温度应力计算结果,可以得出以下结论:

①铁路规范(TB10092)同时考虑竖向温度梯度和底板横向温度梯度,最大拉应力与最大压应力均发生在腹板与底板交界处,最大拉应力为 3.31MPa,最大压应力为 2.49MPa。

②除铁路规范(TB10092)外,根据各国规范规定的温度模式,计算得到的横向温度应力分布大致相同,翼缘板中部产生较大拉应力,新西兰规范计算的横向拉应力最大,其值为 2.01MPa;翼板顶面产生压应力,各规范最大压应力均出现在翼板顶部,美国规范(AASHTO)计算得到的压应力最大,最大横向压应力为 3.31MPa。各温度梯度模式下腹板与底板产生的横向应力均较小。

③按董旭等人提出的温度梯度模式进行加载,得到的应力分布明显与其他规范的应力分布不同。由于腹板与底板分别考虑了竖向温度梯度,底板与腹板交界处温度变化较大,导致在腹板与底板交界处出现较大拉应力与压应力,U 形梁其余部位横向温度应力均较小。

3)跨中截面竖向温度应力计算结果

参照各既有规范计算得到的跨中截面竖向温度应力结果如图 5.4-15 ~ 图 5.4-20 所示,参照董旭等人提出的温度梯度模式计算得到的跨中截面竖向温度应力结果如图 5.4-21 所示,最大、最小应力值见表 5.4-3。

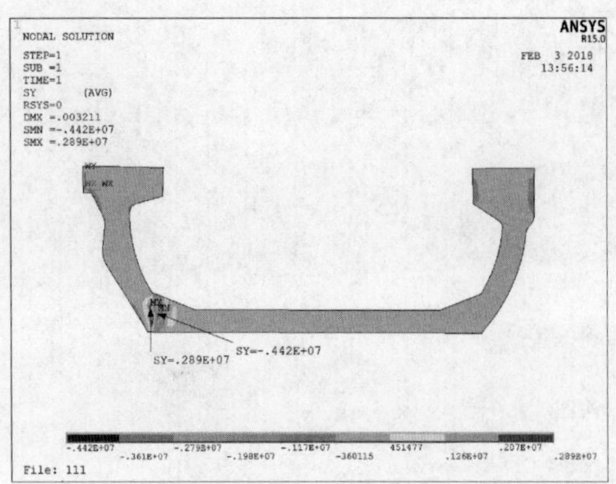

图 5.4-15　铁路规范(TB 10092)跨中截面竖向温度应力云图(单位:Pa)

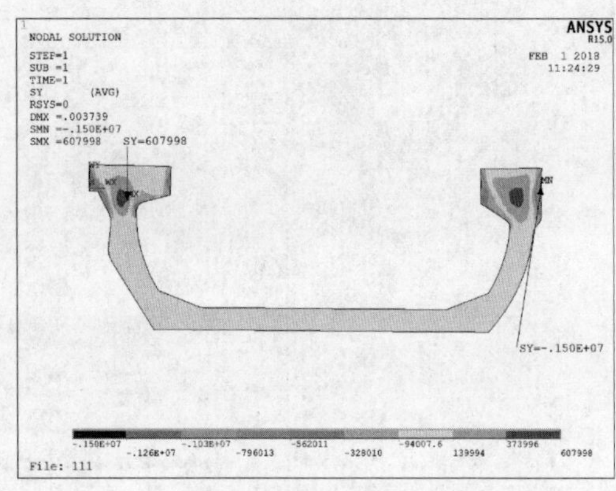

图 5.4-16　公路规范(JTG D60)跨中截面竖向温度应力云图(单位:Pa)

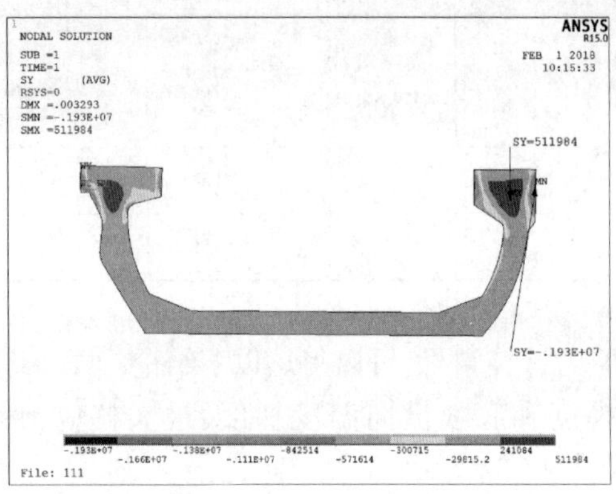

图 5.4-17　美国规范(AASHTO)跨中截面竖向温度应力云图(单位:Pa)

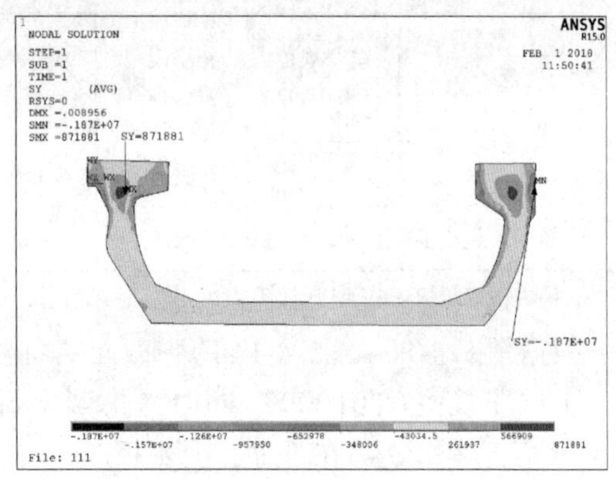

图 5.4-18　新西兰规范跨中截面竖向温度应力云图(单位:Pa)

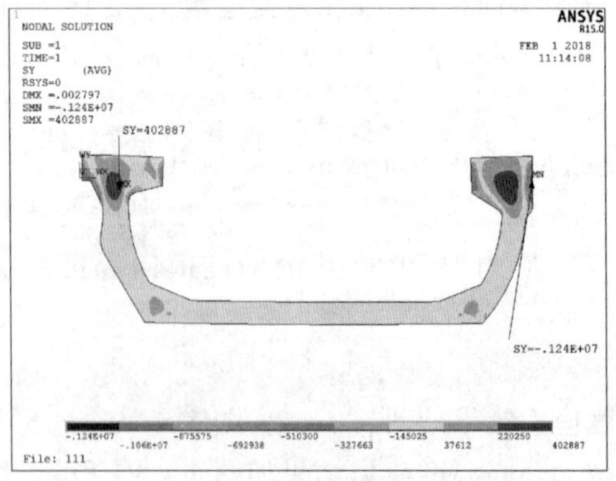

图 5.4-19　英国规范(BS 5400)跨中截面竖向温度应力云图(单位:Pa)

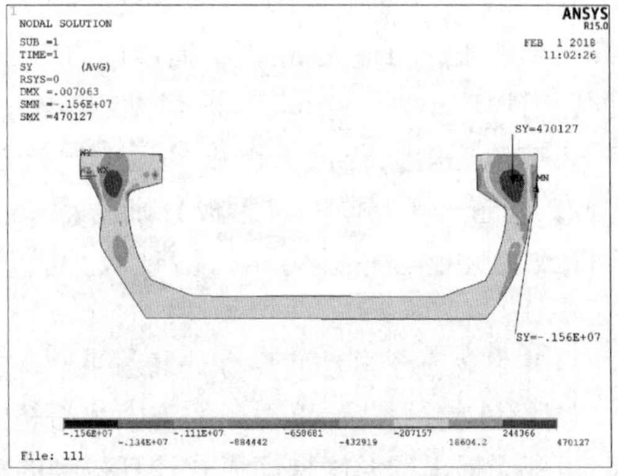

图 5.4-20　澳大利亚规范跨中截面竖向温度应力云图(单位:Pa)

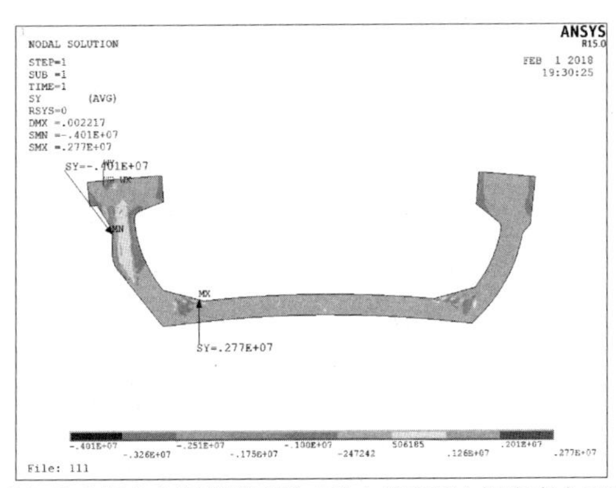

图 5.4-21 董旭等人提出的温度梯度模式跨中截面竖向温度应力云图(单位:Pa)

各规范下梁体跨中截面竖向温度应力值 表 5.4-3

规范		铁路规范（TB 10092）	公路规范（JTG D60）	美国规范（AASHTO）	新西兰规范	英国规范（BS 5400）	澳大利亚规范	董旭等人
温度应力值（MPa）	最大值	2.89	0.61	0.51	0.87	0.40	0.47	2.77
	最小值	-4.42	-1.50	-1.93	-1.87	-1.24	-1.56	-4.01

注:应力值取拉应力为正,压应力为负。

根据图 5.4-15 ~ 图 5.4-21 跨中截面竖向温度应力计算结果,可以得出以下结论:

①铁路规范(TB 10092)同时考虑竖向温度梯度和底板横向温度梯度,最大拉应力与最大压应力均发生在腹板与底板交界处,最大拉应力为 2.89MPa,最大压应力为 4.42MPa。

②除铁路规范(TB 10092)外,参照各国规范规定的温度模式,计算得到的竖向温度应力分布相似,翼板与腹板交界处产生拉应力,但各规范计算的竖向拉应力均较小,新西兰规范计算的拉应力最大,其值为 0.87MPa;U 形梁腹板与底板产生竖向压应力,但应力值较小。

③按董旭等人提出的温度梯度模式进行加载,得到的应力分布明显与其他规范的应力分布不同。左侧腹板中部产生拉应力,最大拉应力为 2.77MPa,U 形梁其余部位以受压为主,但压应力值较小。

2. 降温作用下主梁应力计算结果

1)跨中截面纵向温度应力计算结果

参照各既有规范计算得到的跨中截面纵向温度应力结果如图 5.4-22 ~ 图 5.4-24 所示,最大、最小应力值见表 5.4-4。

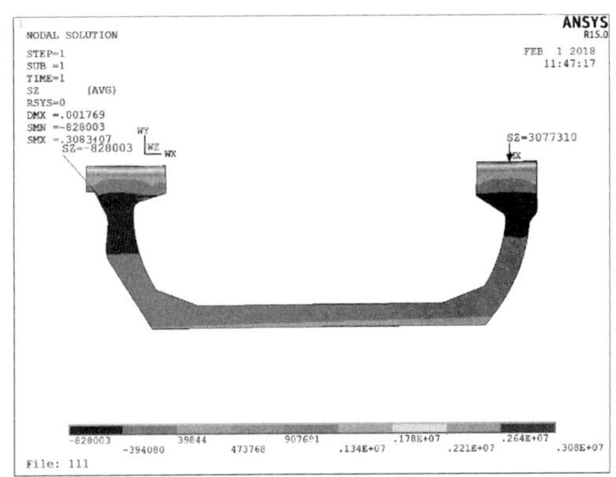

图 5.4-22 公路规范(JTG D60)跨中截面纵向温度应力云图(单位:Pa)

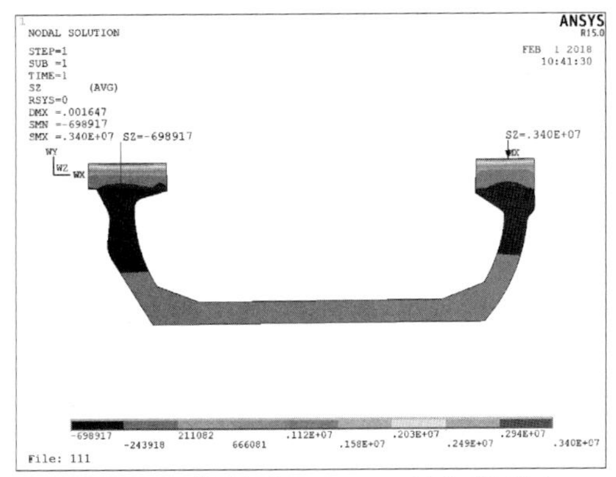

图 5.4-23 美国规范(AASHTO)跨中截面纵向温度应力云图(单位:Pa)

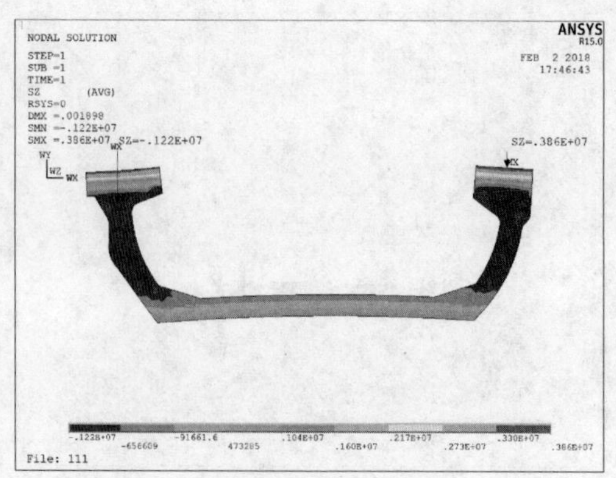

图 5.4-24　英国规范(BS 5400)跨中截面纵向温度应力云图(单位:Pa)

各规范下梁体跨中截面纵向温度应力值　　表 5.4-4

规范		公路规范 (JTG D60)	美国规范 (AASHTO)	英国规范 (BS 5400)
温度应力值 (MPa)	最大值	3.08	3.40	3.86
	最小值	-0.83	-0.70	-1.22

注:应力值取拉应力为正,压应力为负。

根据图 5.4-22 ~ 图 5.4-24 跨中截面纵向温度应力计算结果,可以得出以下结论:

降温作用下,按公路规范(JTG D60)、美国规范(AASHTO)和英国规范(BS 5400)计算得到的跨中截面纵向温度应力分布相似,翼缘板顶面受拉,按英国规范(BS 5400)计算的拉应力最大,达 3.86MPa;U 形梁腹板及底板以压应力为主,按英国规范(BS 5400)计算的压应力最大,为 1.22MPa。

2)跨中截面横向温度应力计算结果

参照各既有规范计算得到的跨中截面横向温度应力结果如图 5.4-25 ~ 图 5.4-27 所示,最大、最小应力值见表 5.4-5。

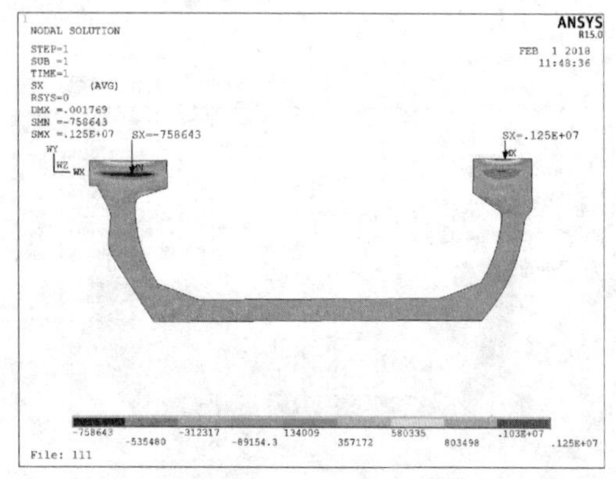

图 5.4-25　公路规范(JTG D60)跨中截面横向温度应力云图(单位:Pa)

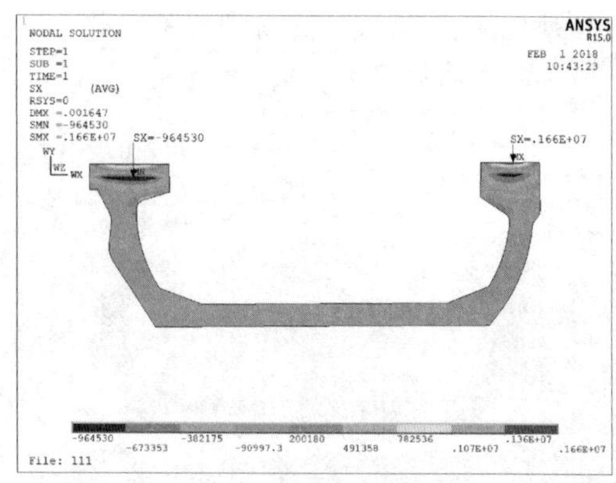

图 5.4-26　美国规范(AASHTO)跨中截面横向温度应力云图(单位:Pa)

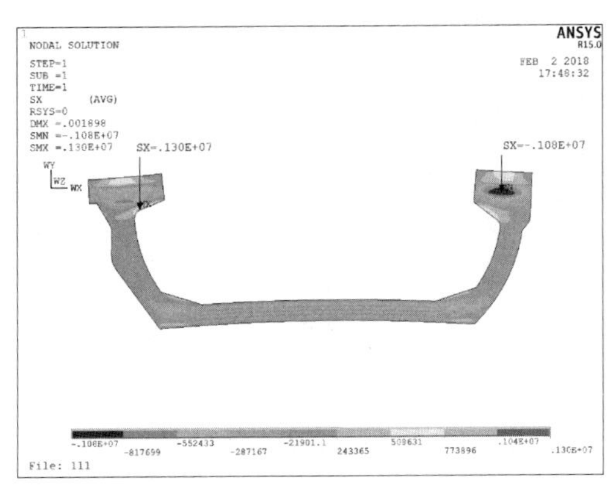

图 5.4-27　英国规范(BS 5400)跨中截面横向温度应力云图(单位:Pa)

各规范下梁体跨中截面横向温度应力值　　表 5.4-5

规范		公路规范(JTG D60)	美国规范(AASHTO)	英国规范(BS 5400)
温度应力值(MPa)	最大值	1.25	1.66	1.30
	最小值	-0.76	-0.96	-1.08

注:应力值取拉应力为正,压应力为负。

根据图 5.4-25 ~ 图 5.4-27 跨中截面横向温度应力计算结果,可以得出以下结论:

降温作用下,按公路规范(JTG D60)、美国规范(AASHTO)和英国规范(BS 5400)计算得到的跨中截面横向温度应力分布相似,公路规范(JTG D60)和美国规范(AASHTO)计算得到的最大横向拉应力出现在翼板顶面,英国规范(BS 5400)计算得到的最大横向拉应力发生在翼板拐角处,按美国规范(AASHTO)计算得到的拉应力最大,其值达 1.66MPa。U 形梁翼板中部、腹板与底板产生压应力,最大压应力出现在翼板中部,按英国规范(BS 5400)计算得到的压应力最大,其值为 1.08MPa。

3)跨中截面竖向温度应力计算结果

参照各既有规范计算得到的跨中截面竖向温度应力结果如图 5.4-28 ~ 图 5.4-30 所示,最大、最小应力值见表 5.4-6。

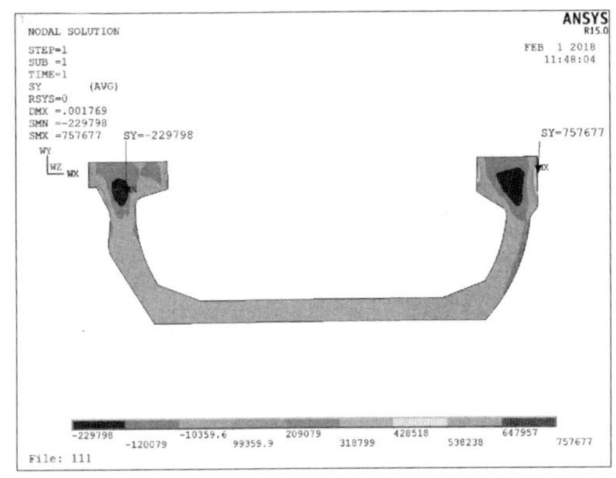

图 5.4-28　公路规范(JTG D60)跨中截面竖向温度应力云图(单位:Pa)

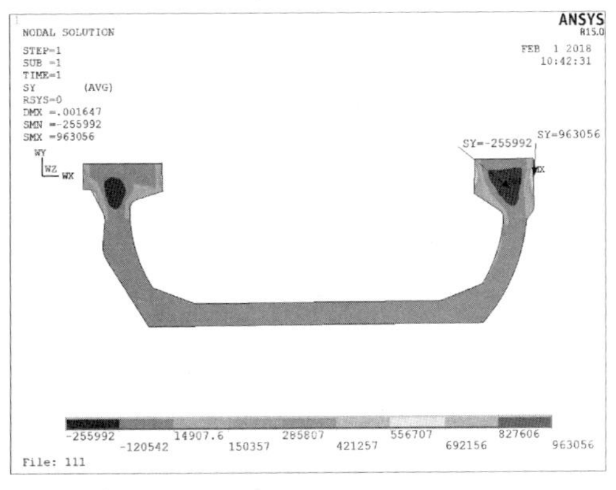

图 5.4-29　美国规范(AASHTO)跨中截面竖向温度应力云图(单位:Pa)

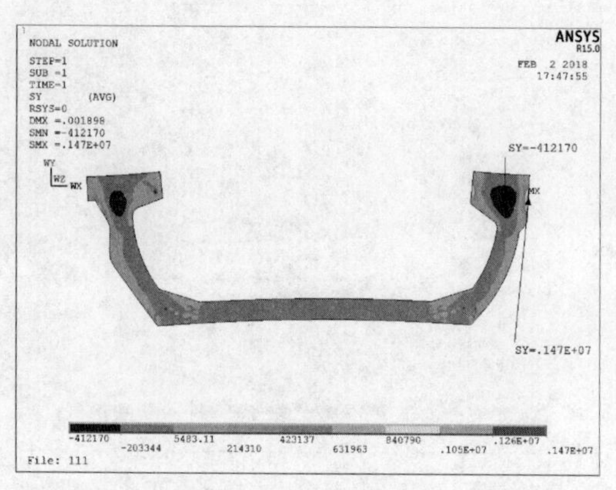

图 5.4-30 英国规范(BS 5400)跨中截面竖向温度应力云图(单位:Pa)

各规范下梁体跨中截面竖向温度应力值

表 5.4-6

规范		公路规范 (JTG D60)	美国规范 (AASHTO)	英国规范 (BS 5400)
温度应力值 (MPa)	最大值	0.76	0.96	1.47
	最小值	-0.23	-0.26	-0.41

注:应力值取拉应力为正,压应力为负。

根据图 5.4-28 ~ 图 5.4-30 跨中截面竖向温度应力计算结果,可以得出以下结论:

降温作用下,按公路规范(JTG D60)、美国规范(AASHTO)和英国规范(BS 5400)计算得到的跨中截面竖向温度应力分布相似,最大竖向拉应力出现在右侧翼板侧面,按英国规范(BS 5400)计算得到的拉应力最大,其值达 1.47MPa。U 形梁翼板中部、底板与腹板以压为主,最大竖向压应力出现在翼板中部,但其应力值较小。

5.4.2 青岛地区温度基数下的温度作用效应对比

根据以上对升温与降温作用的分析可以看出,各个规范得到的应力图具有相似性,但具体数据有较大差异,故将各规范温度梯度规定的温度基数改为青岛地区的温度进行分析。

本模型采用各个规范规定的温度梯度模式,将各规范所规定的温度梯度值修改为青岛地区的温度值,利用有限元软件 ANSYS 进行加载,取跨中截面纵向、横向、竖向应力计算结果,分别对升温与降温作用效应进行对比分析,具体计算结果如下。

1. 升温作用下主梁应力计算结果

1)跨中截面纵向温度应力计算结果

参照各既有规范,将温度基数修改为青岛地区温度,计算得到的跨中截面纵向温度应力结果如图 5.4-31 ~ 图 5.4-36 所示,最大、最小应力值见表 5.4-7。

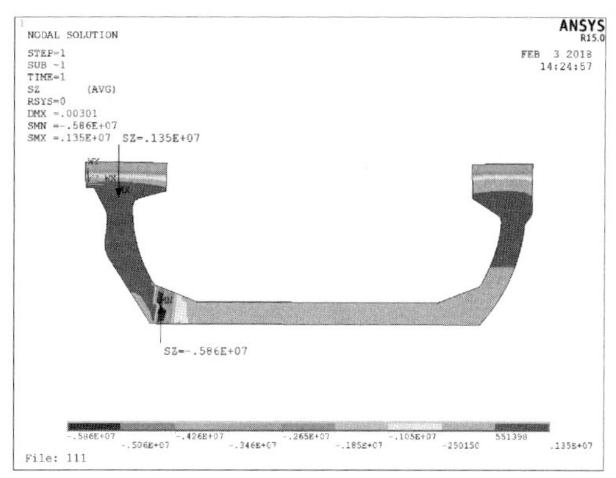

图 5.4-31　铁路规范(TB 10092)跨中截面纵向温度应力云图(单位:Pa)

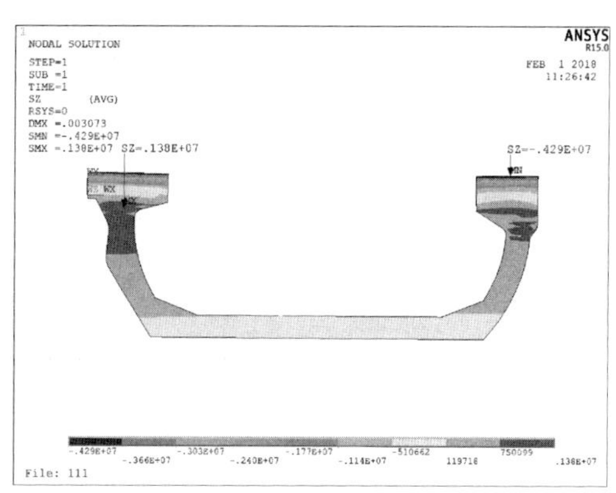

图 5.4-32　公路规范(JTG D60)跨中截面纵向温度应力云图(单位:Pa)

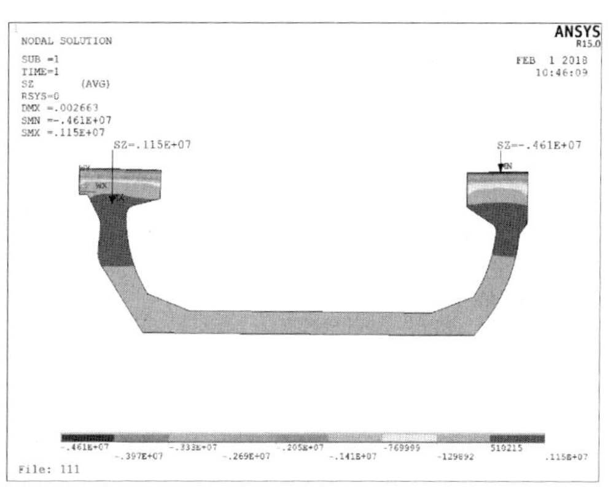

图 5.4-33　美国规范(AASHTO)跨中截面纵向温度应力云图(单位:Pa)

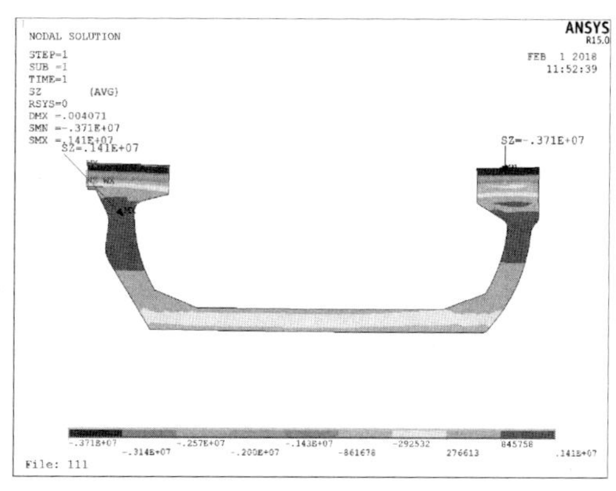

图 5.4-34　新西兰规范跨中截面纵向温度应力云图(单位:Pa)

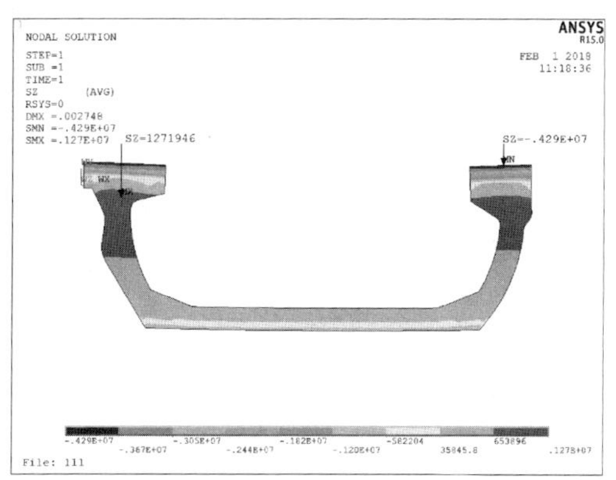

图 5.4-35　英国规范(BS 5400)跨中截面纵向温度应力云图(单位:Pa)

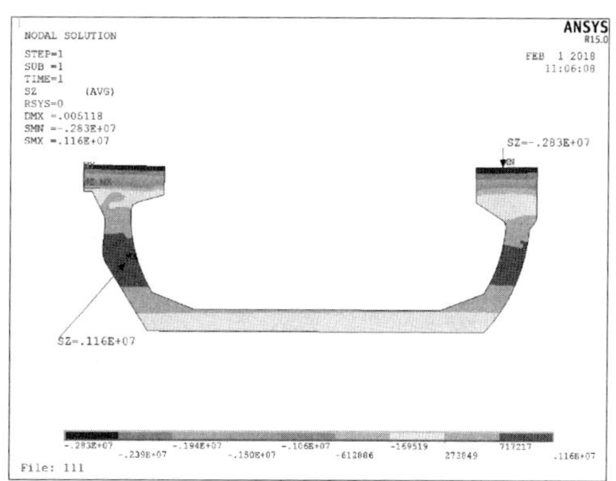

图 5.4-36　澳大利亚规范跨中截面纵向温度应力云图(单位:Pa)

各规范下梁体跨中截面纵向温度应力值　　表 5.4-7

规范		铁路规范(TB 10092)	公路规范(JTG D60)	美国规范(AASHTO)	新西兰规范	英国规范(BS 5400)	澳大利亚规范
温度应力值(MPa)	最大值	1.35	1.38	1.15	1.41	1.27	1.16
	最小值	-5.86	-4.29	-4.61	-3.71	-4.29	-2.83

注:应力值取拉应力为正,压应力为负。

根据图 5.4-31 ~ 图 5.4-36 跨中截面纵向温度应力计算结果,可以得出以下结论:

①将温度基数修改为青岛地区温度,按铁路规范(TB 10092)计算,最大拉应力出现在左侧腹板顶部,最大拉应力为 1.35MPa;最大压应力出现在腹板与底板交界处,最大压应力为 5.86MPa。

②将温度基数修改为青岛地区温度,除铁路规范(TB 10092)外,各国规范按修改后的温度梯度模式计算得到的纵向温度应力分布相似,各种温度梯度模式下计算的最大拉应力、最大压应力值均相当;腹板中部产生拉应力,新西兰规范计算得到的拉应力最大,其值达 1.41MPa。U 形梁翼板与底板以受压为主,但底板应力较小,按美国规范(AASHTO)计算得到的压应力最大,其值达 4.61MPa。

③对比图 5.4-1 ~ 图 5.4-6 和图 5.4.31 ~ 图 5.4-36 可以看出,将温度基数修改为青岛地区温度后计算得到的温度应力分布与按各国规范计算得到的应力分布基本保持一致,只是其最大拉应力值、最大压应力值均有所降低。

2)跨中截面横向温度应力计算结果

参照各既有规范,将温度基数修改为青岛地区温度,计算得到的跨中截面横向温度应力结果如图 5.4-37 ~ 图 5.4-42 所示,最大、最小应力值见表 5.4-8。

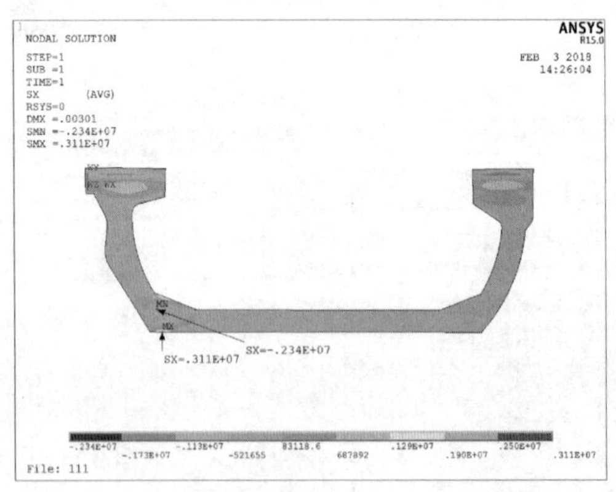

图 5.4-37　铁路规范(TB 10092)跨中截面横向温度应力云图(单位:Pa)

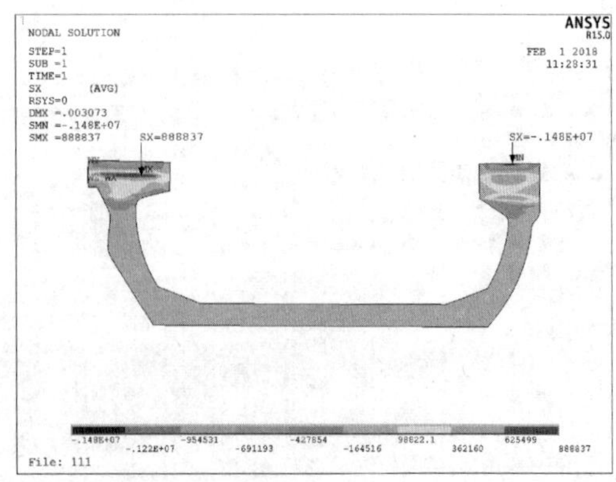

图 5.4-38　公路规范(JTG D60)跨中截面横向温度应力云图(单位:Pa)

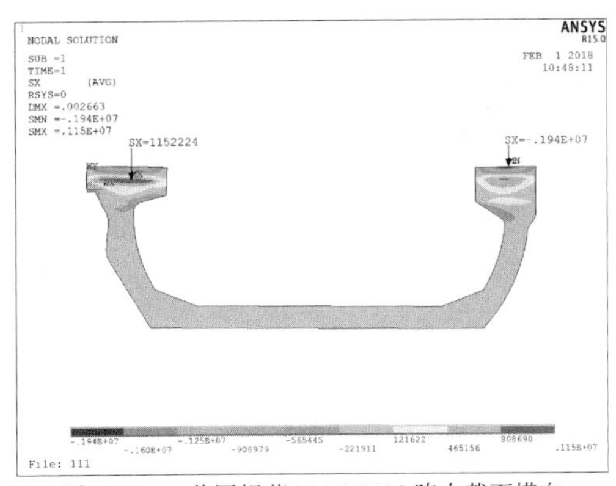

图5.4-39　美国规范(AASHTO)跨中截面横向温度应力云图(单位:Pa)

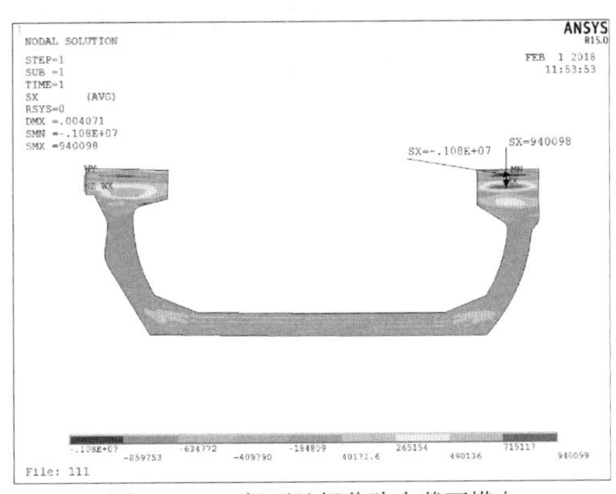

图5.4-40　新西兰规范跨中截面横向温度应力云图(单位:Pa)

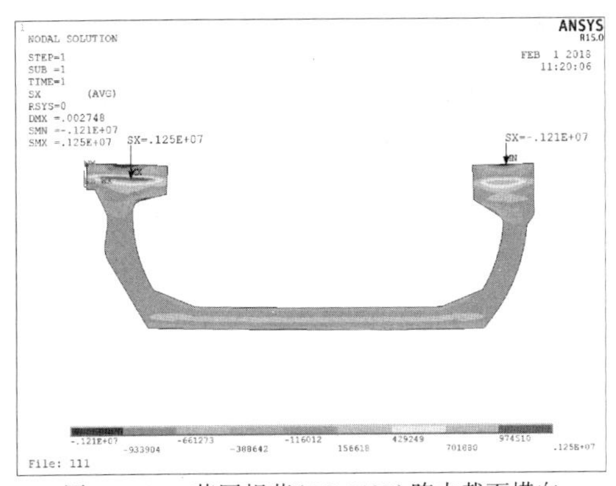

图5.4-41　英国规范(BS 5400)跨中截面横向温度应力云图(单位:Pa)

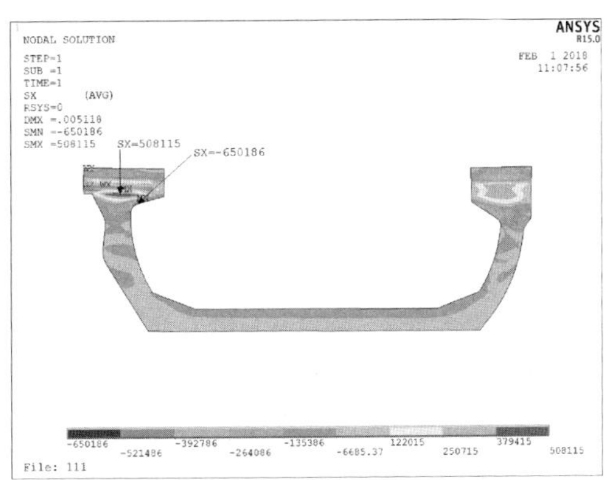

图5.4-42　澳大利亚规范跨中截面横向温度应力云图(单位:Pa)

各规范下梁体跨中截面横向温度应力值　　表5.4-8

规范		铁路规范(TB 10092)	公路规范(JTG D60)	美国规范(AASHTO)	新西兰规范	英国规范(BS 5400)	澳大利亚规范
温度应力值(MPa)	最大值	3.11	0.89	1.15	0.94	1.25	0.51
	最小值	-2.34	-1.48	-1.94	-1.08	-1.21	-0.65

注:应力值取拉应力为正,压应力为负。

根据图5.4-37～图5.4-42跨中截面横向温度应力计算结果,可以得出以下结论:

①将温度基数修改为青岛地区温度,按铁路规范(TB 10092)计算,最大拉应力与最大压应力出现在腹板与底板交界处,最大拉应力为3.11MPa,最大压应力为2.34MPa。

②将温度基数修改为青岛地区温度,除铁路规范(TB 10092)外,各国规范按修改后的温度梯度模式计算得到的横向温度应力分布相似,各种温度梯度模式下计算的横向温度最大拉应力值、最大压应力值均相当。美国规范(AASHTO)计算得到的压应力值最大,达1.94MPa;英国规范(BS 5400)计算得到的拉应力值最大,达1.25MPa。

③对比图5.4-8～图5.4-13和图5.4-37～图5.4-42可以看出,将温度基数修改为青岛地区温度,计算得到的温度应力分布与按各国规范计算得到的横向温度应力分布基本保持一致,

但其最大拉应力、最大压应力值均有所降低。

3)跨中截面竖向温度应力计算结果

参照各既有规范,将温度基数修改为青岛地区温度,计算得到的跨中截面竖向温度应力结果如图 5.4-43 ~ 图 5.4-48 所示,最大、最小应力值见表 5.4-9。

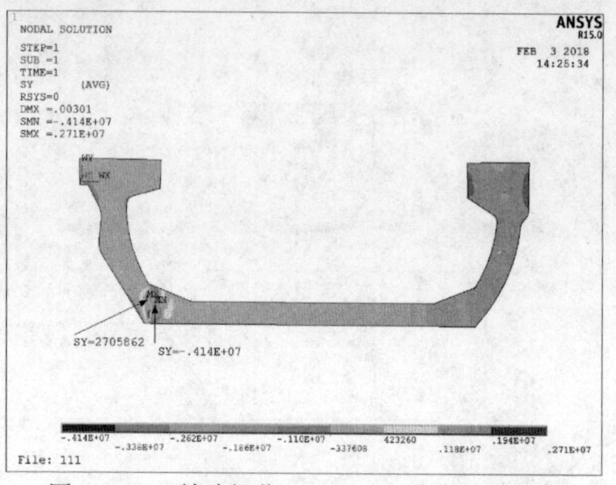

图 5.4-43 铁路规范(TB 10092)跨中截面竖向温度应力云图(单位:Pa)

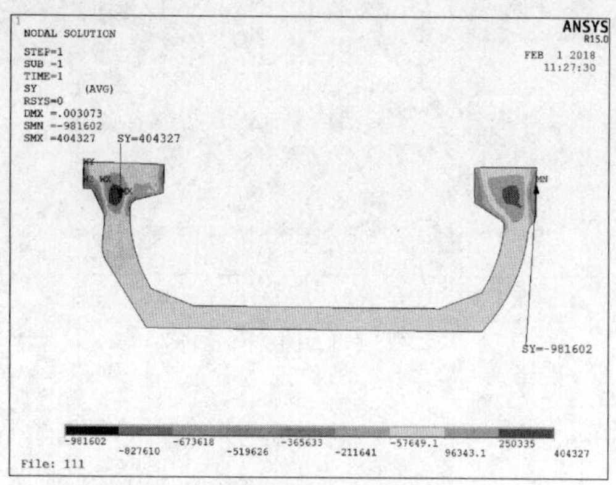

图 5.4-44 公路规范(JTG D60)跨中截面竖向温度应力云图(单位:Pa)

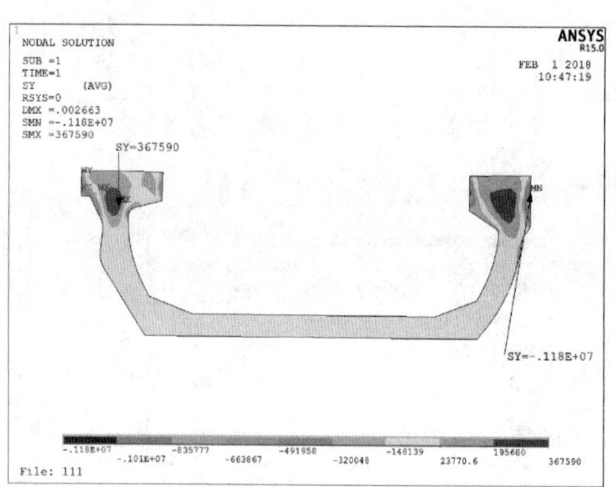

图 5.4-45 美国规范(AASHTO)跨中截面竖向温度应力云图(单位:Pa)

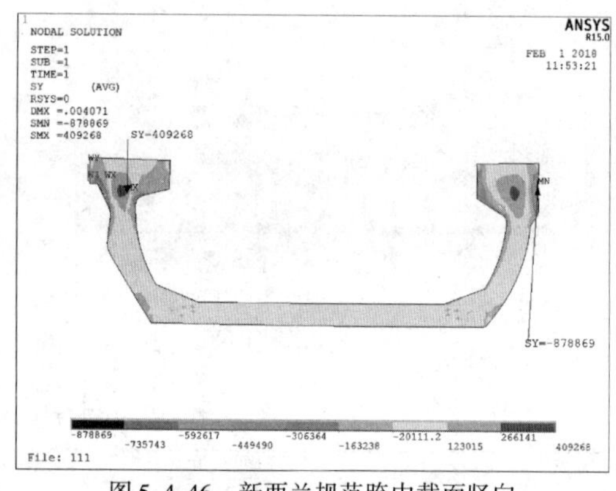

图 5.4-46 新西兰规范跨中截面竖向温度应力云图(单位:Pa)

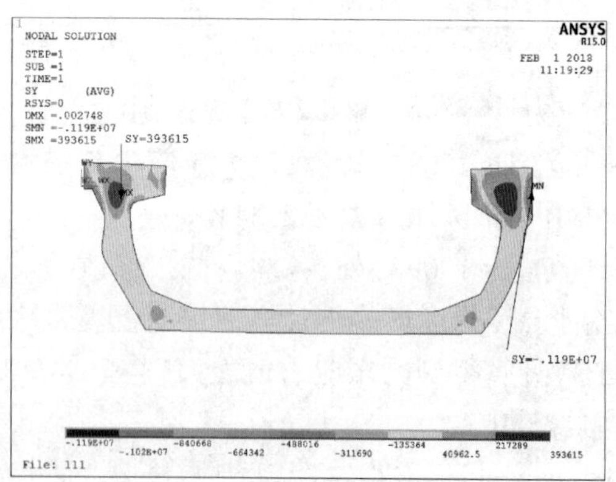

图 5.4-47 英国规范(BS 5400)跨中截面竖向温度应力云图(单位:Pa)

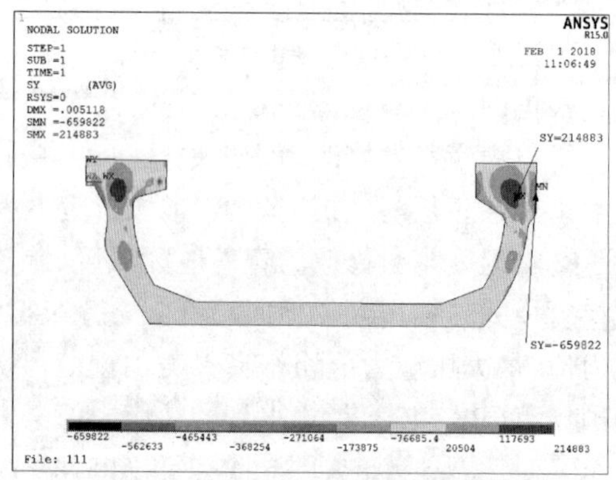

图 5.4-48 澳大利亚规范跨中截面竖向温度应力云图(单位:Pa)

各规范下梁体跨中截面竖向温度应力值　　表 5.4-9

规范		铁路规范（TB10092）	公路规范（JTG D60）	美国规范（AASHTO）	新西兰规范	英国规范（BS 5400）	澳大利亚规范
温度应力值（MPa）	最大值	2.71	0.40	0.37	0.41	0.39	0.21
	最小值	-4.14	-0.98	-1.18	-0.88	-1.19	-0.66

注:应力值取拉应力为正,压应力为负。

根据图 5.4-43 ~ 图 5.4-48 跨中截面竖向温度应力计算结果,可以得出以下结论:

①将温度基数修改为青岛地区温度,按铁路规范(TB 10092)计算,最大拉应力与最大压应力均出现在腹板与底板交界处,最大拉应力为 2.71MPa,最大压应力为 4.14MPa。

②将温度基数修改为青岛地区温度,除铁路规范(TB 10092)外,各国规范按修改后的温度梯度模式计算得到的竖向温度应力分布相似,各种温度梯度模式下计算的竖向温度最大拉应力、最大压应力值均相当;翼板中部产生拉应力,新西兰规范计算得到的拉应力最大,其值为 0.41MPa。U 形梁腹板与底板以受压为主,英国规范(BS 5400)计算得到的压应力最大,其值达 1.19MPa。

③对比图 5.4-15 ~ 图 5.4-20 和图 5.4-43 ~ 图 5.4-48 可以看出,将温度基数修改为青岛地区温度,计算得到的温度应力分布与各国规范计算得到的温度应力分布基本保持一致,只是其最大拉应力、最大压应力值有所减小。

2. 降温作用下主梁应力计算结果

1)跨中截面纵向温度应力计算结果

参照各既有规范,将温度基数修改为青岛地区温度,计算得到的跨中截面纵向温度应力结果如图 5.4-49 ~ 图 5.4-51 所示,最大、最小应力值见表 5.4-10。

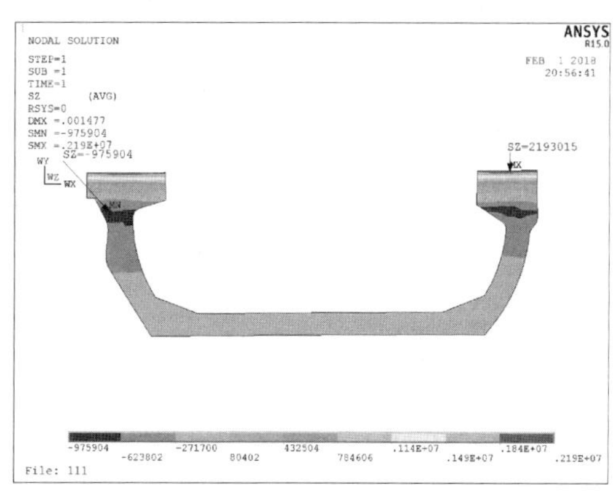

图 5.4-49　公路规范(JTG D60)跨中截面纵向温度应力云图(单位:Pa)

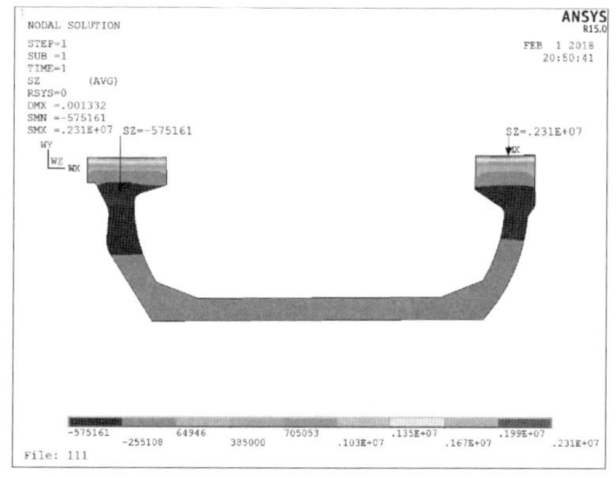

图 5.4-50　美国规范(AASHTO)跨中截面纵向温度应力云图(单位:Pa)

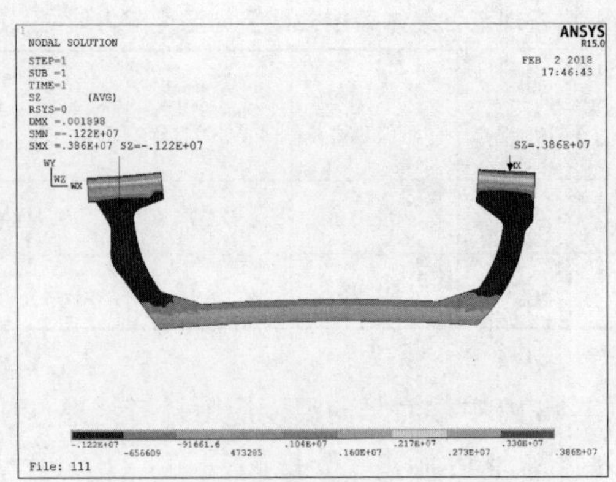

图 5.4-51　英国规范(BS 5400)跨中截面纵向温度应力云图(单位:Pa)

各规范下梁体跨中截面纵向温度应力值　　表 5.4-10

规范		公路规范(JTG D60)	美国规范(AASHTO)	英国规范(BS 5400)
温度应力值(MPa)	最大值	2.19	2.31	3.86
	最小值	-0.98	-0.58	-1.22

注:应力值取拉应力为正,压应力为负。

根据图 5.4-49 ~ 图 5.4-51 跨中截面纵向温度应力计算结果,可以得出以下结论:

①对比图 5.4-22 ~ 图 5.4-24 和图 5.4-49 ~ 图 5.4-51 可知,降温作用下,根据公路规范(JTG D60)与美国规范(AASHTO),将温度基数修改为青岛地区温度计算得到的纵向温度应力分布与按规范计算得到的纵向温度应力分布相似,翼板顶面受拉,但其数值有所降低。

②英国规范(BS 5400)的温度梯度没有发生变化,翼缘板顶面受拉,最大拉应力值达 3.86MPa;U 形梁腹板及底板以受压为主,但压应力均较小。

2)跨中截面横向温度应力计算结果

参照各既有规范,将温度基数修改为青岛地区温度,计算得到的跨中截面横向温度应力结果如图 5.4-52 ~ 图 5.4-54 所示,最大、最小应力值见表 5.4-11。

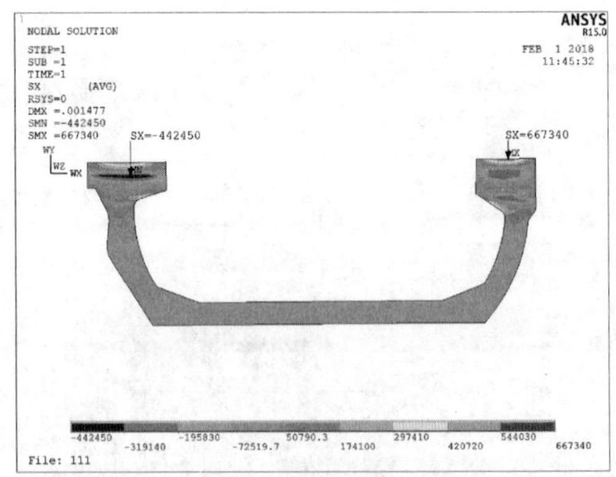

图 5.4-52　公路规范(JTG D60)跨中截面横向温度应力云图(单位:Pa)

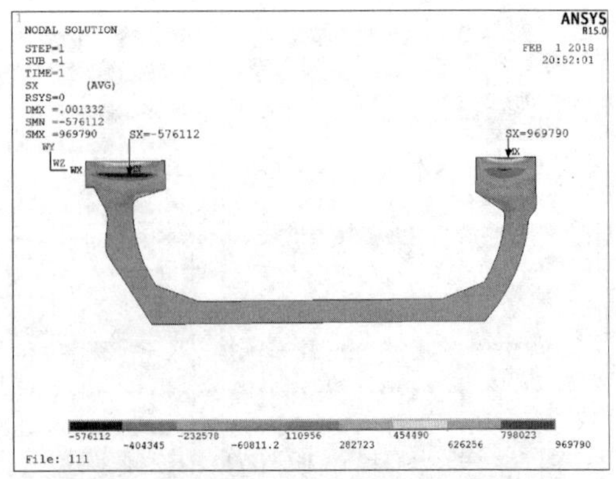

图 5.4-53　美国规范(AASHTO)跨中截面横向温度应力云图(单位:Pa)

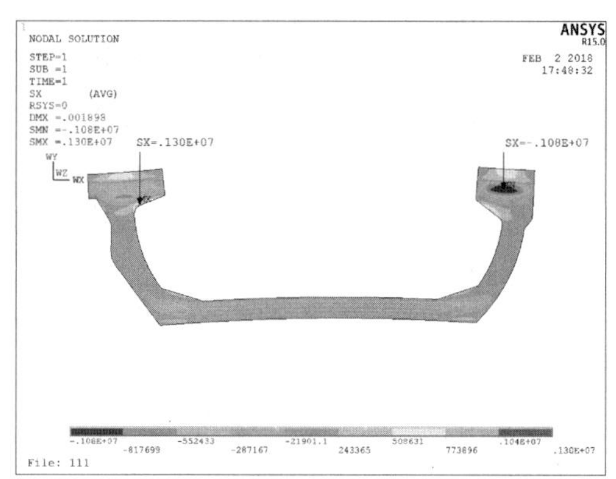

图 5.4-54　英国规范(BS 5400)跨中截面横向温度应力云图(单位:Pa)

各规范下梁体跨中截面横向温度应力值　　表 5.4-11

规范		公路规范(JTG D60)	美国规范(AASHTO)	英国规范(BS 5400)
温度应力值(MPa)	最大值	0.67	0.97	1.30
	最小值	-0.44	-0.58	-1.08

注:应力值取拉应力为正,压应力为负。

根据图 5.4-52 ~ 图 5.4-54 跨中截面横向温度应力计算结果,可以得出以下结论:

①对比图 5.4-25 ~ 图 5.4-27 和图 5.4-52 ~ 图 5.4-54 可知,降温作用下,根据公路规范(JTG D60)、美国规范(AASHTO)和英国规范(BS 5400),将温度基数修改为青岛地区温度后计算得到的跨中截面横向温度应力分布与按规范计算得到的温度应力分布相似。

②公路规范(JTG D60)和美国规范(AASHTO)计算得到的最大横向拉应力出现在翼板顶面,英国规范(BS 5400)计算得到的最大横向拉应力发生在翼板拐角处,按英国规范(BS 5400)计算得到的拉应力最大,其值为 1.30MPa。U 形梁翼板中部、腹板与底板产生压应力,最大压应力出现在翼板中部,按英国规范(BS 5400)计算得到的压应力最大,其值为 1.08MPa。

3)跨中截面竖向温度应力计算结果

参照各既有规范计算得到的跨中截面竖向温度应力结果如图 5.4-55 ~ 图 5.4-57 所示,最大、最小应力值见表 5.4-12。

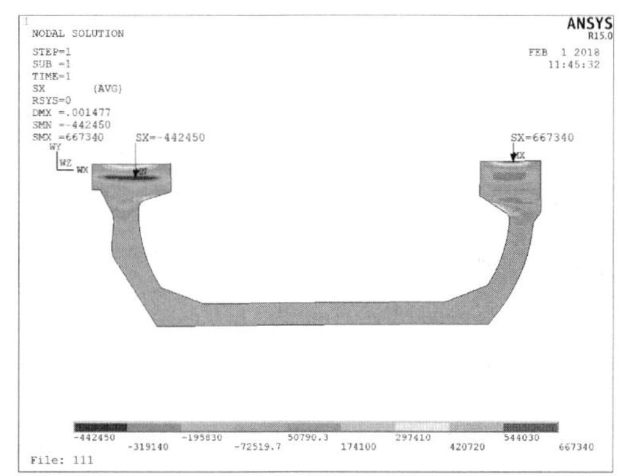

图 5.4-55　公路规范(JTG D60)跨中截面竖向温度应力云图(单位:Pa)

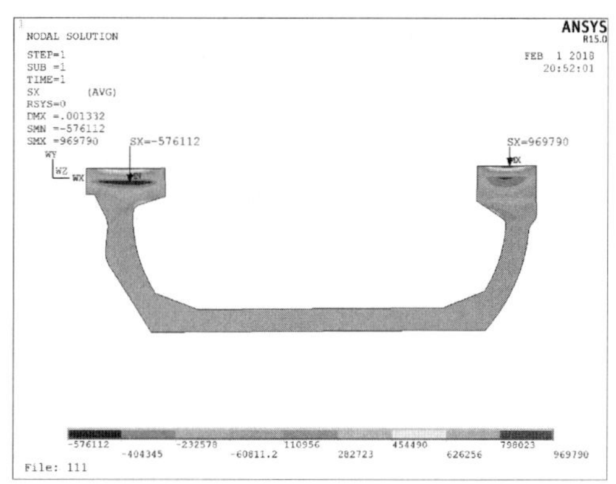

图 5.4-56　美国规范(AASHTO)跨中截面竖向温度应力云图(单位:Pa)

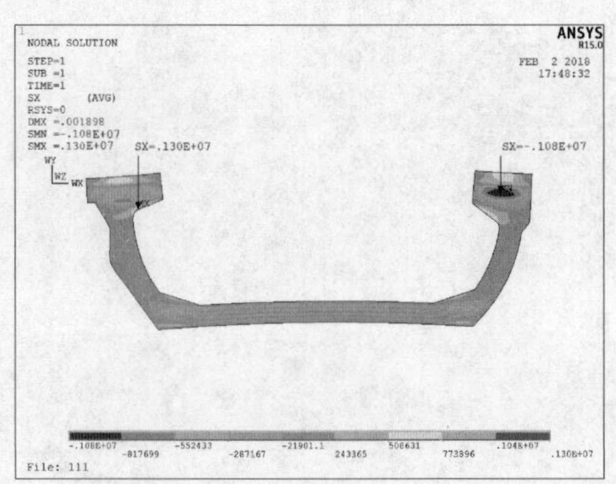

图 5.4-57　英国规范(BS 5400)跨中截面竖向温度应力云图(单位:Pa)

各规范下梁体跨中截面竖向温度应力值　　表 5.4-12

规范		公路规范(JTG D60)	美国规范(AASHTO)	英国规范(BS 5400)
温度应力值(MPa)	最大值	0.44	0.59	1.47
	最小值	-0.29	-0.18	-0.41

注:应力值取拉应力为正,压应力为负。

根据图 5.4-55 ~ 图 5.4-57 跨中截面竖向温度应力计算结果,可以得出以下结论:

①对比图 5.4-28 ~ 图 5.4-30 和图 5.4-55 ~ 图 5.4-57 可知,降温作用下,根据公路规范(JTG D60)、美国规范(AASHTO)和英国规范(BS 5400),将温度基数修改为青岛地区温度后计算得到的跨中截面竖向温度应力分布与按规范计算得到的温度应力分布相似。

②按公路规范(JTG D60)、美国规范(AASHTO)和英国规范(BS 5400)计算得到的跨中截面竖向温度应力分布相似,最大竖向拉应力出现在右侧翼板侧面,按英国规范(BS 5400)计算得到的拉应力最大,其值为 1.47MPa;U 形梁翼板中部、底板与腹板以受压为主,最大竖向压应力出现在翼板中部,但其值较小。

5.4.3　修正温度梯度下温度效应分析

根据 5.4.1、5.4.2 节对温度效应对比分析可知,直接套用铁路规范(TB 10092),由于考虑了竖向温度梯度与底板横向温度梯度,左侧腹板与底板交界处温度变化过大,导致最大拉应力及最大压应力均出现在腹板与底板交界处。直接套用其他规范中的温度梯度模式计算的温度效应,升温情况下,最大拉应力发生在翼板底部或腹板中部,最大压应力发生在翼板顶部,而腹板下部与底板的应力很小;降温情况下,最大拉应力出现在翼板顶面,腹板及底板以受压为主,与实际情况差异较大。所以直接套用现行规范中的温度梯度模式,计算得到的温度效应将与实际情况产生较大误差。故须对温度梯度进行修正;腹板竖向温度梯度和底板竖向温度梯度模式单独考虑,均为指数函数;单侧腹板中部横向温差较大,只考虑单侧腹板中部横向温度梯度作用,腹板横向温度梯度为指数函数。修正温度加载示意图见图 5.4-58 和图 5.4-59。

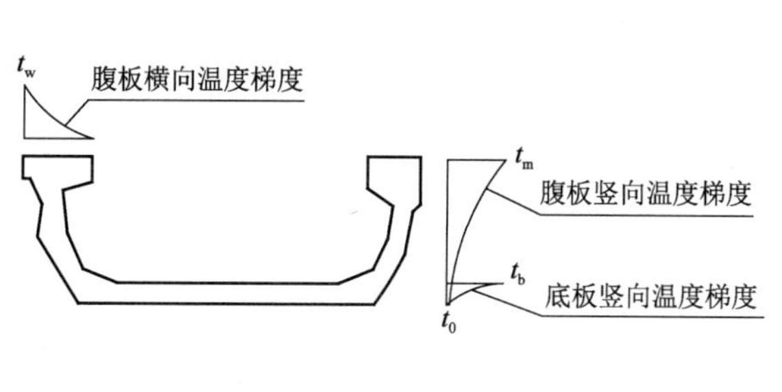

图 5.4-58　修正温度加载示意图

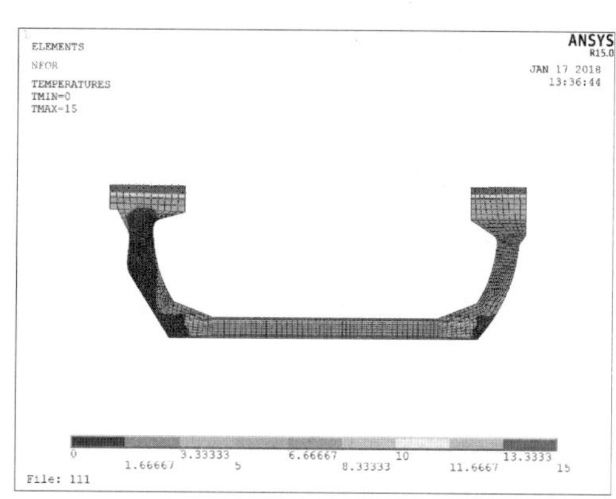

图 5.4-59　修正温度 ANSYS 加载示意图

对铁路规范（TB 10092）及董旭等人提出的温度梯度模式进行修正时，同时考虑腹板竖向、底板竖向和腹板横向温度梯度，负温差为正温差乘 −0.5。具体表达式如下：

①腹板竖向温度梯度：

$$t_{yw} = t_0 + t_m e^{-\alpha_1 y}$$

$$t_0 = 3℃, t_m = 12℃, \alpha_1 = 7$$

式中，t_{yw}为梁高方向温差，t_0为腹板底部底板高度范围内温差（℃），t_m为腹板上部翼缘板高度范围内温差（℃），α_1为腹板竖向温度梯度计算参数。以腹板上部翼缘板顶面为竖向坐标零点，坐标方向以向下为正值，单位为 m。

②底板竖向温度梯度：

$$t_{yb} = t_b e^{-\alpha_2 y}$$

$$t_b = 14℃, \alpha_2 = 7$$

式中，t_{yb}为沿底板高度方向竖向温差（℃），t_b为底板的最大温差（℃），α_2为底板竖向温度梯度拟合计算参数。以底板顶面为竖向坐标零点，坐标方向以向下为正值，单位为 m。

③腹板横向温度梯度：

$$t_{xw} = t_w e^{-\alpha_3 x}$$

$$t_w = 12.5℃, \alpha_3 = 15$$

式中，t_{xw}为腹板横向温差（℃），t_w为腹板的横向最大温差（℃），α_3为腹板横向温度梯度拟合计算参数。以腹板外侧为横向坐标零点，坐标方向以向内侧为正值，单位为 m。

本模型采用修正后的温度梯度模式，利用有限元软件 ANSYS 进行加载，取跨中截面纵向、横向、竖向温度应力计算结果，分别对升温与降温作用效应进行对比分析，具体计算结果如下。

1. 升温作用下主梁应力计算结果

1）跨中截面纵向温度应力计算结果

修正温度梯度模式下跨中截面纵向温度应力云图如图 5.4-60 所示，根据图 5.4-60 可以得出以下结论：

①由于腹板与底板均考虑竖向温度梯度，底板与腹板交界处温度变化较大导致局部的应力过大，最大拉应力与最大压应力发生在腹板与底板交界处。最大拉应力值为 3.49MPa，最大压应力为 4.28MPa。

②受竖向及横向温度梯度影响，底板下缘及朝阳侧腹板中部产生较大纵向拉应力；底板上缘及翼缘板上缘产生较大纵向压应力，最大压应力为 4.28MPa。

2）跨中截面横向温度应力计算结果

修正温度梯度模式下跨中截面横向温度应力云图如图 5.4-61 所示，根据图 5.4-61 可以得出以下结论：

①最大横向拉应力与最大压应力发生在腹板与底板交界处，这是由于腹板与底板均考虑竖向温度梯度，底板与腹板交界处温度变化较大导致局部的应力较大。

②底板及翼缘板产生横向拉应力，腹板中部产生横向压应力，但横向温度应力值均较小。

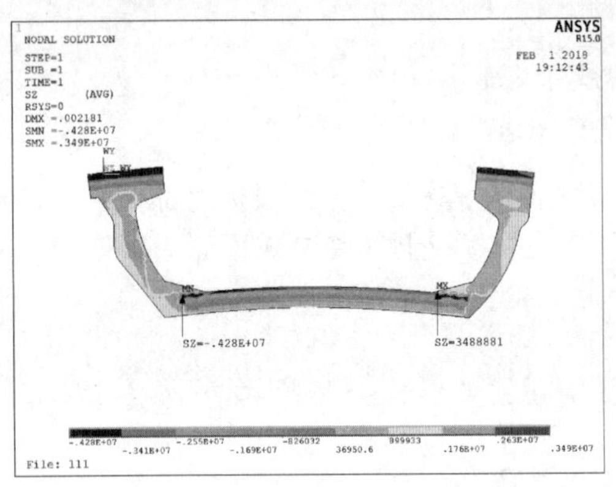

图 5.4-60　修正温度梯度模式下跨中截面纵向温度应力云图（单位：Pa）

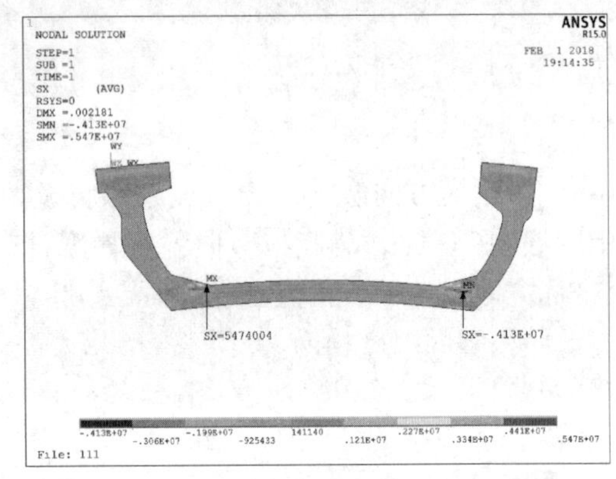

图 5.4-61　修正温度梯度模式下跨中截面横向温度应力云图（单位：Pa）

3）跨中截面竖向温度应力计算结果

修正温度梯度模式下跨中截面竖向温度应力云图如图 5.4-62 所示，根据图 5.4-62 跨中截面竖向温度应力计算结果，可以得出以下结论：

①由于腹板与底板均考虑竖向温度梯度，底板与腹板交界处温度变化较大导致局部的应力较大，最大竖向拉应力与最大压应力发生在腹板与底板交界处，最大竖向压应力为 2.92MPa，最大竖向拉应力为 2.75MPa。

②从图 5.4-62 中可以看出，修正温度梯度模式下跨中截面竖向温度应力值均较小。

2. 降温作用下主梁应力计算结果

1）跨中截面纵向温度应力计算结果

降温作用下，修正温度梯度模式下跨中截面纵向温度应力云图如图 5.4-63 所示，根据图 5.4-63可以得出以下结论：

①最大纵向拉应力与最大压应力发生在腹板与底板交界处，由于腹板与底板均考虑竖向

温度梯度,底板与腹板交界处温度变化较大导致局部的应力较大。

②降温作用下,底板上缘及翼缘板上侧产生较大纵向拉应力,最大拉应力达 2.14MPa;底板下缘及腹板中部产生纵向压应力,最大压应力为 1.74MPa。

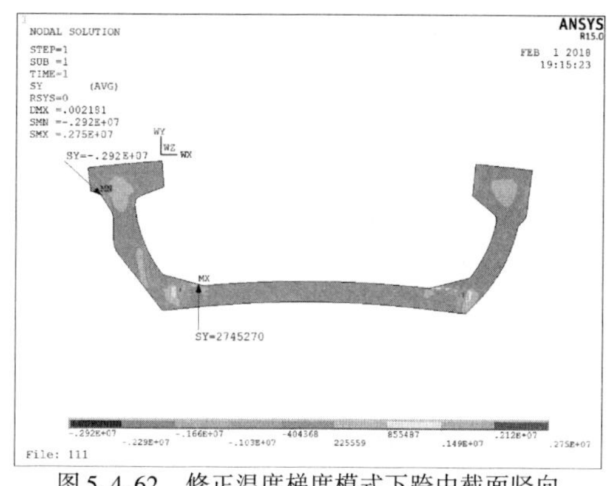

图 5.4-62　修正温度梯度模式下跨中截面竖向温度应力云图(单位:Pa)

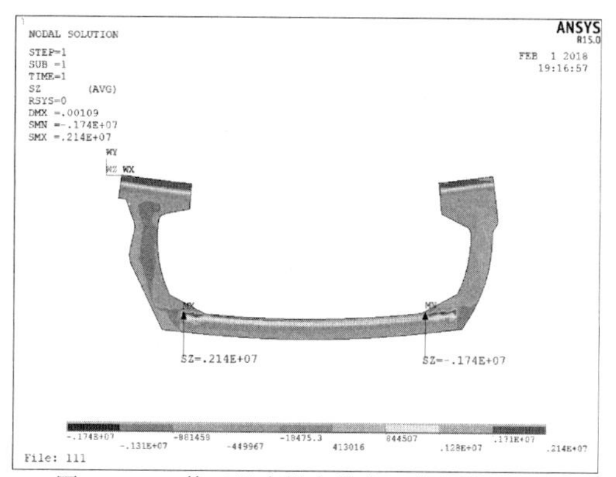

图 5.4-63　修正温度梯度模式下跨中截面纵向温度应力云图(单位:Pa)

2)跨中截面横向温度应力计算结果

降温作用下,修正温度梯度模式下跨中截面横向温度应力云图如图 5.4-64 所示,根据图 5.4-64可以得出以下结论:

①由于腹板与底板均考虑竖向温度梯度,底板与腹板交界处温度变化较大导致局部的应力较大。最大横向拉应力与最大压应力发生在腹板与底板交界处,最大拉应力为 2.06MPa,最大压应力为 2.74MPa。

②降温作用下,梁整体所受的横向温度拉应力与压应力均较小,可不考虑其影响。

3)跨中截面竖向温度应力计算结果

降温作用下,修正温度梯度模式下跨中截面竖向温度应力云图如图 5.4-65 所示,根据图 5.4-65可以得出以下结论:

①最大压应力发生在左侧翼缘板与腹板交界处,最大压应力为 1.37MPa;最大拉应力发生在左侧腹板与底板交界处,最大拉应力为 1.46MPa。

②降温作用下,梁整体所受的竖向温度拉应力与压应力均较小,可不考虑其影响。

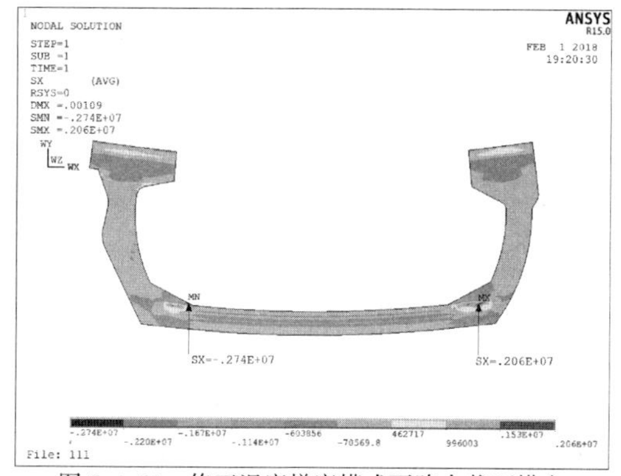

图 5.4-64　修正温度梯度模式下跨中截面横向温度应力云图(单位:Pa)

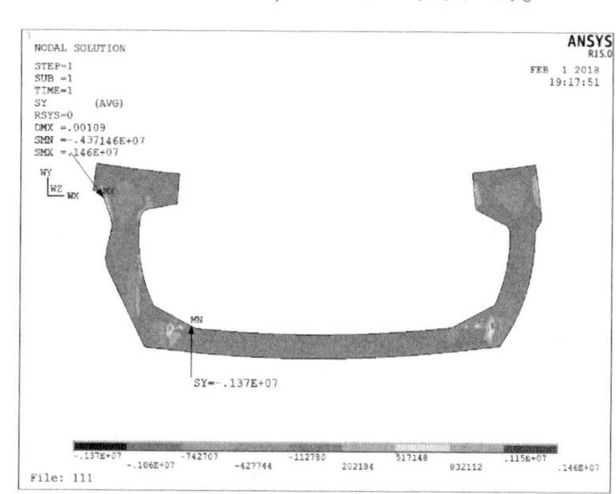

图 5.4-65　修正温度梯度模式下跨中截面竖向温度应力云图(单位:Pa)

5.5 U 形梁温度效应研究主要成果

5.5.1 U 形梁温度效应下的危险部位

根据修正后的温度梯度模式进行温度加载,危险部位示意图如图 5.5-1 所示。

(1)升温情况下,分别考虑腹板竖向与底板竖向温度梯度,在腹板与底板交界处(图 5.5-1 中 3 位置),局部出现较大的拉应力与压应力;考虑单侧腹板横向温度梯度,在腹板中部内侧(图 5.5-1 中 2 位置)产生较大拉应力,混凝土 U 形梁设计计算中应考虑由温度效应产生的拉应力影响。

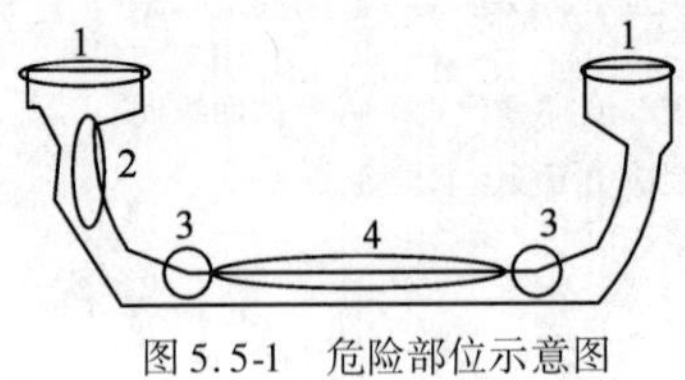

图 5.5-1 危险部位示意图

(2)降温情况下,在腹板与底板交界处(图 5.5-1 中 3 位置),局部出现较大的拉应力与压应力;另外,在翼缘板顶部(图 5.5-1 中 1 位置)和底板顶部(图 5.5-1 中 4 位置)产生较大的拉应力,混凝土 U 形梁设计计算中应考虑由温度效应产生的拉应力影响。

5.5.2 U 形梁温度效应研究总结

(1)按铁路规范(TB 10092)进行温度加载,由于考虑了竖向温度梯度与底板横向温度梯度,左侧腹板与底板交界处温度变化过大,导致最大拉应力及最大压应力均出现在腹板与底板交界处。按公路规范(JTG D60)、美国规范(AASHTO)、新西兰规范、英国规范(BS 5400)、澳大利亚规范进行温度加载,升温作用下,纵向拉应力发生在翼板底部或腹板中部,新西兰规范计算得到的纵向拉应力最大,其值为 2.97MPa;纵向压应力发生在翼板顶部,新西兰规范计算得到的纵向压应力最大,其值为 7.91MPa;U 形梁底板产生的纵向、横向、竖向温度应力均较小。降温作用下,按公路规范(JTG D60)、美国规范(AASHTO)和英国规范(BS 5400)计算得到的跨中截面翼板顶面受拉,最大拉应力达 3.86MPa,腹板及底板以受压为主且压应力值较小。

(2)将温度基数修改为青岛地区温度,按铁路规范(TB 10092)计算,最大拉应力与最大压应力出现在腹板与底板交界处。按其他规范的温度梯度模式计算,升温作用下,纵向拉应力发生在腹板中部,新西兰规范计算得到的纵向拉应力最大,其值为 1.41MPa;纵向压应力发生在翼板顶部,美国规范(AASHTO)计算得到的压应力最大,其值达 4MPa。降温作用下,按公路规范(JTG D60)、美国规范(AASHTO)和英国规范(BS 5400)计算得到的跨中截面翼板顶面受拉,最大拉应力达 3.86MPa。

(3)按铁路规范(TB 10092)、公路规范(JTG D60)、美国规范(AASHTO)、新西兰规范、英国规范(BS 5400)、澳大利亚规范进行温度加载,与实际情况差异较大,所以直接套用现行规范中的温度梯度模式是不合适的,需要对 U 形梁的温度梯度模式进行修正。

(4)董旭等人提出的温度梯度模式,考虑了腹板竖向温度梯度、底板竖向温度梯度、腹板横向温度梯度,其应力分布明显与其他规范的应力分布不同。底板下缘与腹板内侧产生较大的纵向拉应力,最大拉应力发生在腹板与底板交界处,其值达 2.74MPa。

(5)修正的温度梯度不同于我国铁路规范(TB 10092)、美国规范(AASHTO)、新西兰规范、英国规范(BS 5400)、澳大利亚规范温度梯度模式。其腹板竖向温度梯度和底板竖向温度梯度模式根据铁路规范(TB 10092)进行修正,均为指数函数;根据已有资料,单侧腹板中部横向温差较大,只考虑单侧腹板中部横向温度梯度作用,腹板横向温度梯度为指数函数。

(6)在修正的温度梯度模式下,受竖向及横向温度梯度影响,升温情况下,底板下缘及朝阳侧腹板中部产生较大拉应力,最大拉应力约为 1.8MPa。但在混凝土 U 形梁设计计算中仍需对由温度效应产生的底板和腹板纵向拉应力影响给予考虑。

(7)在修正的温度梯度模式下,受竖向及横向温度梯度影响,降温情况下,底板上缘和翼缘板中部产生较大拉应力,最大拉应力约为 2.0MPa。混凝土 U 形梁设计计算中应对由温度效应产生的底板和腹板纵向拉应力影响给予考虑。

第6章 U形梁的施工

桥梁施工就是采用合理的施工方法,实现桥梁的设计思想和设计意图,将设计图纸变为能够满足设计功能要求的桥梁的过程。桥梁施工的方法多种多样,需要根据不同的施工场地和现有资源,选择先进合理的施工方案,这对于降低工程造价、加快施工进度、减少材料损耗、降低安全风险、保证工程质量是非常重要的。

6.1 简支梁桥的常见施工方法

桥梁上部结构的施工方法始于20世纪70年代,随着预应力混凝土的广泛应用,目前已经得到了迅速的发展,发生了重大的变革。

在钢筋混凝土桥梁的时代,施工方法主要是现场浇筑,而随着施工进程的加快和施工环境质量的提高,预制拼装的施工方法愈发普遍。箱梁类型与跨径幅度的增加、构件生产的预制化、结构设计方法的进步、机械设备的发展,促使桥梁施工方法不断进步和发展,变得多种多样。下面将介绍轨道交通高架桥梁上部结构的施工方法,并概括各种方法的施工特点。[8]

6.1.1 支架现浇法

支架现浇法是矮墩桥梁施工中常用的方法。支架现浇是指在桥位处搭设支架,在支架上浇筑桥体混凝土,达到强度后拆除模板、支架。它的优点是就地浇筑,施工无须预制场地,而且不需要大型起吊、运输设备,梁体的主筋可不中断,桥梁整体性好。而它的缺点主要是工期长,施工质量不容易控制;对预应力混凝土来说,混凝土收缩、徐变引起的应力损失比较大;施工中的支架、模板耗用量大,施工费用高;搭设支架影响排洪、通航,施工期间可能受到洪水和漂流物的威胁。支架现浇施工中应注意支架地基的处理,防止地基沉降,除必要的地基加固外,对支架进行预压、设置必要的排水沟是防止地基沉降的重要手段。

支架现浇的主要工序为:支架的搭设、模板的安装、混凝土的浇筑、混凝土养护、拆卸模板与支架。

1. 支架搭设

支架按其构造可分为满堂支架(图6.1-1)、梁式支架(图6.1-2)及梁柱式支架(图6.1-3)三种。

(1)满堂支架:构造简单,可用于陆地或不通航河道及桥墩不高的小跨径桥梁。支架一般由碗扣式脚手架搭设。

(2)梁式支架:根据跨径不同,梁可采用工字钢、钢板梁、钢桁梁或贝雷梁等。梁可以支撑在墩旁支柱上,也可以支撑在桥墩预留的托架上。

图6.1-1　满堂支架

图6.1-2　梁式支架

(3)梁柱式支架:桥梁必须在支架下设置通行孔道,跨越松软地基时可采用梁柱式支架,支架梁支承在桥墩台及临时支柱或临时墩上,形成多跨的梁柱式支架。

2.模板的安装

模板的选择主要取决于同类桥跨结构的数量和模板材料的供应情况。当建造单跨或多跨不同的桥跨结构时,一般采用木模;当建造多跨相同的桥跨结构时,可采用大型模板块件或钢模板。如图6.1-4所示。

图6.1-3　梁柱式支架

图6.1-4　桥梁现浇法施工模板

3.混凝土的浇筑

混凝土的浇筑方法直接影响混凝土的密实性和整体性,这对混凝土的质量影响很大。因此,必须根据混凝土的拌制能力、运距与浇筑速度、气温及振捣能力等因素,谨慎选择混凝土的浇筑工艺。

当板件的高度(或厚度)较大时,为了保证混凝土能振捣密实,应采用分层浇筑法。浇筑层的厚度与混凝土的稠度及振捣方式有关,在一般稠度下,用插入式振捣器振捣时,浇筑层厚度为振捣器作用部分长度的1.25倍;用平板式振捣器振捣时,浇筑层厚度不超过20cm。薄腹T梁或箱梁的梁肋,当用侧向附着式振捣器振捣时,浇筑层厚度一般为30~40cm。采用人工振捣时，浇筑层厚度视钢筋密疏程度而定，通常取为 15 ~ 25cm。

分层浇筑时，应在前层混凝土开始凝结之前，将次层混凝土灌筑捣实。在此情况下，上、下层浇筑时间间隔不宜超过 1h（当气温在 30℃以上时）或 1.5h（当气温在 30℃以下时）。也可由试验资料来确定容许的时间间隔。

如果在灌筑次层混凝土时前层混凝土已经凝结，则要待前层混凝土强度不小于 1200kPa 时，经结合缝处理后才可灌筑次层混凝土；当要求结合缝具有不渗水性时，应在前层混凝土强度达到 2500kPa 后，再浇筑新混凝土。

4. 混凝土的养护和拆模

混凝土中水泥的水化作用过程，就是混凝土凝固、硬化和强度发育的过程。它与周围环境的温度、湿度有着密切的关系。当温度低于 15℃时，混凝土的硬化速度减慢，而当温度降至 -2℃以下时，硬化基本停止。在干燥的气候下，混凝土中的水分迅速蒸发，一方面使混凝土表面剧烈收缩而导致裂缝；另一方面当游离水分全部蒸发后，水泥水化作用也就停止，混凝土即停止硬化。因此，混凝土浇筑后需进行适当的养护，以保持混凝土硬化发育所需要的温度和湿度。

目前在桥梁施工中采用最多的是在自然气温条件（气温在 5℃以上）下的自然养护方法。此法是在混凝土终凝后，在构件上覆盖草袋、麻袋、稻草或沙子，经常洒水，以保持构件处于湿润状态。

自然养护法的养护时间与水泥品种和是否掺用塑化剂有关。一般情况下，用普通硅酸盐水泥的混凝土，养护时间为 7d 以上；用矿渣水泥、火山灰质水泥或掺用塑化剂的，为 14d 以上。每天浇水的次数，以能使混凝土保持充分湿润为度。在一般气候条件下，当温度高于 15℃时，前三天白天每隔 1 ~ 2h 浇水一次，夜间至少浇水 2 ~ 4 次，在以后的养护期间可酌情减少。在干燥的气候条件下，或在大风天气中，应适当增加浇水的次数。

自然养护法比较经济，但混凝土强度增长较慢，模板占用时间也长，特别是在低温下（5℃以下）不能采用。

为了加快模板周转和施工进度，可采用蒸汽法养护混凝土。

混凝土经过养护，当强度达到设计强度的 25% ~ 50% 时，即可拆除梁的侧模。

6.1.2 预制安装法

预制安装法是在预制工厂或运输方便的桥址附近，在预制厂内进行梁的预制工作，然后采用一定的架设方法进行安装。

预制安装法的主要特点如下：

（1）由于构件是工厂生产制作，对于构件的质量和尺寸精度，在预制中能尽可能地达到要求。

（2）桥梁上、下部结构可以平行作业，因而可缩短施工工期。

（3）能有效利用劳动力，降低工程造价。

（4）由于施工速度快，适用于紧急施工工程。

（5）将构件预制后由于要存放一段时间，因此在安装时已有一定龄期，可减小混凝土收缩、徐变引起的变形。

预制构件的安装方法有很多，各需不同的安装设备，可根据施工的实际情况合理选择。

1. 自行式吊车架梁

在桥不高，场内又可设置行车便道的情况下，用自行式吊车（汽车吊车或履带吊车）架设中、小跨径的桥梁十分方便，如图 6.1-5 所示。此法视吊装重量不同，还可采用单吊（一台吊车）或双吊（两台吊车）两种。其特点是机动性好，不需要动力设备，不需要准备作业，架梁速度快。

图 6.1-5　自行式吊车架梁

2. 门式吊车架梁

对于桥面不太高，架桥孔数又多，沿桥墩两侧设轨道不困难的情况，可以采用一台或两台跨墩门式吊车来架梁（图 6.1-6）。此时，除了吊车行走轨道外，在其内侧尚应铺设运梁轨道，或者设便道用拖车运梁。梁运到后，用门式吊车起吊、横移，并安装在预定位置。当一孔架完后，吊车前移，再架设下一孔。

图 6.1-6　门式吊车架梁

3. 架桥机架梁

架桥机架梁（图 6.1-7、图 6.1-8）适用于中、小跨径多跨简支梁桥；在需架设的梁体数量多、运距长的情况下，采用架桥机架设施工也比较合适。其优点是不受墩高和水深的影响；在施工过程中不影响通航；架设效率高，一般条件下每天可以架设 2 ~ 3 片梁。

架桥机安装完成后应试吊并保存试吊记录。应严格控制架设工艺，防止出现架桥机倾覆等事故。应进行必要的保养和维修，确保设备处于良好的工作状态。编制架桥机施工方案时，应特别注意起点和终点的架设条件，选择合适的架桥机结构类型。一般情况下，在已架设的梁体上运输待架设的梁体，应验算梁体的承载能力，确保梁体的安全，注意支点千斤顶的使用。

图6.1-7 双梁式架桥机

图6.1-8 架桥机法施工

架桥机有许多类型，例如联合架桥机、闸门式架桥机、穿巷式架桥机等。在实际工程中，还可根据梁的构造、施工单位的现有材料自行设计、制造架梁设备。

必须强调，桥梁架设既是高空作业又需要使用重而大的机具设备，在操作中如何确保施工人员的安全和杜绝工程事故，是工程技术人员的重要职责。因此，在施工前应研究制定周到而完善的安装方案，详细分析和计算承力设备的受力情况，采取周密的安全措施，并应加强安全教育，严格执行操作规程和加强施工管理工作。

4.浮运架设施工

在水域中，根据施工条件，可以采用浮运架设梁体的方法。

在研究浮运架设方案时，应充分考虑梁体的下水方案，主要应考虑梁体运输过程中浮体的倾覆稳定性和船体的局部及整体受力强度；考虑拖轮的动力及布置方式；应考虑涨潮或落潮引起的水位标高的变化；应考虑加载或卸载时浮体吃水深度的变化；应考虑运输线路，由于梁体运输属大件运输，应征得海事等部门的同意并取得协助。由于船体吃水深度、水位、水流速度、过往船舶产生的波浪、风力的变化，锚碇系统受力将发生变化，使浮体产生平面位置的变化。为减少这些影响，必要时应设置强大的锚碇系统。锚碇设备的配置影响架梁就位精度和架梁工作效率。根据河床地质选择合适的锚碇设备，在无覆盖层或覆盖层锚固能力较差的河床中，一般采用重力式锚碇。图6.1-9、图6.1-10所示为浮运架设施工。

图6.1-9 浮运架设钢箱梁

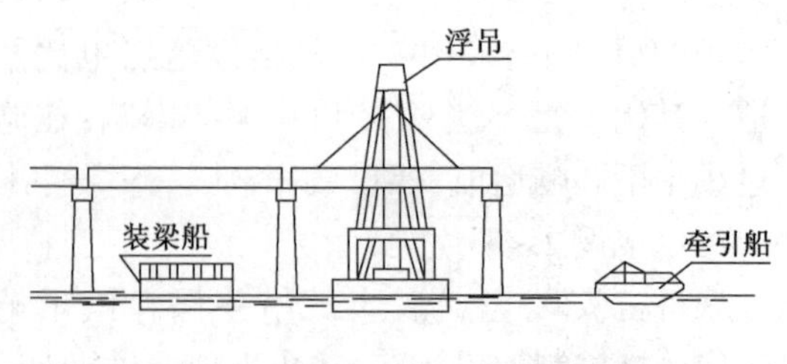

图6.1-10 浮运架设过程示意图

6.1.3　悬臂施工法

悬臂施工法是从桥墩开始,两侧对称进行梁段现浇或将预制节段对称进行拼装的施工方法。前者称为悬臂浇筑施工,后者称为悬臂拼装施工。

1. 悬臂浇筑施工

悬臂浇筑施工是预应力混凝土连续梁施工中的一种比较常用的方法,如图6.1-11所示。

一般采用挂篮进行悬臂浇筑施工,节段长度一般为3~5m,混凝土质量在150t以内。在斜拉桥施工中,一般采用牵索挂篮,节段长度可以达到8m左右。在混凝土重量下挂篮会产生变形,预应力张拉后梁体也会产生变形,因此在浇筑混凝土前,挂篮除应消除非弹性变形外,还需根据计算结果设置预拱度。应根据设计要求在施工中调整梁体的线形,以保证梁体顺利合龙和成桥线形。宜在混凝土初凝时间内完成混凝土浇筑作业,精心筹划混凝土浇筑顺序,防止由于挂篮的变形而造成混凝土开裂。挂篮结构设计和施工中,应防止挂篮倾覆。主桁后锚固点是挂篮结构的重要组成部分,应进行充分的检查和检验;底模后锚固点应保持一定的预压力,防止漏浆;挂篮投入使用前应进行分级压重,检验各项指标是否与设计相符。挂篮的结构形式将影响施工效率,应进行精心的选型和细节设计优化。挂篮应具有足够的刚度,一般挂篮自重为节段质量的50%~80%,挂篮、模板及施工荷载应控制在设计容许范围内。在编制挂篮悬臂浇筑施工周期时,应考虑混凝土强度增长和弹性模量增长所需的间隙时间,减小混凝土收缩、徐变对预应力损失的影响。为保证施工质量,在现有技术条件下,建议施工周期为6~8d,尽量做到连续施工并与设计预定的工期相符。

图6.1-11　悬臂浇筑施工

为保证节段连接面质量,连接面应进行必要的处理,防止连接面成为钢筋锈蚀的通道;应保证钢筋的连接质量;应保证预应力管道的连接质量,防止浇筑混凝土过程中出现漏浆等堵塞管道的现象;应保证浇筑的混凝土与相邻节段混凝土同时养护,避免温差和收缩差异使混凝土产生裂纹;为满足穿索和张拉需要,在桥面临时开孔时,应征得设计者的认可,并布置适当的加强钢筋;应按照设计要求进行预应力索的对称张拉,任何情况下应先张拉纵向预应力索,再张拉横行或纵向预应力索。

2. 悬臂拼装施工

相对于悬臂浇筑施工,悬臂拼装施工速度更快;相对于造桥机拼装,悬臂拼装设备投入较少。在选择拼装方案时,应能保证将悬臂拼装节段运输到悬臂吊点下方。因此,在运输困难的山区、不能满足船舶通行的浅水湖泊、有涨落潮水的浅水区域不宜使用悬臂拼装施工,必要时可以使用缆索吊机进行悬臂拼装施工。如图 6.1-12 所示。

图 6.1-12　悬臂拼装施工

悬臂拼装中应及时调整梁体线形。拼接面胶结材料应具有良好的耐久性能,施工时应搅拌均匀,拼接面间隙应填充饱满,但不能堵塞预应力管道。在拼接前,拼接面应适当处理,清除污渍和预制时涂刷的隔离材料。拼接完成后宜进行预制节段拼接面处损伤部位的修补,提前修补可能影响拼接面的匹配,造成局部应力过大。胶结材料应在一定的压力作用下凝固,以保证拼接质量。为保证压力的均匀性,应合理地布置施加的预应力。在拼接作业中对胶结面施加压力后,胶结材料必然会被挤出,应及时清除挤出的胶结材料。清除过程中,应不损害梁体的外观。采用体外预应力索时,拼接面可以不涂刷胶结材料。

3. 悬臂施工法注意事项

悬臂施工法应注意以下几点:

(1)桥梁在施工过程中会产生负弯矩,桥墩也要承受由于施工而产生的弯矩,因此悬臂施工宜在运营状态的结构受力与施工阶段的受力状态比较接近的桥梁中选用,如预应力混凝土 T 形钢构桥、变截面连续桥梁和斜拉桥等。

(2)非墩梁固结的预应力混凝土桥梁,采用悬臂施工时应采取措施,使墩、梁临时固结,因而在施工过程中有结构体系的转换。

(3)采用悬臂施工的机具设备种类很多,就挂篮而言,有桁架式、斜拉式等多种形式,可以根据实际情况选用。

(4)悬臂浇筑施工简便,结构整体性好,施工中可不断调整位置,常在跨径大于 100m 的桥梁上使用。悬臂拼装施工速度快,桥梁上、下结构可平行作业,但施工精度要求比较高,可在跨径 100m 以下的大桥中选用。

(5)悬臂施工法可不用或少用支架,施工时几乎不影响通航和桥下交通。

6.1.4　顶推施工法

顶推施工法是在沿桥纵轴方向的台后设置预制场地,分节段预制,并用纵向预应力筋将预制节段与施工完成的梁体连成整体，然后通过水平千斤顶施力，将梁体向前顶推出预制场地，之后继续在预制场地进行下一节段梁的预制，循环操作直至施工完成。

1. 顶推施工法的优缺点

顶推施工法的优点：

(1)通常顶推施工的桥梁单跨顶推力为50～100t，远小于梁体自重，顶推设备相对轻型简便，便于运输保养，不需大型运吊设备，适合在水深较浅浮吊不能进入的河流、深谷、跨线等特殊场地使用。

(2)对桥下净空和地基条件无要求，不影响通航或通车，预制场地或拼装场地一般设在岸上，搭建拆除方便，混凝土或钢构件运输方便。

(3)对于采用顶推施工的混凝土桥，浇筑混凝土只需要一套模板，可节省设备，而工厂化的施工有利于质量管理。制梁或拼装平台多采用型钢和钢板搭建，取材方便，能重复利用。

(4)场地较其他施工方法固定集中，有利于施工安全，受环境影响较小。

(5)工作条件相对较好，所需劳动力少，劳动强度不高。

顶推施工法的缺点：

(1)顶推过程中主梁所有截面均要经历正负弯矩交替变化，为确保顶推梁体安全，需要增设很多临时预应力筋，临时预应力筋的装拆和张拉很烦琐，梁体的截面高度也比采用其他施工方法的梁体截面高度大。

(2)临时墩和导梁等临时设施的使用，增加了造桥成本。

(3)主梁悬臂弯矩不能太大，且主梁施工阶段内力与运营阶段内力不能相差太大，所以顶推跨径不宜过大，大于70～80m就不经济了，而且顶推法更适用于多跨桥梁，跨数太少不经济。

(4)对于多孔长桥，因工作面所限(最多两岸对顶)，顶推长度过长，施工工期相对较长。

(5)对于弯桥，目前只适用于曲率恒定的桥梁，而且通常要求梁体高度不变、底面是直线。

随着顶推技术的发展，顶推施工法越来越多地应用于不同类型的桥梁中。

2. 顶推施工法的分类

顶推施工可根据不同的分类方式进行分类，比如按顶推方向分类，可分为单向顶推和双向顶推；按支承系统分类，可分为临时滑道支承顶推和永久支承兼用滑道的顶推；按动力装置类别分类，可分为步距式顶推和连续顶推；按梁体节段的成型方式分类，可分为逐段现浇逐段顶推和预制组拼分段顶推；按动力装置设置数量来分类，可分为单点顶推和多点顶推，接下来将重点介绍这两种顶推方式。

1)单点顶推

仅在靠近梁场的桥墩(台)上设置顶推动力装置，支承在滑道上的竖向千斤顶和支承在墩(台)背墙的水平千斤顶联动，使梁体以竖向千斤顶为支承向前移动，这种顶推方式称为单点顶推。单点顶推还有另一种方式，即通过水平千斤顶拉动拉杆来带动梁体向前移动，滑道为固定不锈钢板,滑道上的滑块支承梁体,在滑道前后设置竖向千斤顶用来起落梁体,使滑块能从前向后移动,这是早期的做法。单点顶推的特点是单点施力,设备简单,控制系统简单,但是对顶推设备要求较高,且未设置水平千斤顶的桥墩在顶推过程中要承受较大水平力。因此,单点顶推适用于梁体轻、桥墩(台)刚度大的桥梁。

单点顶推的原理可用下式表示:

$$H > \sum R_i \cdot (f_i \pm \alpha_i) \tag{6.1-1}$$

式中:H——集中顶推力;

R_i——第 i 桥墩(台)滑道瞬时支反力;

f_i——第 i 桥墩(台)梁体与滑道间的静摩擦系数;

α_i——桥梁纵坡坡率,上坡顶推取"+",下坡顶推取"-"。

只有顶推力 H 满足上式,梁体才能前移。

在顶推前期和后期,竖向千斤顶与梁体间的摩擦力无法带动梁体向前移动,须依靠辅助动力才能顺利完成顶推,这是单点顶推一个很明显的缺点。此外,在单点顶推施工中未设置水平千斤顶的高墩,尤其是柔性墩在水平力的作用下会产生比较大的墩顶位移,这会使工人产生不适,严重时甚至威胁结构安全。多点顶推法正好能克服这些缺点。

2)多点顶推

在每个墩(台)上设置顶推动力装置的顶推方法叫作多点顶推。多点顶推的优点就是能将顶推力分散到每个墩(台)上,在任何阶段都能够提供足够的动力,水平千斤顶作用在墩台上的推力与梁体作用在墩台上的摩擦力是反向的,能相互抵消一部分,这对柔性高墩的受力有利。多点顶推施工的关键在于各千斤顶工作的同步,因为顶推水平力分散在每个桥墩(台)上,一般须通过中心控制室统一控制各千斤顶,保证各千斤顶同时启动、同步前进、同时换向、同时停止。

同单点顶推相比,多点顶推可免去大型顶推设备,能很好地控制梁体的偏离,可减小对桥墩(台)的水平推力,适用于柔性墩桥梁。多点顶推也可应用于弯桥的施工,由各墩(台)千斤顶均匀施加顶推力,同样能顺利完成施工。但多点顶推需要的设备较多,操作的要求也较高。

多点顶推的原理可用下式表示:

$$\sum F_i > \sum N_i \cdot (f_i \pm \alpha_i) \tag{6.1-2}$$

式中:F_i——第 i 桥墩(台)千斤顶所施加的水平顶推力;

N_i——第 i 桥墩(台)支点瞬时支反力;

f_i——第 i 桥墩(台)梁体与滑道间的静摩擦系数;

α_i——桥梁纵坡坡度,上坡顶推取"+",下坡顶推取"-"。

顶推力 $\sum F_i$ 满足上式时,梁体才能向前移动。

随着顶推技术的发展,多点顶推法又可分为拖拉式多点连续顶推、楔进式多点连续顶推和步履式多点连续顶推。以下介绍这三种多点顶推法的特点。

拖拉式多点连续顶推(图 6.1-13)较其他两种方法施工成本最低,工艺成熟,但施工进度最慢不满足结构受力局限性要求,需加强底板才能采用该工艺;顶推过程中可能会对墩身产生较大的水平力;顶推横向限位装置等设置困难,效果难保证。

图6.1-13 拖拉式多点连续顶推施工

楔进式多点连续顶推,施工成本较高,但施工进度较快。它的特点是竖向调整便捷,可有效控制支点反力;可采取措施满足结构受力局限性要求;能够较好控制临时墩或结构墩的水平力;对液压及电气控制同步性精度要求高;对楔块、滑道的制作精度要求高。楔进式多点连续顶推法顶推设备组成如图6.1-14所示。

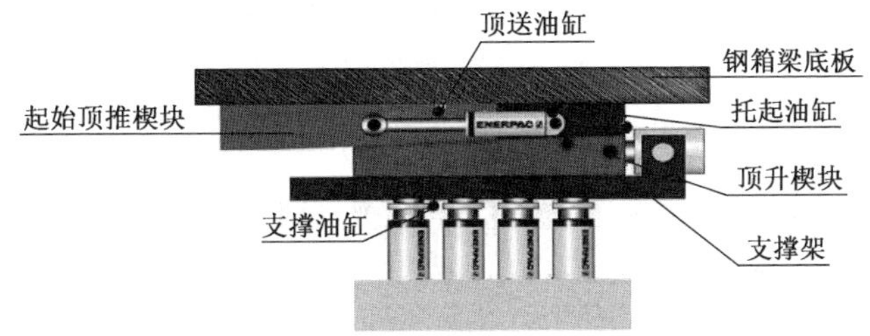

图6.1-14 楔进式多点连续顶推法顶推设备组成

步履式多点连续顶推(图6.1-15)较其他两种方法施工成本最高,但施工进度最快。它能较好控制临时墩或结构墩水平力;集顶升、平移、横向调整于一体,能及时进行轴线纠偏;竖向调整便捷,可有效控制支点反力;可采取措施满足结构受力局限性要求;对液压及电气控制同步性精度要求高。

图6.1-15 步履式多点连续顶推施工

6.1.5 移动模架逐孔施工法

移动模架是以移动式桁架为主要支承结构的整体模板支架,可一次完成一联梁体混凝土的浇筑,适用于跨径小于50m的多跨简支梁和连续梁的施工。移动模架施工设备投入较大,相对于支架现浇施工,移动模架不需要进行地基处理,在软弱地基、水域、高墩、山区等施工条件下具有明显的优越性。移动模架跨度一般在50m以内,有些达到60m,节段施工周期一般为12～15d。一般情况下，为减小移动模架跨中弯矩，现浇梁体前端应有适当长度的悬臂。

移动模架结构有上导梁和下导梁两种，其中下导梁形式的移动模架结构较简单。下导梁移动模架中，有模板与主梁设计为一体的移动模架，梁体断面改变时，移动模架改制工作量比较大。下导梁移动模架过桥墩的方式有导梁开启和底模开启两种，国内常见的为导梁开启方式。移动模架投入使用前应进行检查和压重试验，使用中应加强检查，应关注梁体预拱度及支座中心位置的设置。图6.1-16、图6.1-17所示为移动模架施工。

图6.1-16　上导梁移动模架施工

图6.1-17　下导梁移动模架施工

移动模架逐孔施工法的主要特点如下：

(1)无须设置地面支架，不影响通航和桥下交通，施工安全、可靠。

(2)有良好的施工环境，施工质量有保证，一套模架可多次周转使用，能在预制场生产。

(3)机械化、自动化程度高，能降低劳动强度，节省劳力，桥梁上、下部结构可以平行作业，缩短工期。

(4)通常每一施工梁段的长度取用一孔梁长，接头位置一般可选在桥梁受力较小的部位。

(5)设备投资大，施工准备和操作都较复杂。

(6)宜在桥梁跨径小于50m的多孔长桥上使用。

6.1.6　横移施工法

横移施工法(图6.1-18)是在拟待安置结构的位置旁预制结构物，并横向移动该结构物，将它安置在规定的位置上。

横移施工法的主要特点是，在整个操作空间，与该结构有关的支座位置保持不变，即梁的结构体系不变；拼装简单、操作方便、工作过程平稳、适用环境宽泛。

横移施工法多采用卷扬机、液压装置并配以千斤顶。由于混凝土具有较大的自重，横移施工法常在钢桥上使用。

图 6.1-18　横移施工法

6.2　U 形梁施工方法选择及施工流程

青岛地铁 8 号线工程(从胶东机场预埋段设计终点到大涧站)全长约 9.1km,其中约有 6.4km的高架桥施工段、2.2km 的地下段,剩余长度为地面线和过渡段,高架桥施工段设置有 1 座车站。高架桥段全部采用预制 U 形梁设计,共 312 片。根据工程施工需求,U 形梁共设计有 4 种跨径,分别为 20.345m、20.7m、24.7m 和 32.7m。该工程施工以 32.7m 混张法预应力混凝土简支 U 形梁为主,U 形梁纵向按全预应力体系进行计算, U 形梁腹板采用 2 束 $4\Phi^{S}17.8$mm 后张钢绞线,底板采用 $\Phi^{S}17.8$mm 先张钢绞线共 80 根。其他跨径 U 形梁采用先张法施工,采用 $\Phi^{S}17.8$mm 钢绞线。U 形梁两侧腹板均设置为一侧为圆弧、另一侧为直线的不对称结构,设计混凝土强度等级为 C55,梁体混凝土掺聚丙烯纤维。下面结合该工程实际施工进行城市轨道交通 U 形梁总体施工方法选择及流程分析。

6.2.1　U 形梁的施工方法选择

选择合适的桥梁施工方法,需要充分考虑桥位的地形、环境、安装方法的安全性及经济性、施工速度等。施工场地处在不同的场景,其各方面的条件差别很大,运输条件和环境约束也就不相同。本项目坐落在市区,人流比较密集,交通量也比较大,沿途经过河流,根据本项目的实际情况,采用预制拼装技术进行施工。

预制拼装施工的优点有以下几点:

(1)工厂作业,采用良好的养护方式,成品质量、外观好。避免了现场浇筑材料混合不均匀、气孔大的问题。

(2)预制的钢筋混凝土结构性能好,施工速度快,节约人力。缩短了在市内施工的工期,能够尽快恢复正常交通。

(3)施工对交通和环境的影响较小。预制拼装避免了大量的支架,使得交通不受影响,且避免了现场浇筑施工时的粉尘和扬灰,降低了对市内空气质量的影响。

(4)能够大大减少安装及成桥后混凝土收缩、徐变,使得桥梁在运营过程中的变形较小。

运输U形梁时,为了与城市道路相匹配,需要制定合适的运输路线和安排合适的运输小车,使U形梁在运输过程中尽量不产生偏转,能够在转弯处顺利通过等。

预制梁架设一般采用门式起重机法和架桥机法两种。

门式起重机法是用平板拖车或轨道平车将预制梁运送至桥孔,然后用路墩门式起重机或墩侧高低腿门式起重机将梁架起,再横移到设计位置落梁安装的架设方法。其优点是架设速度较快,河滩无水时较经济;架设时不需要特别复杂的技术工艺,作业人员也比较少。但门式起重机的设备费用在高墩施工中较高。

架桥机法是利用运梁小车将预制梁送至架桥机尾部,然后通过前、后天车将预制梁吊起,在架桥机上匀速运输,将预制梁移动到设计位置落梁安装的方法。其优点是梁体的质量可控,架设速度快,工期短,不受桥下支架、洪水威胁,架设过程中不影响桥下通车、通航。但其施工成本高。

根据在城市内施工不妨碍交通,尽早完成施工的要求,本项目选择架桥机法施工。

6.2.2 U形梁的施工流程

U形梁预制拼装的施工流程大致如下:模板安装(底模安装→拼装U形梁外侧模板→安装行走支架及主横梁→安装内侧模板及液压行走系统→移除内模→端模安装)→钢筋绑扎(布置钢筋胎膜→预埋件安装)→混凝土浇筑→混凝土养护→张拉预应力钢筋→运输架设。

U形梁预制工艺施工流程见图6.2-1。

轨道U形梁预制施工主要包含以下工程:模板工程、钢筋工程、预埋件工程、预应力工程、混凝土工程、试验段施工、提梁及移梁工程、U形梁标识、成品保护及修补工程。

1. 模板工程

模板工程是指新浇混凝土成型的模板以及支承模板的一整套构造体系,其中,接触混凝土并控制预定尺寸、形状、位置的构造部分称为模板,支承和固定模板的杆件、桁架、连接件、金属附件、工作便桥等构成支承体系,对于滑动模板、自升模板则增设提升动力以及提升架、平台等。模板工程在混凝土施工中是一种临时结构。

模板应由面板系统、支撑系统、操作平台系统及连接件等组成,组成模板的各系统之间的连接必须安全、可靠。模板的面板可选用钢板制作,模板的肋和背楞宜采用工字钢制作,以保证焊接性能和结构性能。

为了满足U形梁预制件的几何尺寸、精度及清水外观要求,模板需具备以下技术条件:

(1)有足够的强度和刚度,满足施工周转次数的要求。

(2)板面平整光滑,不变形、不翘曲,脱模容易。

(3)底模、外模、内模、端模相互之间的安装拼缝严密,不漏浆。

浇筑混凝土之前,模板要涂刷良好的脱模剂(液压油),并定期检查、维护。

2. 钢筋工程

钢筋工程包括钢筋材料的选择、钢筋材料的加工、钢筋的连接和钢筋的绑扎与安装四大部分。

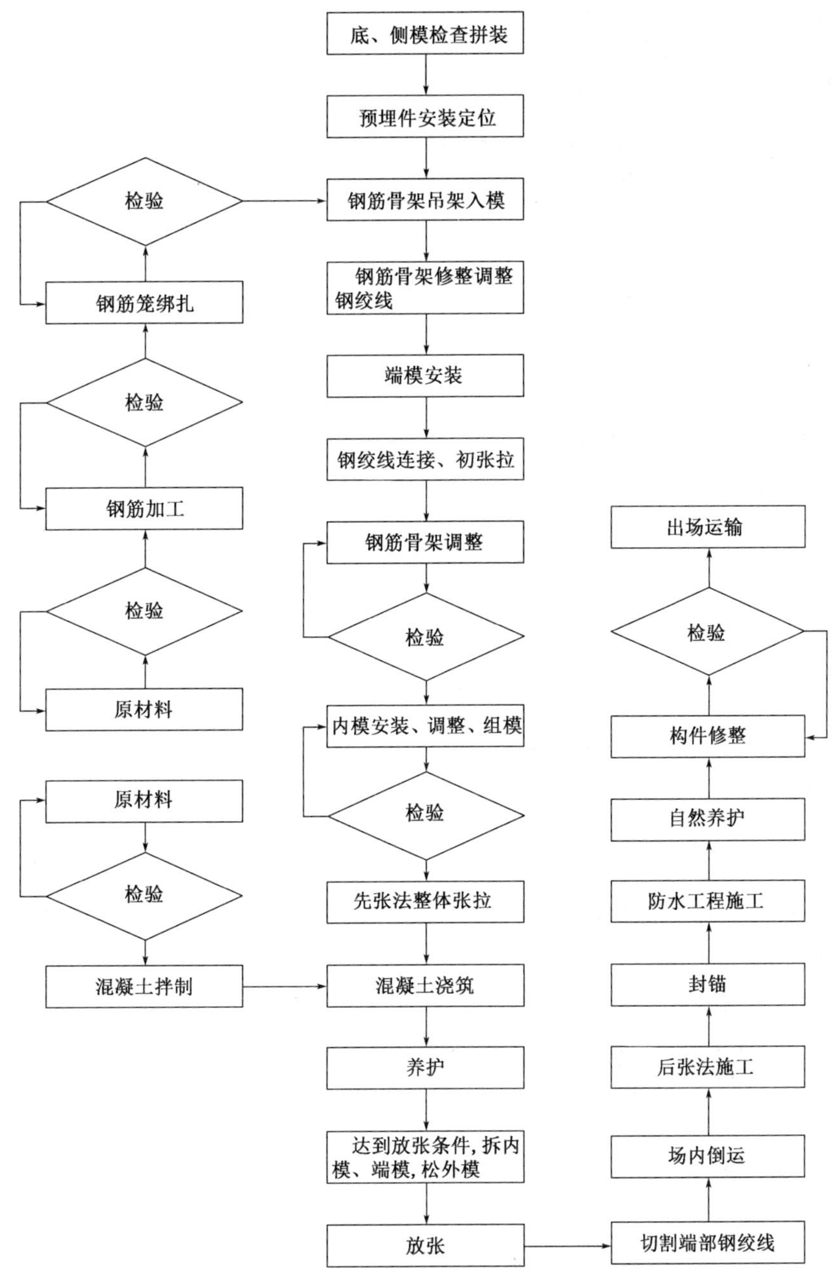

图6.2-1 U形梁预制工艺施工流程图

钢筋材料的选择：需要按照施工说明书的要求选择钢筋的牌号、规格、级别、种类和厂家，并抽取试样做力学性能试验，试验合格后使用。

钢筋材料的加工要求如下：①钢筋加工的形状、尺寸必须符合设计要求；②钢筋表面应洁净，无损伤、无油渍；③Ⅰ级钢筋末端需作180°弯钩，平直部分长度不宜小于钢筋直径的3倍；④箍筋应作135°弯钩，平直部分长度不应小于箍筋直径的10倍。

钢筋的连接要求如下:①钢筋的接头宜设置在受力较小处,同一纵向受力钢筋不宜设置两个或两个以上接头;②钢筋焊接前必须根据施工条件进行试焊;③同一构件中相邻纵向受力钢筋的绑扎搭接接头宜相互错开;④焊接接头至钢筋弯折处距离不应小于钢筋直径的 10 倍,不宜位于钢筋的最大弯折处,且不宜设置在梁端及柱端的箍筋加密区范围内。

钢筋的绑扎与安装要求如下:①钢筋的交叉点应用铁丝扎牢;②钢筋搭接处,应在搭接段中间和两端用铁丝扎牢;③板和墙的钢筋网,除靠近外围两行钢筋的相交点全部扎牢外,中间部分交叉点可间隔交错绑扎,但必须保证受力钢筋不移动,双向受力的钢筋必须全部扎牢;④梁和柱的箍筋,除设计有特殊要求外,应与受力钢筋垂直设置。

3. 预埋件工程

预埋件是指在浇筑混凝土时,预先埋设在混凝土中的连接件,以利于外部工程设备基础的安装固定。U 形梁预埋件主要有支座,吊点,通信信号,照明灯具,强、弱电缆支架预埋螺栓,侧墙吸声屏预埋螺栓等。

其中,支座预埋件和吊点预埋件位于梁底设计位置,声屏障预埋件、动力照明灯具预埋件和车站安全门预埋件集中在梁翼缘板顶面,强、弱电缆支架预埋螺栓和侧墙吸声屏预埋螺栓集中在梁两侧腹板的内弧面。螺栓和预埋件在混凝土浇灌前要经过严格的检查,合格后才能浇灌混凝土。

4. 预应力工程

预应力工程是在工程结构构件承受外荷载之前,对受拉模块中的钢筋施加预拉应力,提高构件的刚度,推迟裂缝出现的时间,增强构件的耐久性。

预应力工程一般工艺流程:施工准备→波纹管的安放→设置灌浆孔→张拉预应力筋→灌注混凝土→封锚。其中,波纹管的安装要准确,以使钢筋在张拉时顺利,减小管道摩擦损失;灌浆孔宜设在低点处,泌水孔可相对高些,使得灌浆时孔道内的空气或水从泌水孔中顺利排出;预应力筋的张拉,必须待混凝土达到设计说明中要求的强度之后进行;预应力筋张拉结束后,应及时灌浆,避免整体张拉完后全部一次连续灌浆。

施工前需做好全方位准备,除准备预应力筋、锚具、波纹管和普通钢筋等外,还需制作预应力台座。预应力台座和张拉钢横梁按照施工图最大张拉力的要求进行设计,使之具备足够的刚度。每条预应力台座进行张拉力测试,对台座、张拉设施及设备进行验证,满足设计和规范要求后投入使用。

5. 混凝土工程

混凝土工程主要包括混凝土的拌制、运输、浇捣、养护。其施工工艺流程为施工准备→材料采运→加工→模板、钢筋制作与安装→混凝土拌和→运输→混凝土浇筑、振实→养护→拆模→养护→检查验收。

混凝土拌制:将各种砂石料和水泥、水以一定的比例配合。配料的准确性关系到混凝土的质量。混凝土的配合比根据原材料品质、混凝土设计强度等级、混凝土耐久性以及施工工艺的要求,通过计算、试配、调整等步骤选定。配制的混凝土拌合物性能应满足施工要求,同时应满足设计强度、弹性模量及耐久性等质量要求。

混凝土运输:不论采取何种方式输送混凝土,为确保混凝土的质量,输送过程均须符合以下要求：①混凝土在输送过程中不得产生分层离析现象，以免破坏混凝土的均匀性。②保证混凝土运至浇筑地点时，仍具有较好的流动性，其坍落度的降低值不得超过原规定的30%。③从搅拌机出料到捣固完毕的全过程，不得超过混凝土的初凝时间。

混凝土浇筑：混凝土的浇筑过程包括混凝土的浇筑（将混凝土注入模板的过程）和混凝土的捣固（经振动使混凝土密实的过程）。其技术要求为：混凝土浇筑应充满模板，振动密实，钢筋位置正确，保护层厚度符合设计要求；拆模后混凝土表面平整光滑，无蜂窝、麻面、露筋等缺陷；做到内实外光。

混凝土养护：为了给混凝土创造硬化条件，防止其发生不正常的干缩，浇筑后必须进行养护，除保证混凝土在硬化期间有足够的湿度和适宜的温度外，还应保证混凝土在达到规定强度前，不得受撞击和振动，以免发生开裂和掉角。

6. 试验段施工

为了检验施工人员对施工过程的适应性、加强管理层与施工人员的配合、为首件评估做好准备、了解机械设备的配置，试验段施工是必不可少的。通过试验段施工，能够确定一些施工标准和施工方法等。

7. 提梁及移梁工程

U形梁是在梁场的制梁区域内采用固定台座法生产，当U形梁放张完毕后，便可将U形梁吊走，以便空出台座，准备下次生产。移梁方式有两种，即提梁机出梁和横移台车出梁。提梁及移梁的工艺流程：移梁机对位→提梁→横移→落梁并调整对位→安装支座→检查梁位及支座安装是否合格→整理机具。梁在制梁台座上确认满足移梁条件，方可移至存梁区存放。

8. U形梁标识

对于生产U形梁型号较多的梁场，为防止成品吊装后造成混乱，在U形梁调出生产台座前应统一喷涂标识牌，并在梁体上贴二维码展示本梁生产过程与质量控制措施。

9. 成品保护及修补工程

成品保护及修补工程是混凝土的后续施工工序，要求不得损伤或污染前面工序已完成的混凝土成品；在拆模后使用外挂架时，外挂架与混凝土面接触点垫软垫，避免划伤混凝土面。在工程交工前，对构件外层用塑料薄膜进行保护，防止混凝土表面受到污染，对于施工人员可以直接接触到的部位以及预留洞口，特别是预留筋处的混凝土要加以特殊保护，以防水侵蚀混凝土钢筋。阳角等部位拆模后需注意保护。对于工程混凝土成品有缺陷的部位需进行修补，修补时应采用与本工程所用的同品种普通水泥与白色普通水泥调制的水泥浆（或砂浆）。先做试验，再确定修补方法和材料配比，方案须报请监理人员审批后方可用于施工。

6.3 U形梁预制施工关键工序

城市轨道交通高架桥的施工方法一般有现场浇筑施工和预制拼装施工两种。而用得最多的就是预制拼装施工，因为这种方法具有对交通及环境影响小、施工速度快、梁的质量较好、大大降低成桥后混凝土收缩徐变等优点。城市轨道交通工程一般建设在人流量比较密集的城市，为了避免影响主要道路的运作、降低环境污染，高架桥一般采用预制拼装技术进行施工。

本节主要讲述 U 形梁预制施工技术。

6.3.1 混张法

如今轨道交通的预应力工程基本上是先张法和后张法单独施工,先张法和后张法都有各自的优缺点,但当仅用其一不足以满足施工要求时,就可以采用混张法。混张法继承了先张法和后张法的优势,也克服了一些缺点,能够更好地根据施工时荷载的施加进度调整预加应力。

基于青岛地铁 8 号线工程的实际情况,U 形梁底板预应力钢筋采用先张法施工,腹板预应力钢筋采用后张法施工。

6.3.1.1 底板先张法施工工艺流程

U 形梁底板适宜采用先张法施工。先张法采用分步张拉,张拉工艺流程如下:0→逐根初调至 $0.20f_{pk}$→两端整体张拉至 $0.80f_{pk}$→逐根张拉至设计值(应力传感器数据复核)、锚固→放张→切割。单根张拉和整体张拉需要选择合适的千斤顶。

1. 台座各部件调整、测试

先张法施工前,其台座两端千斤顶需安装定位钢架,并安装、开启警报装置,无关人员撤离台座区域。台座需要设置专用承载基础和传力装置。先张钢绞线的传力步骤:传力墩→传力丝杆→张拉千斤顶→张拉平衡钢梁→精轧螺纹钢→线杆连接器→先张钢绞线。先张法台座示意图见图 6.3-1。

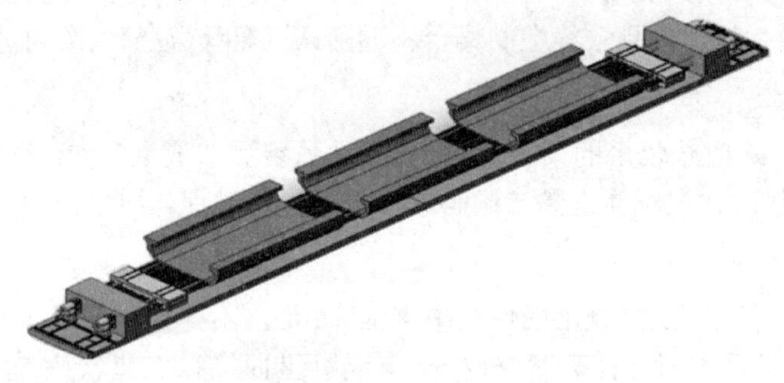

图 6.3-1 先张法台座示意图

安装张拉设备(台座式千斤顶)时,确保张拉力的作用线与预应力钢绞线的合力中心线重合。预应力钢绞线的合力中心线根据钢绞线的根数及设计位置计算,以此数据校准台座式千斤顶位置。因为,此项数据对台座横梁承受张拉力后的稳定性、安全性是至关重要的,故必须在台座横梁图纸上准确标明,并对台座横梁逐个用测量仪器校验、检查、验收并做好记录。施工前在台座基础、横梁上做好定位标记,在单片 U 形梁完成张拉后重新校准其位置,防止偏移。

2. 预应力筋安装、钢模就位

按图纸尺寸要求放置先张预应力钢绞线,放置时应按顺序进行,防止钢绞线交错不齐。每根预应力钢绞线按图纸标示进行编号、贴标签,工具钢绞线对应编号,并用透明胶布包裹标签,以便重复使用。

3. 安装连接器,预应力张拉

先张法预应力钢绞线连接时,应再次逐根按粘贴的标签理顺,不得紊乱,在确定无误后进行连接。单孔锚夹具用于钢绞线在张拉端及固定端的锚固。预应力钢绞线在连接过程中,为防止钢绞线与设计位置存在偏差需采取相应措施,即在每片U形梁的两端设置专用定位孔板及辅助定位对中装置。

先张法预应力钢绞线的连接采取下列步骤:先在台座的固定端逐根安装锚夹具将钢绞线锚固,并用专用顶紧夹片的套管敲紧夹片;再逐根、逐段向张拉端方向安装连接器,用半月形扳手用力旋紧两个套管并拉直钢绞线;最后逐根安装张拉端的锚夹具。同时,在张拉端及固定端留出钢绞线的张拉工作长度,满足前卡式千斤顶对预应力钢绞线逐根张拉时的前卡连接长度要求,防止长度过短产生张拉滑脱等安全问题。

单根钢绞线张拉时采用单端张拉(图6.3-2),用千斤顶从中心向两侧对称张拉;整体张拉(图6.3-3)时,采用数控设备控制每端千斤顶牵引张拉钢梁进行张拉。单个千斤顶单根张拉顺序如图6.3-4所示。

图6.3-2　先张法单束单端张拉

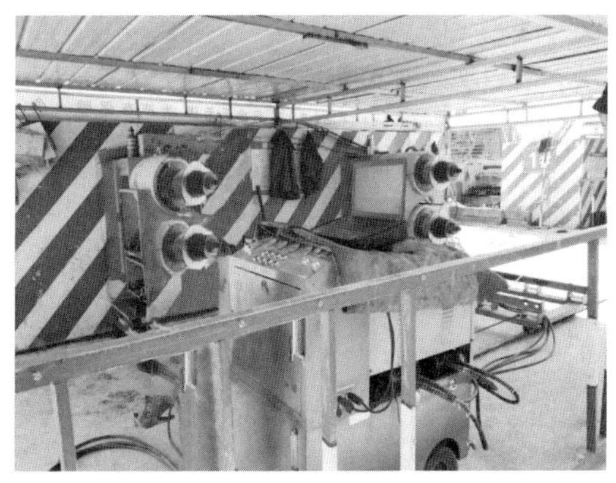

图6.3-3　预应力智能控制整体张拉

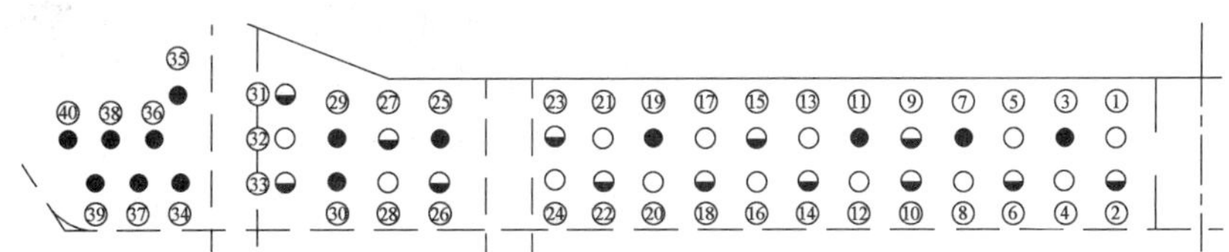

图6.3-4　单个千斤顶单根钢绞线张拉顺序(两个千斤顶从中心向两侧对称张拉)

预应力筋的张拉步骤:

(1)初始应力阶段:本梁场取张拉控制应力的20%,用千斤顶进行单端张拉,按顺序逐根对称张拉至20%控制应力,并记录油表读数。

(2)80%控制应力张拉阶段:采用两端同时张拉,分三步进行张拉,按照30%→45%→80%的张拉控制应力顺序进行张拉,张拉阶段升压平稳。由于张拉是通过张拉丝杆上紧固螺母进行锚固,因此严禁超张拉。在张拉过程中,两端工作人员要时刻保持联系,安排专人对紧固螺母同步拧紧,严格控制第一、第二、第三阶段的持荷时间。记录张拉钢梁移位数据。锚固结束后测量油缸伸出长度,计算锚固阶段的钢绞线回缩量。

(3)设计控制应力阶段(100%):通过千斤顶进行单端数控张拉,按顺序分组对称进行张拉,先使钢绞线张拉至 80% 的张拉控制应力,然后张拉到张拉控制应力值,控制持荷时间,测量油缸伸出长度及油表读数,并记录。

预应力张拉理论伸长值为(钢绞线伸长值 + 精轧螺纹钢伸长值) ×0.85;现场实测伸长值为钢梁的整体位移 + 千斤顶油缸伸出量。张拉遵循以应力为主、伸长值校核为辅的原则,若实际伸长值与计算伸长值之差超出 ±6% 范围,则暂停张拉,在采取措施予以调整后继续张拉。

4. 预应力钢绞线放张和切割

当钢绞线张拉结束后进行混凝土的浇灌,当混凝土强度达到设计要求时方可开始放张。首先在现有张拉力的基础上再张拉不超过 3% 的张拉力,同步顶升千斤顶,当顶开的间隙达到一定数值时,松开自锁螺母。放张时采取两端同步放张,放张步骤为 10% →10% →10% →20%,并控制各步放张时间间隔。放张后,梁端露出部位的钢绞线采用手动式砂轮切割机切断,梁体外露钢绞线头按设计要求涂刷防锈材料,然后用混凝土进行端头槽口封堵。封堵后的梁体端面需保持光滑、平顺,与梁端线处于同一平面内。

6.3.1.2 腹板后张法工艺流程

U 形梁先张法预应力筋放张后即可进行后张法施工,钢绞线张拉控制应力均应达到设计强度。

腹板钢束的张拉方式采用两端张拉,按对角线对称张拉,张拉流程为:0→初应力(10% 的控制应力、读数量测伸长值)→20% 的控制应力(读数量测伸长值)→100% 的控制应力(读数量测伸长值、持荷)→一端锚固→另一端补足张拉力后锚固→两端同时卸荷。

后张法施工顺序:锚头孔道清理→安装锚板→安装夹片→安装限位板、千斤顶和工具锚→按程序张拉、测量和放张→锚头封锚→孔道灌浆→切除外露钢绞线余长→浇筑封锚混凝土。

1. 波纹管的安装及混凝土的浇筑

在先张法张拉完毕进行混凝土灌注前,安装波纹管。波纹管安装时应该确保其连接平顺,避免在接头位置出现较为明显的缺陷,为后续浇筑工作提供理想环境,避免产生漏浆问题。

混凝土最好一次性浇筑完成,避免出现长时间的中断现象。同时在浇筑过程中有效利用振捣棒充分振捣,以提高混凝土浇筑的均匀性,确保混凝土结构密实、可靠。在浇筑完成后,还需做好混凝土的养护工作,保证混凝土结构的强度有序上升。

2. 预应力钢束张拉注意事项

待混凝土达到一定强度之后,方可进行钢绞线的张拉,张拉注意事项如下:

(1)将钢绞线略微予以张拉,以消除钢绞线松弛状态,并检查孔道轴线、锚具和千斤顶是否在同一直线上,注意钢绞线应受力均匀。

(2)在张拉过程中若出现实测孔道摩阻系数大于设计值、孔道延伸量小于设计要求或孔道出现漏浆等现象,应采取超张拉应力控制,否则无须超张拉。

(3)预应力加至设计规定值,锚固钢绞线,并在锚具和钢绞线不受振动的方式下解除千斤顶的压力。

后张法张拉预应力筋如图6.3-5所示。

图6.3-5 后张法张拉预应力筋

3.预应力管道压浆

管道压浆应在预应力终张拉后48h内进行。压浆前需要注意的是:①清理锚垫板上的压浆孔,保证压浆通道通畅,并对压浆设备进行安装检查;②将锚具进行密封封锚,封锚时将钢绞线包裹严实;③试抽真空,严格控制真空泵的真空度,当孔道内的真空度保持稳定时,停滞一会,若压力维持不变,即可认为孔道能基本达到并维持真空。

压浆的拌制水泥浆应符合下列要求:

(1)搅拌要求。

搅拌水泥浆之前,加水空转数分钟,将积水倒净,使搅拌机内充分湿润,搅拌好的灰浆要做到基本卸完。在全部灰浆卸出之前不得再投入未拌和的材料,更不能边出料边进料。

(2)装料顺序。

装料顺序:将称量好的水和压浆料放入搅拌机,如采用减水剂,将溶于水的减水剂倒入搅拌机;水泥浆出料后应尽量马上泵送,否则要不停地搅拌。注意事项:必须严格控制用水量,多加的水应全部泌出,否则易造成管道顶端有空隙;对未及时使用而流动性降低了的水泥浆,严禁采用加水的办法来增加水泥浆的流动性。

(3)压浆要求。

启动真空泵,使真空度达到并维持在相应数值,然后启动灌浆泵,待出浆与入浆颜色一致后,关闭出浆阀门,然后对浆体施加正压,将浆体内游离状态的水尽量压出,当从排气孔排出的水泥浆无气泡、无微沫浆,其颜色与入浆的颜色相同时,继续压浆持压一段时间,然后关闭灌浆泵。

6.3.2 钢筋及模板工程

6.3.2.1 钢筋工程

钢筋工程主要包括钢筋的选择、加工、连接和绑扎。钢筋的选择由预制厂家决定,加工和连接在预制场内完成，其施工难度不大。U 形梁的结构特点，使得钢筋的绑扎安装困难，以下介绍 U 形梁钢筋的绑扎技术。

1. 钢筋绑扎胎膜

U 形梁钢筋笼采用专用高精度胎膜进行绑扎，如图 6.3-6 所示。

图 6.3-6　钢筋绑扎胎膜

钢筋绑扎胎膜由若干胎膜架及钢筋定位角钢组成，每榀胎膜架均按预设位置固定在专用钢筋绑扎平台上，内设活动支架用于调整钢筋笼宽度尺寸，并控制好纵向间距。横筋定位角钢采用角钢纵筋定位，按 U 形梁断面钢筋形状放置，角钢固定在胎膜架上，角钢既可以保证钢筋笼形状，又可以保证钢筋保护层厚度。

2. 钢筋骨架的绑扎顺序

底板下层钢筋、腹板外层钢筋定位绑扎→底板上层钢筋定位绑扎→腹板内层钢筋定位绑扎→顶板钢筋绑扎→两支承端及其他钢筋绑扎→安放先张钢绞线（混张法施工时，同时安放后张预应力管道）→绑扎保护层垫块→钢筋骨架验收。普通钢筋绑扎成品如图 6.3-7 所示。

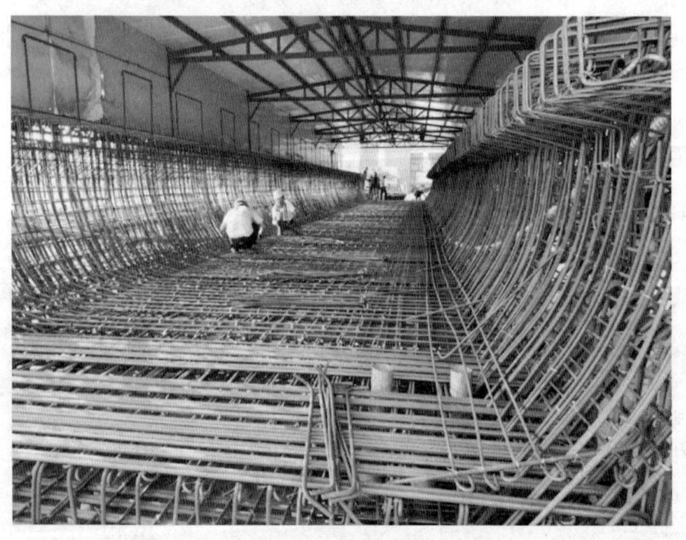

图 6.3-7　普通钢筋绑扎成品

3. 钢筋绑扎要求

(1)钢筋绑扎前先核对钢筋的牌号、直径、形状、尺寸和数量是否与料单、交底相符,如有错漏,纠正增补。

(2)钢筋绑扎统一使用铁丝,采用正反扣方法,扎丝的尾部不得伸入混凝土保护层内。

(3)钢筋骨架在胎膜上绑扎时,为便于钢筋大体骨架的初步形成,并保持足够的刚度,便于下部钢筋绑扎,将补入辅助钢筋的某些交叉点焊牢,但不得在主筋起弧,并尽量减少焊点数量。

(4)钢筋绑扎按设计要求准确控制钢筋位置,并满足以下要求:

①钢筋交叉点用铁丝绑扎结实,必要时点焊牢固;

②除设计特殊规定者外,梁中箍筋与主筋须垂直;

③箍筋的末端要向内弯曲,箍筋的转角与钢筋的交点均绑扎牢固;

④箍筋接头在梁中沿纵向方向交叉布置;

⑤绑扎用的铁丝要向内弯,铁丝头不得伸入保护层内。

(5)在钢筋的交叉点,逐点改变绕丝方向("8"字形)交错扎结。箍筋、桥面筋的两端交点都绑扎,钢筋弯折角与纵向分布筋交点都绑扎,其余各交点采用梅花形跳绑;绑扎点拧紧,如有扭断的扎丝必须重绑;为保证绑扎后的钢筋骨架不变形,骨架所有绑扎点的绑扎方向为"人"字形。扎丝绑扎完毕,尾部弯向内侧,不得深入混凝土保护层内。

4. 垫块绑扎

钢筋保护层垫块采用的混凝土,其耐久性能指标和抗压强度等级应不低于梁体混凝土。

垫块呈梅花形布置,并尽量靠近钢筋交叉点,梁体侧面和底面需设置不少于4 个/m^2的垫块,在 U 形梁变截面段端部底板底面,应对混凝土保护层垫块进行加密。

垫块绑扎应注意:①纵向分布筋应卡入垫块凹槽,使垫块不可随意晃动;②所有垫块都在钢筋骨架安装就位前绑扎;③绑扎垫块铁丝头不得伸入保护层内;④垫块不横贯保护层的全截面;⑤垫块密度以保证梁底构造筋不产生下挠变形为度;⑥垫块材料应保证与梁体混凝土具有相同的线膨胀系数,以确保温度变化时垫块与梁体混凝土之间仍具有紧密的黏结强度而不"脱骨"。

绑扎的垫块需要有足够的强度和刚度,使其能够承担整个钢筋骨架的重量,以免发生变形和被压碎的情况。侧面垫块虽然不承受骨架的重量,但在钢筋骨架吊装时易于滑移,因此必须轻吊轻放。在下落钢筋骨架时必须对位准确,可以采用吊线坠法来确保钢筋骨架纵向中心线与底模板纵向中心线重合,然后方可徐徐下落,准确就位。

5. 钢筋接头布置

钢筋接头须避开跨中部位,且所有钢筋接头分散布置。配置在同一截面内受力钢筋接头的截面面积,占受力钢筋总截面面积的百分率,符合下列规定:

(1)焊接接头在受弯构件的受拉区不得超过 25%。

(2)焊接接头在受弯构件的受压区不得超过 50%。

(3)钢筋接头须避开钢筋弯曲处,至弯曲点的距离不小于 $10d$(d 为钢筋直径)。

(4)在同一根钢筋上少设接头,同一截面内,同一根钢筋上的接头不得超过一个。

注:两焊接接头在 $35d$ 范围以内且不小于 500mm 均视为同一截面内。

6. 钢筋位置允许偏差和检验方法

钢筋位置允许偏差和检验方法见表 6.3-1。

钢筋位置允许偏差和检验方法　　表 6.3-1

检查项目		允许偏差(mm)	检验方法
受力钢筋间距		±10	用尺量
箍筋、横向水平筋、螺旋筋间距		±20	用尺量
钢筋骨架尺寸	长	±10	用尺量
	宽、高	+5，-10	用尺量
弯起钢筋位置		±20	用尺量
保护层厚度		±5	用尺量

6.3.2.2　模板工程

一般来说，桥梁模板并不存在于桥梁工程永久结构体系中，只是一种临时性的构造物，但模板的设计及应用是否合理成为桥梁工程成败的重要因素之一。以下介绍模板的设计与应用。

1. 模板系统设计

模板一般采用全钢结构、整体式设计方案。模板由底模、外模、内模、内模支撑、内模移动系统和端模组成，另外，还包括外模斜撑、内模斜撑及水平撑、外模间拉杆、内外模间拉杆等附件。模板组装断面如图 6.3-8 所示。

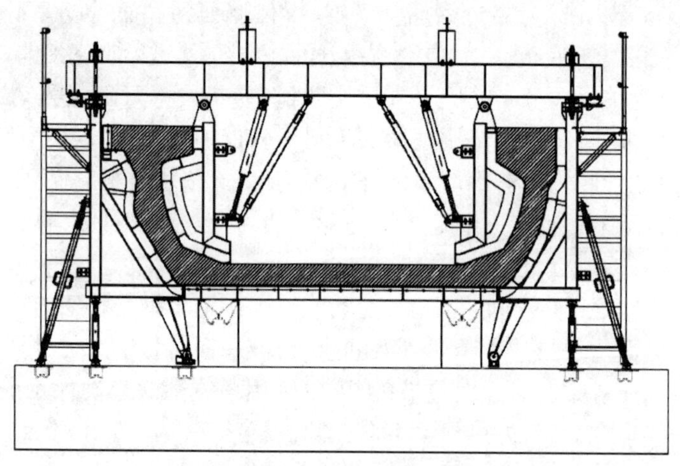

图 6.3-8　模板组装断面图

1）底模

标准底模分为三段，两端为支座段，中间为梁身段，安装于基础地梁之上，如图 6.3-9 所示。对于可调节底模，除上述分段方式之外，还需考虑梁长变化对底模的特殊要求。考虑梁长变化时，按该台座能生产的最大梁长设计制作底模及活动支座，将活动支座安装并固定在梁身底模侧面，实现可生产非标长度 U 形梁的目的。

当可调节底模调整到某一梁型后，为保证轨道梁的表面质量，面板接缝处需进行焊接打磨或批嵌处理。

图 6.3-9　底模拼装图

2）外模

根据 U 形梁的特点，外模分为外模 A（外腹板外模）和外模 B（内腹板外模），分别安装于模板外侧和内侧。标准梁外模与底模对应，每侧外模分为 2 段，每段包含支座段与梁身段，中间用法兰连接，在梁身段与支座段的交界处底部，设置放张活络模具，以利于放张与脱模。对于非标准梁长，则在梁身段设置相应的变化段，每段之间用法兰连接，且做到相互通配。为保证轨道梁的表面质量，分段外模的面板接缝处在拼装完成后应进行焊接打磨处理。外模梁身段长度与 U 形梁设计长度相同，支座段长度应比 U 形梁支座设计长度稍长，用于嵌入式端模的装配。

3）内模

由于 U 形梁截面内、外侧不同，因此，内模亦分为内模 A 和内模 B，分别对应外腹板内模和内腹板内模。针对每一梁型，在整个梁长范围内，内模是等截面的。所以内模采用液压内模，即采用液压机械进行内模板的安装与拆卸。

为防止整体模板上浮，可以采用勾头螺栓拉紧内模横梁与外模纵梁，见图 6.3-10。

图 6.3-10　内模防浮措施

4）端模

端模常采用嵌入式结构，即镶嵌于内、外模之间，梁长由端模位置控制。端模的形状与分段相对复杂，下部的端模为了拆模，分为三段，两侧各一段。两侧的端模，形状和大小与 U 形梁腹板相同，即大半径弧形，必须与内、外模配合良好，安装槽形止浆条，防止浇捣时漏浆。在端模下部按设计位置精确钻设所有钢索孔，检查并打磨飞边毛刺，防止损伤钢绞线。

2. 模板操作流程

1）拆模流程

模板拆除流程：拆除顶部拉杆→拆除内模水平杆→收紧内模斜撑杆至内模面板脱离混凝

土面→拆除斜撑杆→移动(收缩)内模→内模吊离→放松外模底部螺栓→收紧外模斜撑杆使外模与混凝土脱离→拆除端模→放张。

2)合模流程

合模为拆模的逆过程,具体流程为:调整外模基本竖直→紧固外模与底模间螺栓→调整外模斜撑杆至外模竖直→吊入钢筋笼、钢绞线穿过端模→安装并固定端模→吊入内模、紧固内模横梁与立柱→安装内模斜撑杆、调整内模到位→安装顶部拉杆及水平撑杆→合模完毕。(注:在浇筑完底板混凝土后,再将内模附属的翻板翻转到位固定。)

3. 模板的保护

给模板面板涂刷脱模剂(液压油)应充分到位,避免漏刷、积油。模板在安装、拆模和使用过程中尽量避免对面板的碰撞,尽量减少对模板边缘的磨损。模板拆除后,及时清理黏在模板上的混凝土残渣,并涂刷隔离剂,拆掉多余的焊件、绑扎件,对变形和板面凹凸的部位及时修复。施工中,不得用重物冲击模板,不准在支撑上搭脚手板,以保证模板牢固、不变形。不得任意拆改大模板的连接件及螺栓,以保证大模板的外形尺寸准确。

4. 模板的安装和验收

模板安装一般按照底模→侧模→端模的顺序进行,具体安装程序根据施工现场而定。模板在组装过程中,需要采用临时拉锚装置防倾覆。模板组装完毕后,应及时检查其平面位置、顶部标高、节点联系及纵横向稳定性,合格后方可浇筑混凝土。

模板除锈采用喷砂工艺。模板除锈时注意关注天气变化,若在模板除锈后与浇筑混凝土前这段时间存在降雨天气,则延迟模板除锈工序,待天气转好之后再进行模板除锈。

模板组装所允许的偏差见表 6.3-2。

模板组装允许偏差和检验方法 表 6.3-2

<table>
<tr><th rowspan="2">序号</th><th rowspan="2" colspan="2">项 目</th><th rowspan="2">允许偏差
(mm)</th><th colspan="2">检验频率</th><th rowspan="2">检验方法</th></tr>
<tr><th>范围</th><th>点数</th></tr>
<tr><td>1</td><td colspan="2">侧、底模板组装间隙</td><td>≤2</td><td rowspan="2">侧底模板</td><td>10</td><td>用塞尺量</td></tr>
<tr><td>2</td><td colspan="2">表面平整度</td><td>≤2</td><td>10</td><td>用 2m 靠尺和塞尺量</td></tr>
<tr><td>3</td><td colspan="2">安装轴线偏差</td><td>≤2</td><td>底模</td><td>2</td><td>用尺量</td></tr>
<tr><td>4</td><td colspan="2">高程</td><td>±2</td><td>侧、内、底</td><td>2</td><td>测量</td></tr>
<tr><td rowspan="4">5</td><td rowspan="4">模板内部尺寸</td><td>对角线差</td><td>10</td><td>上、下</td><td>2</td><td rowspan="4">用卷尺量</td></tr>
<tr><td>长</td><td>±10</td><td>侧、内、底</td><td>10</td></tr>
<tr><td>宽</td><td>±5</td><td rowspan="4">梁端、跨中、
1/4 跨、
3/4 跨</td><td>5</td></tr>
<tr><td>高</td><td>±5</td><td>5</td></tr>
<tr><td>6</td><td colspan="2">底板厚</td><td>±5</td><td>5</td><td>用尺量</td></tr>
<tr><td>7</td><td colspan="2">腹板厚</td><td>+5,0</td><td>5</td><td>用尺量</td></tr>
<tr><td>8</td><td colspan="2">侧向弯曲</td><td>L/3000 且不大于 10</td><td>两侧内外</td><td>4</td><td>沿梁全长拉线量,取最大值</td></tr>
</table>

注:L 为模具与混凝土接触面中最长边的尺寸。

5. 模板的运输、维修与保管

1）运输

模板运输应根据模板的长度、高度、重量选用适当的车辆。模板在运输车辆上的支点、伸出的长度及绑扎方法均应保证模板不发生变形、不损伤表面涂层。模板连接件应码放整齐，小型件应装箱、装袋或捆绑，避免发生碰撞，保证连接件的重要连接部位不受破坏。

2）维修

现场使用后的模板，应清理粘在模板上的混凝土灰浆及多余的焊件、绑扎件，对变形和板面凹凸不平处应及时修复。肋和背楞产生的弯曲变形应严格按产品质量标准修复。焊缝开焊处，应将焊缝内砂浆清理干净，重新补焊修复平整。

模板配套件的维修应符合下列要求：

①地脚调整螺栓转动应灵活，可调到位；

②承重架焊缝应无开焊处，锈蚀严重的焊缝应除锈补焊；

③对拉螺栓应无弯曲、变形，表面无黏结砂浆，螺母旋转灵活。

3）保管

对暂不使用的模板拆除支架维修后，板面应进行防锈处理，板面向下分类码放。模板堆放场地地面应平整、坚实，有排水措施。零、配件入库保存时，应分类存放。模板叠层平放时，在模板的底部及层间应加垫木，垫木应上下对齐，垫点应保证模板不产生弯曲变形。

6.3.3　混凝土的浇筑、养护与存梁

在整个施工过程中，大体积混凝土的浇筑与养护是一个重要的施工环节，同样预制混凝土的移动和储存也很重要。在施工过程中，如果不对大体积混凝土浇筑施工与养护技术进行严格控制，极易导致裂缝出现，对桥梁的承载力造成严重影响。当然，如果梁在转移、存放时出现问题，对梁的性能也会造成不小的影响。因此，在 U 形梁大体积混凝土的浇筑、养护和存放过程中，应该正确把握浇筑、养护和存放的技术要点，规范各项操作，以提升桥梁施工质量。以下详细介绍混凝土的浇筑、养护和存放要点。

6.3.3.1　混凝土的浇筑

混凝土浇筑施工工艺：原材料检测→施工配合比试验→混凝土拌和及运输→浇筑底板混凝土→浇筑底板及腹板交界处混凝土→分层浇筑腹板混凝土→顶板抹面→U 形梁混凝土养护。

混凝土浇筑之前应做的准备：①对模板、绑扎好的钢筋和已固定的埋件等隐蔽工程进行检查验收；②对电箱、电线、振动机、起重设备等进行检查，确保机器、电源在浇筑过程中能够正常使用；③根据浇筑的混凝土方量、时间、结构特点等确定混凝土的初凝时间、铺料方法、设备组合、人员配备，形成浇筑作业方案；④对运抵现场的每一车预拌混凝土进行坍落度、温度检测，在底板及腹板浇筑前各测定一次含气量。

混凝土浇筑有两种方法：一是送料斗浇筑，二是泵送浇筑。U 形梁是高性能混凝土，且混凝土的和易性较好，所以采用泵送方式浇筑比较好（图 6.3-11）。

图6.3-11　U形梁混凝土浇筑

混凝土的浇筑采用连续浇筑、一次成型，浇筑时应严格控制浇筑时间，浇筑间隔最长不超过混凝土的初凝时间。

对于大体积混凝土，浇筑时应采用斜向分段、水平分层，从一端向另一端两侧腹板对称、连续浇筑的方法。U形梁横断面浇筑分层图和纵断面浇筑顺序如图6.3-12和图6.3-13所示。严格控制斜向分段的长度、工艺斜度以及水平分层厚度，先后两层混凝土浇筑的间隔时间不得超过混凝土初凝时间。在浇筑梁体混凝土时，混凝土下落距离不宜过高。

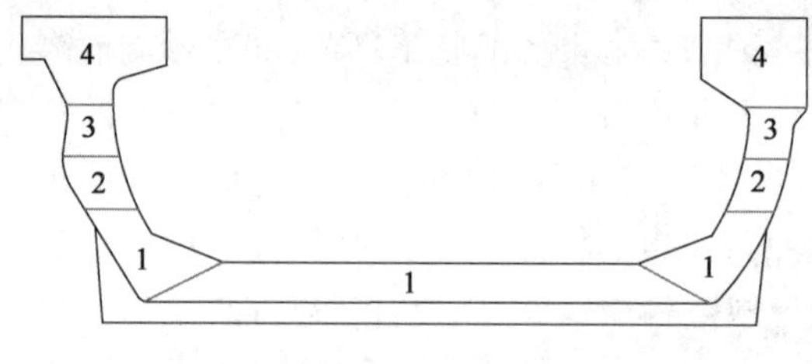

图6.3-12　U形梁横断面浇筑分层图

6	9	14	17	20
4	7	12	15	19
2	5	10	13	18
1	3	8	11	16

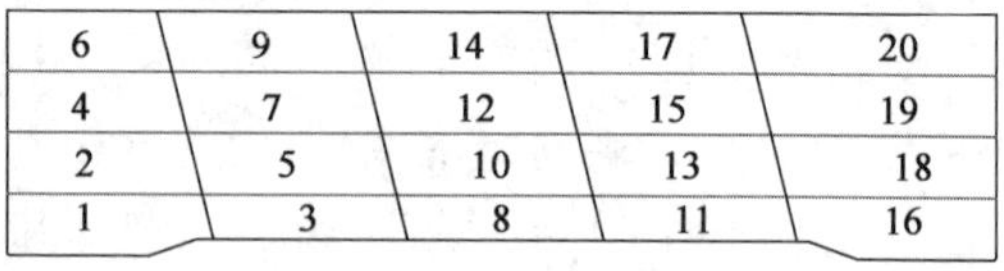

图6.3-13　U形梁纵断面浇筑顺序

U形梁结构受力及外观要求均较高，必须严格控制混凝土的振捣质量。混凝土振捣应采用插入式振动器，同时为确保混凝土振捣密实需附以附着式高频振捣器（图6.3-14）侧振（特别是底板与腹板转角处），在普通振动器振动混凝土密实后开启，振捣时间以混凝土不再沉落、不出现气泡、表面呈现浮浆为度。附着式振动器振动时设专人控制振动时间。

若采用插入式振动棒振动底板混凝土时，需采用梅花形布点，并相隔一定距离，采用快插慢拔的方法进行；振动腹板混凝土时振动棒上用红漆做出插入深度记号，振动上层混凝土时需深入下层混凝土一段距离；循序渐进，不允许漏振，振实后徐徐拔出，不得过快或停机后再拔出振动机头。避免因过振引起腹板下部与底板连接处混凝土产生蜂窝、麻面和流挂等现象。钢筋密集处采用插入式振动棒二次振动密实。插入式振动器工作时与侧模、先张预应力筋、预埋铁件、螺栓、锚筋应保持合适的距离。避免振捣过程中翘振模板、钢筋、预应力筋和预埋件。

图6.3-14 附着式高频振捣器

振动每一部位,必须振动到该部位混凝土密实为止。混凝土密实的标志:混凝土停止下沉,不再冒出气泡,表面呈现平坦、泛浆。避免混凝土因过振而产生离析现象。尤其加强梁端、吊点处和侧模压板下的混凝土振捣。混凝土浇捣振动时采用多只插入式振动器沿梁的一端朝另一方向移动。

混凝土在浇筑过程中,应安排专人检查模板、预留筋和预埋件的情况,发现问题及时采取调整措施。混凝土浇筑完后,沿钢模基准台面将梁顶面用直尺刮平,每间隔1h抹光一次;在混凝土初凝前用抹子将梁面抹光,直至混凝土表面不出现析水,防止出现梁面裂缝。

6.3.3.2 混凝土的养护

为了使混凝土在一定时间内保持充分湿润,以满足水泥水化的需要,浇筑后的混凝土必须进行养护。混凝土的养护分为自然养护和蒸汽养护两种方式,通常以自然养护为主,蒸汽养护常在冬季使用。

1. 自然养护

夏季浇筑的混凝土,早期养护的主要目的在于保持适宜的温、湿度条件,以达到两个方面的效果:一方面使混凝土免受不利温、湿度的侵袭,防止产生有害的冷缩和干缩;另一方面使水泥水化作用顺利进行,以期达到设计的强度和抗裂能力。因此,必须加强混凝土的养护。

梁体混凝土浇筑完成之后,将雨篷及时遮盖在侧模上,防止阳光直晒,并将土工布及时覆盖在裸露混凝土上,洒水润湿。

(1)在混凝土浇筑完毕后应对混凝土进行保水潮湿自然养护。在混凝土养护期间,应重点加强混凝土的湿度和温度控制,尽量缩短表面混凝土的暴露时间,及时对混凝土暴露面采用保温保湿的材料:用土工布紧密覆盖,连续洒水养护。

(2)梁体洒水次数要能使混凝土表面保持充分的湿润。

(3)将梁移至存梁区后采用自动喷淋养护系统定时进行养护,如图6.3-15所示。

2. 蒸汽养护

冬季施工采用覆盖厚帆布密封的方法进行蒸汽养护(图6.3-16和图6.3-17)。

图 6.3-15　存梁区喷淋养护

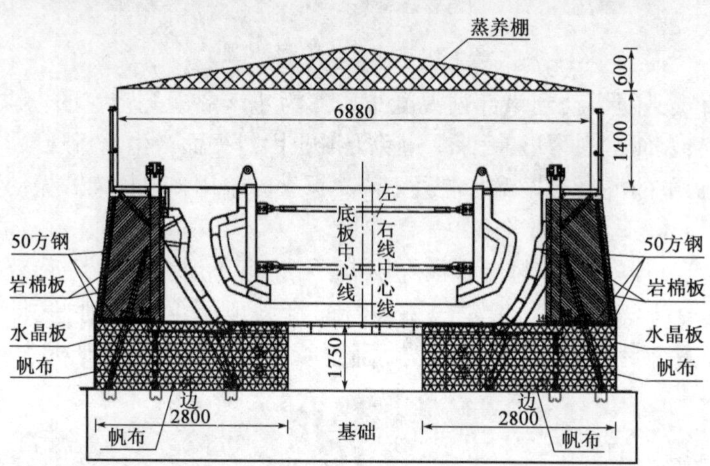

图 6.3-16　U 形梁蒸汽养护示意图

图 6.3-17　U 形梁蒸汽养护施工图

(1)蒸汽养护须严格按静停、升温、恒温、降温等四个阶段进行。

静停阶段：指混凝土浇筑完毕至升温前先静停一段时间，主要是为了增强混凝土对升温阶段结构破坏作用的抵抗能力。静停期间保持棚温不低于 5℃,静养时间不小于 4h。

升温阶段:指混凝土从原始温度上升到恒温阶段期间,为防止混凝土表面因体积膨胀太快而产生裂缝,因此必须控制升温速度,每小时不超过 10℃,如果养护开始初始环境温度低于 10℃,则初始升温率控制在 6℃/h,直至达到 10℃。

恒温阶段:混凝土强度增长最快的阶段。恒温时蒸汽温度不超过 45℃,梁体芯部混凝土温度不超过 60℃,恒温阶段棚内保持 90% 以上的相对湿度。

降温阶段:降温阶段混凝土已硬化,如降温过快,混凝土会产生表面裂缝,因此降温速度应加以控制,每小时不得超过 10℃。

蒸汽养护时间根据季节变化可适当调整。

(2)蒸汽养生。

①进气管安装在两侧外模及内模内侧框架上,进气管的喷气孔朝向 U 形梁槽内,避免蒸汽直接喷向梁体混凝土,同时有利于蒸汽在蒸养空间内循环。养护棚要覆盖严密,并保证无漏气。

②测温部位:在梁体两侧和端头设测温点,测定混凝土芯部(截面最厚处)和表面温度(测温点布置在钢筋表面上)。

③测温次数:恒温、升温、降温阶段每小时测温 2 次。

(3)温度控制原则。

①升温速度为每小时不得大于 10℃。冬季为减小梁体和棚内温差,当蒸养棚安装完成后应立即缓缓送气,使棚内温度不低于 5℃,经 4h 以上待温度稳定后,可逐步升温。

②恒温阶段梁体芯部混凝土温度不超过 60℃,当梁体芯部混凝土温度接近 60℃时,应适当降低棚温。

③棚内梁体各部位的温度尽量一致:混凝土从开始升温到降温结束整个过程中,梁体两端与跨中和 U 形梁内、外侧之间相对温差不大于 15℃。

(4)拆棚要求。

拆模必须有工程部签发的拆模通知单。拆模时混凝土强度应达到设计规定;蒸养期间及撤出保温设施时,梁体混凝土芯部与表层、表层与环境之间温差不得超过 15℃。蒸汽养护结束后,立即进入自然养护。

6.3.3.3　移梁及存梁

U 形梁在制梁区内采用固定台座、模板法进行生产,初张拉完毕后,应立即将梁吊走,移入存梁区,空出台位,准备下片梁生产。为了提高移梁的效率和安全性,可以使用移梁机将预制 U 形梁搬运至存梁区(图 6.3-18)存放。

移梁机可根据现场施工环境选择。移梁作业包含三个作业段:起吊作业段、行走作业段、落梁作业段。施工程序为:施工作业准备→起吊移梁→搬梁及落梁。U 形梁起吊施工作业如图 6.3-19 所示。

在移梁和存梁时,关键是保持梁的受力平衡,使其结构稳定。移梁、存梁施工要点如下:

(1)在吊梁过程中采取有效措施确保各吊点受力均匀。

(2)U 形梁在起吊、下落过程中,必须缓慢操作,提、落梁时两端应同步进行,并尽量减小冲击力。

图 6.3-18　U 形梁存放区

图 6.3-19　U 形梁起吊

(3)梁在起顶、吊运和存放时存在悬臂长度,在施工过程中应该采取严格的控制措施保证结构稳定。

(4)落梁前,检查支座预埋板表面平整度,并清理表面灰浆、止浆条等杂物。

(5)梁场的存梁台座在存梁前需由测量人员复测存梁台座垫石高差,在四支座垫石高差在容许范围内,方可铺设橡胶垫块并复核其顶面高差,如果达不到要求,则可以垫薄铁皮调整,使其符合高差要求后方可落梁。

(6)严格控制存梁台座平整度,确保四个支点不平整度不大于 2mm,保证存梁期间 U 形梁四个支点支承力均衡,克服施工中存在的因过多约束可能产生的不可预见的内部损伤与潜在危害。

(7)箱梁存放时,存梁支点至梁端的距离应符合设计要求,设计无要求时存梁支点至梁端的距离不大于 1.5m。

(8)当采用双层存梁时,应保证地基及支点结构安全、可靠。

U 形梁必须按照铺架梁施工组织顺序进行编号存放;并及时对落梁前和落梁后的台座进行沉降变形观测与记录,以防止结构破损。

6.3.4　运输、架设

U 形梁运输、架设施工是指通过某种方法将预制好的 U 形梁放置到梁墩的固定位置上,具体分为运输和架设两部分。为确保能够精确完成 U 形梁运输、架设,需要设计一套行之有效的操作工艺,它包括运梁小车和架桥机的设计,以及一个行之有效的运输、架设方法。

6.3.4.1　预制 U 形梁的运输[96]

1. 线下运输

在确保 U 形梁运输安全、可靠的前提下,根据 U 形梁外形尺寸、质量和运输道路环境,对牵引能力以及有效荷载爬坡度等技术参数进行计算,合理地选择牵引车和轮胎式运梁车。

运梁时,提梁机将 U 形梁缓慢放置在运梁车上,经质量检验合格后拆除连接吊索具。再用螺栓从吊装孔穿入与车板端梁固定,防止运输过程中 U 形梁移动。U 形梁运输时应采取措施确保 U 形梁的平整度在一定范围之内;控制车辆运输速度,严禁突然加速或突然制动。当运输车行至上、下坡道路面时,液压平板车前、后处在不同高度,会使梁底与液压平板车产生角度及空隙,导致接触面变小,从而使车或梁受损。为避免以上问题,在运梁车上需设置端梁,使得车辆在行驶至坡道路面时梁底与液压平板车不产生角度,保障 U 形梁运输过程中的安全和质量。

2. 线上运输

根据 U 形梁外形尺寸和质量选择合适的线上运梁车。U 形梁线下运输至提梁点,通过门式起重机将梁提至线上运输设备,U 形梁线上运输设备采用选好的运梁车。根据现场情况选取运梁小车轨道和轨道固定方式,轨道固定一端固定在承轨台预埋筋上,一端焊接在轨道上。考虑运梁小车能否满足运梁需求,需对运梁车偏斜运行时的水平侧向载荷、轨道支承杆稳定性及强度、钢轨强度、轨道滑动及倾翻进行计算。

桥上运梁车安全控制措施:

(1)运梁前应提前检查胎压是否符合标准值(6.5 +0.5bar)。

(2)提梁机开始提梁时,启动并预热运梁车,根据显示屏上自动导航线的偏差情况调节车体平面位置。

(3)提梁机提梁至运梁车上方对位完毕后,运梁车起升驱动轮伸缩油缸将箱梁顶起,并根据驾驶室内显示屏上油缸组压力数据观察梁体居中放置,并记录显示数据。

(4)提梁机吊具移除后,启动运梁车导航系统,使运梁车沿梁中心线前进。(根据梁面的干湿程度,运梁车需选择不一样的行驶速度前行。)

(5)运梁车下坡运梁时,需减慢至安全速度,发生故障时紧急制动。运梁车配置有液压制动和气压制动系统,制动时平稳、可靠。

6.3.4.2　预制 U 形梁的架设[57]

1. 运梁小车的设计

由于 U 形梁的抗扭性能较差,因此运梁小车的设计必须满足 U 形梁的纵、横向受力要求,同时还必须避开梁体上的预埋筋等。在纵桥方向上,为了分散运梁车产生的集中荷载,运梁车每侧采用 8 个轮子,从而大大降低了轮压对结构的影响。为了保证 U 形梁运输时的静定状态,保证 U 形梁在运输过程中不受扭矩的作用,其中一台运梁车的两个驮梁支点设均衡梁,保证两个支点反力均衡,从而保证 U 形梁的三点静定支撑。运梁小车示意图如图 6.3-20 所示。运梁小车示意图如图 6.3-21 所示。

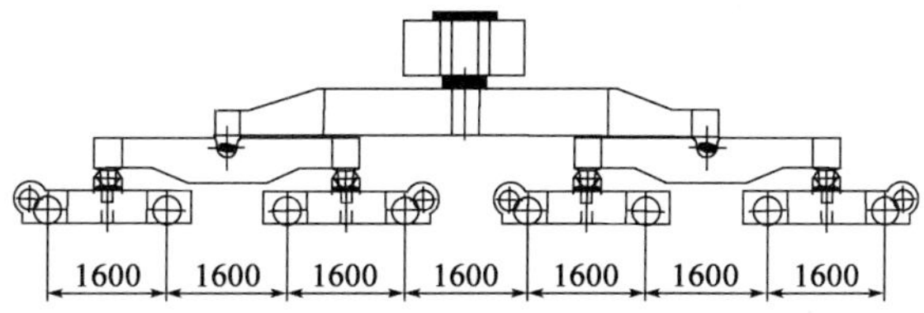

图 6.3-20　运梁小车示意图

图 6.3-21　运梁小车运梁

2. 架桥机的设计

对于传统的铁路桥梁或公路桥梁而言,架桥机的支腿一般通过横移轨道支撑在桥墩上或者已架好的梁体顶面上。架桥机的携梁横移可以实现梁体的安装。由于 U 形梁为薄壁开口结构,运梁小车采用横向跨梁运输时,架桥机无法实现传统的携梁横移功能,梁体安装只能通过天车横移来实现。因此,架桥机的设计原则为采用"前天车托梁,后天车提梁,两台天车同步行走,然后同步落梁"的工艺流程,操作简单,安全平稳。过孔采用运梁车配合,可有效分散过孔时架桥机支反力,减小施工荷载对 U 形梁的影响。中支腿设吊挂机构,可灵活变换位置,特别适于变跨频繁的桥梁架设施工。

架桥机的横向布置,首先根据架桥机主桁架的结构尺寸、U 形梁的宽度以及横移天车的布置等,确定两片主桁架支腿的间距,以利于主桁架受力;其次为满足结构安全性要求,应控制支腿的横向间距;最后为保证下部墩柱在偏心荷载产生的弯、扭、剪应力下安全,应对架桥机采取特殊措施。架桥机的横向布置如图 6.3-22 所示。

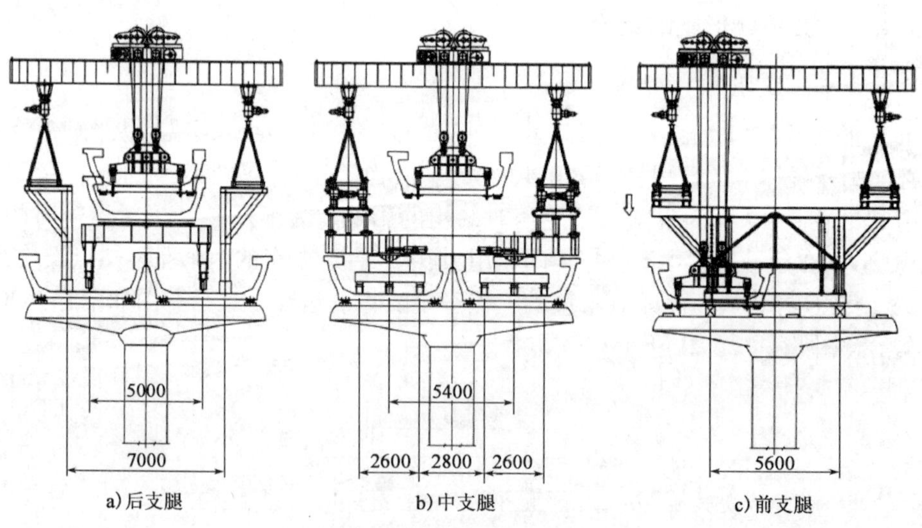

图 6.3-22　架桥机横向布置示意图

在纵桥向上,架桥机的支腿尽可能向墩柱中心线靠拢,以减小墩柱纵向偏载引起的弯曲应力;同时要求中支腿和后支腿纵向布置距离较大,以平衡纵向水平力。

3. 门式起重机架桥工艺流程

提梁点提梁流程:专用液压平板车通过公路或运梁便道将U形梁从梁场运至提梁点门式起重机下的卸梁区→解除U形梁与平板车的锁定→将起重机吊具的吊杆放入U形梁的吊梁孔内并安装固定螺母→两台门式起重机同步提梁吊至桥上的轮胎式运梁车上→卸掉天车吊具→将梁与运梁车临时固定→轮胎式运梁车将U形梁运至架桥机处架设。如图6.3-23和图6.3-24所示。

图6.3-23 架桥机架设施工

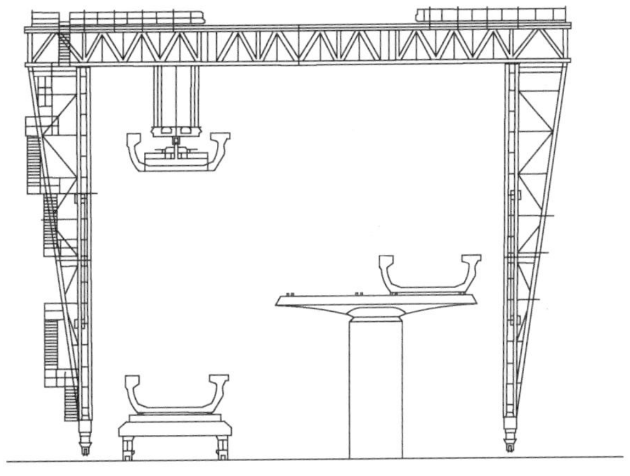

图6.3-24 门式起重机架梁示意图

4. 架桥机过孔

(1)运梁车运梁进入架桥机内部。

(2)天车吊着过孔横梁与主运梁车连接成一体。

(3)前天车吊着中支腿向前运行,到达前支腿后方。

(4)前天车回到后天车附近。

(5)前后支腿收起,主运梁车推动架桥机主梁向前运行,前支腿到达前方盖梁。

(6)前天车吊着过孔横梁放置于中支腿位置,并回到吊梁位置,过孔完成,准备架梁。

5. 架桥机架梁

(1)利用线上运梁车将 U 形梁运至架桥机尾部,至前天车起吊位置停止,然后利用前天车将梁的前端吊起。

(2)后运梁小车与前天车配合,以相同的速度向前行驶,到后天车起吊位置停止。

(3)由后天车将 U 形梁的后端吊起,前、后天车以相同速度将 U 形梁吊至跨中,运梁小车退出。

(4)前、后天车通过横移将梁移动就位后下落至准确位置,至此第 1 榀 U 形梁安装完毕,准备安装另一侧 U 形梁。

6.3.5 轨道板施工

随着科学技术的发展和运输安全性的提高,我国轨道几乎全部使用无砟轨道。板式无砟轨道采用预制的钢筋混凝土板直接支承钢轨,并且在轨道板与混凝土底座板之间增加填充层。它具有以下优点:稳定性、平顺性良好;建筑高度低、自重轻;轨道变形缓慢,耐久性好;不需要维修或者少维修且维修费用低。

轨道板的具体施工工序[97]如下:剪力钉安装→“两布一膜”铺设→底座板钢筋绑扎→钢板连接器安装→模板制作安装→测温电偶安装→底座板混凝土浇筑(后浇带除外)→顶面边缘收坡→顶面拉毛→顶面边缘横坡收光→模板拆除→混凝土养护→钢筋连接器张拉→后浇带混凝土浇筑→后浇带混凝土顶面收坡、拉毛→后浇带混凝土模板拆除、养护。关键工序详细介绍如下。

1. 钢筋施工[98]

在底座板钢筋施工过程中,不仅要科学制作钢筋笼,还需要合理安装连接器和测温电偶。首先,在制作钢筋笼的过程中,须结合工程具体情况,制订切实可行的预制方案,在加工场或施工现场等指定区域进行钢筋笼预制,保证施工的成效。然后,将其运输到施工现场,清除底座板下方的杂物等,利用吊车将其吊至桥面上,由施工人员进行安装,确保钢筋笼绝缘性良好及混凝土浇筑质量。再次,将测温电偶合理设置在底座板建筑区域内,继而科学监控与反馈混凝土结构的实际稳定性 。最后,吊装钢筋前,应对相应的钢筋连接器进行预制,并且在其安装过程中做到如下几点:①绑扎钢筋时必须重视其侧面受力参数;②合理控制点锚固钢筋的深度、高度及剪力齿槽位置的钢板 (图 6.3-25);③对后浇带钢板进行安装时,应积极关注焊缝的变化情况及自身变形状况, 提高钢筋施工的质量;④U 形钢筋绑扎前进行除锈,绑扎过程中严格执行带线绑扎,做到外观横平竖直,绑扎钢筋的扎丝头不得进入钢筋保护层内,如图 6.3-26 所示。

2. 模板施工[99]

钢筋施工完成后进行模板安装(图 6.3-27),先安装底座板侧模,再安装端模和伸缩缝模板,最后安装限位凹槽模板。侧模与侧模之间通过螺栓连接固定,侧模支撑采用双向紧固螺杆紧固(图 6.3-28)。端模与侧模之间通过螺栓连接,端模固定采用钢筋斜撑。伸缩缝模板按照施工要求自制。限位凹槽模板安装前复核限位凹槽位置,准确无误后再进行安装,每个限位凹槽采用中端紧固、四角支撑的方式,紧固和支撑均采用全丝螺栓,中端紧固螺栓随锚固筋一起植入基层。待限位凹槽模板安装后进行限位凹槽防裂钢筋的绑扎,并在凹槽四角处加设钢丝网片,防止四角开裂。

图6.3-25　剪力齿槽

图6.3-26　钢筋绑扎

图6.3-27　模板安装

图6.3-28　模板侧模加固

为有效控制模板高度,需要采用螺栓加以调节,利用短撑杆将其固定在防护墙上,并涂刷相应的脱模剂,确保模板间接缝密实,以免混凝土浇筑后出现漏浆问题;同时保证模板支撑的稳定性、刚度、强度,使其在实际使用中不会发生变形。

模板安装需注意的问题:模板安装过程中严格控制线形及高程,模板拼缝处采用止浆双面胶密封,严格控制拼缝处质量;在底座板模板施工过程中须在桥面和模板间设置竹胶板,以实际情况为依据合理调整竹胶板的高度,有效预防桥梁底板部分区域的烂根或漏浆问题。

3.混凝土施工

在混凝土施工之前应该及时清理底座板附近的杂物,采用功率较大的风机设备进行清理;在施工前的30min内进行洒水工作,保证桥面的湿润以及对模板、基面进行降温。

在混凝土浇筑过程中需借助施工泵车来输送混凝土,保证混凝土实际落差低于1m。如图6.3-29所示,轨道浇筑过程中,按照直线段由中间向四周、曲线段由低处向高处的顺序进行,避免出现漏浇或浇不满的情况。混凝土输送入模后,利用插入式的振捣设备对其振捣,合理控制振捣深度，确保振捣速度均匀且合适，以免影响滑动层或出现过振、漏振等现象。混凝土的振捣顺序宜先振捣高边，然后振捣低边，最后振捣中间；振捣时间以混凝土无大气泡冒出，表面平白泛浆为准。混凝土在浇筑完成后，及时收浆抹面，在混凝土初凝前进行二次收面，防止出现龟裂。

在施工过程中，操作人员常采用刮尺控制横坡度和平整度，如图 6.3-30 所示。在混凝土振捣完后由两名操作人员根据两侧模板的标高线采用刮尺平稳向前推进一定距离，然后回刮以免混凝土水泥浆被全部刮走，同时要保证刮尺下面和混凝土接触严密、无缝隙，并安排 2 名工人及时进行铲料和补料工作，混凝土刮平后人工用短刮尺再次整平修补，确保混凝土表面的横坡度和平整度满足要求。

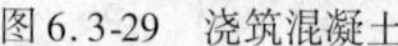

图 6.3-29　浇筑混凝土

图 6.3-30　抹平混凝土

混凝土浇筑完成后及时进行覆盖养护，养护采用一布一膜方式，先洒水，并在限位凹槽处注满水，后覆盖土工织物，最后上盖塑料薄膜保湿养护。养护期间严禁踩踏。

第7章　U形梁静载试验研究

7.1　U形梁试验研究概述

7.1.1　结构荷载试验概况

随着现代科学技术的发展,人们可以利用 ANSPS 等软件对混凝土材料的基本性能及受力过程进行更深入的探究,能较为准确地模拟结构物的受力状况,且可以通过调整某些参数,将一些重要技术指标的误差控制在可接受的范围内。

值得注意的是,现代化的计算机及软件系统固然具备人力不可替代的优势,但其优势和进步也是建立在人们对各种大型、复杂、新颖的桥梁结构受力行为的逐步认识之上的。也就是说,结构计算理论和结构性能的基础研究是相辅相成、协同进步的。或者说,通过计算机完成的虚拟模型计算结果的准确性还需得到结构的实际受力行为的验证。因此,对各类大型、复杂、新颖的桥梁结构进行专门的模型试验分析,也就变得非常必要。试验分析既是一种对理论分析的验证方式,也是对理论分析进行修正、改进的手段。

按试验对象和真型结构之间的差异,包括整体与局部的差异、尺寸比例的差异、外部条件的差异,桥梁结构试验分析一般包括缩尺模型试验、节段试验、独立构件试验等主要类型。

缩尺模型试验是指遵循一定的原则将真型结构按比例缩小后进行试验,遵循的原则一般包括几何相似、物理相似和材料相似,用以确保在模型试验中获取的数据可以间接推断真型结构上受力响应。缩尺模型试验常将大型结构缩小到一定尺寸,并采用与结构实际相同的支承约束条件,使试验能满足场地、加载能力、费用预算等限制条件的同时,具有真型结构的全部或部分特征。合理的缩尺试验设计,是可以准确反映真型结构在所关注方面的受力特点的。

节段试验可以视作一种特殊的模型试验,其特点是模型尺寸与真型结构相同,所不同的是试验对象不是结构整体,而是从结构整体中截取所关注的一部分,比如梁体节段、塔身节段等。节段试验的另一特点是,必须采用合理的约束条件以确保试验节段的受力模式与整体结构中该节段的受力模式一致。节段试验的优点是,除了降低试验场地占用要求外,还可以采用与实际结构相同的材料、模拟实际结构的施工工艺、不存在缩尺模型试验对结构细部简化导致的受力偏差等。

独立构件试验是指对结构中某一个相对独立的构件直接进行试验,比如结构中的预制梁、钢支座、吊杆、拉索等。独立构件试验的优点在于,试验对象和实际结构一致,有的时候甚至直接采用实际结构中的构件。在准确模拟支承条件的前提下,独立构件试验可以百分之百地反映真实结构的受力特点。

总之,模型试验是判断结构受力性能、验证设计理论和设计方法的一种直接手段。模型试验的基本原理就是按照设计荷载(或者根据设计荷载换算的应施加在模型上的等效荷载),测试模型(缩尺模型、节段试验或独立构件)关键位置的应变、位移、裂缝、频率、疲劳损伤程度等响应,对比测试结果与各相应理论值的符合程度(一般用结构校验系数表示)并分析各项响应的残余值,据此评价结构的受力性能,包括结构的可靠性、刚度、强度储备、抗疲劳性能等。

在结构的荷载试验研究领域,广大的科研和工程技术人员进行了大量的基础工作,也建立了利用荷载试验结果评定结构受力性能的一套较为完善的机制,甚至在一些行业出台了指导性规程,但是在结构荷载试验的一些至关重要的环节还需要投入更多的关注,尤其要考虑许多研究性的结构荷载试验中存在的诸多独特性、未知性,而以下方面工作的深入研究显得更为重要。

1. 试验对象的精确设计

以缩尺模型试验为例,除了考虑场地、费用等限制条件,还需考虑缩尺比例。合理的缩尺比例能有效保证几何相似、物理相似和材料相似,从而确保模型的受力模式与真型结构基本一致。在选定缩尺比例后,需精确制定截面尺寸、调整钢筋(或预应力筋骨等其他加强材料)布置、合理简化真型结构的构造细节,同时模拟真型结构的施工工艺,如分段浇筑或预制拼装等。缩尺模型的试验加载设计既要对应地考虑真型结构的设计活荷载,又要考虑由于缩尺导致的恒荷载效应减小,本着应力等效的原则进行试验加载。

2. 试验对象受力性能和荷载响应的准确计算

考虑研究性结构荷载试验的主要目的之一是验证设计理论和设计方法,因此即使是节段试验或者独立构件试验,也需采用准确、完善的理论计算方法。对于缩尺模型试验,试验对象可以视作一个全新的结构,其受力性能(如开裂荷载、极限荷载)和荷载响应(各级荷载作用下的应变、变形等)的准确计算非常重要。

此外,只有准确计算试验对象的受力性能和荷载响应,才能进行合理的试验加载设计,比如加载分级、加载循环,以及测点布置、测试设备的精度及量程选择。

3. 试验测点的合理布置以及试验数据的有效分析

结构荷载试验的目标,无论是判断结构受力性能还是验证设计理论和设计方法,都是通过对测试数据的分析达到的,所以测点的合理布置显得至关重要。试验测点布置应遵循必要与适量相结合的原则,测试设备或测试方法应保证数据准确、可靠。测点布置应特别注意:①测点位置应有代表性。结构的最大挠度、最大拉压应变、首条裂缝位置等是我们最关心的对象之一。对于简单结构(如简支梁、矩形截面),上述代表性部位是显而易见的;对于复杂结构(如多次超静定结构、组合梁、异形截面)则需精确计算,准确计算出荷载响应,才能进行测点合理的布置。②各项荷载响应的测试方法选择应在准确可靠和方便快捷之间取得平衡,同时还要兼顾合理的测试方法和手段能有效消除温度对测试值的影响。目前,在成熟的电阻应变计、机械式百分表等传统测试手段的基础上,光纤光栅测量、激光测量、无线传输等方法也取得了长足的进展,而且在实际应用中效果良好,这为结构荷载试验的测试方法提供了更多的选择。

此外,一项结构试验全过程中获得的各项数据往往是大量的。数据分析过程中,首先需要做的就是对数据的真伪进行判定,因为在试验数据测试过程中,难免会受到温度、测点布置工艺、电磁脉冲等环境干扰,实测数据和真实响应之间往往存在偏差。如果这种偏差在可控范围内或者可以采用可靠手段修正,则修正后的数据是可采纳的;否则,这些存在不可控偏差的测点数据应予以剔除。试验数据分析,既要对比其与理论值之间的关系(得出校验系数)或者与规定值对比(如比较实测最大挠度与规范允许值),还要分析其发展规律或趋势,比如荷载和挠度之间的关系曲线、荷载和各项响应残余值的关系,后者才是评价设计计算过程中的简化和假定是否合理的重要手段。

青岛轨道交通 8 号线工程的高架桥梁体结构采用了预应力混凝土 U 形梁,其特点包括:采用单向预应力,即只布置纵向预应力;最大的跨度达 32.7m,属该类型梁的最大跨度;预应力采用了先张法和后张法相结合的工艺——混张法。

由于缺乏完全成熟的经验和实例,本工程中 U 形梁的准确工作状态成为设计中的疑点和难点。尽管设计过程中采用了完善、全面的计算,包括空间有限元模拟,且计算结果表明 U 形梁的各项受力性能指标均能满足规范要求,但是为了消除疑点、验证设计计算过程中各类模型简化和假定的合理性,采用模型试验测试 U 形梁在实际荷载作用下的各种响应,以验证其真实响应,并进一步评价其受力性能和设计计算过程中的简化和假定的合理性,成为一种最有效和最直观的手段。

7.1.2　U 形梁试验概况

近年来随着城市轨道交通的发展和推广,U 形梁因具有流线外形、建筑高度低、运营噪声小、行车安全、紧急疏散方便等优势而得到广泛认可,并被认为可以取代传统箱梁结构和早期的 U 形梁。

我国从 21 世纪初开始,先后有广州地铁 2 号线(2003 年)、上海轨道交通 8 号线和 11 号线等(2007 年起)、南京地铁 2 号线(2009 年)、重庆轨道交通 1 号线(2012 年)、南京至高淳城际快轨(2015 年)等工程陆续将 U 形梁结构运用于城市轨道交通中。

我国在 U 形梁实际运用过程中,先后借鉴了法国、日本等技术,并逐步提高改进,目前拥有了较为完备的国产化技术。

U 形梁结构特殊、受力复杂,不布置横向预应力钢束的底板的抗裂性能、整体受力性能还有待进一步的深入研究。因此,对 U 形梁在运营阶段中的受力、变形情况进行模型试验或实梁试验,为 U 形梁在轨道交通系统中的全面推广提供技术依据是相当必要的。

2003 年,北京交通大学对跨度为 32m 预应力 HPC 材料的 U 形梁进行了缩尺模型破坏试验[100];2005 年,西南交通大学李丽、王振领等对某高架试验段一跨径 25mU 形梁进行了破坏试验,试验测定了结构的极限承载力,并研究了其变形特性及破坏特征,试验结果表明结构在正常使用和极限状态下的极限荷载分别为设计荷载的 1.68 倍和 3.0 倍[101];2006 年,同济大学结构工程与防灾研究所对上海轨道交通 6 号线工程中的 U 形梁进行了现场加载试验,试验表明在运营荷载作用下,预应力 U 形梁的应力值均小于容许应力,挠度变形在允许范围之内,结构处于弹性工作状态,U 形梁具有足够的刚度[102];2009 年,西南交通大学蒲黔辉、夏招广等对重庆轨道交通 1 号线工程的 30mU 形梁分别进行了破坏试验和疲劳试验,试验结果表明试验梁具有良好的强度和刚度,纵向开裂荷载为设计荷载的 1.315 倍,横向开裂荷载为设计荷载的 1.398 倍,在重复荷载作用下的挠度、应变和裂缝变化规律和混凝土在弯曲重复荷载作用下的 S-N 曲线类似,U 形梁的疲劳损伤历程与其他钢筋混凝土构件基本相同[103]。

7.1.3 U 形梁构造

1. 主要技术标准

(1)列车类型:城轨标准 B 型车。

(2)设计行车速度:120km/h。

(3)线间距:双线,标准直线线间距 5.0m,曲线地段适当加宽。

(4)挠度要求:跨径 $L \leqslant 30$m,挠跨比 $f/L \leqslant 1/2000$;跨径 30m < $L \leqslant 60$m,挠跨比 $f/L \leqslant 1/1500$。

2. 梁体构造

青岛轨道交通 8 号线工程高架桥的标准梁采用整孔预制预应力混凝土简支 U 形梁、单片 U 形梁并置结构形式。高架桥长度为 728.445m,预制 U 形梁的梁长类型共有 32.7m、24.7m、20.7m 和 20.345m 四种。其中 32.7mU 形梁采用了新颖的先张法和后张法相结合的混张法工艺,其他梁长 U 形梁采用先张法预制施工工艺。

梁体混凝土等级为 C55。采用全预应力理论设计。纵向预应力钢筋采用符合现行《预应力混凝土用钢绞线》(GB/T 5224—2014)的高强低松弛 1860MPa 级钢绞线,公称直径 17.8mm,普通钢筋采用 HPB300 和 HRB400。

单线 U 形梁结构顶宽 5.42m,开口宽 3.7m;跨中截面梁高 1.9m,底板厚 0.26m;支点截面梁高 2.04m,底板厚 0.4m,梁端到支座中心线 0.6m,外侧腹板采用弧形,内腹板采用斜腹板,跨中腹板厚 0.28m,端支点腹板厚 0.3m。

32.7m 和 24.7m 跨径 U 形梁的截面构造如图 7.1-1 所示,立面如图 7.1-2 所示。

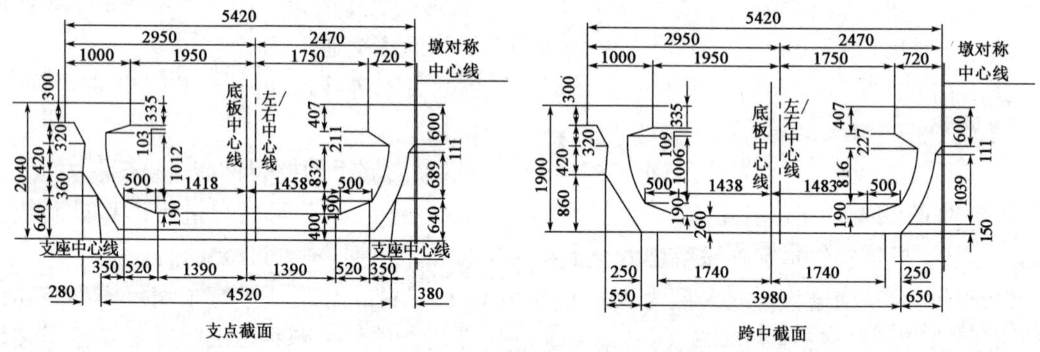

图 7.1-1 32.7m 和 24.7m 跨径 U 形梁截面构造

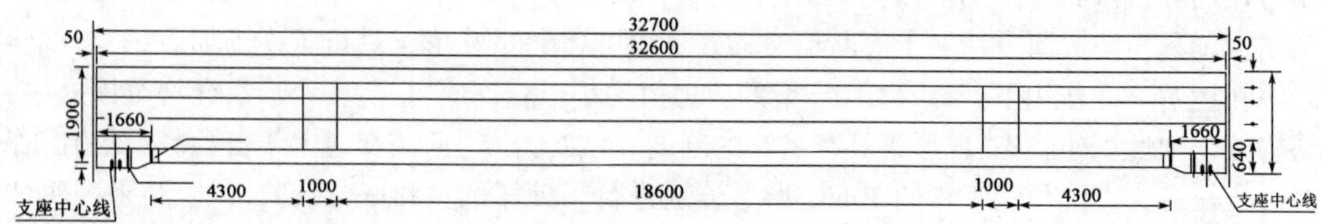

图 7.1-2 32.7m 跨径 U 形梁立面图

32.7m 跨径 U 形梁采用混张法工艺的预应力施工要点：U 形梁腹板布设 2 束 4ϕ^s 17.8mm 后张钢绞线，底板布设 80 束 ϕ^s 17.8mm 先张钢绞线，分三层布置。

24.7m 跨径 U 形梁底板布设 56 束 ϕ^s 17.8mm 先张钢绞线预应力筋，分三层布置。

本次试验现场加载过程如图 7.1-3 所示。

图 7.1-3　U 形梁静载试验加载过程现场照片

7.1.4　U 形梁试验内容与试验目的

荷载试验的主要内容是通过等效设计荷载加载和 1.2 倍的设计荷载加载，测试 U 形梁控制截面的应变和挠度；试验②的是评价 U 形梁的强度和刚度。

7.1.5　U 形梁试验依据

荷载试验依据的主要规范包括：

(1)《铁路桥涵设计规范》(TB 10002—2017)；

(2)《铁路桥涵混凝土结构设计规范》(TB 10092—2017)；

(3)《铁路桥梁检定规范》(铁运函〔2004〕120 号)；

(4)《预应力混凝土铁路桥简支梁静载弯曲实验方法及评定标准》(TB/T 2092—2018)；

(5)《公路桥梁承载能力检测评定规程》(JTG/T J21—2011)。

7.1.6　U 形梁试验梁选择

相比已在较大范围内应用的 20 ~ 30m 跨径的 U 形梁，本工程所采用的 32.7m 跨径 U 形梁，其跨径有所增加，且预应力施工方法新颖。本次试验主要针对 32.7m 跨径混张法预制 U 形梁进行研究，共选择了 3 片 32.7m 跨径 U 形梁，梁体编号分别为 JJ04-05 右线、JJ45-46 右线、JJ06-07 左线(分别用 U-01、U-02、U-03 表示)，同时为了便于对比，选择了 1 片 24.7m 跨径混张法预制 U 形梁进行对比试验，梁体编号为 JD149-150 右线(用 U-04 表示)。

7.2　U 形梁静载试验设计

7.2.1　U 形梁试验荷载设计原则

试验设计、数据分析及评判过程，主要依据《简支梁试验方法　预应力混凝土梁静载弯曲试验》(TB/T 2092—2018),同时参考了《公路桥梁承载能力检测评定规程》(JTG/T J21—2011)、《地铁设计规范》(GB 50157—2013)、《铁路桥涵设计规范》(TB 10002—2017)等规程、规范。

按照《简支梁试验方法　预应力混凝土梁静载弯曲试验》(TB/T 2092—2018)的规定,对32.7m跨径混张法预制U形梁进行试验,其重点考查、评判的指标包括梁体的刚度和预应力度(抗裂性);除此之外,还考查了梁体的应力、应变等弹性工作状态下的指标。

U形梁的抗弯静载试验的荷载值依照等效受力原则来确定。本研究项目实施过程中,加载遵循"梁体跨中截面在试验荷载作用下的弯矩与设计荷载作用下的弯矩等效、支点截面在试验荷载作用下的剪力与设计荷载下的大剪力相近"的原则,并用加载效率系数 K 值(试验弯矩、剪力与设计弯矩、剪力的比值)来表示试验荷载等级。

U形梁设计荷载如下:

(1)恒荷载。

①自重:预应力钢筋混凝土容重取 26.5kN/m^3。

②二期恒荷载:通信+信号、受流轨、轨道、供电、声屏障、栏杆(疏散平台)、动力照明、桥面铺装,共计34.86kN/m。

(2)活荷载。

青岛地铁8号线工程列车的车型采用国标B型车,六辆编组,车辆定距10.4m,固定轴距2.2m,设计最高行车速度120km/h。车辆最大轴重150kN,最小轴重80kN,计算时最大、最小轴重可按每节车长任意排列组合。车辆活载模式轴距如图3.2-6所示。

车辆竖向荷载还包括列车的动力作用,其值为列车竖向静活载乘动力系数 $(1+\mu)$,μ 按《铁路桥涵设计规范》(TB 10002)规定取值。列车荷载加载取其最不利布置,但车辆与车辆间距不变。异符号影响线加载时按轻载计。混凝土桥的冲击系数按规范计算,见式(7.2-1)。

$$1+\mu=1+\alpha\left(\frac{6}{30+L}\right) \tag{7.2-1}$$

式中,L 为桥梁设计跨度;$\alpha=2$。

按照《简支梁试验方法　预应力混凝土梁静载弯曲试验》(TB/T 2092—2018)中对全预应力梁的静载抗弯试验的规定,各加载循环的加载效率系数等级如下:

第一加载循环分级加载效率系数 K 值:初始状态→基数级→0.60→0.80→静活载级→1.00→静活载级→0.60→基数级→初始状态;

第二加载循环分级加载效率系数 K 值:初始状态→基数级→0.60→0.80→静活载级→1.00→1.05→1.10→1.15→1.20→1.10→静活载级→0.60→基数级→初始状态。

7.2.2 U形梁试验荷载及加载措施

本次试验荷载采用反力架加载,沿梁轴线配置3~5个门式等间距反力架(纵向加载间距为6.8m),每个反力架横向设置4个加载点,通过液压千斤顶进行加载。底板加载点 P_1 设置纵向分配梁和横向分配梁,腹板加载点 P_2 设置纵向分配梁,加载点的纵向、横向布置示意如图7.2-1~图7.2-3所示。

现场加载反力架、千斤顶布置如图7.2-4所示。

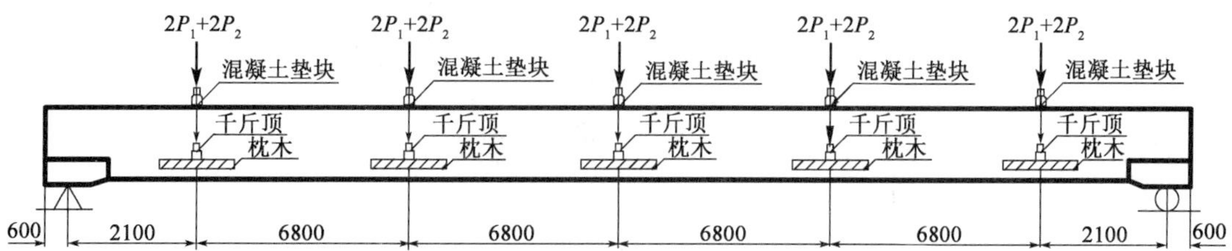

图7.2-1 32.7m长U形梁试验加载点纵向布置示意图

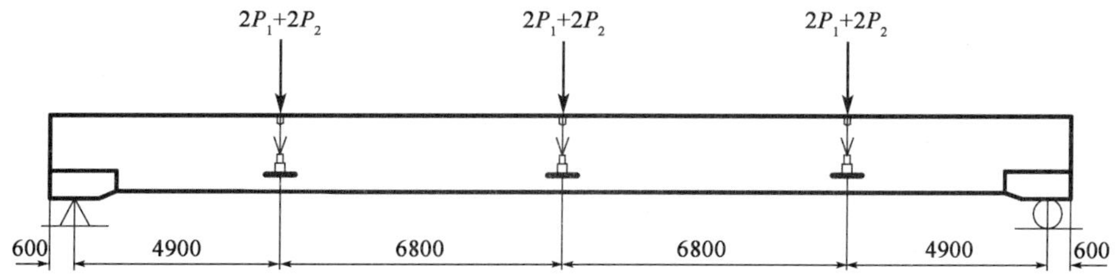

图7.2-2 24.7m长U形梁试验加载点纵向布置示意图

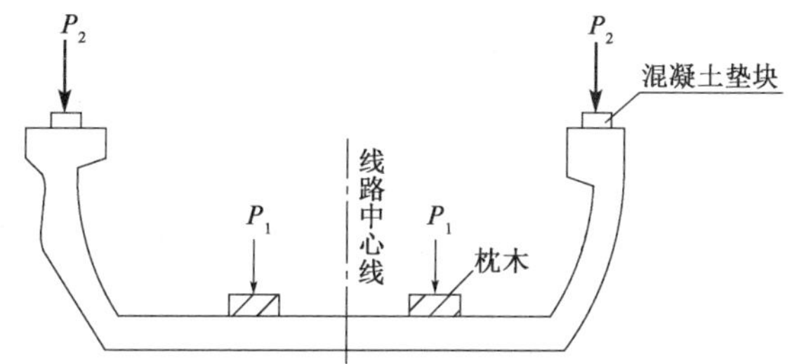

图7.2-3 U形梁试验加载点横向布置示意图

图7.2-4 试验现场反力架、千斤顶及压力传感器布置图

根据 U 形梁的受力特点和沿梁横向 4 个加载点分布的实际情况,试验加载分为两个阶段:

阶段一:$K \leqslant$ 设计荷载(二期恒荷载 + 活荷载)时,通过底板千斤顶进行加载,即通过 2 个 P_1 加载点施加荷载;

阶段二:设计荷载 $\leqslant K \leqslant$ 设计荷载的 1.2 倍时,通过底板和腹板千斤顶进行加载,即通过 2 个 P_1 和 2 个 P_2 加载点施加荷载。

32.7mU 形梁、24.7mU 形梁各阶段的分级加载值分别如表 7.2-1、表 7.2-2 所示。

32.7m U 形梁试验加载计划汇总表　　表 7.2-1

加载工况与分级		设计内力		试验加载		试验内力		加载效率	
工况	加载分级	跨中弯矩(kN·m)	支点剪力(kN)	P_1(kN)	P_2(kN)	跨中弯矩(kN·m)	支点剪力(kN)	跨中抗弯	支点抗剪
二期恒荷载	二恒 0.3	1288.9	164.2	34.2	0	1289.3	171.0	1.00	1.04
	二恒 0.6	2577.8	328.4	68.4	0	2578.7	342.0	1.00	1.04
	二恒 0.8	3437.0	437.8	91.2	0	3436.4	455.8	1.00	1.04
	二恒 1.0	4296.3	547.3	114.0	0	4295.9	569.8	1.00	1.04
二期恒荷载 + 活荷载	活载 0.3	5560.6	747.3	147.5	0	5560.8	737.5	1.00	0.99
	活载 0.6	6824.8	947.3	181.0	0	6825.6	905.3	1.00	0.96
	活载 0.8	7667.6	1080.7	203.4	0	7668.2	1017.0	1.00	0.94
	活载 1.0	8510.5	1214.0	225.7	0	8510.8	1128.8	1.00	0.93
二期恒荷载 + 活荷载	设计荷载 1.1	10273.6	1451.6	225.7	46.8	10273.3	1362.5	1.00	0.94
	设计荷载 1.2	12036.6	1689.2	225.7	93.5	12035.7	1596.3	1.00	0.94

24.7m U 形梁试验加载计划汇总表　　表 7.2-2

加载工况与分级		设计内力		试验加载		试验内力		加载效率	
工况	加载分级	跨中弯矩(kN·m)	支点剪力(kN)	P_1(kN)	P_2(kN)	跨中弯矩(kN·m)	支点剪力(kN)	跨中抗弯	支点抗剪
二期恒荷载	二恒 0.3	715.8	122.4	33.2	0	716.0	99.9	1.00	0.82
	二恒 0.6	1431.6	244.7	66.6	0	1431.9	199.8	1.00	0.82
	二恒 0.8	1908.8	326.3	88.8	0	1909.2	266.4	1.00	0.82
	二恒 1.0	2386.0	407.9	111.0	0	2386.5	333.0	1.00	0.82
二期恒荷载 + 活荷载	活载 0.3	3233.7	585.7	150.4	0	3233.6	451.2	1.00	0.77
	活载 0.6	4081.4	763.6	189.8	0	4081.8	569.6	1.00	0.75
	活载 0.8	4646.5	882.2	216.1	0	4646.2	648.3	1.00	0.73
	活载 1.0	5211.6	1000.8	242.4	0	5211.6	727.2	1.00	0.73
二期恒荷载 + 活荷载	设计荷载 1.1	6236.0	1186.9	242.4	47.6	6235.0	870.0	1.00	0.73
	设计荷载 1.2	7260.1	1372.9	242.4	95.3	7260.6	1013.1	1.00	0.74

考虑试验加载采用多点集中荷载,在满足弯矩等效、剪力相近的前提下,难以完全等效试验梁的设计挠度。据此,对比分析了试验荷载下 U 形梁的跨中挠度值和最大设计荷载下 U 形梁跨中挠度值之间的偏差,分析结果见表 7.2-3 和表 7.2-4。

32.7m U 形梁在试验荷载下挠度值与设计荷载下挠度值对比分析　　表 7.2-3

加载分级	试验荷载下跨中挠度值①(mm)	设计荷载下跨中最大挠度值②(mm)	偏差 |① - ②|/②
活载 1.0	19.23	19.88	3.27%
设计荷载 1.2	27.38	28.12	2.63%

24.7m U 形梁在试验荷载下挠度值与设计荷载下挠度值对比分析　　表 7.2-4

加载分级	试验荷载下跨中挠度值①(mm)	设计荷载下跨中最大挠度值②(mm)	偏差 |① - ②|/②
活载 1.0	8.32	8.5	2.0%
设计荷载 1.2	11.16	11.7	5.0%

从以上加载荷载值、内力值和加载效率系数以及试验荷载下挠度与设计荷载下挠度对比分析,可以看出:

(1)试验加载弯矩与理论值相等,加载效率均为 1.00;支点剪力加载效率为 0.93 ~ 1.04,满足剪力近似相等的要求。

(2)试验荷载下 U 形梁跨中挠度与设计荷载下 U 形梁跨中挠度最大值之间的偏差不超过 5%,实际采用的试验加载模式,能满足对 U 形梁的变形性能检验。

7.2.3　U 形梁加载效率分析

静载试验中,对 U 形梁底板千斤顶的实际加载值 P_1 进行了校核。每级加载荷载依据换算的油压表读数确定,并和千斤顶下的压力传感器对比,分析误差。按照《简支梁试验方法 预应力混凝土梁静载弯曲试验》(TB/T 2092—2018),用千斤顶加载校验系数评定加载效率。

32.7m 跨径 U 形梁(U-01、U-02 和 U-03)在两次循环加载中,P_1 加载理论值与实测值(实测值取底板各个压力传感器测点平均值)列于表 7.2-5 和表 7.2-6。

24.7m 跨径 U 形梁(U-04)在两次循环加载中,P_1 加载理论值与实测值(实测值取底板各个压力传感器测点平均值)列于表 7.2-7 和表 7.2-8。

32.7m 跨径 U 形梁循环 1 实测加载与设计加载计划对比分析表　　表 7.2-5

加载分级	实测加载(kN)			设计加载(kN)	加载效率(实测/设计)		
	U-01	U-02	U-03		U-01	U-02	U-03
二恒 0.3	34.71	38.44	33.20	34.20	1.01	1.12	0.97
二恒 0.6	65.14	72.34	66.53	68.40	0.95	1.06	1.01
二恒 0.8	86.15	90.45	92.13	91.20	0.94	0.99	1.00
二恒 1.0	106.72	112.93	114.33	114.00	0.94	0.99	1.00
活载 0.3	138.26	145.32	147.20	147.00	0.94	0.99	0.96
活载 0.6	168.56	180.43	174.53	181.00	0.93	1.00	0.95
活载 0.8	190.76	199.68	193.27	203.40	0.94	0.98	0.97
活载 1.0	210.11	223.29	218.67	225.70	0.93	0.99	0.97

32.7m 跨径 U 形梁循环 2 实测加载与设计加载计划对比分析表 表 7.2-6

加载分级	实测加载(kN)			设计加载(kN)	加载效率(实测/设计)		
	U-01	U-02	U-03		U-01	U-02	U-03
二恒 0.3	32.58	37.60	34.27	34.20	0.95	1.10	1.00
二恒 0.6	64.13	70.11	66.00	68.40	0.94	1.03	0.96
二恒 0.8	85.94	91.79	89.73	91.20	0.94	1.01	0.98
二恒 1.0	108.06	113.19	113.53	114.00	0.95	0.99	1.00
活载 0.3	138.94	144.76	143.40	147.00	0.95	0.98	0.97
活载 0.6	170.37	179.41	178.60	181.00	0.94	0.99	0.99
活载 0.8	189.73	201.04	199.73	203.40	0.93	0.99	0.98
活载 1.0	213.11	223.50	222.47	225.70	0.94	0.99	0.99
设计荷载 1.1	211.67	220.28	227.47	225.70	0.94	0.98	1.01
设计荷载 1.2	212.04	221.63	220.10	225.70	0.94	0.98	0.98

24.7m 跨径 U 形梁循环 1 和循环 2 实测加载与设计加载计划对比分析表 表 7.2-7

加 载 分 级	实测加载(kN)		设计加载(kN)	加载效率(实测/设计)	
	循环 1	循环 2		循环 1	循环 2
二恒 0.3	35.56	34.00	33.30	1.07	1.02
二恒 0.6	68.44	69.00	66.60	1.03	1.04
二恒 0.8	91.00	90.22	88.80	1.02	1.02
二恒 1.0	113.89	112.44	111.00	1.03	1.01
活载 0.3	151.89	148.00	150.40	1.01	0.98
活载 0.6	184.67	187.67	189.80	0.97	0.99
活载 0.8	214.83	213.00	216.10	0.99	0.99
活载 1.0	241.73	240.78	242.40	1.00	0.99
设计荷载 1.1	—	235.00	242.40	—	0.97
设计荷载 1.2	—	238.57	242.40	—	0.98

24.7m 跨径 U 形梁循环 2 实测加载与设计加载计划对比分析表 表 7.2-8

加载工况与加载分级		实测加载值①(kN)	理论加载值②(kN)	千斤顶加载效率①/②
加载工况	加载分级			
工况 1	二恒 0.3	32.58	34.20	0.95
	二恒 0.6	64.13	68.40	0.94
	二恒 0.8	85.94	91.20	0.94
	二恒 1.0	108.06	114.00	0.95
工况 2	活载 0.3	138.94	147.00	0.95
	活载 0.6	170.37	181.00	0.94
	活载 0.8	189.73	203.40	0.93

续上表

加载工况与加载分级		实测加载值①（kN）	理论加载值②（kN）	千斤顶加载效率①/②
加载工况	加载分级			
工况2	活载1.0	213.11	225.70	0.94
工况3	设计荷载1.1	211.67	225.70	0.94
	设计荷载1.2	212.04	225.70	0.94

由上述分析可以看出：

(1)循环1和循环2的千斤顶加载中,各级加载效率均介于0.93～1.04,满足《简支梁试验方法　预应力混凝土梁静载弯曲试验》(TB/T 2092—2018)要求。

(2)通过加载值 P_1 的两次循环加载对比,两个循环的加载误差在0～2%之间,且两个阶段加载效率吻合,误差小于1%,试验加载效果良好。

7.2.4　U形梁试验测点布置

1.挠度测点

U形梁支点、跨中截面布置竖向挠度测点,采用电测位移计。挠度测点布置如图7.2-5、图7.2-6所示。

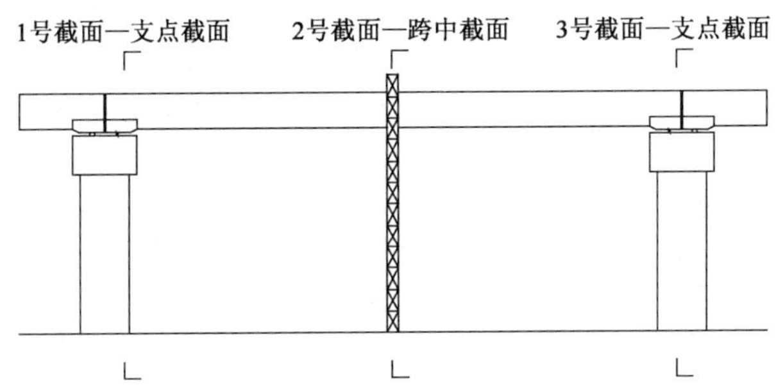

图7.2-5　U形梁静挠度测点布置截面示意图

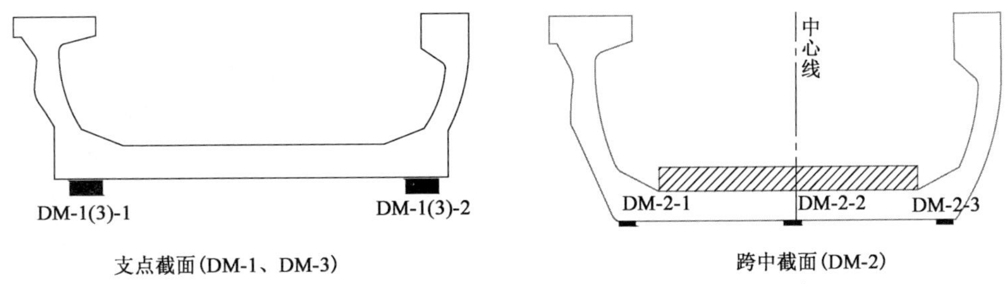

图7.2-6　U形梁截面挠度测点布置图

2.应变测点

U形梁跨中截面道床板下缘布置横向应变片,道床板下缘、上缘及腹板上缘布置纵向应变片。应变测点布置如图7.2-7所示。

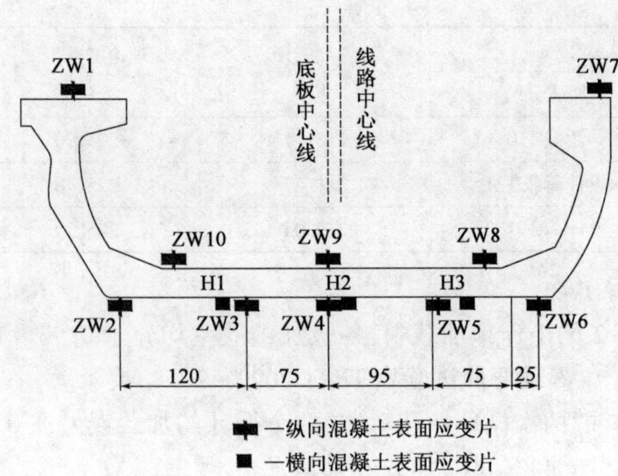

图 7.2-7　U 形梁跨中截面应变测点布置(单位:cm)

7.3　U 形梁静载结果分析

7.3.1　梁体刚度评定

1. 32.7mU 形梁刚度评定

32.7mU 形梁(U-01、U-02 和 U-03)跨中截面在各工况试验荷载作用下挠度实测值,如表 7.3-1所示。

1.0 倍设计活载作用下 32.7mU 形梁跨中截面最大挠度值(单位:mm)　　表 7.3-1

测　点	U-01 梁		U-02 梁		U-03 梁	
	循环 1	循环 2	循环 1	循环 2	循环 1	循环 2
DM2-1	8.5	8.7	8.94	9.00	9.16	8.99
DM2-2	9.0	9.1	10.48	10.41	10.72	10.25
DM2-3	11.0	9.9	9.63	9.59	9.27	9.13
平均值	9.5	9.2	9.7	9.7	9.72	9.46

依据《简支梁试验方法　预应力混凝土梁静载弯曲试验》(TB/T 2092—2018)的实测静活载挠度值合格评定标准:$f_{实测} < 1.05(f_{设计}/\psi)$(其中 ψ 为等效荷载加载挠度修正系数,取 $\psi = 1.0613$,计算跨径为 31.4m),则:

$$1.05(f_{设计}/\psi) = 1.05 \times \left(\frac{1}{2000} \times \frac{31400}{1.0613}\right) = 15.5(\text{mm})$$

由表 7.3-1 可知,1.0 倍设计活载作用下,实测挠度最大值 11.0mm < 15.5mm,故梁体竖向刚度满足《简支梁试验方法　预应力混凝土梁静载弯曲试验》(TB/T 2092—2018)要求。

用试验的 3 片 32.7mU 形梁测得的跨中道床板的最大挠度 11.0mm 计算挠跨比,则

$$\frac{11.0}{31.4 \times 1000} = \frac{1}{2855} < \frac{1}{2000}$$

表明各试验梁的刚度均满足《地铁设计规范》(GB 50157—2013)要求。

2. 24.7mU 形梁刚度评定

24.7mU 形梁跨中截面在各工况试验荷载作用下挠度实测值,如表 7.3-2 所示。

1.0 倍设计活载作用下 24.7mU 形梁跨中截面最大挠度值(单位:mm) 表 7.3-2

测点	U-04 梁	
	循环 1	循环 2
DM2-1	4.13	3.96
DM2-2	5.46	4.96
DM2-3	4.12	3.92
平均值	4.79	4.46

依据《简支梁试验方法　预应力混凝土梁静载弯曲试验》(TB/T 2092—2018)的实测静活载挠度值合格评定标准:$f_{实测} < 1.05(f_{设计}/\psi)$(其中 ψ 为等效荷载加载挠度修正系数,取 $\psi = 1.0613$,计算跨径为 23.4m),则:

$$1.05(f_{设计}/\psi) = 1.05 \times \left(\frac{1}{2000} \times \frac{23400}{1.0613}\right) = 11.6(\mathrm{mm})$$

由表 7.3-2 可知,1.0 倍设计活载作用下,实测挠度最大值 5.46mm < 11.6mm,故梁体竖向刚度满足《简支梁试验方法　预应力混凝土梁静载弯曲试验》(TB/T 2092—2018)要求。

用试验的 1 片 24.7mU 形梁测得的跨中道床板的最大挠度 5.46mm 计算挠跨比,则:

$$\frac{5.46}{23.4 \times 1000} = \frac{1}{4286} < \frac{1}{2000}$$

表明各试验梁的刚度均满足《地铁设计规范》(GB 50157—2013)要求。

7.3.2 变形分析

1. 32.7mU 形梁结构线弹性分析

对 32.7mU 形梁(U-01、U-02 和 U-03)的实测挠度进行分析。选取"二恒 0.3"~"活载 1.0"中各级加载值 $P = 2 \times P_1 + 2 \times P_2$ 与循环 2 实测跨中截面的中间测点(DM2-2)挠度值进行线性拟合,得图 7.3-1 所示的拟合曲线。

由试验荷载-挠度值拟合曲线可知:荷载与挠度呈线性关系,且 U-01、U-02 和 U-03 各梁的"荷载-挠度"线性相关系数分别为 0.998、0.995 和 0.999,表明 U 形梁在 1.0 倍设计荷载作用下结构处于线弹性工作状态。

2. 24.7mU 形梁结构线弹性分析

对 24.7mU 形梁(U-04)的实测挠度进行分析。选取"二恒 0.3"~"活载 1.0"中各级加载值 $P = 2 \times P_1 + 2 \times P_2$ 与循环 2 实测跨中截面的中间测点(DM2-2)挠度值进行线性拟合,得图 7.3-2所示的拟合曲线。

由试验荷载-挠度值拟合曲线可知:荷载与挠度呈线性关系,U-04 梁的"荷载-挠度"线性相关系数为 0.992,表明 24.7mU 形梁在 1.0 倍设计荷载作用下结构处于线弹性工作状态。

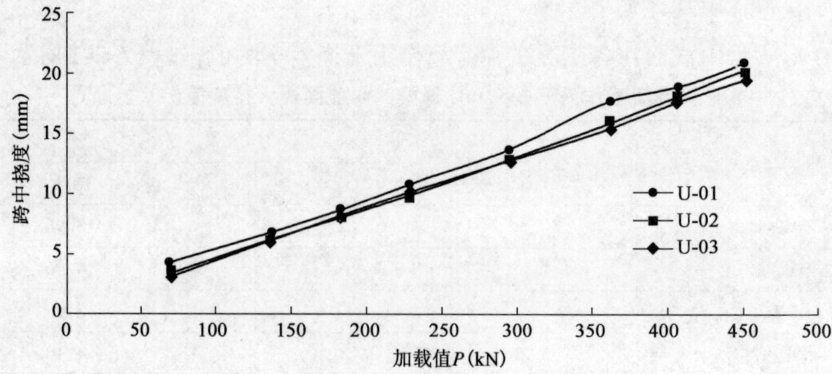

图 7.3-1　32.7mU 形梁试验荷载 - 挠度值拟合曲线

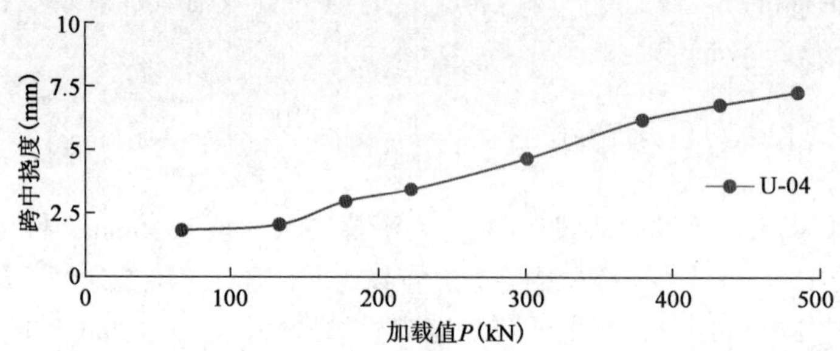

图 7.3-2　24.7mU 形梁试验荷载 - 挠度值拟合曲线

3. 32.7mU 形梁残余变形分析

32.7mU 形梁(U-01、U-02 和 U-03)在各自的 2 个加载循环中的残余挠度、总挠度以及相对残余变形分析见表 7.3-3。

32.7mU 形梁在试验荷载作用下跨中截面残余挠度分析　　表 7.3-3

加载循环	测点	U-01 梁			U-02 梁			U-03 梁		
		残余挠度(mm)	总挠度(mm)	相对残余(%)	残余挠度(mm)	总挠度(mm)	相对残余(%)	残余挠度(mm)	总挠度(mm)	相对残余(%)
循环 1	DM2-1	0.48	19.13	2.51	0.54	18.15	2.98	0.61	18.72	3.26
	DM2-2	0.64	20.87	3.07	0.60	20.49	2.93	0.93	21.38	4.35
	DM2-3	0.50	20.20	2.48	0.53	19.04	2.78	0.51	19.03	2.68
循环 2	DM2-1	0.60	28.08	2.14	0.41	25.19	1.63	0.57	26.19	2.18
	DM2-2	0.63	30.16	2.09	0.77	27.65	2.78	0.72	28.84	2.50
	DM2-3	0.56	28.78	1.95	0.63	26.45	2.38	0.51	26.75	1.91

由残余变形分析可知：U-01、U-02 和 U-03 梁的相对残余变形范围分别为 1.95% ~ 3.07%、1.63% ~2.98% 和 1.91% ~4.35%，参照《公路桥梁承载能力检测评定规程》(JTG/T J21—2011)中相对残余变形不超过 20% 的规定，各 32.7mU 形梁的相对残余变形满足要求。

4.24.7mU 形梁残余变形分析

24.7mU 形梁(U-04)在2个加载循环中的残余挠度、总挠度以及相对残余变形分析见表7.3-4。

24.7mU 形梁在试验荷载作用下跨中截面残余挠度分析 表7.3-4

加载循环	测点	残余挠度(mm)	总挠度(mm)	相对残余(%)
循环1	DM2-1	0.32	7.24	4.42
	DM2-2	0.57	9.37	6.08
	DM2-3	0.16	7.28	2.20
循环2	DM2-1	0.30	9.38	3.20
	DM2-2	0.43	11.44	3.76
	DM2-3	0.25	9.81	2.55

由残余变形分析可知:24.7mU 形梁的相对残余变形范围为2.20% ~6.10%,参照《公路桥梁承载能力检测评定规程》(JTG/T J21—2011)中相对残余变形不超过20%的规定,24.7mU 形梁的相对残余变形满足要求。

5.32.7mU 形梁残余应变评定

本次试验在冬季进行,每个加载循环的持续时间较长,试验过程中U-01梁受太阳的不均匀照射等多重因素影响,导致布设在梁体表面的混凝土应变测点存在较明显残余。为此,本节只对32.7m和24.7mU形梁中实测应变较为稳定的底板下表面纵向测点进行残余应变分析。

32.7mU 形梁(U-01、U-02和U-03)在各自的2个加载循环中,底板下表面的总应变、残余应变分析分别见表7.3-5、表7.3-6和表7.3-7。

由残余应变分析可以得知:在试验荷载作用下,各32.7mU 形梁(U-01、U-02和U-03)跨中截面混凝土纵、横向相对残余应变分别为-15.8% ~19.6%、0~9.6%和-2.4% ~7.4%,均小于20%。参照《公路桥梁承载能力检测评定规程》(JTG/T J21—2011),梁体相对残余应变满足要求。

32.7mU 形梁(U-01)跨中截面底板下表面混凝土残余应变分析 表7.3-5

测点	循环1			循环2		
	残余应变(με)	总应变(με)	相对残余(%)	残余应变(με)	总应变(με)	相对残余(%)
ZW2	9	160	5.6	-22	179	-12.3
ZW3	8	133	6.0	39	201	19.4
ZW4	20	175	11.4	-10	188	-5.3
ZW5	34	180	18.9	50	255	19.6
ZW6	13	175	7.4	-28	177	-15.8

32.7mU 形梁(U-02)跨中截面底板下表面混凝土残余应变分析 表7.3-6

测点	循环1			循环2		
	残余应变(με)	总应变(με)	相对残余(%)	残余应变(με)	总应变(με)	相对残余(%)
ZW2	4	148	2.7	6	207	2.9
ZW3	17	191	8.9	10	261	3.8

续上表

测点	循环 1			循环 2		
	残余应变(με)	总应变(με)	相对残余(%)	残余应变(με)	总应变(με)	相对残余(%)
ZW4	22	246	8.9	0	281	0
ZW5	6	160	3.8	8	219	3.7
ZW6	1	129	0.8	18	187	9.6

32.7mU 形梁(U-03)跨中截面底板下表面混凝土残余应变分析 表 7.3-7

测点	循环 1			循环 2		
	残余应变(με)	总应变(με)	相对残余(%)	残余应变(με)	总应变(με)	相对残余(%)
ZW2	0	135	0	0	163	0
ZW3(损坏)	—	—	—	—	—	—
ZW4	5	304	1.6	0	340	0
ZW5	14	188	7.4	-8	327	-2.4
ZW6	0	141	0	1	192	0.5

6. 24.7mU 形梁残余应变评定

24.7mU 形梁(U-04)在 2 个加载循环中,底板下表面的总应变、残余应变分析分别见表 7.3-8。

24.7mU 形梁(U-04)跨中截面底板下表面混凝土残余应变分析 表 7.3-8

测点	循环 1			循环 2		
	残余应变(με)	总应变(με)	相对残余(%)	残余应变(με)	总应变(με)	相对残余(%)
ZW2	4	113	3.5	0	135	0
ZW3	13	183	7.1	8	237	3.4
ZW4	—	183	—	12	133	9.0
ZW5	33	257	12.8	14	332	4.2
ZW6	6	95	6.3	0	116	0

由残余应变分析可以得知:在试验荷载作用下,24.7mU 形梁(U-04)跨中截面混凝土纵、横向相对残余应变为 0 ~ 12.8%,小于 20%。参照《公路桥梁承载能力检测评定规程》(JTG/T J21—2011),梁体相对残余应变满足要求。

7.3.3 应力分析

将试验加载过程中测得的梁体混凝土纵向应变增量按 $\sigma = E_c\varepsilon$ 换算成混凝土应力增量,其中弹性模量按照相关规范规定的 C55 混凝土取值 $E_c = 0.8\ E_h = 2.88 \times 10^4$ MPa。各试验荷载作用下32.7mU 形梁(U-01、U-02 和 U-03)和 24.7mU 形梁(U-04)的应力增量分析结果详见表 7.3-9 ~ 表 7.3-12。

由应力校验系数分析可知:在试验荷载作用下,试验梁的各混凝土测点的应力校验系数均不超过 1.0，参照《公路桥梁承载能力检测评定规程》（JTG/T J21—2011），梁体强度满足要求。

32.7mU 形梁（U-01）试验荷载作用下跨中截面混凝土纵应力增量分析　　表 7.3-9

加载等级	测点位置	测点编号	实测值（MPa）		计算值（MPa）	校验系数	
			循环 1	循环 2		循环 1	循环 2
$K=1.0$	腹板顶面	ZW1	-5.80	-6.30	-7.70	0.75	0.82
		ZW7	-6.25	-7.65	-8.30	0.75	0.92
	底板底面	ZW2	4.62	3.69	5.00	0.92	0.74
		ZW3	3.84	4.95	5.20	0.74	0.95
		ZW4	5.05	4.24	5.20	0.97	0.82
		ZW5	5.21	5.42	5.40	0.96	1.00
		ZW6	5.05	3.73	5.30	0.95	0.70
$K=1.2$	腹板顶面	ZW1	0.23	2.88	2.90	0.08	0.99
		ZW7	1.17	—	3.10	0.38	—
	底板底面	ZW2	2.87	0.63	3.00	0.96	0.21
		ZW3	—	-9.13	-11.40	—	0.80
		ZW4	—	-10.62	-10.70	—	0.99
		ZW5	—	5.16	6.90	—	0.75
		ZW6	—	5.80	7.10	—	0.82

注：压应力为"-"，拉应力为"+"；"—"表示该工况未测量；"×"表示测点损坏。下同。

32.7mU 形梁（U-02）试验荷载作用下跨中截面混凝土纵应力增量分析　　表 7.3-10

加载等级	测点位置	测点编号	实测值（MPa）		计算值（MPa）	校验系数	
			循环 1	循环 2		循环 1	循环 2
$K=1.0$	腹板顶面	ZW1	—	—	-7.70	—	—
		ZW7	—	—	-8.30	—	—
	底板底面	ZW2	4.26	4.20	5.00	0.85	0.84
		ZW3	—	—	5.20	—	—
		ZW4	—	—	5.20	—	—
		ZW5	4.60	4.72	5.40	0.85	0.87
		ZW6	3.72	3.92	5.30	0.70	0.74
$K=1.2$	腹板顶面	ZW1	—	—	-11.40	—	—
		ZW7	—	—	-10.70	—	—
	底板底面	ZW2	—	5.96	6.90	—	0.86
		ZW3	—	—	7.10	—	—
		ZW4	—	—	7.20	—	—
		ZW5	—	6.31	7.42	—	0.85
		ZW6	—	4.04	7.36	—	0.55

32.7mU 形梁(U-03)试验荷载作用下跨中截面混凝土纵向应力增量分析　　表 7.3-11

加载等级	测点位置	测点编号	实测值(MPa)		计算值(MPa)	校验系数	
			循环 1	循环 2		循环 1	循环 2
$K=1.0$	腹板顶面	ZW1	-4.58	-4.80	-7.70	0.59	0.62
		ZW7	-7.44	-7.53	-8.30	0.90	0.91
	底板底面	ZW2	3.90	3.83	5.00	0.78	0.77
		ZW3	—	—	5.20	—	—
		ZW4	—	—	5.20	—	—
		ZW5	—	—	5.40	—	—
		ZW6	4.08	4.01	5.30	0.77	0.76
$K=1.2$	腹板顶面	ZW1	—	-6.86	-11.40	—	0.60
		ZW7	—	-10.23	-10.70	—	0.96
	底板底面	ZW2	—	4.71	6.90	—	0.68
		ZW3	—	—	7.10	—	—
		ZW4	—	9.81	7.20	—	—
		ZW5	—	9.43	7.42	—	—
		ZW6	—	5.53	7.36	—	0.75

24.7mU 形梁(U-04)试验荷载作用下跨中截面混凝土纵向应力增量分析　　表 7.3-12

加载等级	测点位置	测点编号	实测值(MPa)		计算值(MPa)	校验系数	
			循环 1	循环 2		循环 1	循环 2
$K=1.0$	腹板顶面	ZW1	—	—	-5.74	—	—
		ZW7	—	—	-6.19	—	—
	底板底面	ZW2	3.25	3.08	3.73	0.87	0.83
		ZW3	—	—	3.88	—	—
		ZW4	—	—	3.88	—	—
		ZW5	—	—	4.02	—	—
		ZW6	2.75	2.59	3.95	0.7	0.66
$K=1.2$	腹板顶面	ZW1	—	-1.67	-8.5	—	0.2
		ZW7	—	-2.68	-7.98	—	0.34
	底板底面	ZW2	—	3.90	5.14	—	0.76
		ZW3	—	—	5.29	—	—
		ZW4	—	3.85	5.37	—	0.72
		ZW5	—	—	5.53	—	—
		ZW6	—	3.36	5.48	—	0.61

7.3.4　抗裂性评定

试验中,32.7m 跨径 U 形梁(U-01、U-02 和 U-03)和 24.7mU 形梁(U-04)均按全预应力设计。试验过程中,对各试验梁实施了两次加载循环,即 1.0 倍活载加载并持荷和 1.2 倍设计荷载加载并持荷。

在试验加载、持荷过程中,4 片试验梁(U-01、U-02、U-03 和 U-04)的全梁范围,包括底板下缘、倒角及圆弧过渡段,均未发现因竖向受弯引起的横向裂缝,表明试验梁满足《简支梁试验方法　预应力混凝土梁静载弯曲试验》(TB/T 2092—2018)中对全预应力构件的纵向弯曲抗裂性要求。

U 形梁的道床板按钢筋混凝土结构设计。在 1.0 倍活载试验加载、1.2 倍设计荷载试验加载下,32.7m 跨径 U 形梁(U-01、U-02 和 U-03)和 24.7m 跨径 U 形梁(U-04)的道床板出现不同程度的纵向裂缝,具体情况如下:

(1)U-01 梁(32.7m)在第二次加载循环中,在 1.0 倍活载加载下持荷 10min,底板下缘出现纵向裂缝,最大裂缝宽度为 0.02mm;在 1.2 倍设计荷载加载下持荷 10min,在 1/4 跨、1/2 跨、3/4 跨的底板下缘出现纵向裂缝,最大裂缝宽度为 0.04mm。现场裂缝观测如图 7.3-3 所示。

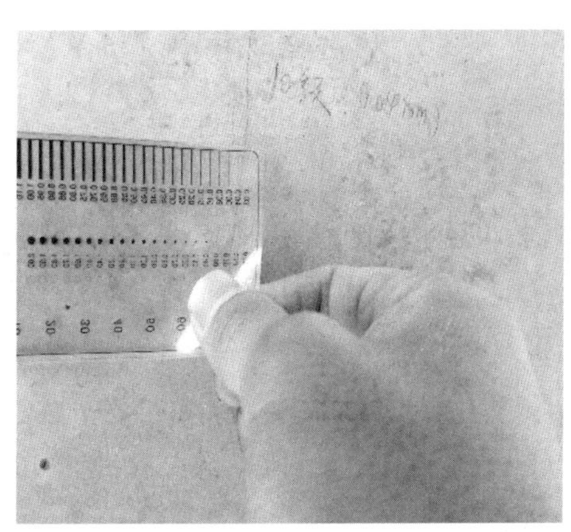

图 7.3-3　U-01 梁(32.7m)底面裂缝

(2)U-02 梁(32.7m)在第二次加载循环中,在 1.0 倍活载加载下持荷 10min,底板下缘出现纵向裂缝,最大裂缝宽度为 0.02mm;在 1.2 倍设计荷载加载下持荷 10min,在 1/4 跨、1/2 跨、3/4 跨的底板下缘出现纵向裂缝,最大裂缝宽度为 0.03mm。现场裂缝观测如图 7.3-4 所示。

(3)U-03 梁(32.7m)在两次加载循环中,在 1.0 倍活载加载下持荷 10min,底板下缘均出现纵向微裂缝,最大裂缝宽度为 0.02mm;在 1.2 倍设计荷载加载下持荷 10min,在 1/4 跨、1/2 跨、3/4 跨范围的底板下缘,出现若干条宽窄不一的纵向裂缝。经量测,裂缝宽度在 0.01 ~ 0.05mm范围内。现场裂缝观测如图 7.3-5 所示。

依据《铁路桥涵混凝土结构设计规范》(TB 10092—2017)和《地铁设计规范》(GB 50157—2013)中关于钢筋混凝土结构裂缝宽度 0.2mm 限值规定,横向弯曲状态下的纵向裂缝宽度均小于 0.2mm,满足钢筋混凝土结构抗裂性要求,表明 32.7mU 形梁道床板的横向弯曲抗裂性合格。

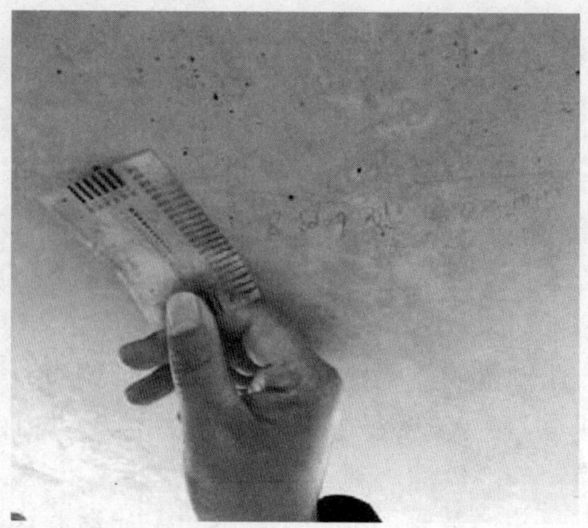

图 7.3-4　U-02 梁(32.7m)底面裂缝

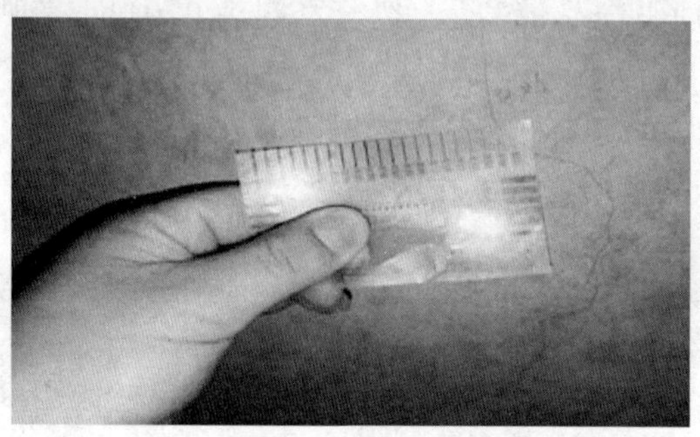

图 7.3-5　U-03 梁(32.7m)底面裂缝

(4)U-04 梁(24.7m)在两次加载循环中,道床板未出现横向、纵向裂缝,在跨中位置附近未发现纵向裂缝。

对比 24.7m 和 32.7mU 形梁在试验荷载作用下道床板纵向开裂情况,与 32.7mU 形梁相比,24.7mU 形梁的试验加载荷载较小(比如在 1.2 倍设计荷载加载时,32.7mU 形梁的试验集中力为 638.4kN,跨中弯矩为 12035.7kN · m,而后者相应值分别为 675.4kN、7260.6kN · m),这是试验加载过程中 24.7mU 形梁未出现裂缝而 32.7mU 形梁出现轻微纵向开裂的主要原因。

7.4　U 形梁静载试验主要成果

1.0 倍活载加载作用下,32.7mU 形梁(U-01、U-02 和 U-03)的跨中实测挠度最大值分别为 11.0mm、10.48mm 和 10.72mm,满足《简支梁试验方法　预应力混凝土梁静载弯曲试验》(TB/T 2092—2018)关于梁体竖向刚度的要求;竖向挠跨比分别为 1/2855、1/2996 和 1/2929,满足《地铁设计规范》(GB 50157—2013)的刚度限值小于 1/2000 的要求。

1.0 倍活载加载作用下,24.7mU 形梁(U-04)的跨中实测挠度最大值为 5.46mm,满足《简

支梁试验方法　预应力混凝土梁静载弯曲试验》(TB/T 2092—2018)关于梁体竖向刚度的要求;竖向挠跨比为 1/4286,满足《地铁设计规范》(GB 50157—2013)的刚度限值小于 1/1500 的要求。

试验荷载作用下,32.7mU 形梁(U-01、U-02 和 U-03)的相对残余变形分别介于 1.95% ~ 3.07%、1.63% ~2.98% 和 1.91% ~4.35% 之间;相对残余应变分别介于 -15.8% ~19.6%、0 ~9.6% 和 -2.4% ~7.4% 之间,均小于 20%,表明 U 形梁结构处于线弹性工作状态;同时,跨中截面混凝土纵、横向应力增量校验系数为 0.08 ~1.00,满足相关规程的要求。

试验荷载作用下,24.7mU 形梁(U-04)的相对残余变形介于 2.25% ~6.10% 之间,残余应变为 0 ~12.8%,均小于 20%,表明 U 形梁结构处于线弹性工作状态;同时,U 形梁混凝土应力增量校验系数均不超过 1.00,满足相关规程的要求。

在 1.2 倍设计荷载作用下,32.7mU 形梁(U-01、U-02 和 U-03)和 24.7mU 形梁(U-04)的主梁各部位均未出现横向裂缝,表明 32.7mU 形梁和 24.7mU 形梁竖向弯曲受力的抗裂性满足设计的全预应力要求。

在 1.2 倍设计荷载作用下,32.7mU 形梁(U-01、U-02 和 U-03)底板下缘出现了纵向裂缝,最大裂缝宽度值为 0.04mm,但均小于《铁路桥涵混凝土结构设计规范》(TB 10092—2017)和《地铁设计规范》(GB 50157—2013)关于钢筋混凝土结构裂缝宽度 0.2mm 限值规定,表明 32.7mU形梁道床板抗裂性满足要求。

在 1.2 倍设计荷载作用下,24.7mU 形梁(U-04)底板下缘未出现裂缝,表明 24.7mU 形梁道床板抗裂性满足要求。

参考文献

[1] 魏运,许双牛,冯爱军. 我国城市轨道交通规划问题与方法探讨[J]. 都市快轨交通,2010,23(6):44-47,65.

[2] 陶林芳. 国内外城市快速轨道交通的现状与发展趋势[J]. 上海建设科技,2005(5):10,14.

[3] 郑晨. 2020 年全球城市轨道交通行业发展现状分析[R]. 前瞻产业研究院,2020 年 3 月 31 日.

[4] 刘晓光,王莹,赵杨. 我国城市轨道交通建设的历程、问题与对策[J]. 中国国情国力,2010(10):59-62.

[5] 中国城市轨道交通协会. 城市轨道交通 2019 年度统计分析和报告[R],2020 年 5 月 7 日.

[6] 张毅. 人口总量增速放缓,城镇化水平继续提升[EB/OL]. (2020-01-19)[2021-03-10]. https://baijiahao. baidu. com/s? id = 1656126577886462210&wfr = spider&for = pc.

[7] 牛帅,李青宁. 城市高架桥特点及分类[J]. 山西建筑,2008,34(28):3-4.

[8] 占玉林,徐腾飞,姚昌荣. 城市轨道交通高架桥设计与施工[M]. 北京:科学出版社,2015.

[9] 朱立俊. 城市轨道交通 PC 简支箱梁徐变时效分析与控制研究[J]. 广东建材,2011,27(3):37-41.

[10] 彭华春. 武汉市轨道交通 1 号线一期工程设计[J]. 现代城市轨道交通,2005(05):43-46.

[11] 周刚. 跨座式连续刚构轨道梁桥施工过程受力分析[J]. 安徽建筑,2019(6):112-114.

[12] 姚亚茹. 轨道交通高架区间桥梁形式比选与经济比较[J]. 铁路工程造价管理,2006(2):41-44.

[13] 王传素. 轨道交通槽型梁-拱组合桥结构静力行为研究[D]. 成都:西南交通大学,2011:7-8.

[14] 凌夏青. 简支槽形梁-拱组合桥在宁启线的应用研究[J]. 现代城市轨道交通,2014(5):42-45.

[15] 张朝霞. 武汉轻轨跨京汉货场槽形连续梁钢管拱桥设计[J]. 桥梁建设,2005(5):70-72.

[16] 纪尊众,王合希,王国炜. 上海漕溪路连续梁系杆拱桥施工技术[J]. 世界桥梁,2004(1):19-22.

[17] 西南交通大学结构工程试验中心. 重庆市菜园坝长江大桥主桥检测报告[R],2012 年 10 月.

[18] 杜保军. 津滨轻轨高架桥的选型及设计[J]. 铁道标准设计,2003(6):11-12.

[19] 王凤元,陆元春,吴育芬. U 形梁在上海轨道交通 8 号线中的应用[J]. 上海建设科技,2009(5):13-15.

[20] 黎庆. 南京地铁 2 号线东延高架线路 U 形梁结构计算及试验[J]. 城市轨道交通,2009(8):8-12.

[21] 余凤翔. 城市轨道交通高架桥的选型[J]. 桥梁建设,2001(2):41-44.

[22] 王彬力. 城市轨道交通U形梁系统结构受力行为研究[D]. 成都:西南交通大学,2012.

[23] 张德晟. U形梁在城市交通轨道中的应用及相关问题探讨[J]. 低碳世界,2019(4):262-263.

[24] 朱立. 浅析城市轨道交通中U形梁施工技术的应用[J]. 四川水泥,2016(7):43.

[25] 青岛市市政工程设计研究院,西南交通大学桥梁工程系. 城市轨道交通U形梁温度效应及影响研究[R],2018.

[26] 邵旭东. 桥梁工程[M]. 4版. 北京:人民交通出版社,2016.

[27] 刘小强. 新预应力混凝土板式桥梁设计研究[D]. 长沙:湖南大学,2007.

[28] 徐光辉,胡明义. 公路桥涵设计手册:梁桥(上册)[M]. 北京:人民交通出版社,1991.

[29] Rowe R E. Concrete bridge design. PCI Journal. Supplement 3rd Impression. 1962:269-287.

[30] 李国豪,石洞. 公路桥梁荷载横向分布计算[M]. 北京:人民交通出版社,1987.

[31] 白宝鸿,张玉娥. 后张法空心板梁端裂缝分析及控制措施[J]. 桥梁建设,2003(04):71-74.

[32] 陈敏. 高速公路中先简支后连续T型梁桥空间受力分析[D]. 重庆:重庆交通大学,2014.

[33] 奚岱铭,张宁勇. 轨道交通高架上部结构型式的分析与探讨[J]. 中国市政工程,2005(01):24-25,30.

[34] 阿卜杜拉. 预应力混凝土连续梁桥的力学特性与关键技术研究[D]. 北京:北京交通大学,2014.

[35] Staquet S, Rigot G, Detandt H, et al. Innovative composite precast prestressed precambered U-shaped concrete deck for Belgium's high speed railway trains[J]. Pci Journal,2004,49(6):94-113, 134.

[36] 吴迅,张鹏. 预应力混凝土轨道交通高架桥结构形式演化[J]. 城市轨道交通研究,2009,12(10):73-76.

[37] 杨秀仁. 城市轨道交通U形梁高架系统关键技术研究及创新[J]. 都市快轨交通,2015,28(05):27-30,66.

[38] 唐剑. 城市轨道交通U形梁桥结构振动噪声预测及关键参数影响研究[D]. 成都:西南交通大学,2018.

[39] 许智焰,刘伟. 城市轨道交通高架桥梁梁型选择[C]//中国土木工程学会城市轨道交通技术工作委员会,世界轨道交通发展研究会,青岛地铁产业协会,《世界轨道交通》杂志. 2014中国青岛城市轨道交通管理和技术创新研讨会论文集,2014.

[40] 尹航. U形梁结构噪声及梁体对轮轨噪声的遮蔽效应研究[D]. 成都:西南交通大学,2014.

[41] 郭剑. 城市轨道交通U形梁综合施工技术应用研究[D]. 济南:山东大学,2015.

[42] 苏建丰. 广州地铁二号线高架试验段大型预应力预制"U"型梁的有限元分析[J]. 广州建筑, 2004(1):14-17.

[43] 胡匡章,江新元,陆光间. 槽形梁[M]. 北京:中国铁道出版社,1987.

[44] 刘怀恒. 结构及弹性力学有限元法[M]. 陕西:西北工业大学出版社,2007.

[45] 胥为捷,薛伟辰. 预应力混凝土槽形梁的研究与应用[J]. 建筑结构,2006,36(S1):594-599.

[46] 曾攀. 有限元分析基础教程[M]. 北京:清华大学出版社,2008.

[47] 宋郁民. 青岛市轨道交通 8 号线预制 U 形梁荷载试验实施方案[R]. 上海:上海同济检测技术有限公司,2017.

[48] 青岛市轨道交通 8 号线工程 PPP 项目(B1 包)土建 02 工区项目部. U 梁预制首件施工技术总结[Z]. 中建三局集团有限公司,2017.

[49] 张秉鹤,蒋发,岳章胜,等. 青岛地铁 8 号线高架桥箱梁与 U 梁过渡连接方式研究[J]. 工程建设,2019(3):48-51.

[50] 张井春,徐庆旋. 日本钢桥概况及中国钢桥的应用与发展[J]. 北方交通,2013(09):57-61.

[51] 林同炎,NED H. BURNS. 预应力混凝土结构设计[M]. 路湛沁,黄棠,马誉美,译. 3 版. 北京:中国铁道出版社,1983.

[52] 房贞政. 预应力结构理论[M]. 2 版. 北京:中国建筑工业出版社,2014.

[53] 刘聪. 轨道交通高架桥 U 形梁预制与架设成套技术应用研究[D]. 济南:山东大学,2015.

[54] 郭敏. 广州市地铁高架 U 形梁结构设计[J]. 广东土木与建筑,2004(05):12-14.

[55] 张宇宁. 先张法预应力槽形梁设计与施工技术研究[D]. 成都:西南交通大学,2009.

[56] 李乔. 混凝土结构设计原理[M]. 3 版. 北京: 高等教育出版社,2007.

[57] 忽慧涛. 轨道交通 U 形梁运架施工过程空间力学行为分析[D]. 济南:山东建筑大学,2013.

[58] 王新敏,李义强,许宏伟. ANSYS 结构分析单元与应用[M]. 北京:人民交通出版社,2011.

[59] 吕西林,金国芳,吴晓涵. 钢筋混凝土结构非线性有限元理论与应用[M]. 上海:同济大学出版社,1997.

[60] 朱伯龙,董振祥. 钢筋混凝土非线性分析[M]. 上海:同济大学出版社, 1985.

[61] Darwin D,Pecknold D A. Nonlinear biaxial stress strain law for congcrete[J]. Engineering Mechanics Divison, ASCE 1977 103(2).

[62] Kupfer H, GerstleK H. Behavior of concrete under biaxial stresses[J]. Journal of the Engneering Mechanics Division, ASCE, 1973, 99(4): 852-866.

[63] Liu T,Nilson A H, Slate F O. Stress-strain response and fracture of concrete in uniaxial and biaxial compression[J]. jour of aci, 1972.

[64] 朱伯芳. 有限单元法原理与应用[M]. 2 版. 北京:水利水电出版社,1998.

[65] 刘兴法. 预应力混凝土箱梁温度应力计算方法[J]. 土木工程学报,1986, 19(1):44-54.

[66] 管敏鑫. 混凝土桥梁的日照温度荷载、温度应力的计算和裂纹[J]. 中国铁道科学,1986,7(2): 27-34.

[67] 刘兴法. 混凝土桥梁的温度分布[J]. 铁道工程学报,1985(1): 111-115.

[68] 刘兴法. 柔性墩温度应力计算[J]. 铁路标准设计,1976(6):3-9.

[69] 管敏鑫. 混凝土箱形梁温度场、温度应力和温度位移的计算方法[J]. 桥梁建设,1985(1):42-51,87.

[70] 管敏鑫. 柔性桥墩日照温度场与温度应力的实用计算方法[J]. 桥梁建设,1986(1):33-37,69.

[71] 薛嵩,戴公连,闫斌. 预应力混凝土槽型梁日照温度荷载模式研究[J]. 中国科学:技术科学, 2016(03):286-292.

[72] 罗泉. 轨道交通混凝土 U 形梁的温度场试验及理论研究[D]. 南京:东南大学, 2013.

[73] 贾琳. 太阳辐射作用下混凝土箱梁的温度分布及温度应力研究[D]. 南京:东南大学,2001.

[74] 李立峰,邵旭东,程翔云. 混凝土箱形梁桥的温度梯度研究[J]. 中南公路工程,2001,26(04):38-40.

[75] 邵旭东,李立峰,鲍卫刚. 砼箱形梁横向温度应力计算分析[J]. 重庆交通学院学报,2000,19(4):5-10.

[76] 陈玉骥,叶梅新. 钢-混凝土结合梁在温度作用下的响应分析[J]. 中国铁道科学,2001(05):51-56.

[77] 董旭,李树忱,王鹏程,等. 轨道交通 U 形梁日照温度梯度效应分析[J]. 哈尔滨工程大学学报,2017,38(07):1121-1128.

[78] Priestley M N. Structural model of a prestressed concretebox. girder bridges, Phase 2: Thermal loading, Vol 1: Model description and Temperature Results[M]. New Zealand Ministry of Works, Report No. 440, Central Laboratories, Lower Hutt, New Zealand, 1972.

[79] Priestley M N. Design of concrete bridges for temperature gradients[J]. Journal of American Concrete Institute, 1978, 75(5): 209-217.

[80] Priestley M N. Linear heat-flow analysis and thermal of concrete bridge decks[R]. Christchurch: University of Canterbury, 1976.

[81] Emerson M. Bridge temperatures and movement in the British Isles[M], 1968.

[82] Zuk W. Thermal and shrinkage stresses in composite bridges[J]. Journal of American Concrete Institute, 1961, 58(3): 327-340.

[83] Zuk W. Summary review of studies relating to thermal stresses in highway bridges[R]. Highway Research Records, No. 103, 1965.

[84] Zuk W. End movement studies of various type highway bridges[R]. Highway Research Records, No. 295, 1969.

[85] Barber E S. Calculation of maximum pavement temperatures from weather reports[J]. Highway Research Board Bulltein, 1957(168): 1-8.

[86] 项海帆. 高等桥梁结构理论[M]. 北京:人民交通出版社,2001.

[87] 凯尔别克. 太阳辐射对桥梁结构的影响[M]. 刘兴法,译. 北京:中国铁道出版社,1981.

[88] Churchward A, Sokal Y J. Prediction of temperatures in concrete bridges[J]. Journal of the Structural Division, 1982, 108(12): 2860-2861.

[89] Churward A. Thermal response of a concrete box girder bridge[D]. Queensland: the University

of Queensland, 1979.

[90] Imbsen R A, Vandershaf D E. Thermal effects in concrete bridge superstructures[M],1985.

[91] Potgieter I K, Gamble W L. Nonlinear temperature distribution in bridges at different locations in the United States[J]. Pci Journal,1989,4:81-97.

[92] Potgieter I K. Response of highway bridges to nonlinear temperature distribution[D]. Illinois: University of Illinois at Urbana-Champaign, 1983.

[93] 美国各州公路和运输工作者协会(AASHTO).美国公路桥梁设计规范.荷载与抗力系数设计法(SI 单位,第一版,1994 年)[M].辛济平,万国朝,张文,等译.北京:人民交通出版社,1998.

[94] American Association of State Highway and Transportation Officials. AASHTO LRFD Bridge Design Specifications[M]. SI Units, Third Edition. 2004.

[95] Chang S P,Im C K. Thermal behaviour of composite box-girder bridges[J]. Proceedings of the Ice Structures & Buildings, 2000,140(2):117-126.

[96] 林文顺.轨道交通 U 梁运输及安装施工技术[J].工程建设与设计,2019(05):228-231.

[97] 熊冠勋,常光辉.无砟轨道底座板施工质量控制分析[J].居舍,2018(07):129-131.

[98] 王松.高铁轨道桥梁底座板施工技术要点分析[J].建筑技术开发,2017,44(14):87-88.

[99] 丁佐鑫.CRTS Ⅲ型无砟轨道揭板试验中的底座板施工工艺总结[J].建筑施工,2018,40(11):1912-1913,1932.

[100] 李真.预应力活性粉末混凝土槽型梁的设计、试验及承载力的研究[D].北京:北京交通大学,2004.

[101] 李丽,王振领,张宇宁.地铁高架槽形梁足尺模型破坏试验与空间分析[J].中国铁道科学,2005,26(5):31-35.

[102] 文志云,艾列奇,刘祖华.上海轨道交通 6 号线槽形梁试验研究[J].中国市政工程,2006(01):32-34.

[103] 蒲黔辉,夏招广.重庆轨道交通一号线工程 30mU 型梁静载试验报告[R].成都:西南交通大学结构工程试验中心,2009.